高等院校应用型本科财会系列特色教材

财务管理

迟艳琴　主　编
张　薇　王　磊　副主编

上海财经大学出版社

图书在版编目(CIP)数据

财务管理/迟艳琴主编．一上海：上海财经大学出版社，2015.11
(高等院校应用型本科财会系列特色教材)
ISBN 978-7-5642-2218-5/F・2218

Ⅰ.①财… Ⅱ.①迟… Ⅲ.①财务管理-高等学校-教材
Ⅳ.①F275

中国版本图书馆 CIP 数据核字(2015)第 173806 号

□ 责任编辑 顾晨溪
□ 封面设计 张克瑶

CAIWU GUANLI
财务管理

迟艳琴 主 编
张 薇 王 磊 副主编

上海财经大学出版社出版发行
(上海市武东路 321 号乙 邮编 200434)
网 址：http://www.sufep.com
电子邮箱：webmaster @ sufep.com
全国新华书店经销
上海景条印刷有限公司印刷装订
2015 年 11 月第 1 版 2015 年 11 月第 1 次印刷

787mm×1092mm 1/16 21.5 印张 550 千字
印数：0 001—4 000 定价：39.00 元

前 言

本书是在紧密结合应用型本科院校的人才培养目标、教学大纲及多年教改成果的基础上编写而成的。在参考大量的有关著作和文献的基础上，我们按照企业财务管理活动的一般规律和理论与实践紧密结合的原则，以资本市场为课程背景，以现代公司制企业为对象，以企业资金运动特征为主线，系统介绍了现代企业财务管理的基本概念、基本原理和基本方法，重点阐述了现代企业筹资、投资、营运、成本管理及分配等问题的决策理论与方法，并在多个方面进行了积极的探索和尝试，力求体现以下特点：

第一，理论的前沿性和系统性。我们将近几年来国内外经过实证研究证明具有合理性和科学性的最新研究成果加以系统化，并作为本书的理论基础，如市场有效性学说、资本资产定价理论等。

第二，理论的实用性和可操作性。在保证理论系统性和前沿性的基础上，面向财务管理中的重点领域，提高理论的实用性和可操作性。首先，修订了一些复杂理论模型，使之简化和实用化，使财务管理教学内容得到一次优选和创新；其次，选择和配备了大量的实例来加强理解与应用；再次，为了达到理论和实践紧密结合的目的，选取了国内外实际财务管理事件作为导读案例，引导读者进行探索性思考，以揭示管理决策思路、决策理论和方法，激发学生学习兴趣。

第三，内容的现实性和政策性。我们在材料的选择与安排上，尽可能紧密地贴近企业财务管理实践的需要，尽可能符合我国现行的有关政策法规的要求，尽可能总结财务管理实践中的成功经验和财务管理理论的最新研究成果，由浅入深地阐述财务管理的有关内容，尤其注重现代企业发展所必需的财务理论和所应采取的财务管理决策方法。同时，考虑到学生毕业后考取会计师的需要，有针对性地引入了中级会计师考试的相关内容。

第四，财务管理方法的普遍性和适用性。在结构体系的安排上，基本上是按照企业财务管理实践的内在规律进行，所选择的主要财务管理方法也具有普遍意义，适用于各种不同类型的企业。对一些重要的、具有普遍性的财务管理方法，不仅总结了一般的分析步骤，还运用具体实例来加以分析与运用，给读者以示范，而且章后配有大量多样化的同步测试题，便于教师的讲授和学生自学，有助于提高学生的应用能力和专业技能。

本书既可以作为应用型本科学生学习财务管理课程的专用教材，也可以作为大中专院校、成人高校及本科院校举办的二级职业技术学院和民办高校的经济、管理类专业的教材使用，还可作为财务管理人员、企业经营管理人员、会计人员等经济管理类人员学习、工作的参考资料。

本书由迟艳琴任主编，设计全书框架、拟订编写大纲，张薇、王磊任副主编。具体编写分工为：迟艳琴编写第一章、第二章、第八章、第九章和附录，张薇编写第五章、第六章、第七章和第十一章，王磊编写第三章、第四章、第十章和第十二章。最后由迟艳琴对全书进行总纂、定稿。

由于编者自身的水平和经验有限以及财务管理学本身的改革和发展，本书难免存在疏漏与不妥之处，敬请有关专家、学者及广大读者不吝赐教，以便进一步修改与提高。

编　者

2015 年 11 月

目　录

第一章　财务管理总论

学习目标

通过本章学习，掌握财务关系及财务管理的基本内容，理解财务管理基本概念及财务管理目标的科学表达，了解财务管理工作环节和财务管理环境。

案例导读

财务故事一：情侣苹果

元旦，某高校饭堂前，一老妇守着两筐大苹果叫卖，5 角钱一个（成本 4 角钱），因为天寒，问者寥寥。一教授见此情形，上前与老妇商量几句，然后走到附近商店花 3 元买来节日织花用的红彩带，并与老妇一起将苹果两两一扎，接着高叫道："情侣苹果哟！两元一对！"经过的情侣们甚觉新鲜，用红彩带扎在一起的一对苹果看起来很有情趣，因而买者甚众，不一会就将 200 个苹果卖光。扣除 3 元红彩带的费用，老妇还多赚了 97 元（原来就算能卖完也只能赚 20 元），对教授感激不尽。

财务故事二：一主三仆

古时有一大户人家，主人姓马，人人都叫他马老爷。马老爷以前在镇上只是做点小买卖，后来生意越做越大，红红火火，赚了不少银子。马家前有大院，后有花园，还雇用了不少仆人。马老爷对这些仆人奖惩都很分明，做得好会有所奖励；做得不好，就没有奖励，甚至还会被赶出家门。有一天，马老爷决定出门远游，他想趁这个机会，来看看家里的仆人除了会干活之外，还会不会利用银子来赚取银子，于是他给三个仆人每人一笔银子谋生。三年后马老爷归来，甲仆说用主人给的银子经商赚了 2 倍，乙仆说用这些银子放利赚了 1 倍，丙仆说为防丢失将银子埋进了地里。主人对甲、乙的做法都很满意，分别交给他们银子；而对丙则收回了原来给的银子。

［资料来源］　曾建斌：《看故事学财务管理》，广东经济出版社 2004 年版。

【案例探索思考】

如果把故事中的主人当作是企业的股东，而仆人是经营者的话，显然，甲和乙都明白主人给他们银子的目的不仅仅在于保值，还要增值。即作为一个企业，生存、发展和获利是永恒的主题，使财富增值是企业的最终目标。而两筐卖不出去的苹果系上红彩带加上"情侣苹果"这一标签，一下子就脱销，还比原来多赚了 5 倍！可见，企业要生存、发展并获利，关键任务就是要搞好财务管理，使企业价值最大化。那么，财务管理有哪些主要内容和主要环节？财务管理的目标到底是什么？财务管理又受哪些环境因素的影响和制约？本章内容将逐一回答以上问题。

第一节　财务管理的内容

一、财务管理的概念

当今社会，企业作为国民经济“细胞”，发挥着越来越重要的功能。企业是一个契约性组织，它是从事生产、流通、服务等经济活动，以生产或服务满足社会需要，实行自主经营、独立核算、依法设立的一种营利性的经济组织。企业的目标是创造财富（或价值）。财务管理（Financial Management）是市场经济条件下企业最基本的管理活动。

在市场经济条件下，社会产品是使用价值和价值的统一体。企业生产经营过程也表现为使用价值的生产和交换过程及价值的形成和实现过程的统一。在这个过程中，劳动者将生产中所消耗的生产资料的价值转移到产品中去，并且创造出新的价值，通过实物商品的出售，使转移价值和新创造的价值得以实现。

在企业再生产过程中，企业资金的实质是再生产过程中运动着的价值。这种价值运动过程表现为，随着实物商品的采购、生产和销售的进行，货币资金依次转化为储备资金、生产资金、产成品资金和更多的货币资金。企业资金从货币资金开始，依次转换其形态，又回到货币资金的过程，就是资金的循环，不断重复的资金循环就是资金的周转。企业资金只有不断地循环和周转，才能既保存自己的价值，又实现资金的增值性要求。企业资金运动构成了企业生产经营活动的一个特定方面，即企业财务活动。企业在进行各项财务活动时，必然要与各方面发生财务关系。财务管理正是基于企业再生产过程中客观存在的财务活动和财务关系而产生的，是企业组织财务活动、处理与各方面财务关系的一项经济管理工作，是企业管理的重要组成部分。

二、财务活动与财务管理内容

企业资金运动过程总是与一定的财务活动相联系，企业资金运动的形式是通过一定的财务活动内容来实现的。企业的基本活动可以分为筹资、投资、营运和分配活动四个方面，对于生产企业而言，还需进行有关生产成本的管理与控制。从财务管理角度看，筹资可以分为长期筹资和短期筹资，投资也可以分为长期投资和短期投资，由于短期筹资、短期投资和营业现金流管理有着密切关系，通常合并在一起讨论，称为营运资金管理。

因此，本教材把财务管理的内容分为筹资管理、投资管理、营运资金管理、成本管理、收入与分配管理五个部分。

（一）筹资活动

企业组织商品生产，必须以占有或能够支配一定数额的资金为前提。也就是说，企业从各种渠道以各种形式筹集资金，是资金运动的起点。所谓筹资，是指企业为了满足投资和用资的需要，筹措和集中所需资金的过程。在筹资过程中，企业一方面要确定筹资的总规模，以保证投资所需要的资金；另一方面要通过筹资渠道、筹资方式或工具的选择，合理确定筹资结构，以降低筹资成本和风险，提高企业价值。

企业通过筹资可以形成两种不同性质的资金来源：一是企业权益资金，企业可以通过向投资者吸收直接投资、发行股票、用留存收益转增资本等方式取得，其投资者包括国家、法人、个人等；二是企业债务资金，企业可以通过向银行借款、发行债券、利用商业信用等方式取得。企业筹集资金，表现为企业资金的流入。企业偿还借款、支付利息、股利以及付出各种筹资费用等，则表现为企业资金的流出。这种因为资金筹集而产生的资金收支，便是由企业筹资而引起的财务活动，是企业财务管理的主要内容之一。

(二)投资活动

企业取得资金后，必须将资金投入使用，以谋求最大的经济效益；否则，筹资就失去了目的和效用。企业投资可以分为广义的投资和狭义的投资两种。广义的投资是指企业将筹集的资金投入使用的过程，包括企业内部使用资金的过程(如购置流动资产、固定资产、无形资产等)和对外投放资金的过程(如投资购买其他企业的股票、债券或与其他企业联营等)。狭义的投资仅指对外投资。无论企业是购买内部所需资产，还是购买各种证券，都需要支付资金。而当企业变卖其对内投资形成的各种资产或收回其对外投资时，则会产生资金的收入。这种因企业投资而产生的资金收付，便是由投资而引起的财务活动。

企业在投资过程中，必须考虑投资规模(即为确保获取最佳投资效益，企业应投入资金数额的多少)；同时，企业还必须通过投资方向和投资方式的选择，来使投资的收益较高而投资风险不大甚至降低。所有这些投资活动都是企业财务管理的内容。

(三)营运活动

企业在日常生产经营活动中，会发生一系列资金收付活动。例如，采购材料或商品，支付工资和其他费用，销售产品以收回资金，短期借款以满足经营所需资金等，这就是因企业经营而引起的财务活动，也称为资金营运活动。如何加速营运资金周转，提高资金利用效果，也是企业财务管理的主要内容之一。

(四)成本管理活动

成本是生产经营中的一种耗费，属于商品经济中的一个价值范畴。它是企业为生产商品和提供劳务等所耗费的必要劳动价值的货币表现，是企业再生产过程中的价值补偿。简单来说，成本就是为了获得某种利益或达到一定目标所发生的耗费或支出。如何实施企业生产经营过程中各项成本核算、成本分析、成本决策和成本控制等一系列行为，也是企业财务管理的主要内容之一。

(五)收入与分配活动

企业通过投资或资金营运活动可以取得相应的收入，并实现资金的增值。企业取得的各种收入在补偿成本、缴纳税金之后，还应依据现行法规及规章对剩余收益予以分配。广义地说，分配是指对企业各种收入进行分割和分派的过程；而狭义的分配仅指对企业净利润的分配。

企业筹集的资金归结为所有者权益和负债两个方面，在对这两种资金分配报酬时，前者是通过利润分配的形式进行的，属于税后分配；后者是通过将利息等计入成本费用的形式进行分配的，属于税前分配。随着分配过程的进行，资金或者退出或者留存企业，它必然会影响企业的资金运动，这不仅表现在资金运动的规模上，而且表现在资金运动的结构上，如筹资结构。因此，如何依据一定的法律原则，合理确定分配规模和分配方式，确保企业取得最大的长期利益，也是财务管理的主要内容之一。

企业财务管理的上述五部分内容是相互联系、相互制约的。筹资是基础，离开企业生产经营所需的资金筹措，企业就不能生存与发展；而且，企业筹资数量还制约着公司投资的规模。

企业所筹措的资金只有有效地投放出去，才能实现筹资的目的，并不断增值与发展；而且，投资反过来又决定了企业需要筹资的规模和时间。投资和筹资的成果都需要依赖资金的营运才能实现，筹资和投资在一定程度上决定了企业日常经营活动的特点和方式；但企业日常活动还需要对营运资金进行合理的管理与控制，努力提高营运资金的使用效率与效果。成本管理则贯穿于投资、筹资和营运活动的全过程，渗透在财务管理的每个环节之中。收入与分配影响着筹资、投资、营运资金和成本管理的各个方面，收入与分配的来源是企业上述各方面共同作用的结果，同时又会对上述各方面产生反作用。因此，筹资管理、投资管理、营运资金管理、成本管理和收入与分配管理都是企业价值创造的必要环节，是保障企业健康发展、实现可持续增长的重要内容。

三、财务关系

（一）企业与政府之间的财务关系

中央政府和地方政府作为社会管理者，担负着维持社会正常秩序、保卫国家安全、组织和管理社会活动等任务，行使政府行政职能。政府依据这一身份，无偿参与企业利润的分配。企业必须按照税法规定向中央和地方政府缴纳各种税款。企业与政府之间的财务关系，体现了一种强制和无偿的分配关系。

（二）企业与投资者之间的财务关系

企业与投资者之间的财务关系主要是指投资者按照投资合同、协议、章程的约定向企业投入资金，企业按照出资比例或合同、章程的规定向投资者支付投资报酬所形成的经济利益关系。企业与投资者之间的财务关系，体现了所有权性质的受资和投资的关系。

（三）企业与债权人之间的财务关系

企业与债权人之间的财务关系主要是指企业向债权人借入资金、发行债券，并按借款合同等有关规定按时支付利息和归还本金，以及在购买活动中采用延期付款等与有关单位发生的商业信用而形成的经济利益关系。企业与债权人之间的财务关系，在性质上反映了债务和债权的关系。

（四）企业与受资者之间的财务关系

企业与受资者之间的财务关系主要是指企业以购买股票或直接投资的形式向其他企业投资，受资者应按规定分配给企业投资报酬所形成的经济利益关系。企业与受资者之间的财务关系，体现了所有权性质的投资和受资的关系。

（五）企业与债务人之间的财务关系

企业与债务人之间的财务关系主要是指企业向债务人提供借款、购买债券，并按照约定的条件要求债务人支付利息和归还本金，以及在营业活动中延期收款等发生的商业信用而形成的经济利益关系。企业与债务人之间的财务关系，在性质上反映了债权和债务的关系。

（六）企业内部各单位之间的财务关系

企业内部各单位之间的财务关系主要是指企业内部各单位之间在生产经营各环节中相互提供产品和劳务所形成的经济关系。这种在企业内部形成的资金结算关系，体现了企业内部各单位之间的经济利益关系。

（七）企业与职工之间的财务关系

企业与职工之间的财务关系主要是指企业向职工支付工资、津贴、奖金等劳动报酬，按照规定提取应付福利费、为职工代垫款项等而形成的经济利益关系。企业与职工之间的财务关系，反映了职工个人和企业在劳动成果上的分配关系。

第二节 财务管理的目标

一、财务管理目标的含义

财务管理目标是在特定的理财环境中，通过组织财务活动，处理财务关系所要达到的目的。

目前，人们对财务管理目标的认识尚未统一，主要有三种观点：利润最大化、资本利润率最大化（或每股利润最大化）和企业价值最大化。

（一）利润最大化

利润最大化即假定在企业的投资预期收益确定的情况下，财务管理行为将朝着有利于企业利润最大化的方向发展。

以追逐利润最大化作为财务管理的目标，是因为利润不仅可以直接反映企业创造剩余产品的多少，而且也从一定程度上反映出企业经济效益的高低和对社会贡献的大小。同时，利润是企业补充资本、扩大经营规模的源泉。因此，以利润最大化为理财目标是有一定道理的。

利润最大化的缺陷是：

（1）利润最大化是一个绝对指标，没有考虑企业的投入与产出之间的关系，难以在不同资本规模的企业或同一企业的不同期间进行比较。

（2）没有考虑资金的时间价值。投资项目收益现值的大小，不仅取决于其收益将来值总额的大小，还要受取得收益时间的制约。因为早取得收益，就能早进行再投资，进而早获得新的收益，利润最大化目标则忽视了这一点。

（3）没有考虑风险问题。一般而言，收益越高，风险越大。追求最大利润，有时会增加企业风险，但利润最大化的目标不考虑企业风险的大小。

（4）利润最大化可能会使企业财务决策带有短期行为，即片面追求利润的增加，不考虑企业长远的发展。

（二）资本利润率最大化（或每股利润最大化）

资本利润率是利润额与资本额的比率。每股利润是利润额与普通股股数的比值。这里的利润额是净利润。所有者作为企业的投资者，其投资目标是取得资本收益，具体表现为净利润与出资额或股份数（普通股）的对比关系。这个目标的优点是把企业实现的利润额同投入的资本或股本数进行对比，能够说明企业的盈利水平，可以在不同资本规模的企业之间或同一企业的不同期间进行比较，揭示其盈利水平的差异。但该指标仍然没有考虑资金时间价值和风险因素，也不能避免企业的短期行为。

（三）企业价值最大化

企业价值不是账面资产的总价值，而是企业全部财产的市场价值，它反映了企业潜在或预期获利能力。投资者在评价企业价值时，是以投资者预期投资时间为起点的，并将未来收入按预期投资时间的同一口径进行折现，未来收入的多少按可能实现的概率进行计算。可见，这种计算办法考虑了资金的时间价值和风险问题。企业所得的收益越多，实现收益的时间越近，应得的报酬越是确定，则企业的价值或股东财富越大。

以企业价值最大化作为财务管理的目标，其优点主要表现在：

(1)考虑了资金的时间价值和投资的风险价值，有利于统筹安排长短期规划、合理选择投资方案、有效筹措资金、合理制定股利政策等。

(2)反映了对企业资产保值增值的要求。从某种意义上说，股东财富越多，企业市场价值就越大，追求股东财富最大化的结果可促使企业资产保值或增值。

(3)有利于克服管理上的片面性和短期行为。

(4)有利于社会资源合理配置。社会资金通常流向企业价值最大化或股东财富最大化的企业或行业，有利于实现社会效益最大化。

以企业价值最大化作为财务管理的目标也存在一些问题：

(1)对于股票上市企业，虽然可以通过股票价格的变动揭示企业价值，但是股价是受多种因素影响的结果，特别是在即期市场上的股价不一定能够直接揭示企业的获利能力，只有长期趋势才能做到这一点。

(2)为了控股或稳定购销关系，现代企业不少采用环形持股的方式，相互持股。法人股东对股票市价的敏感程度远不及个人股东，对股价最大化目标没有足够的兴趣。

(3)对于非股票上市企业，只有对企业进行专门的评估才能真正确定其价值，而在评估企业的资产时，由于受评估标准和评估方式的影响，这种估价不易做到客观和准确，从而导致企业价值确定的困难。

二、财务管理目标的协调

企业财务管理目标是企业价值最大化，根据这一目标，财务活动所涉及的不同利益主体如何进行协调是财务管理必须解决的问题。

(一)所有者与经营者的矛盾与协调

企业价值最大化直接反映了企业所有者的利益，与企业经营者没有直接的利益关系。现代公司制企业的所有权与经营权完全分离，如果经营者不持有公司股票或部分持有股票，其经营的积极性就会降低，因为经营者拼命干的所得不能全部归自己所有。此时，他会干得轻松点，不愿意为提高股价而冒险，并想方设法用企业的钱为自己谋福利，导致股东财富受损。由于两者行为目标不同，必然导致经营者利益和股东财富最大化的冲突。为了解决这一矛盾，应采取让经营者的报酬与绩效相联系的办法，并辅之以一定的监督约束措施。

1. 约束措施

(1)通过所有者约束经营者，即解聘。所有者对经营者予以监督，如果经营者未能使企业价值达到最大，就解聘经营者。为此，经营者会因为害怕被解聘而努力实现财务管理目标。

(2)通过市场约束经营者，即接收。如果经营者经营决策失误、经营不力，未能采取一切有效措施使企业价值提高，该公司就可能被其他公司强行接收或兼并，相应地，经营者也会被解聘。为此，经营者为了避免这种接收，必须采取一切措施提高股票市价。

2. 激励措施

将经营者的报酬与其绩效挂钩，以使经营者自觉采取能满足企业价值最大化的措施。激励有两种基本方式：

(1)“股票选择权”方式。它是允许经营者以固定的价格购买一定数量的公司股票，当股票的价格越高于固定价格时，经营者所得的报酬就越多。经营者为了获取更大的股票涨价益处，就必然主动采取能够提高股价的行动。

(2)“绩效股”形式。它是公司运用每股利润、资产收益率等指标来评价经营者的业绩，视其业绩大小给予经营者数量不等的股票作为报酬。如果公司的经营业绩未能达到规定目标，经营者也将部分丧失原先持有的“绩效股”。这种方式使经营者不仅为了多得“绩效股”而不断采取措施提高公司的经营业绩，而且为了使每股市价最大化，也采取各种措施使股票市价稳定上升。

(二)所有者与债权人的矛盾与协调

企业的资本来自股东和债权人。债权人的投资回报是固定的，而股东收益随企业经营效益而变化。当企业经营得好时，债权人所得的固定利息只是企业收益中的一小部分，大部分利润归股东所有。当企业经营状况差、陷入财务困境时，债权人承担了资本无法追回的风险。这就使得所有者的财务目标与债权人可望实现的目标可能发生矛盾。首先，所有者可能未经债权人同意，要求经营者投资于比债权人预计风险要高的项目，这会增加负债的风险。高风险的项目一旦成功，额外利润就会被所有者独享；倘若失败，债权人却要与所有者共同负担由此而造成的损失。这对债权人来说，风险与收益是不对称的。其次，所有者或股东未征得现有债权人同意，而要求经营者发行新债券或借新债，这增大了企业破产风险，致使旧债券或老债券的价值降低，侵犯了债权人的利益。

所有者与债权人的上述矛盾协调，一般通过以下方式解决：

(1)限制性借款。它是通过对借款的用途限制、借款的担保条款和借款的信用条件来防止和迫使股东不能利用上述两种方法剥夺债权人的债权价值。

(2)收回借款不再借款。它是当债权人发现公司有侵蚀其债权价值的意图时，采取收回债权和不给予公司重新放款，从而来保护自身的权益。

除债权人外，与企业经营者有关的各方都与企业有合同关系，都存在着利益冲突和限制条款。企业经营者若侵犯雇员、客户、供应商和所在社区的利益，都将影响企业目标的实现。所以说，企业是在一系列限制条件下实现企业价值最大化的。

第三节　财务管理的环节

财务管理的环节是指财务管理的工作步骤和一般程序。企业财务管理一般包括以下几个环节：

一、财务预测

财务预测是企业根据财务活动的历史资料(如财务分析)，考虑现实条件与要求，运用特定方法对企业未来的财务活动和财务成果作出科学的预计或测算。财务预测是进行财务决策的基础，是编制财务预算的前提。

财务预测所采用的方法主要有两种：一是定性预测，是指企业在缺乏完整的历史资料或有关变量之间不存在较为明显的数量关系下，专业人员进行的主观判断与推测。二是定量预测，是指企业根据比较完备的资料，运用数学方法，建立数学模型，对事物的未来进行的预测。实际工作中，通常将两者结合起来进行财务预测。

二、财务决策

决策即决定。财务决策是企业财务人员按照企业财务管理目标，利用专门方法对各种备选方案进行比较分析，并从中选出最优方案的过程。它不是拍板决定的瞬间行为，而是提出问题、分析问题和解决问题的全过程。正确的决策可使企业起死回生，错误的决策可导致企业毁于一旦，所以，财务决策是企业财务管理的核心，其成功与否直接关系到企业的兴衰成败。

三、财务预算

财务预算是指企业运用科学的技术手段和数量方法，对未来财务活动的内容及指标进行综合平衡与协调的具体规划。财务预算是以财务决策确立的方案和财务预测提供的信息为基础编制的，是财务预测和财务决策的具体化，是财务控制和财务分析的依据，贯穿企业财务活动的全过程。

四、财务控制

财务控制是在财务管理过程中，利用有关信息和特定手段，对企业财务活动所施加的影响和进行的调节。实行财务控制是落实财务预算、保证预算实现的有效措施，也是责任绩效考评与奖惩的重要依据。

五、财务分析

财务分析是根据企业核算资料，运用特定方法，对企业财务活动过程及其结果进行分析和评价的一项工作。财务分析既是本期财务活动的总结，也是下期财务预测的前提，具有承上启下的作用。通过财务分析，可以掌握企业财务预算的完成情况，评价财务状况，研究和掌握企业财务活动的规律，改善财务预测、财务决策、财务预算和财务控制，提高企业财务管理水平。

第四节　财务管理环境

财务管理环境是指对企业财务活动和财务管理产生影响作用的企业内、外各种条件的通称。通过环境分析，提高企业财务行为对环境的适应能力、应变能力和利用能力，以便更好地实现企业财务管理目标。

企业财务管理环境按其存在的空间，可分为内部财务环境和外部财务环境。内部财务环境主要包括企业资本实力、生产技术条件、经营管理水平和决策者的素质四个方面。内部财务环境存在于企业内部，是企业可以从总体上采取一定的措施加以控制和改变的因素。而外部财务环境存在于企业外部，它们对企业财务行为的影响无论是有形的硬环境还是无形的软环境，企业都难以控制和改变，更多的是适应和因势利导，因此本章主要介绍外部财务环境。影响企业外部财务环境的因素有很多，其中最主要的有经济环境、法律环境和金融环境等因素。

一、经济环境

影响财务管理的经济环境因素主要有经济管理体制、经济周期、经济发展水平和经济政策等。

(一)经济管理体制

经济管理体制是指在一定的社会制度下,生产关系的具体形式以及组织、管理和调节国民经济的体系、制度、方式和方法的总称。世界各国的经济体制主要可分为两种,即计划经济体制和市场经济体制。在这两种不同的经济体制下,财务管理的立足点、目标、主体和手段等存在着根本的区别。

(二)经济周期

市场经济条件下,任何国家的经济发展与运行都带有一定的波动性,大体上经历复苏、繁荣、衰退和萧条几个阶段的循环,这种循环称为经济周期。我国的经济发展与运行也呈现其特有的周期特征,带有一定的经济波动。在不同的经济周期,企业应相应采用不同的财务管理策略。经济发展处于繁荣时期,经济发展速度较快,市场需求旺盛,销售额大幅度上升。企业为了扩大生产,需要增加投资,与此相适应则需筹集大量的资金以满足投资扩张的需要。经济发展处于衰退时期,经济发展速度缓慢,甚至出现负增长,企业的产量和销售量下降,投资锐减,资金时而紧缺、时而闲置,财务运作将出现较大困难。此外,由于国际经济交流与合作的发展,西方的经济周期影响也不同程度地波及我国。因此,企业财务人员必须认识到经济周期的影响,掌握在经济发展波动中的理财本领。

(三)经济发展水平

改革开放以来,我国的国民生产总值以很高的速度增长,各项建设方兴未艾。党的"十七大"的召开,进一步推动了我国国有企业的现代化进程。这就给企业扩大规模、调整方向、打开市场以及拓宽财务活动的领域带来了机遇。同时,由于高速发展中的资金短缺将长期存在,又给企业财务管理带来严峻的挑战。因此,企业财务管理工作者必须积极探索与经济发展水平相适应的财务管理模式。

(四)经济政策

政府具有对宏观经济发展进行调控的职能。在一定时期,政府为了协调经济发展,往往通过计划、财税、金融等手段对国民经济总运行机制及其子系统提出一些具体的政策措施。这些宏观经济调控政策对企业财务管理的影响是直接的,企业必须按国家政策办事,否则将寸步难行。例如,当国家采取收缩的调控政策时,会导致企业的现金流入减少、现金流出增加、资金紧张、投资压缩。反之,当国家采取扩张的调控政策时,企业财务管理则会出现与之相反的情形。这就要求企业财务人员必须把握经济政策,更好地为企业的经营理财活动服务。

二、法律环境

财务管理的法律环境是指企业和外部发生经济关系时所应遵守的各种法律、法规和规章。市场经济是一种法治经济,企业的一切经济活动总是在一定法律规范范围内进行的。一方面,法律提出了企业从事一切经济业务所必须遵守的规范,从而对企业的经济行为进行约束;另一方面,法律也为企业合法从事各项经济活动提供了保护。影响财务管理的主要法律环境因素有企业组织形式的法律规定和税收法律规定等。

(一)企业组织形式的法律规定

企业是市场经济的主体,不同组织形式的企业所适用的法律是不同的。按照国际惯例,企业划分为独资企业、合伙企业和公司制企业,各国均有相应的法律来规范这三类企业的行为。因此,不同组织形式的企业在进行财务管理时,必须熟悉其企业组织形式的法律规定及其对财务管理的影响,从而作出相应的财务决策。

(二)税收法规

税法是税收法律制度的总称，是调整税收征纳关系的法规规范。与企业相关的税种主要有以下五种：

(1)所得税类，包括企业所得税、外商投资企业和外国企业所得税、个人所得税。

(2)流转税类，包括增值税、消费税、营业税、城市维护建设税。

(3)资源税类，包括资源税、土地使用税、土地增值税。

(4)财产税类，包括财产税。

(5)行为税类，包括印花税、车船使用税、屠宰税。

企业财务人员应当熟悉国家税收法律的规定，不仅要了解各税种的计征范围、计征依据和税率，而且要了解差别税率的制度精神，减税、免税的原则规定，自觉按照税收政策导向进行经营活动和财务活动。

(三)财务法规及其他法规

企业财务法规制度是规范企业财务活动、协调企业财务关系的法令文件。我国目前的企业财务管理法规制度有企业财务通则、行业财务制度和企业内部财务制度三个层次。其他法规，包括《证券交易法》《票据法》《银行法》等。

三、金融环境

金融环境是企业最为主要的环境因素。影响财务管理的主要金融环境因素有金融机构、金融工具、金融市场和利率等。

(一)金融机构

社会资金从资金供应者手中转移到资金需求者手中，大多要通过金融机构。金融机构包括银行业金融机构和其他金融机构。

1. 银行业金融机构

银行的主要职能是充当信用中介、充当企业之间的支付中介、提供信用工具、充当投资手段和充当国民经济的宏观调控手段。我国银行主要包括中国人民银行、各种商业银行和政策性银行。商业银行，包括国有商业银行(如中国工商银行、中国农业银行、中国银行和中国建设银行)和其他商业银行(如交通银行、广东发展银行、招商银行、光大银行等)；国家政策性银行主要包括中国进出口银行、国家开发银行等。

2. 其他金融机构

其他金融机构包括金融资产管理公司、信托投资公司、财务公司和金融租赁公司等。

(二)金融工具

金融工具是在信用活动中产生的、能够证明债权债务关系并据以进行货币资金交易的合法凭证，它对于债权债务双方所应承担的义务与享有的权利均具有法律效力。金融工具一般具有期限性、流动性、风险性和收益性四个基本特征。

金融工具按期限不同，可分为货币市场工具和资本市场工具，前者主要有商业票据、国库券(国债)、可转让大额定期存单、回购协议等；后者主要是股票和债券。

(三)金融市场

金融市场是指资金供应者和资金需求者双方通过金融工具进行交易的场所。金融市场可以是有形的市场，如银行、证券交易所等；也可以是无形的市场，如利用电脑、电传、电话等设施通过经纪人进行资金融通活动。

1. 金融市场的功能

金融市场的主要功能有五项：转化储蓄为投资；改善社会经济福利；提供多种金融工具并加速流动，使中短期资金凝结为长期资金；提高金融体系竞争性和效率；引导资金流向。

2. 金融市场的要素

(1)市场主体，即参与金融市场交易活动而形成买卖双方的各经济单位。

(2)金融工具，即借以进行金融交易的工具，一般包括债权债务凭证和所有权凭证。

(3)交易价格，反映的是在一定时期内转让货币资金使用权的报酬。

(4)组织方式，即金融市场的交易采用的方式。

3. 金融市场上资金的转移方式

(1)直接转移。它是需要资金的企业或其他资金不足者直接将股票或债券出售给资金供应者，从而实现资金转移的一种方式。

(2)间接转移。它是需要资金的企业或其他资金不足者通过金融中介机构，将股票或债券出售给资金供应者；或者以他们自身所发行的证券来交换资金供应者手中的资金，再将资金转移到各种股票或债券的发行者(即资金需求者)手中，从而实现资金转移的一种方式。

4. 金融市场的分类

金融市场可以按照不同的标准进行分类。

(1)按地理范围划分为：①国际金融市场，由经营国际货币业务的金融机构组成，其经营内容包括资金借贷、外汇买卖、证券买卖、资金交易等。②国内金融市场，由国内金融机构组成，办理各种货币、证券等金融业务活动。它又分为城市金融市场和农村金融市场，或者分为全国性、区域性、地方性的金融市场。

(2)按经营场所划分为：①有形金融市场，是指有固定场所和操作设施的金融市场。②无形金融市场，是指以营运网络形式存在的市场，通过电子、电信手段达成交易。

(3)按融资交易期限划分为：①长期资金市场(资本市场)，主要供应一年以上的中长期资金，如股票与长期债券的发行与流通。②短期资金市场(货币市场)，是一年以下的短期资金的融通市场，如同业拆借、票据贴现、短期债券及可转让存单的买卖。

(4)按交易性质划分为：①发行市场，也称一级市场，是新证券发行的市场。②流通市场，也称二级市场，是已经发行、处在流通中的证券的买卖市场。

(5)按交易对象划分为：①拆借市场；②贴现市场；③大额定期存单市场；④证券市场(包括股票市场和债券市场)；⑤外汇市场；⑥黄金市场；⑦保险市场。

(6)按交割期限划分为：①金融现货市场，融资活动成交后立即付款交割。②金融期货市场，融资活动成交后按合约规定在指定日期付款交割。按照上述各内在联系对金融市场进行科学、系统的划分，是对金融市场进行有效管理的基础。

(7)按交易标的物划分为：①货币市场；②资本市场；③金融衍生品市场；④外汇市场；⑤保险市场；⑥黄金及其他投资品市场。

(8)按融资方式划分为：①直接融资市场；②间接融资市场。

(9)按具体的交易工具类型划分为：①债券市场；②票据市场；③外汇市场；④股票市场；⑤黄金市场；⑥保险市场。

从企业财务管理角度来看，金融市场作为资金融通的场所，是企业向社会筹集资金必不可少的条件。财务管理人员必须熟悉金融市场的各种类型和管理规则，有效地利用金融市场来组织资金的筹措和进行资本投资等活动。

(四)利率

利率也称利息率,是利息占本金的百分比指标。从资金的借贷关系看,利率是一定时期运用资金资源的交易价格。资金作为一种特殊商品,以利率为价格标准的融通,实质上是资源通过利率实行的再分配。因此,利率在资金分配及企业财务决策中起着重要作用。

1. 利率的类型

利率可按照不同的标准进行分类:

(1)按利率之间的变动关系,分为基准利率和套算利率。

基准利率又称基本利率,是指在多种利率并存的条件下起决定作用的利率。所谓"起决定作用",是指这种利率变动,其他利率也相应变动。因此,了解基准利率水平的变化趋势,就可了解全部利率的变化趋势。基准利率在西方国家通常是中央银行的再贴现率,在我国是中国人民银行对商业银行贷款的利率。

套算利率是指在基准利率确定后,各金融机构根据基准利率和借贷款项的特点而换算出的利率。例如,某金融机构规定,贷款AAA级、AA级、A级企业的利率,应分别在基准利率基础上加0.5%、1%、1.5%,加总计算所得的利率便是套算利率。

(2)按利率与市场资金供求情况的关系,分为固定利率和浮动利率。

固定利率是指在借贷期内固定不变的利率。受通货膨胀的影响,实行固定利率会使债权人利益受到损害。

浮动利率是指在借贷期内可以调整的利率。在通货膨胀条件下采用浮动利率,可使债权人减少损失。

(3)按利率形成机制不同,分为市场利率和法定利率。

市场利率是指根据资金市场上的供求关系,随着市场而自由变动的利率。

法定利率是指由政府金融管理部门或者中央银行确定的利率。

2. 利率的一般计算公式

正如任何商品的价格均由供应和需求两方面来决定一样,资金这种特殊商品的价格——利率,也主要由供给与需求来决定。但除这两个因素外,经济周期、通货膨胀、国家货币政策和财政政策、国际经济政治关系、国家利率管制程度等,对利率的变动均有不同程度的影响。因此,资金的利率通常由三部分组成:(1)纯利率;(2)通货膨胀补偿率(或称通货膨胀贴水);(3)风险收益率。利率的一般计算公式可表示为:

利率=纯利率+通货膨胀补偿率+风险收益率

纯利率是指没有风险和通货膨胀情况下的均衡点利率;通货膨胀补偿率是指由于持续的通货膨胀会不断降低货币的实际购买力,为补偿其购买力损失而要求提高的利率;风险收益率包括违约风险收益率、流动性风险收益率和期限风险收益率。其中,违约风险收益率是指为了弥补因债务人无法按时还本付息而带来的风险,由债权人要求提高的利率;流动性风险收益率是指为了弥补因债务人资产流动不好而带来的风险,由债权人要求提高的利率;期限风险收益率是指为了弥补因偿债期长而带来的风险,由债权人要求提高的利率。

同步测试题

一、单项选择题

1. 没有风险和通货膨胀情况下的均衡点利率是(　　)。

A. 利率　B. 纯利率　C. 流动性风险报酬率　D. 市场利率

2. 利润最大化目标的优点是(　　)。

A. 反映企业创造剩余产品的能力　B. 反映企业创造利润与投入资本的关系

C. 考虑了资金时间价值　D. 考虑了风险因素

3. 企业与投资者的关系主要表现为投资与分享投资收益的关系，在性质上属于(　　)关系。

A. 所有权　B. 债权　C. 债务　D. 信用

4. 企业财务管理是企业管理的一个组成部分，区别于其他管理的特点在于它是一种(　　)。

A. 劳动要素的管理　B. 物资设备的管理

C. 资金的管理　D. 使用价值的管理

5. 现代财务管理的最优目标是(　　)。

A. 利润最大化　B. 企业价值最大化　C. 风险最小化　D. 效益最大化

6.(　　)的利率，在没有通货膨胀的情况下，可视为纯利率。

A. 国库券　B. 公司债券　C. 银行借款　D. 金融债券

7. 财务管理是企业组织财务活动处理与各方面(　　)的一项经济管理工作。

A. 筹资关系　B. 投资关系　C. 分配关系　D. 财务关系

8. 下列属于通过采取激励方式协调股东与经营者矛盾的方法是(　　)。

A. 股票选择权　B. 解聘　C. 接收　D. 监督

9. 在借贷期内可以调整的利率是指(　　)。

A. 套算利率　B. 市场利率　C. 浮动利率　D. 实际利率

二、多项选择题

1. 金融市场利率的决定因素有(　　)。

A. 纯利率　B. 通货膨胀补偿率

C. 流动性风险报酬率　D. 期限风险报酬率

2. 按利率在借贷期内是否可以调整，利率可以分为(　　)。

A. 固定利率　B. 浮动利率　C. 基准利率　D. 套算利率

3. 利润最大化不是企业最优的财务管理目标，其原因包括(　　)。

A. 不能直接反映企业创造剩余产品的多少　B. 没有考虑利润和投入资本额的关系

C. 没有考虑取得利润的时间和承受风险的大小　D. 没有考虑企业成本的高低

4. 所有者通过经营者损害债权人利益的常见形式是(　　)。

A. 未经债权人同意发行新债券　B. 未经债权人同意举借新债

C. 投资于比债权人预计风险要高的新项目　D. 不尽力增加企业价值

5. 企业的财务活动包括(　　)。

A. 盈利活动　B. 筹资活动　C. 资金营运活动　D. 分配活动

6. 企业的财务关系包括(　　)。

A. 企业与政府之间的财务关系　B. 企业与债权人之间的财务关系

C. 企业与投资人之间的财务关系　D. 企业与债务人之间的财务关系

7. 按利率之间的变动关系，利率可以分为(　　)。

A. 基准利率　B. 套算利率　C. 市场利率　D. 法定利率

8. 具有代表性的财务管理目标的主要观点包括(　　)。
A. 利润最大化　　B. 资本利润率最大化　　C. 企业价值最大化　　D. 成本最大化
9. 所有者与债权人之间矛盾的协调方式有(　　)。
A. 限制型借款　　B. 收回借款或停止借款　　C. 股票选择权　　D. 绩效股

三、判断题

1. 在多种利率并存的条件下起决定作用的利率称为基准利率。(　　)
2. 期限风险报酬率是指对于一项负债,到期日越长,债权人承受的不肯定因素就越多,承受的风险也越大,为弥补这种风险而要求提高的利率。(　　)
3. 金融市场利率波动与通货膨胀有关,后者起伏不定,利率也随之而起落。(　　)
4. 按利率形成机制的不同,利率分为固定利率和浮动利率。(　　)
5. 企业的资金运动既表现为钱和物的增减变动,又体现了人与人之间的经济利益关系。(　　)
6. 利润最大化是现代企业财务管理的最优目标。(　　)
7. 产值最大化是现代企业财务管理的最优目标。(　　)
8. 财务活动是指企业的生产经营活动。(　　)
9. 企业价值最大化是现代企业财务管理的最优目标。(　　)
10. 财务关系是指企业与投资人之间的经济利益关系。(　　)

第二章　财务管理基础知识

学习目标

通过本章学习，理解资金时间价值的含义，掌握资金时间价值的基本计算方法及其运用；了解风险的概念和种类，理解投资风险与报酬的关系，掌握风险衡量的方法；理解成本性态的内涵，掌握固定成本、变动成本和混合成本的分类。

案例导读

汤婆婆的那张400元存折

家住成都水碾河的汤婆婆，1977年将400元存进银行，没想到33年后却遭遇取款困难。因为当年的中国人民银行牛市口营业所的招牌早已易主，奔波了4个多月还没有找到当年的存款记录。

经过长达一周的查询，农业银行终于在牛市口支行的账本库房里找到了汤婆婆存单的原始记录，并通知汤婆婆的儿媳妇黄女士前来兑付。黄女士兴冲冲地来到银行取钱，却发现存折连本带息仅能取出835.82元。

于是，黄女士决定暂不取钱，把这张存单作为文物来收藏。

[资料来源] 《新晚报》，2010年11月2日，第24版。

【案例探索思考】

据测算，1977年一个普通工人的工资是36元，1977年一个大学生一个月的伙食费15元就足够了，400元相当于大学生两年的伙食费。还有媒体报道，当时这400元，足够买一套房子。1978年的物价情况：面粉是0.185～0.22元/斤，猪肉是0.85～1元/斤，北京地铁票价是0.1元，水费是0.12元/吨，中华香烟是0.55元/盒，茅台酒是8元/瓶。按当时的物价水平，汤婆婆当年可以用这笔钱买400斤猪肉、1 818斤面粉、727盒中华香烟或者50瓶茅台酒。按现在的物价来计算，835.82元仅可买69斤猪肉、420斤面粉、40盒中华香烟或者1瓶茅台酒。1991年万科的配股价是4.4元，如果当时再添40元钱，就可以买100股。她若持股“睡大觉”至今，算上万科近20年以来所有的配送转和分红，股票市值将达到惊人的152 238元（复权价），投资收益为345倍。

这个问题告诉我们一个简单的道理：资金是有时间价值的。如果把汤婆婆存钱看作是投资，由于投资不当带来了重大损失，即投资是有风险的，投资中必须考虑风险价值因素。那么，资金的时间价值如何计算，风险又是如何衡量的呢？请在本章内容中寻找答案。

第一节　时间价值观念

一、资金时间价值概述

(一)资金时间价值的概念

资金时间价值(Financial Time Cost)也称货币的时间价值,是指一定量资金在不同时点上价值量的差额。众所周知,在商品经济条件下,即使不存在通货膨胀,等量资金在不同时点上的价值量也不相等,今天的1元钱和将来的1元钱不等值,前者要比后者的经济价值大。比如,若银行存款年利率为8%,将今天的1元钱存入银行,一年以后就会是1.08元。可见,经过一年时间,这1元钱发生了0.08元的增值,今天的1元钱和一年后的1.08元钱等值。资金在使用过程中随时间的推移而发生的增值,即为资金的时间价值。

(二)资金时间价值产生的条件

资金时间价值产生的前提条件是,由于商品经济的高度发展和借贷关系的普遍存在,出现了资金使用权与所有权的分离,资金的所有者把资金使用权转让给使用者,使用者必须把资金增值的一部分支付给资金的所有者作为报酬,资金占用的金额越大,使用的时间越长,所有者要求的报酬就越高。而资金在周转过程中的价值增值,是资金时间价值产生的根本源泉。

(三)资金时间价值的表示方法

资金的时间价值可用绝对数(利息)和相对数(利息率)两种形式表示,通常用相对数表示。通常情况下,资金的时间价值被认为是没有风险和没有通货膨胀条件下的社会平均资金利润率,这是利润平均化规律作用的结果。

有关时间价值的计算方法同有关利息的计算方法相同,因而时间价值与利率容易被混为一谈。实际上,财务管理活动总是或多或少地存在风险,而通货膨胀也是市场经济中客观存在的经济现象。因此,利率不仅包含时间价值,而且也包含风险价值和通货膨胀的因素。只有在购买国库券等政府债券时几乎没有风险,如果通货膨胀率很低的话,政府债券利率可视同时间价值。

如上所述,商品经济的高度发展和借贷关系的普遍存在是资金时间价值产生的前提和存在的基础。而我国不仅有资金时间价值存在的客观基础,而且有充分运用它的迫切性。把资金时间价值引入财务管理,在资金筹集、运用和分配等各方面考虑这一因素,是提高财务管理水平,搞好筹资、投资、分配决策的有效保证。由于资金在不同时点上具有不同的价值,不同时点上的资金就不能直接比较,必须换算到相同的时点上才能比较,因此,掌握资金时间价值的计算显得尤为重要。资金时间价值的计算包括一次性收付款项和非一次性收付款项(年金)的终值、现值的计算。

二、一次性收付款项的终值与现值

在某一特定时点上一次性支付(或收取),经过一段时间后再相应地一次性收取(或支付)的款项,即为一次性收付款项。这种性质的款项在日常生活中十分常见。比如,存入银行一笔现金1 000元,年利率为复利10%,经过4年后一次性取出本利和1 464.1元,这里所涉及的收付款项就属于一次性收付款项。

资金时间价值的计算，涉及两个重要的概念，即终值和现值。终值(Future Value)又称将来值，是指现在一定量资金在未来某一时点上的价值，俗称本利和。在上例中，4 年后的本利和1 464.1元即为终值。现值(Present Value)又称本金，是指未来某一时点上的一定量资金折合到现在的价值。如上例中 4 年后的1 464.1元折合到现在的价值为1 000元，这1 000元即为现值。

终值与现值的计算涉及利息计算方式的选择。目前有两种利息计算方式，即单利和复利。单利方式下，每期都按初始本金计算利息，当期利息不计入下期本金，计息基础不变。复利方式下，以当期末本利和为计息基础计算下期利息，即"利上滚利"。现代财务管理中一般采用复利方式计算终值与现值，因此，也有人称一次性收付款的现值和终值为复利现值和复利终值。

(一)单利的终值和现值

这里先介绍单利的有关计算。为计算方便，通常用 P 表示现值，F 表示终值，i 表示利率(贴现率、折现率)，n 表示计算利息的期数，I 表示利息。

1. 利息的计算

$$I=P\times i\times n$$

【例 2—1】 某人持有一张带息票据，面额为 1 000 元，票面利率为 10%，出票日期为 6 月 12 日，到期日为 9 月 10 日(90 天)。则该持有者到期可得利息为：

$I=1\ 000\times 10\%\times 90/360=25$(元)

除非特别指明，在计算利息时，给出的利率均为年利率，对于不足一年的利息，以一年等于360 天来折算。

2. 单利终值的计算

$$F=P+P\times i\times n=P\times(1+i\times n)$$

【例 2—2】 设 P 为 100 元，i 为 10%，n 为 3，则单利方式下各期终值为：

第一年：$F=100\times(1+10\%)=110$(元)

第二年：$F=100\times(1+10\%\times 2)=120$(元)

第三年：$F=100\times(1+10\%\times 3)=130$(元)

单利现值的计算同单利终值的计算是互逆的，由终值计算现值称为折现。

3. 单利现值的计算

将单利终值计算公式变形，即得单利现值的计算公式为：

$$P=F/(1+i\times n)$$

【例 2—3】 某人希望在 5 年后取得本利和为 1 000 元的资金，用以支付一笔款项，则在银行利率为 5%，单利方式计息条件下，此人现在需存入银行多少钱?

$P=1\ 000/(1+5\times 5\%)=800$(元)

上面求现值的计算，也可称为贴现值的计算，贴现使用的利率称为贴现率。

(二)复利的终值和现值

1. 复利的终值(已知现值 P，求终值 F)

复利终值是指一定量的本金按复利计算若干期后的本利和。

【例 2—4】 某人将 2 万元存放于银行，年存款利率为 10%，则经过一年时间的本利和为：

$F=P+P\times i=P\times(1+i)=20\ 000\times(1+10\%)=22\ 000$(元)

如此人并不提走资金，将 22 000 元继续存在银行，则第二年的本利和为：

$F=[P\times(1+i)]\times(1+i)=P\times(1+i)^2$

$=20\ 000\times(1+10\%)^2=242\ 000$(元)

同理,第三年的本利和为:

$F=P\times(1+i)^2\times(1+i)=P\times(1+i)^3$

$=20\ 000\times(1+10\%)^3=26\ 620$(元)

第 n 年的本利和为:

$$F=P\times(1+i)^n$$

式中,$(1+i)^n$ 通常称作"一次性收付款项终值系数",简称"复利终值系数",用符号$(F/P,i,n)$表示。如本例$(F/P,10\%,3)$表示利率为10%、期限为3年的复利终值的系数。其数值可通过查阅"1元复利终值表"(见附录一)得到。我们可以从横行中找到利息10%,从纵列中找到期数3年,纵横相交处,可查到$(F/P,10\%,3)=1.331\ 0$,该系数表明,在年利率为10%的条件下,现在的1元与3年后的1.331 0元相等。

2. 复利的现值(已知终值 F,求现值 P)

复利现值是指在将来某一特定时间取得或支出一定数额的资金,按复利折算到现在的价值。复利现值是复利终值的逆运算,复利现值的计算公式为:

$$P=F\times(1+i)^{-n}$$

式中,$(1+i)^{-n}$通常称为"一次性收付款项现值系数",简称"复利现值系数",用符号$(P/F,i,n)$表示,其数值可通过查阅"1元复利现值表"(见附录二)得到。复利终值系数与复利现值系数互为倒数。

【例2—5】 某投资项目预计10年后可获得收益1 000万元,按年利率(折现率)12%计算,则这笔收益的现在价值是多少?

$P=F\times(1+i)^{-n}=F\times(P/F,i,n)$

$=1\ 000\times(P/F,12\%,10)$

$=1\ 000\times0.322\ 0=322$(万元)

式中,$(P/F,12\%,10)$表示利率为12%、期限为10年的复利现值系数。同样,我们在复利现值表上,从横行中找到利率12%,从纵列中找到期限10年,纵横相交处,可查到$(P/F,12\%,10)=0.322\ 0$。该系数表明,在年利率为12%的条件下,10年后的1元与现在的0.322 0元相等。

三、年金的终值与现值(非一次性收付款项的终值与现值)

在现实经济生活中,除了一次性收付款项之外,还存在一定时期内多次收付的款项,即系列收付款项,如果每次收付的金额相等,则这样的系列收付款项便称为年金。简言之,年金是指一定时期内,每隔相同的时间,每次等额收付的系列款项,通常记作 A。

年金的形式多种多样,如保险费、折旧、租金、等额分期收款、等额分期付款以及零存整取或整存零取储蓄等,都存在年金问题。

年金按其每次收付发生的时点不同,可分为普通年金、即付年金、递延年金、永续年金等几种。年金具有连续性和等额性特点。连续性要求在一定时间内间隔相等时间就要发生一次收支业务,中间不得中断,必须形成系列。等额性要求每期收、付款项的金额必须相等。要注意的是,在财务管理中,讲到年金,一般是指普通年金。

(一)普通年金

普通年金,又称后付年金,是指一定时期内每期期末等额收付的系列款项。

1. 普通年金终值的计算(已知年金 A,求年金终值 F)

普通年金终值犹如零存整取的本利和,它是一定时期内每期期末收付款项的复利终值之和。

【例 2—6】 某人每年年末存入银行 1 万元,一共存 10 年,已知银行利率是 2%,求第五年年末的本利和。其计算方法如图 2—1 所示。

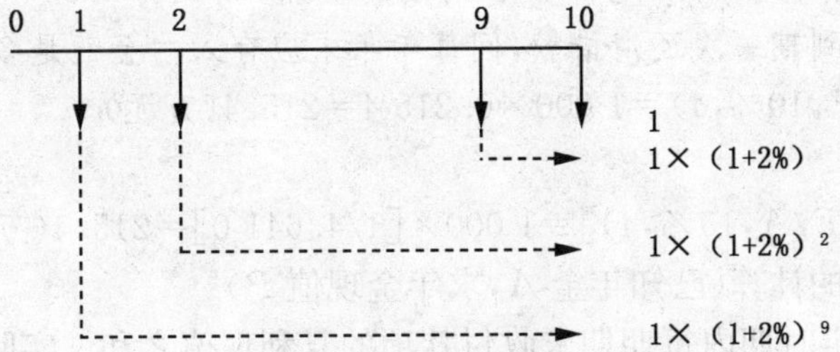

图 2—1　普通年金终值计算示意图

由图 2—1 可知,第五年年末的本利和为:

$F=1+1\times(1+2\%)+1\times(1+2\%)^2+1\times(1+2\%)^3+\cdots+1\times(1+2\%)^8+1\times(1+2\%)^9$

如果用符号表示,则有:

$$F=A\times(1+i)^0+A\times(1+i)^1+A\times(1+i)^2+\cdots+A\times(1+i)^{n-2}+A\times(1+i)^{n-1} \quad (1)$$

将上式即式(1)两边同乘$(1+i)$,得式(2):

$$F\times(1+i)=A\times(1+i)^1+A\times(1+i)^2+\cdots+A\times(1+i)^{n-2}+A\times(1+i)^{n-1}+A\times(1+i)^n \quad (2)$$

式(2)再减去式(1),得:

$$F\times i=A\times(1+i)^n-A$$

$$F=A\times\frac{(1+i)^n-1}{i}$$

式中,$\frac{(1+i)^n-1}{i}$称作"年金终值系数",记作$(F/A,i,n)$,其数值可通过查阅"1 元年金终值表"(见附录三)得到。上式也可写作:

$$F=A\times(F/A,i,n)$$

则【例 2—6】中,第五年年末的本利和为:

$F=A\times(F/A,i,n)=1\times(F/A,2\%,10)$
$=1\times10.950$
$=10.95$(万元)

2. 年偿债基金的计算(已知年金终值 F,求年金 A)

偿债基金是指为了在约定的未来某一时点清偿某笔债务或积聚一定数额的资金而必须分次等额提取的存款准备金。由于每次提取的等额准备金类似年金存款,因而同样可以获得按复利计算的利息,所以债务实际上等于年金终值,每年提取的偿债基金等于年金 A。也就是说,偿债基金的计算实际上是年金终值的逆运算。其计算公式为:

$$A=F\times\frac{i}{(1+i)^n-1}$$

式中,$\frac{i}{(1+i)^n-1}$称作"偿债基金系数",记作$(A/F,i,n)$,其数值可通过查阅"偿债基金系数表”得到，或通过年金终值系数的倒数推算出来。

上式也可写作：

$$A=F\times(A/F,i,n)$$

或：

$$A=F\times[1/(F/A,i,n)]$$

【例 2—7】 假设某企业有一笔 4 年后到期的借款，数额为 1 000 万元，为此设置偿债基金，年复利率为 10%，到期一次还清借款，问每年年末应存入的金额是多少？

$A=1\ 000\times(A/F,10\%,4)=1\ 000\times0.215\ 4=215.4$（万元）

或：

$A=1\ 000\times[1/(F/A,10\%,4)]=1\ 000\times[1/4.641\ 0]=215.4$（万元）

3. 普通年金现值的计算（已知年金 A，求年金现值 P）

年金现值是指一定时期内每期期末收付款项的复利现值之和。实际上就是指为了在每期期末取得或支出相等金额的款项，现在需要一次投入或借入多少金额。

【例 2—8】 某人现要出国，出国期限为 10 年。在出国期间，其每年年末需支付 1 万元的房屋物业管理等费用，已知银行利率为 10%，求现在需要向银行存入多少？其计算方法如图 2—2所示。

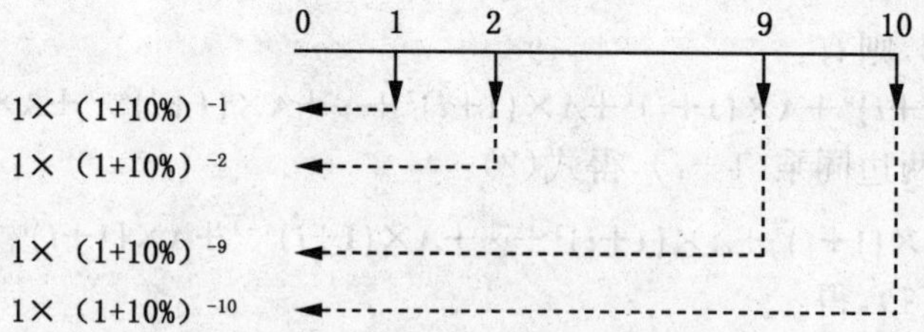

图 2—2　普通年金现值计算示意图

由图 2—2 可知，年金现值的计算公式为：

$$P=A\times(1+i)^{-1}+A\times(1+i)^{-2}+A\times(1+i)^{-3}+\cdots+A\times(1+i)^{-(n-1)}+A\times(1+i)^{-n} \quad (1)$$

将上式即式(1)两边同乘$(1+i)$，得式(2)：

$$P\times(1+i)=A+A\times(1+i)^{-1}+A\times(1+i)^{-2}+\cdots+A\times(1+i)^{-(n-2)}+A\times(1+i)^{-(n-1)} \quad (2)$$

式(2)再减去式(1)，得：

$$P\times i=A-A\times(1+i)^{-n}$$

$$P=A\times\frac{1-(1+i)^{-n}}{i}$$

式中，$\frac{1-(1+i)^{-n}}{i}$称作“年金现值系数”，记作$(P/A,i,n)$，其数值可通过查阅“1 元年金现值表”（见附录四）得到。上式也可以写作：$P=A\times(P/A,i,n)$。

则【例 2—8】中，现在需要向银行存入的金额为：

$P=A\times(P/A,i,n)==1\times(P/A,10\%,10)=6.014\ 46$（万元）

4. 年资本回收额的计算（已知年金现值 P，求年金 A）

资本回收是指在给定的年限内等额回收或清偿初始投入资本或所欠债务的价值指标。年资本回收额的计算是年金现值的逆运算。其计算公式为：

$$A=P\times\frac{i}{1-(1+i)^{-n}}$$

式中，$\frac{i}{1-(1+i)^{-n}}$称为“资本回收系数”，记作$(A/P,i,n)$，其数值可通过查阅“资本回收系数表”或利用年金现值系数的倒数求得。

上式也可写作：

$$A=P\times(A/P,i,n)$$

或：

$$A=P\times[1/(P/A),i,n)]$$

【例 2—9】 某项目年初投资 1 000 万元，资本金成本为 12%，投资期限 10 年，问每年年末收回多少资金才能回收全部投资？

$A=1\ 000\times(A/P,12\%,10)=1\ 000\times0.177\ 0=177$（万元）

或：

$A=1\ 000\times[1/(P/A,12\%,10)]=1\ 000\times[1/5.650\ 2]\approx177$（万元）

（二）即付年金

即付年金，又称先付年金或预付年金，是指一定时期内每期期初等额收付的系列款项。即付年金与普通年金的区别仅在于收付款时间的不同，普通年金在每期的期末收付款项，而即付年金在每期的期初收付款项。

1. 即付年金终值的计算

即付年金的终值是其最后一期期末时的本利和，是各期收付款项的复利终值之和。n 期即付年金终值与 n 期普通年金终值之间的关系可以用图 2—3 加以说明。

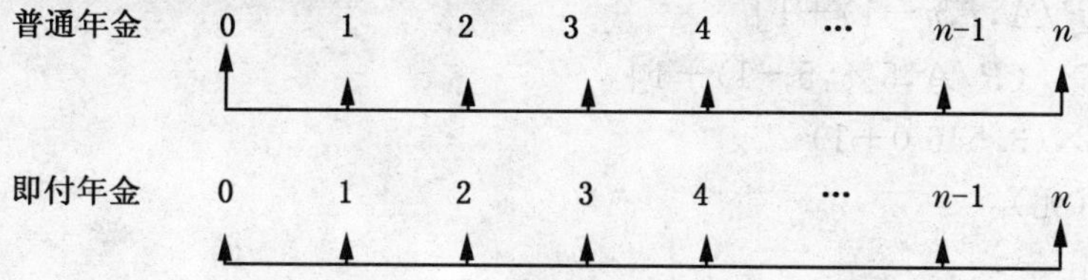

图 2—3　即付年金与普通年金之间的区别

从图 2—3 可以看出，n 期即付年金与 n 期普通年金的收付款次数相同，但由于其付款时间不同，n 期即付年金终值比 n 期普通年金的终值多计算一期利息。因此，在 n 期普通年金终值的基础上乘上$(1+i)$就是 n 期即付年金的终值。其计算公式如下：

$$F=A\times\frac{(1+i)^n-1}{i}\times(1+i)=A\times\left[\frac{(1+i)^{n+1}-1}{i}-1\right]$$

式中，$\left[\frac{(1+i)^{n+1}-1}{i}-1\right]$称为“即付年金终值系数”，它是在普通年金终值系数的基础上，期数加 1、系数减 1 所得的结果。通常记作$[(F/A,i,n+1)-1]$。这样，通过查阅“1 元年金终值表”得$(n+1)$期的值，然后减去 1 便可得对应的即付年金系数的值。这时可用如下公式计算即付年金的终值：

$$F=A\times[(F/A,i,\ n+1)-1]$$

或：

$$F=A\times(F/A,i,\ n)\times(1+i)$$

【例 2－10】 某公司决定连续 5 年于每年年初存入 100 万元作为住房基金，银行存款利率为 10%。则该公司在第 5 年年末能一次性取出本利和多少钱？

$F = A\times[(F/A,i,n+1)-1]$

$=100\times[(F/A,10\%,6)-1]$

$=100\times(7.715\,6-1)\approx 672$(万元)

2. 即付年金现值的计算

从图 2－3 可以看出，n 期即付年金现值与 n 期普通年金现值的收付款次数相同，但由于其收付款时间不同，n 期即付年金现值比 n 期普通年金现值少折现一期。因此，在 n 期普通年金现值的基础上乘上$(1+i)$，便可求出 n 期即付年金的现值。其计算公式如下：

$$P=A\times\left[\frac{1-(1+i)^{-n}}{i}\right]\times(1+i)=A\times\left[\frac{1-(1+i)^{-(n-1)}}{i}+1\right]$$

式中，$\left[\frac{1-(1+i)^{-(n-1)}}{i}+1\right]$称为“即付年金现值系数”，它是在普通年金系数的基础上，期数减 1、系数加 1 所得的结果。通常记作$[(P/A,i,n-1)+1]$。这样，通过查阅“1 元年金现值表”得$(n-1)$期的值，然后加上 1，便可得出对应的即付年金现值系数的值。这时可用如下公式计算即付年金现值的数值：

$$P=A\times[(P/A,i,n-1)+1]$$

或：

$$P=A\times(P/A,i,n)\times(1+i)$$

【例 2－11】 某人希望每年年初取得 10 000 元，连续取 5 年，银行利率为 5%。则此人在第一年年初应一次性存入多少钱？

$P = A\times[(P/A,i,n-1)+1]$

$=10\,000\times[(P/A,5\%,5-1)+1]$

$=10\,000\times(3.546\,0+1)$

$=45\,460$(元)

或：

$P = 10\,000\times(P/A,5\%,5)\times(1+5\%)$

$=10\,000\times 4.329\,5\times 1.05$

$=45\,460$(元)

(三)递延年金

递延年金是指第一次收付款发生时间不在第一期期末，而是隔若干期(假设为 s 期，$s\geqslant 1$)后才开始发生的系列等额收付款项。它是普通年金的特殊形式，凡不是从第一期开始的普通年金都是递延年金。

1. 递延年金现值的计算

递延年金的现值就是自若干期(s 期)后开始的每期款项的现值之和，其计算方法有两种(如图 2－4、图 2－5 所示)。

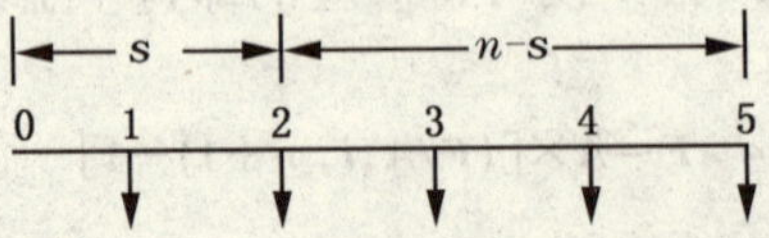

图 2－4 递延年金现值的计算示意图

根据图 2—4 所示，s 为递延期，$(n-s)$ 为连续收支期，总的期数为 n，则其计算公式为：

$$P=A\times[(P/A,i,n)-(P/A,i,s)]$$
$$=A\times[(P/A,i,n)-(P/A,i,s)] \quad (1)$$

式(1)是先计算出 n 期的普通年金现值，然后减去前 s 期的普通年金现值，即得递延年金的现值。

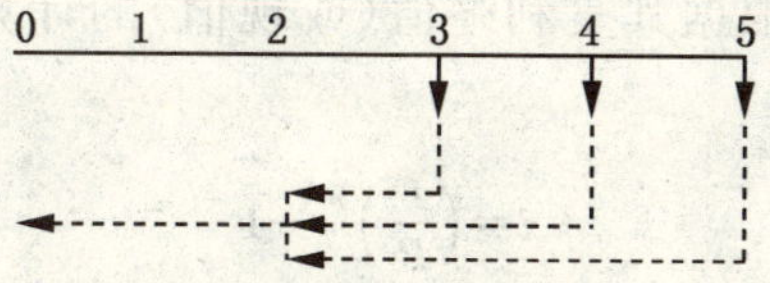

图 2—5　递延年金现值的计算示意图

根据图 2—5 所示，递延年金现值的计算公式为：

$$P=A\times[(P/A,i,n-s)\times(P/F,i,s)] \quad (2)$$

式(2)是先将递延年金视为 $(n-s)$ 期普通年金，求出在第 $(s+1)$ 期期初的现值，然后再折算到第一期期初。

【例 2—12】　某人拟在年初存入一笔资金，以便能在第 6 年年末起每年取出 1 000 元，至第 10 年年末取完。在银行存款利率为 10% 的情况下，此人应在最初一次存入银行多少钱？

$P=A\times[(P/A,10\%,10)-(P/A,10\%,5)]$

$=1\,000\times(6.144\,6-3.790\,8)\approx 2\,354$(元)

或：

$P=A\times(P/A,10\%,5)\times(P/F,10\%,5)$

$=1\,000\times 3.790\,8\times 0.620\,9\approx 2\,354$(元)

2. 递延年金终值的计算

递延年金终值的大小，与递延期无关，只与年金支付期有关，它的计算方法与普通年金相同，即：

$$F=A\times(F/A,i,n)$$

【例 2—13】　某企业于年初投资一项目，估计从第五年开始至第十年，每年年末可得收益 10 万元，假定年利率为 5%。计算投资项目年收益的终值。

$F=A\times(F/A,i,n)$

$=10\times(F/A,5\%,6)$

$=10\times 6.8019=68.019$(万元)

(四)永续年金

永续年金是指无限期等额收(付)的特种年金，可视为普通年金的特殊形式，即期限趋于无穷的普通年金。存本取息可视为永续年金的例子。此外，也可将利率较高、持续期限较长的年金视同永续年金计算。由于永续年金持续期无限，没有终止的时间，因此没有终值，只有现值。通过普通年金现值计算公式可推导出永续年金现值的计算公式为：

$$P=A\times\sum_{t=1}^{\infty}\frac{1}{(1+i)^t}=\frac{A}{i}$$

【例 2—14】　某人持有的某公司优先股，每年每股股利为 2 元，若此人想长期持有，在利率为 10% 的情况下，请对该项股票投资进行估价。

这是一个求永续年金现值的问题，即假设该优先股每股股利固定且持续较长时期，计算出这些股利的现值之和，即为该股票的估价。

$P=A/i=2/10\%=20$(元)

四、折现率、期间和利率的推算

(一)折现率(利息率)的推算

1. 对于一次性收付款项，根据其复利终值(或现值)的计算公式可得折现率的计算公式为：

$$i=\left(\frac{F}{P}\right)^{\frac{1}{n}}-1$$

因此，若已知 F、P、n，不用查表便可直接计算出一次性收付款项的折现率(利息率)i。

2. 永续年金折现率(利息率)i 的计算也很方便。若 P、A 已知，则根据公式 $P=A/i$，变形即得 i 的计算公式为：

$$i=A/P$$

3. 普通年金折现率(利息率)的推算比较复杂，无法直接套用公式，而必须利用有关的系数表，有时还会涉及内插法的运用。下面着重对此加以介绍。

普通年金终值 F、现值 P 的计算公式分别为：

$$F=A\times(F/A,i,n) \tag{1}$$

$$P=A\times(P/A,i,n) \tag{2}$$

将以上(1)、(2)两式变形得相应的(3)、(4)两式：

$$F/A=(F/A,i,n) \tag{3}$$

$$P/A=(P/A,i,n) \tag{4}$$

从(3)、(4)两式可看出，两式右边分别为普通年金终值系数和普通年金现值系数。若 F、A、n 已知，则可利用式(3)，查普通年金终值系数表，找出系数值为 F/A 的对应的 i 即可；若 P、A、n 已知，则可利用式(4)，查普通年金现值系数表，找出系数值为 P/A 的对应的 i 即可。若找不到完全对应的 i，则可运用内插法求得。

可见，利用式(3)或式(4)求 i 的基本原理和步骤是一致的。现以式(4)为例，即已知 P、A、n，说明求 i 的基本方法和步骤。

P、A、n 已知，则可按以下步骤推算 i：

第一，计算出 P/A 的值，假设 $P/A=\alpha$。

第二，查普通年金现值系数表。沿着已知 n 所在的行横向查找，若恰好能找到某一系数值等于 α，则该系数值所在的列相对应的利率便为所求的 i 值。

第三，若无法找到恰好等于 α 的系数值，就应在表中 n 行上找出 α 最接近的两个上下临界系数值，设为 β_1、β_2($\beta_1>\alpha>\beta_2$，或 $\beta_1<\alpha<\beta_2$)。读出 β_1、β_2 所对应的临界利率，然后进一步运用内插法。

第四，在内插法下，假定利率 i 同相关的系数在较小范围内线性相关，因而可根据临界系数 β_1、β_2 和临界利率 i_1、i_2 计算出 i，其公式为：

$$i=i_1+\frac{\beta_1-\alpha}{\beta_1-\beta_2}(i_2-i_1)$$

【例 2—15】 某公司于第一年年初借款 20 000 元，每年年末还本付息额均为 4 000 元，连续 9 年还清。问借款利率为多少？

根据题意，已知 $P=20\ 000$，$A=4\ 000$，$n=9$，则：

$(P/A,i,9)=P/A=20\,000/4\,000=5=\alpha$

即 $\alpha=5=(P/A,i,9)$

查 $n=9$ 的普通年金现值系数表。在 $n=9$ 一行上无法找到恰好为 $\alpha(\alpha=5)$ 的系数值，于是找大于和小于 5 的临界系数值，分别为：$\beta_1=5.328\,25>5$，$\beta_2=4.947\,37<5$，对应的临界利率为 $i_1=12\%$，$i_2=14\%$。则：

$$i=i_1+\frac{\beta_1-\alpha}{\beta_1-\beta_2}(i_2-i_1)$$

$$12\%+\frac{5.328\,2-5}{5.328\,2-4.916\,4}\times(14\%-12\%)\approx13.59\%$$

按照上述方法，若利用式(3)，则计算出 F/A 的值，设 $F/A=\alpha$，然后查普通年金终值系数表求 i。

4. 对于一次性收付款项，若应用查表法求 i，可先计算出 F/P 的值，设其为 α，然后查复利终值系数表；或先计算出 P/F 的值，设其为 α，然后查复利现值系数表。

5. 对于即付年金利率 i 的推算，同样可遵照上述方法。先求出 F/A 的值，令 $\alpha=F/A+1$，然后沿 $(n+1)$ 所在的行横向在普通年金终值系数表中查找，若恰好找到等于 α，则该系数值所在列所对应的利率便为所求的 i，否则便查找临界系数值和对应的临界利率，应用内插法求出利率 i。

(二)期间的推算

期间 n 的推算，其原理和步骤同折现率(利息率) i 的推算是一样的。

现以普通年金为例，说明在 P、A 和 i 已知情况下推算期间 n 的基本步骤。

(1)计算出 P/A，设其为 α。

(2)查普通年金现值系数表。沿着已知 i 所在列纵向查找，若能找到恰好等于 α 的系数值，其对应的 n 值即为所求的期间值。

(3)若找不到恰好为 α 的系数值，则查找最接近 α 值的左右临界系数 β_1、β_2 以及对应的临界期间 n_1、n_2，然后应用内插法求 n，公式为：

$$n=n_1+\frac{\beta_1-\alpha}{\beta_1-\beta_2}(n_2-n_1)$$

【例 2—16】 某企业拟购买一台柴油机，更新目前的汽油机。柴油机价格较汽油机高出 2 000元，但每年可节约燃料费用 500 元。若利率为 10%，则柴油机应至少使用多少年对企业而言才有利?

依题意，已知 $P=2\,000$，$A=500$，$i=10\%$，则：

$(P/A,10\%,n)=P/A=2\,000/500=4$

即 $(P/A,10\%,n)=\alpha=4$

查普通年金现值系数表。在 $i=10\%$ 的列上纵向查找，无法找到恰好为 $\alpha(\alpha=4)$ 的系数值，于是查找大于和小于 4 的临界系数值，分别为：$\beta_1=4.355\,26>4$，$\beta_2=3.790\,79<4$，对应的临界期间为 $n_1=6$，$n_2=5$。则：

$$n=n_1+\frac{\beta_1-\alpha}{\beta_1-\beta_2}(n_2-n_1)$$

$$=6+\frac{4.355\,3-4}{4.355\,3-3.790\,8}\times(5-6)$$

$$\approx5.4(年)$$

(三)名义利率与实际利率的换算

上面讨论的有关计算均假定利率为年利率,每年复利一次。但实际上,复利的计息不一定是一年,有可能是季度、月份或日。比如,某些债券半年计息一次;有的抵押贷款每月计息一次;银行之间拆借资金均为每天计息一次。当每年复利次数超过一次时,这样的年利率称为名义利率,而每年只复利一次的利率才是实际利率。

对于一年内多次复利的情况,可采取两种方法计算时间价值。

第一种方法是按如下公式将名义利率调整为实际利率,然后按实际利率计算时间价值:

$$i=\left(1+\frac{r}{m}\right)^{m}-1$$

式中:i 为实际利率;r 为名义利率;m 为每年复利次数。

【例 2—17】 某企业于年初存入 10 万元,在年利率为 10%、半年复利一次的情况下,到第 10 年年末,该企业能得到多少本利和?

依题意,$P=10,r=10\%,m=2,n=10$,则:

$$i=\left(1+\frac{r}{m}\right)^{m}-1=\left(1+\frac{10\%}{2}\right)^{2}-1$$

$$=10.25\%$$

$$F=P\times(1+i)^{n}=10(1+10.25\%)^{10}$$

$$=26.53(\text{万元})$$

因此,企业于第 10 年年末可得本利和 26.53 万元。

这种方法的缺点是调整后的实际利率往往带有小数点,不利于查表。

第二种方法是不计算实际利率,而是相应调整有关指标,即利率变为 r/m,期数相应变为 $m\cdot n$。

【例 2—18】 利用【例 2—17】中的有关数据,用第二种方法计算本利和。

$$F=P(1+r/m)m\cdot n=10\left(1+\frac{10\%}{2}\right)^{2\times10}$$

$$=10\times(F/P,5\%,20)$$

$$=26.53(\text{万元})$$

第二节　风险价值观念

前面一节已讲过,时间价值是在没有风险和没有通货膨胀条件下的投资报酬率,所以,在上节中,我们是假设没有风险的。但是,风险是客观存在的,做财务管理工作不能不考虑风险问题。企业的财务管理工作几乎都是在风险和不确定的情况下进行的,离开了风险因素,就无法正确地评价企业报酬的高低。

一、风险的概念

风险是指在一定条件下或一定时期内,某一项行动具有多种可能而不确定的结果。在风险存在的情况下,人们可以事先估计采取某种行动可能导致的各种结果以及每种结果出现的可能性大小,但无法确定最终结果是什么。例如,掷一枚硬币,我们可事先知道硬币落地时有正面朝上和反面朝上两种结果,并且每种结果出现的可能性各为 50%,但谁也无法事先知道硬币落地时是正面朝上还是反面朝上。

值得注意的是，风险和不确定性是不同的。不确定性是指对于某种行动，人们知道可能出现的各种结果，但不知道每种结果出现的概率，或者可能出现的各种结果及每种结果出现的概率都不知道，只能作出粗略的估计。例如，购买股票，投资者无法在购买前确定所有可能达到的期望报酬率以及该报酬率出现的概率。又如，假设A公司把100万元投资于东北煤炭开发公司的股票，如果该公司能顺利找到煤矿，则A公司能获得100%的报酬；反之，如果找不到煤矿，则A公司即获得−100%的报酬。但找到煤矿和找不到煤矿的可能性各为多少，事先无法知道，这种投资决策便属于不确定性的决策。而风险问题出现的各种结果的概率一般可事先估计和测算，只是不准确而已。如果对不确定性问题先估计一个大致的概率，则不确定性问题就转化为风险性问题了。在财务管理实务中，对两者不作严格区分。讲到风险，可能是指一般意义上的风险，也可能是指不确定性问题。

总之，只要某一行动的结果具有多种可能而不确定，就称为有风险；反之，某一行动的结果很确定，就称为没有风险。从财务管理角度看，风险就是企业在各项财务活动中，由于各种难以预料或控制的因素作用，使企业的预计收益和实际收益发生背离，从而有蒙受经济损失的可能性。一般而言，投资者都讨厌风险，因而一提到风险，多数将其错误地理解为与损失是同一个概念。事实上，风险不仅可能带来超出预期的收益，也可能带来超出预期的损失。

二、风险的类型

从个别理财主体的角度看，风险主要有两种，即市场风险和企业特别风险。

(一)市场风险

市场风险又称系统风险或不可分散风险，是指影响所有企业的风险。它由企业的外部因素引起，企业无法控制、无法分散，涉及所有的企业，如战争、自然灾害、利率的变化、通货膨胀、经济周期的变化等。

(二)企业特别风险

企业特别风险又称非系统风险或可分散风险，是指个别企业的特有事件造成的风险。它是随机发生的，只与个别企业和个别投资项目有关，不涉及所有企业和所有项目，是可以分散的，如产品开发失败、销售份额减少、工人罢工等。

企业特别风险根据风险形成的原因不同，又可分为经营风险和财务风险。

1. 经营风险

经营风险又称商业风险，是指由于企业生产经营条件的变化对企业收益带来的不确定性，这些生产经营条件的变化可能来自于企业内部的原因，也可能来自于企业外部的原因，如顾客购买力发生变化、竞争对手增加、政策变化、产品生产方向不对路、生产组织不合理等。这些内外因素，使企业的生产经营产生不确定性，最终引起收益变化。

2. 财务风险

财务风险又称筹资风险，是指由于企业举债而给财务成果带来的不确定性。企业借款虽然可以解决企业资金短缺的困难、提高自有资金的盈利能力，但也改变了企业的资金结构和自有资金利润率，还需还本付息，并且借入资金所获得的利润是否大于支付的利息额，具有不确定性，因此借款就有风险。在全部资金来源中，借入资金所占的比重大，企业的财务负担就重，风险程度也就增加。因此，企业必须确定合理的资金结构，既要提高资金盈利能力，又要防止财务风险加大。

三、风险报酬

如上所述，企业的财务活动和经营管理活动总是在有风险的状态下进行的，只不过风险有大有小。投资者冒着风险投资，是为了获得更多的报酬，冒的风险越大，要求的报酬就越高。风险和报酬之间存在密切的对应关系，风险报酬是投资报酬的组成部分。

那么，什么是风险报酬呢？它是指投资者冒着风险进行投资而获得的超过资金时间价值的那部分额外收益，是对人们所遇到风险的一种价值补偿，也称风险价值。

风险报酬的表现形式可以是风险报酬额或风险报酬率。在实务中，一般以风险报酬率来表示。如果不考虑通货膨胀，投资者冒着风险进行投资所希望得到的投资报酬率是无风险报酬率与风险报酬率之和。即：

期望投资报酬率＝无风险报酬率＋风险报酬率

无风险报酬率就是资金的时间价值，是在没有风险状态下的投资报酬率，是投资者投资某一项目能够肯定得到的报酬，具有预期报酬的确定性，并且与投资时间的长短有关，可用政府债券利率或存款利率表示。风险报酬率是风险价值，是超过资金时间价值的额外报酬，具有预期报酬的不确定性，与风险程度和风险报酬斜率的大小有关，并成正比关系。风险报酬斜率可根据历史资料，用高低点法、直线回归法或由企业管理人员会同专家根据经验确定，风险程度用期望值、标准差来确定。

四、风险程度的衡量

（一）概率及概率分布

在完全相同的条件下，某一事件可能发生也可能不发生，可能出现这种结果也可能出现另外一种结果，这类事件称为随机事件。概率就是用来反映随机事件发生的可能性大小的数值，一般用 X 表示随机事件，X_i 表示随机事件的第 i 种结果，p_i 表示第 i 种结果出现的概率。一般随机事件的概率在 0 与 1 之间，即 $0 \leqslant p_i \leqslant 1$，$p_i$ 越大，表示该事件发生的可能性越大；反之，p_i 越小，表示该事件发生的可能性越小。所有可能的结果出现的概率之和一定为 1，即 $\sum_{i=1}^{n} p_i = 1$。肯定发生的事件概率为 1，肯定不发生的事件概率为 0。

【例 2－19】 某企业有 A、B 两个投资项目，计划投资额均为1 000万元，在不同市场情况下，其收益（净现值）的概率分布如表 2－1 所示。

表 2－1　　市场预测和预测收益概率分布表　　单位：万元

市场状况	概率(p_i)	A 项目净现值(x_i)	B 项目净现值(x_i)
好	0.2	200	300
一般	0.6	100	100
差	0.2	50	－50

如果我们将该企业年收益的各种可能结果及相应的各种结果出现的概率按一定规则排列出来，这一完整的描述称为概率分布。

概率分布一般用坐标图来反映，横坐标表示某一事件的结果，纵坐标表示每一结果相应的概率。概率分布有两种类型：一是离散型概率分布，其特点是各种可能结果只有有限个值，概率分布在各个特定点上(如图 2—6 所示);二是连续型概率分布,其特点是各种可能结果有无数个值,概率分布在连续图像上的两点之间的区间上(如图 2—7 所示)。

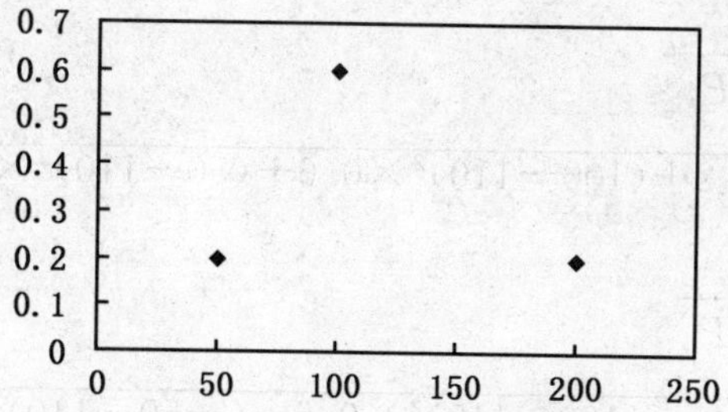

图 2—6　离散型概率分布

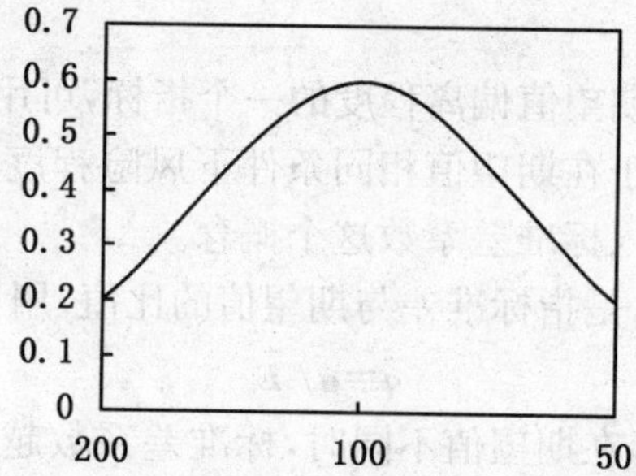

图 2—7　连续型概率分布

(二)期望值

期望值是指可能发生的结果与各自概率之积的加权平均值,它反映投资者的合理预期,用 $\overline{E}$ 表示。根据概率统计知识,一个随机变量的期望值为:

$$\overline{E}=\sum_{i=1}^{n}X_iP_i$$

【例 2—20】　利用【例 2—19】中的资料,计算 A、B 两个项目净现值的期望值。

A 项目:$\overline{E}$=200×0.2+100×0.6+50×0.2=110(万元)

B 项目:$\overline{E}$=300×0.2+100×0.6+(−50)×0.2=110(万元)

(三)离散程度

离散程度是用于衡量风险大小的统计指标。一般来说,离散程度越大,风险越大;离散程度越小,风险越小。

反映随机变量离散程度的指标包括平均差、方差、标准差、标准差系数和全距等。本书主要介绍标准差和标准差系数两项指标。

1. 标准差

标准差也称均方差,是用来衡量概率分布中各种可能值对期望值的偏离程度,它反映风险的大小,用 σ 表示。标准差的计算公式为:

$$\sigma=\sqrt{\sum(X_i-E)^2\cdot P_i}$$

标准差用来反映决策方案的风险,是一个绝对数。在多个方案的情况下,若期望值相同,则标准差越大,表明各种可能值偏离期望值的幅度越大,结果的不确定性越大,风险也越大;反之，标准差越小，表明各种可能值偏离期望值的幅度越小，结果的不确定越小，则风险也越小。

【例 2—21】 利用【例 2—19】中的资料，计算 A、B 两个项目净现值的标准差。

A 项目：

$$\sigma=\sqrt{\sum(X_i-\overline{E})^2\cdot P_i}$$

$$=\sqrt{(200-110)^2\times0.2+(100-110)^2\times0.6+(50-110)^2\times0.2}=48.99$$

B 项目：

$$\sigma=\sqrt{\sum(X_i-\overline{E})^2\cdot P_i}$$

$$=\sqrt{(300-110)^2\times0.2+(100-110)^2\times0.6+(-50-110)^2\times0.2}=111.36$$

由于 A、B 两个项目投资额相同，期望收益(净现值)亦相同，而 A 项目标准差小于 B 项目，故 A 项目的风险相对 B 项目较小。

2. 标准差系数

标准差作为反映可能值与期望值偏离程度的一个指标，可用来衡量风险，但它是一个绝对值，而不是一个相对量，只适用于在期望值相同条件下风险程度的比较，对于期望值不同的决策方案则不适用，于是，我们引入标准差系数这个概念。

标准差系数也称离散系数，是指标准差与期望值的比值，用 q 表示，计算公式如下：

$$q=\sigma/\overline{E}$$

标准差系数是一个相对数，在期望值不同时，标准差系数越大，表明可能值与期望值偏离程度越大，结果的不确定性越大，风险也越大；反之，标准差系数越小，表明可能值与期望值偏离程度越小，结果的不确定性越小，风险也越小。

【例 2—22】 利用【例 2—19】中的资料，计算 A、B 两个项目净现值的标准差系数。

A 项目：$q=\sigma/\overline{E}=48.99/110=0.45$

B 项目：$q=\sigma/\overline{E}=111.36/110=1.01$

当然，在本例中，A、B 两个项目的期望值相等，可直接根据标准差来比较风险程度，但如果期望值不等，则必须计算标准差系数才能对比风险程度。

有了期望值和标准差(系数)，我们可利用这两个指标来比较选择决策方案。对单个方案，可将标准差(系数)与设定的可接受的此项指标最高值比较来决策，若前者小于后者，应选择此方案。对于多个方案，决策的总原则是选择标准差低、期望值高的方案，但具体情况还要具体分析。

第三节　成本性态分析

成本性态，又称成本习性，是指成本的变动与业务量(产量或销售量)之间的依存关系。成本性态分析就是对成本与业务量之间的依存关系进行分析，从而在数量上具体掌握成本与业务量之间的规律性关系，以便为企业正确地进行最优管理决策和改善经营管理提供有价值的资料。它对于及时采取有效措施，挖掘降低成本的潜力，争取实现最大的经济效果，具有重要意义。按照成本性态，通常可以把成本区分为固定成本、变动成本和混合成本。

一、固定成本

(一)固定成本的基本特征

固定成本是指其总额在一定时期及一定产量范围内,不直接受业务量变动的影响而保持固定不变的成本。例如,固定折旧费用、房屋租金、行政管理人员工资、财产保险费、广告费、职工培训费、办公费、产品研究开发费用等,这些费用每年的支出水平基本相同,产销量在一定范围内变动,它们是保持固定不变的。正是由于这些成本固定不变,因此,随着产销量的增加,意味着它将分配给更多数量的产品,也就是说,单位固定成本将随产量的增加而逐渐变小;反之,产销量减少,单位产品的固定成本将升高。固定成本的基本特征是:固定成本总额不因业务量的变动而变动,但单位固定成本(单位业务量负担的固定成本)会与业务量的增减呈反向变动。固定成本习性模型如图 2－8 所示。

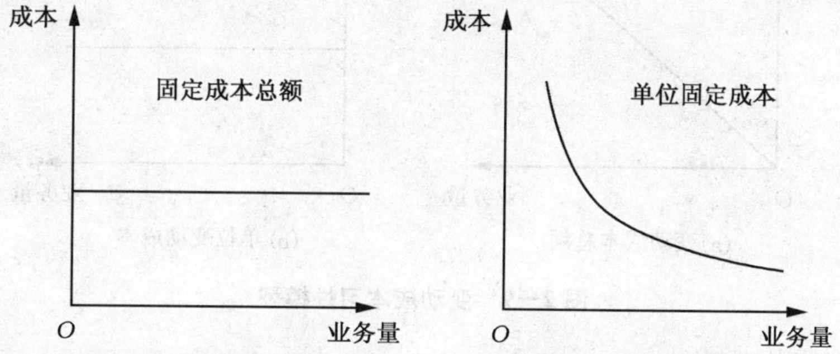

(a) 固定成本总额　　(b) 单位固定成本

图 2－8　固定成本习性模型

(二)固定成本的分类

固定成本按其支出额是否可以在一定期间内改变,分为约束性固定成本和酌量性固定成本。

1. 约束性固定成本

约束性固定成本是指管理当局的短期(经营)决策行动不能改变其具体数额的固定成本,如保险费、房屋租金、管理人员的基本工资等。这些固定成本是企业的生产能力一经形成就必然要发生的最低支出,即使生产中断也仍然要发生。由于约束性固定成本一般是由既定的生产能力所决定的,是维护企业正常生产经营必不可少的成本,所以也称为“经营能力成本”,它最能反映固定成本的特性。降低约束性固定成本的基本途径,只能是合理利用企业现有的生产能力,提高生产效率,以取得更大的经济效益。

2. 酌量性固定成本

酌量性固定成本是指管理当局的短期经营决策行动能改变其数额的固定成本,如广告费、职工培训费、新产品研究开发费用等。这些费用发生额的大小取决于管理当局的决策行动。一般是由管理当局在会计年度开始前,斟酌计划期间企业的具体情况和财务负担能力,对这类固定成本项目的开支情况分别作出决策。酌量性固定成本并非可有可无,它关系到企业的竞争能力,因此,要想降低酌量性固定成本,只有厉行节约、精打细算,编制出积极可行的费用预算并严格执行,防止浪费和过度投资等。

二、变动成本

(一)变动成本的基本特征

变动成本是指在特定的业务量范围内，其总额会随业务量的变动而呈正比例变动的成本。例如，直接材料，直接人工，按销售量支付的推销员佣金、装运费、包装费，以及按产量计提的固定设备折旧等，都是与单位产品的生产直接联系的，其总额会随着产量的增减呈正比例的增减。其基本特征是：变动成本总额因业务量的变动而呈正比例变动，但单位变动成本(单位业务量负担的变动成本)不变。变动成本习性模型如图 2—9 所示。

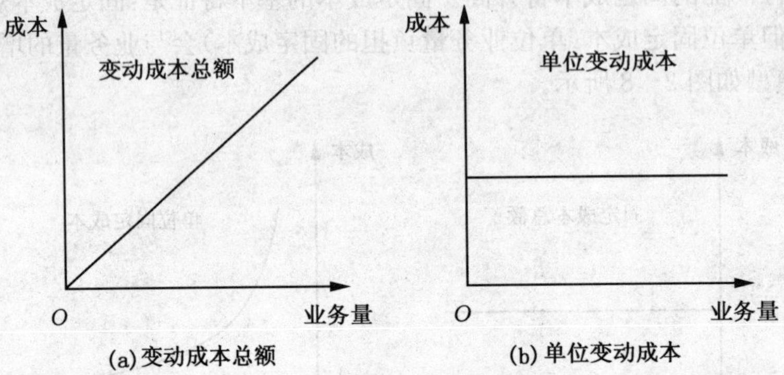

图 2—9　变动成本习性模型

(二)变动成本的分类

变动成本也可以区分为两大类：技术变动成本和酌量性变动成本。

1. 技术变动成本

技术变动成本是指与产量有明确的技术或实物关系的变动成本。例如，生产一辆汽车需要耗用一台引擎、一个底盘和若干个轮胎等，这种成本只要生产就必然会发生，若不生产，其技术变动成本便为零。

2. 酌量性变动成本

酌量性变动成本是指通过管理当局的决策行动可以改变的变动成本，如按销售收入的一定百分比支付的销售佣金、技术转让费等。这类成本的特点是其单位变动成本的发生额可由企业最高管理层决定。

值得注意的是，不论是固定成本还是变动成本的概念，都有一个“相关范围”的问题，即成本总额、一定时期、一定业务量。只有在这个“相关范围”内，才有“固定”和“变动”之分，超出“相关范围”，这种关系就不存在了。也就是说，要理解这两个概念，需要把握三点：(1)固定成本的固定性和变动成本的变动性，仅仅是在一定时期、一定业务量范围内，就其成本总额而言；(2)从产品的单位成本来看，两者恰好相反，即单位变动成本呈现不变性，单位固定成本呈现可变性(随业务量增减变化呈现反比例变化)；(3)从企业经营的长时间来看，所有的成本都是变化的，没有绝对不变的成本。

三、混合成本

(一)混合成本的基本特征

从成本习性来看，固定成本和变动成本只是两种极端的类型。在现实经济生活中，大多数成本与业务量之间的关系处于两者之间，即混合成本。顾名思义，混合成本就是“混合”了固定成本和变动成本两种不同性质的成本。一方面，它们要随业务量的变化而变化；另一方面，它们的变化又不能与业务量的变化保持着纯粹的正比例关系。混合成本是指成本总额随着业务量的变动呈非同比例变动的成本，如企业的电话费、机器设备的维护保养费等。它不能简单地归入变动成本和固定成本，但我们可以通过一定的方法，最终使其成本总额分解为固定和变动两部分。

(二)混合成本的分类

混合成本兼有固定与变动两种性质，可进一步将其细分为半变动成本、半固定成本、延期变动成本和曲线变动成本。

1. 半变动成本

半变动成本是指在有一定初始量基础上，随着产量的变化而呈正比例变动的成本。这些成本的特点是：它通常有一个初始的固定系数，在此基数内与业务量的变化无关，这部分成本类似于固定成本；在此基数之上的其余部分，则随着业务量的增加呈正比例增加。例如，固定电话座机费、水费、煤气费等均属于半变动成本。半变动成本习性模型如图 2—10 所示。

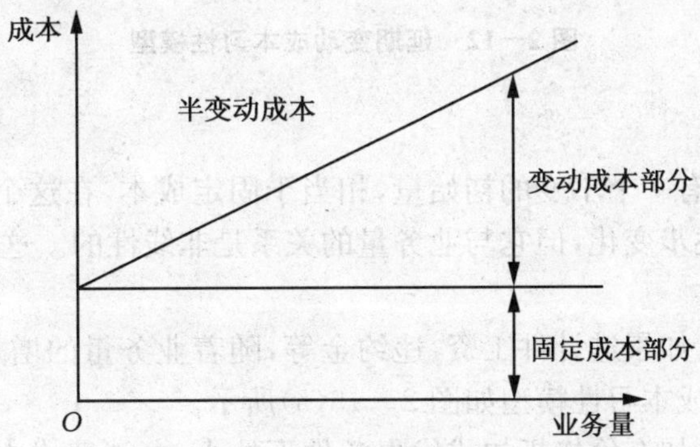

图 2—10　半变动成本习性模型

2. 半固定成本

半固定成本也称阶梯式变动成本，这类成本在一定业务量范围内的发生额是固定的，但当业务量增长到一定限度，其发生额就突然跳跃到一个新的水平，然后在业务量增长的一定限度内，发生额又保持不变，直到另一个新的跳跃。例如，企业的管理员、运货员、检验员的工资等成本项目就属于这一类。半固定成本习性模型如图 2—11 所示。

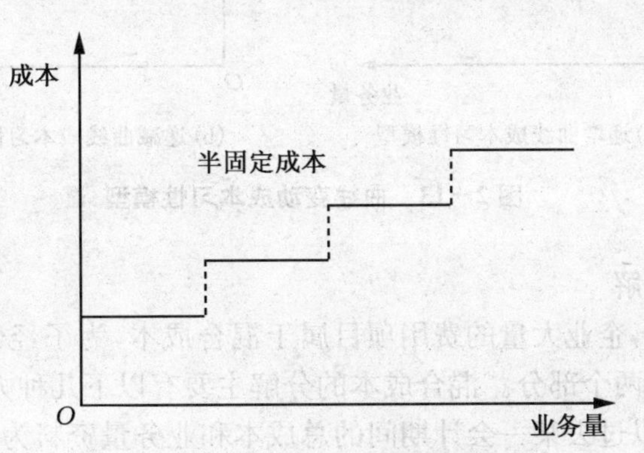

图 2—11　半固定成本习性模型

3. 延期变动成本

延期变动成本在一定的业务量范围内有一个固定不变的基数，当业务量增长超出了这个范围，它就与业务量的增长呈正比例变动。例如，职工的基本工资，在正常工作时间情况下是不变的；但当工作时间超出正常标准时，则需按加班时间的长短成比例地支付加班薪金。延期变动成本习性模型如图 2—12 所示。

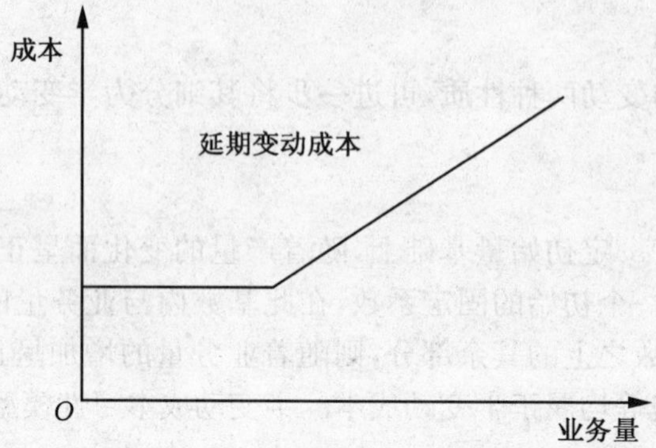

图 2—12　延期变动成本习性模型

4. 曲线变动成本

曲线变动成本通常有一个不变的初始量，相当于固定成本，在这个初始量的基础上，随着业务量的增加，成本也逐步变化，但它与业务量的关系是非线性的。这种曲线成本又可以分为以下两种类型：

一是递增曲线成本，如累进计件工资、违约金等，随着业务量的增加，成本逐步增加，并且增加幅度是递增的。其成本习性模型如图 2—13(a)所示。

二是递减曲线成本，如有价格折扣或优惠条件下的水、电消费成本，“费用封顶”的通信服务费等，其曲线达到高峰后就会下降或持平。其成本习性模型如图 2—13(b)所示。

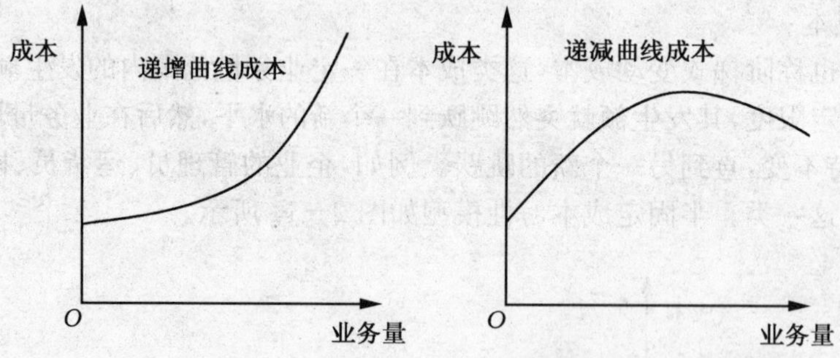

(a)递增曲线成本习性模型　(b)递减曲线成本习性模型

图 2—13　曲线变动成本习性模型

(三)混合成本的分解

在实际经济生活中，企业大量的费用项目属于混合成本，为了经营管理的需要，必须把混合成本分为固定与变动两个部分。混合成本的分解主要有以下几种方法：

(1)高低点法。它以过去某一会计期间的总成本和业务量资料为依据，从中选取业务量最高点和业务量最低点，将总成本进行分解，得出成本性态的模型。其计算公式为：

$$\text{单位变动成本}=\frac{\text{最高点业务量成本}-\text{最低点业务量成本}}{\text{最高点业务量}-\text{最低点业务量}}$$

或：

$$\begin{aligned}\text{固定成本总额}&=\text{最高点业务量成本}-\text{单位变动成本}\times\text{最高点业务量}\\&=\text{最低点业务量成本}-\text{单位变动成本}\times\text{最低点业务量}\end{aligned}$$

采用高低点法计算较简单，但它只采用了历史成本资料中的高点和低点两组数据，故代表性较差。

(2)回归分析法。这是一种较为精确的方法。它根据过去一定期间的业务量和混合成本的历史资料，应用最小二乘法原理，算出最能代表业务量与混合成本关系的回归直线，借以确定混合成本中的固定成本和变动成本。

(3)账户分析法，又称会计分析法，它根据有关成本账户及其明细账的内容，结合其与产量的依存关系，判断其比较接近哪一类成本，就视其为哪一类成本。这种方法简便易行，但比较粗糙且带有主观判断。

(4)技术测定法，又称工业工程法，它是根据生产过程中各种材料和人工成本消耗量的技术测定来划分固定成本和变动成本的方法。该方法通常只适用于投入成本与产出数量之间有规律性联系的成本分解。

(5)合同确认法。它是根据企业订立的合同或协议中关于支付费用的规定，来确认并估算哪些项目属于变动成本、哪些项目属于固定成本的方法。合同确认法需要配合账户分析法使用。

四、总成本模型

在将混合成本按照一定的方法区分为固定成本和变动成本之后，根据成本性态，企业的总成本公式可以表示为：

$$\begin{aligned}\text{总成本}&=\text{固定成本总额}+\text{变动成本总额}\\&=\text{固定成本总额}+(\text{单位变动成本}\times\text{业务量})\end{aligned}$$

这个公式在变动成本计算、本量利分析、正确制定经营决策和评价各部门工作业绩等方面，具有不可或缺的重要作用。

同步测试题

一、单项选择题

1. 某保险公司的推销员每月固定工资为 800 元，在此基础上，推销员还可按推销保险金额的 1‰领取奖金，那么推销员的工资费用属于(　　)。

A. 半固定成本　　B. 半变动成本　　C. 变动成本　　D. 固定成本

2. 普通年金终值系数的倒数称为(　　)。

A. 偿债基金　　B. 偿债基金系数　　C. 年回收额　　D. 投资回收系数

3. 根据资金时间价值理论，在普通年金现值系数的基础上，期数减 1、系数加 1 的计算结果，应当等于(　　)。

A. 递延年金现值系数　　B. 普通年金终值系数

C. 预付年金现值系数　　D. 预付年金终值系数

4. 某人准备给某学校设立专项奖学金，预计每年应发放 200 000 元，在存款利率为 10%的情况下，此人应存入(　　)元，才可以从利息中发放预计的奖学金。

A. 900 000　　B. 2 000 000　　C. 100 000　　D. 1 000 000

5. 某企业拟建立一项基金，每年年初投入200 000元，若利率为10%，五年后该项基金本利和将为(　　)元。

A. 671 600　　B. 564 100　　C. 871 600　　D. 1 021 020

6. 若使复利终值经过4年后变为本金的2倍，每半年计息一次，则年利率应为(　　)。

A. 18.10%　　B. 18.92%　　C. 37.84%　　D. 9.05%

7. 当银行利率为10%时，一项6年后付款1 600元的购货，若按单利计息，相当于第一年年初一次性现金支付(　　)元。

A. 451.6　　B. 500　　C. 1 000　　D. 480

8. 如果两个投资项目预期收益的标准差相同，而期望值不同，则这两个项目(　　)。

A. 预期收益相同　　B. 标准差系数相同　　C. 预期收益不同　　D. 未来风险报酬相同

9. 距今若干期后发生的每期期末收款或付款的年金称为(　　)。

A. 后付年金　　B. 先付年金　　C. 递延年金　　D. 永续年金

10. 若干期后本金加利息所得的资金的未来价值称为(　　)。

A. 终值　　B. 现值　　C. 年金终值　　D. 年金现值

11. 某方案在三年中每年年末付款500元，利率为10%，则到第三年年末时的终值为(　　)。

A. 150　　B. $50\times(F/P,10\%,3)$

C. $500\times(F/A,10\%,3)$　　D. $150\times(1+10\%)^3$

12. 财务风险是(　　)带来的风险。

A. 通货膨胀　　B. 高利率　　C. 筹资决策　　D. 销售决策

13. 东方公司有一笔4年后到期的借款，数额为200万元，年利率为10%，到期一次还清借款，则每年年末应存入(　　)万元。

A. 215.4　　B. 21.54　　C. 464.1　　D. 43.09

14. 某投资项目预计6年后可获得收益800万元，按折现率12%计算，这笔收益的现在价值是(　　)万元。

A. 405.28　　B. 202.64　　C. 196.64　　D. 480

15. 一定时期内各期期初等额的系列收付款项称为(　　)。

A. 先付年金　　B. 后付年金　　C. 递延年金　　D. 永续年金

16. 某项永久性奖学金，每年计划颁发50 000元奖金。若年复利率为8%，则该项奖学金的本金应为(　　)元。

A. 625 000　　B. 500 000　　C. 125 000　　D. 40 000

17. 某公司连续5年于每年年初存入100万元作为住房基金，利率为10%，该公司在第5年年末能一次性取出本利和(　　)万元。

A. 671.6　　B. 122.1　　C. 1 543.2　　D. 1 343.2

18. 甲方案的标准差比乙方案的标准差大，如果甲、乙两方案的期望值相同，则甲方案的风险(　　)乙方案的风险。

A. 大于　　B. 小于　　C. 等于　　D. 无法确定

二、多项选择题

1. 下列风险中，属于市场风险的有(　　)。

A. 战争　　B. 自然灾害　　C. 罢工　　D. 利率变化

2. 下列选项中，(　　)可以视为年金的形式。

A. 折旧　　B. 租金　　C. 红利　　D. 保险费

3. 下列选项中，既有现值又有终值的是(　　)。

A. 复利　　B. 普通年金　　C. 先付年金　　D. 永续年金

4. 下列表述中，正确的有(　　)。

A. 复利终值系数和复利现值系数互为倒数

B. 普通年金终值系数和普通年金现值系数互为倒数

C. 普通年金终值系数和偿债基金系数互为倒数

D. 普通年金现值系数和资本回收系数互为倒数

5. 下列说法中，不正确的是(　　)。

A. 风险越大，投资人获得的投资收益就越高

B. 风险越大，意味着损失越大

C. 风险是客观存在的，投资人是无法选择是否承受风险的

D. 由于通货膨胀会导致市场利率变动，企业筹资成本就会加大，所以由于通货膨胀而给企业带来的风险是财务风险，即筹资风险

6. 下列表述中，正确的有(　　)。

A. 偿债基金系数与年金现值系数互为倒数　　B. 偿债基金系数与年金终值系数互为倒数

C. 资本回收系数与年金现值系数互为倒数　　D. 资本回收系数与年金终值系数互为倒数

7. 资金时间价值可以用(　　)来表示。

A. 纯利率　　B. 社会平均资金利润率

C. 通货膨胀率极低情况下的国债利率　　D. 不考虑通货膨胀下的无风险报酬率

8. 关于投资者要求的期望投资报酬率，下列说法中正确的有(　　)。

A. 风险程度越高，要求的报酬率越低

B. 无风险报酬率越高，要求的期望投资报酬率越高

C. 无风险报酬率越低，要求的期望投资报酬率越高

D. 风险程度越高，要求的期望投资报酬率越高

9. 若甲的期望值高于乙的期望值，且甲的标准差小于乙的标准差，则下列表述中不正确的是(　　)。

A. 甲的风险小，应选择甲方案

B. 乙的风险小，应选择乙方案

C. 甲的风险与乙的风险相同

D. 难以确定，因期望值不同，需进一步计算标准离差率

10. 递延年金的特点有(　　)。

A. 最初若干期没有收付款项　　B. 后面若干期等额收付款项

C. 其终值计算与普通年金相同　　D. 其现值计算与普通年金相同

三、判断题

1. 在经济活动中，风险表现为一种实际的经济损失，而风险报酬则是对这种损失的补偿。(　　)

2. 若使复利终值经过 4 年后变为本金的 2 倍，每半年计算一次，则年利率应为 18.10%。(　　)

3. 一般来说，资金时间价值是指没有通货膨胀条件下的投资报酬率。(　　)

4. 名义利率是指一年内多次复利时给出的年利率，它等于每期利率与年内复利次数的乘积。(　　)

5. 无论各投资项目报酬率的期望值是否相同，都可以采用标准差比较其风险程度。(　　)

6. 标准差是反映概率分布中各种可能的报酬率对实际报酬率的偏离程度。(　　)

7. 年金是指每隔一年、金额相等的一系列现金流入或流出量。(　　)

8. 在利率不断资本化的条件下，资金时间价值的计算基础应采用复利。(　　)

9. 即付年金和普通年金的区别在于计算时间与付款方式的不同。(　　)

10. 一次性款项的复利现值就是为在未来一定时期获得一定的本利和现在所需的本金。(　　)

11. 永续年金既有终值又有现值。 （ ）

12. 概率必须符合两个条件：一是所有的概率值都不大于 1，二是所有结果的概率之和应等于 1。（ ）

13. 在现值和利率一定的情况下，计算期数越少，则复利终值越大。 （ ）

14. 在终值和计算期一定的情况下，贴现率越低，则复利现值越高。 （ ）

15. 在实务中，当说到风险时，可能指的是确切意义上的风险，但更可能指的是不确定性，两者不作区分。 （ ）

16. 经营风险是指因生产经营方面的原因给企业盈利带来的不确定性，它来源于企业生产经营内部的诸多因素的影响。 （ ）

17. 风险报酬率是指投资者因冒风险进行投资而获得的额外报酬率。 （ ）

18. 对于多方案择优，决策者的行动准则应是权衡期望收益与风险，而且还要视决策者对风险的态度而定。 （ ）

19. 企业为维持一定经营能力所必须负担的最低成本是酌量性固定成本。 （ ）

四、计算分析题

1. 某企业现在借得 10 000 万元的贷款，在 10 年内以年利率 12%等额偿还，则每年应付的金额为多少？

2. 某人现要出国，出国期限为 10 年。在出国期间，其每年年末需支付1 256元的房屋物业管理等费用，已知银行利率为 2%，求现在需要向银行存入多少？

3. 某公司有一项付款业务，有甲、乙两种付款方式可供选择。

甲方案：现在支付 14 万元，一次性结清。

乙方案：分 5 年付款，各年年末支付 4 万元，年利率为 10%。

要求：按现值计算择优方案。

4. 某人每年年末存入银行 15 万元，一共存 10 年，已知银行利率是 2%，求 10 年后能够从银行取出多少钱？

5. 银行利率为 10%，递延期 $m=3$，即从第 4 期期末开始支付年金1 000元，支付 3 次，问该递延年金现值是多少？

6. 甲企业向银行借入 1 000 万元，准备在 10 年内以年金的方式偿还，利率为 12%。问：(1)每年年末偿债多少？(2)每年年初偿债多少？

7. 某公司拟购置一处房产，房主提出两种付款方案：

(1)从现在起，每年年初支付 20 万元，连续支付 10 次，共 200 万元；

(2)从第 5 年开始，每年年初支付 25 万元，连续支付 10 次，共 250 万元。

假定该公司的资金成本率(即最低报酬率)为 10%，则公司应选择哪个方案？

8. A、B 两个投资项目，投资额均为1 000元，其收益的概率分布如下表所示：

市场情况	概率	A 项目收益额(元)	B 项目收益额(元)
销售好	0.2	2 000	3 000
销售一般	0.5	1 000	1 000
销售差	0.3	500	−500

要求：

(1)计算两个项目的标准差系数；

(2)判断两个方案的优劣。

第三章　筹资管理

学习目标

通过本章学习，掌握筹资的分类、筹资的渠道与方式；掌握企业资金需要量预测的销售额比率法、直线回归法和高低点法；掌握各种筹资方式的含义和优缺点；掌握杠杆收购的含义、利用杠杆收购筹资的特点；熟悉筹资的含义与动机，吸收直接投资的种类与出资方式；了解企业资金需要量预测的定性预测法。

案例导读

赵总的烦恼

跃进汽车制造公司是一个多种经济成分并存、具有法人资格的大型企业集团。公司现有58个生产厂家，还有物资、销售、进出口、汽车配件4个专业公司，1个轻型汽车研究所和1所汽车工学院。公司现在急需1亿元的资金用于轿车技术改造项目。为此，总经理赵广斌于2004年5月10日召开由生产副总经理张望、财务副总经理王朝、销售副总经理林立、某信托投资公司金融专家周民、某经济研究中心经济学家武教授、某大学财务学者郑教授组成的专家研讨会，讨论该公司筹资问题。下面摘要他们的发言和有关资料如下：

总经理赵广斌首先发言："公司轿车技术改造项目经专家、学者的反复论证已被国家于2003年正式批准立项。这个项目的投资额预计为4亿元，生产能力为4万辆。项目改造完成后，公司的两个系列产品的各项性能可达到国际同类产品的先进水平。现在项目正在积极实施中，但目前资金不足，准备在2004年7月前筹措1亿元资金，请大家发表自己的意见，谈谈如何筹措这笔资金。"

生产副总经理张望说："目前筹集的1亿元资金，主要是用于投资少、效益高的技术改进项目。这些项目在两年内均能完成建设并正式投产，到时将大大提高公司的生产能力和产品质量，估计这笔投资在改造投产后三年内可完全收回。所以应发行五年期的债券筹集资金。"

财务副总经理王朝提出了不同意见，他说："目前公司全部资金总额为10亿元，其中自有资金4亿元，借入资金6亿元，自有资金比率为40%。负债比率为60%，这种负债比率在我国处于中等水平，与世界发达国家如美国、英国等相比，负债比率已经比较高了，如果再利用债券筹集1亿元资金，负债比率将达到64%，显然负债比率过高，财务风险太大。所以，不能利用债券筹资，只能靠发行普通股或优先股筹集资金。"

但金融专家周民却认为："目前我国资金市场还不够完善，证券一级市场和二级市场尚处于发展初期，许多方面还很不规范，投资者对股票投资还没有充分的认识，再加之今年度股市的'扩容'速度过快。因此,在目前条件下要发行1亿元普通股是很困难的。发行优先股还可以考虑,但根据目前的利率水平和生产情况,发行时年股息不能低于16.5%,否则也无法发行。如果发行债券,因要定期付息还本,投资者的风险较小,估计以12%的利率便可顺利发行债券。"

来自某经济研究中心的武教授认为:"目前我国经济建设正处于改革开放的大好时期,我国已经加入世界贸易组织,汽车行业可能会受到冲击,销售量会受到影响。在进行筹资和投资时应考虑这一因素,不然盲目上马,后果将是不够理想的。"

公司的销售副总经理林立认为:"将来一段时期内销售量不成问题。这是因为公司生产的中档轿车和微型车,这几年来销售量情况一直很好,畅销全国29个省、市、自治区,2002年受进口汽车的影响,全国汽车滞销,但公司的销售状况仍创历史最好水平,居全国领先地位。在近几年全国汽车行业质量评比中,连续获奖。至于我国入关后,关税将大幅度下降,确实会对我国汽车行业带来冲击,但这种冲击已通过国家近期来的逐步降低关税得以逐步消化,外加在入关初期,国家对轿车行业还准备采取一定的保护措施。所以,入关不会产生大的影响。"

财务副总经理王朝说:"公司属于股份制试点企业,目前所得税税率为33%,税后资金利润率为16%,若这项技术改造项目上马,由于采用了先进设备,投产后预计税后资金利润率将达到18%。"所以,他认为这一技术改造项目应付诸实施。

来自某大学的财务学者郑教授听了大家的发言后指出:"以16.5%的股息率发行优先股不可行,因为发行优先股所花费的筹资费用较多,把筹资费用加上以后,预计利用优先股筹集资金的资金成本将达到19%,这已高于公司税后资金利润率1%,所以不可行。但若发行债券,由于利息可以在税前支付,实际成本大约为9%。"他还认为,目前我国正处于通货膨胀时期,利息率比较高,这时不宜发行较长时期的负担较高的利息或股息。所以,郑教授认为,应首先向银行筹措1亿元的技术改造贷款,期限为一年,一年以后,再以较低的股息率发行优先股股票来替换技术改造贷款。

财务副总经理王朝听了郑教授的分析后,也认为按16.5%发行优先股,的确会给公司带来沉重的财务负担。但他不同意郑教授后面的建议,他认为,在目前条件下向银行筹措1亿元技术改造贷款几乎不可能;另外,通货膨胀在近一年内不会消除,要想消除通货膨胀,利息率有所下降,至少需要两年时间。金融学家周民也同意王朝的看法,他认为一年后利息率可能还要上升,两年后利息率才会保持稳定或有所下降。

[资料来源] 王化成:《财务管理教学案例》,中国人民大学出版社2012年版。

【案例探索思考】

通过阅读上面的资料,归纳一下这次筹资研讨会上提出了哪几种筹资方案?你认为会上的几种筹资方案是否可行?你若在场的话,听了与会同志的发言后,应该如何作出决策?通过学习本章内容,你就会得到这些问题的答案。

第一节 筹资管理概述

一、筹资的动机

企业持续的生产经营活动,会不断地产生对资金的需求,需要及时、足额筹措和集中所需资金。同时，企业因开展对外投资活动和调整资本结构，也需要经济有效地筹集和融通资金。企业进行资金筹集，首先必须了解筹资的具体动机。

(一)扩张筹资动机

扩张筹资动机是企业因扩大生产经营规模或追加对外投资的需要而产生的筹资动机。具有良好发展前景、处于成长时期的企业通常会产生这种筹资动机。扩张筹资动机所产生的直接结果，是企业资产总额和筹资总额的增加。

(二)偿债筹资动机

偿债筹资动机是企业为了偿还某项债务而形成的借款动机，即借新债还旧债。偿债筹资有两种情形：一是调整性偿债筹资，即企业虽有足够的能力支付到期旧债，但为了调整现有的资本结构，仍然举债，从而使资本结构更加合理；二是恶化性偿债筹资，即企业现有的支付能力已不足以偿付到期旧债，而被迫举债还债，这表明企业的财务状况已经恶化。

(三)混合筹资动机

混合筹资动机是企业因同时需要长期资金和现金而形成的筹资动机。通过混合筹资，企业既扩大资产规模，又偿还部分旧债，即在这种筹资中混合了扩张筹资和偿债筹资两种动机。

二、筹资的分类

为了有效地进行筹资管理，可按不同标准对企业筹资进行分类。

(一)按所筹资金的性质分类

1. 权益筹资

权益筹资所筹资金为权益资本，其主要特征是：(1)所有权归出资者所有，出资者按出资额享有资产收益、参与经营管理的权利，并以出资额对企业债务负有限责任；(2)可以长期占用，属于“永久性资本”，形成企业法人财产权，在企业存续期间，除依法转让外，不得以任何方式抽回；(3)不需要还本付息，因而风险较小；(4)通过吸收直接投资、发行股票、保留收益等方式筹措形成。

2. 负债筹资

负债筹资所筹资金为负债资金，与权益资本比较具有以下特征：(1)负债资金代表一定的债权债务关系；(2)债权人不享有参与经营管理的权利；(3)企业在约定期限享有使用权，到期还本付息，有筹资风险；(4)负债利息在成本中列支，有利于提高权益资本的收益率；(5)通过借款、商业信用、发行债券、融资租赁等方式筹措形成。

需要指出的是，在特定条件下，负债资金可以转化为权益资本，但权益资本一般不能转化为负债资金，了解这一点，对企业资本结构调整有一定意义。

(二)按融通资金的方式分类

1. 直接筹资

直接筹资，是指资金供求双方通过一定的金融工具直接形成债权债务关系或所有权关系的筹资形式。直接筹资的工具主要有商业票据、股票、债券，如企业直接发行股票和债券就是一种直接筹资。直接筹资的优点在于资金供求双方联系紧密，有利于资金的快速合理配置和提高使用效益。直接筹资也有其局限性，主要表现在：(1)资金供求双方在数量、期限、利率等方面受的限制比间接筹资多；(2)直接筹资的便利程度及其融资工具的流动性均受到金融市场的发达程度的制约。

2. 间接筹资

间接筹资，是指资金供求双方通过金融中介机构间接实现资金融通的活动。典型的间接筹资是向银行借款。与直接筹资比较，间接筹资的优点在于灵活便利、规模经济。间接筹资的局限性主要有：(1)割断了资金供求双方的直接联系，减少了投资者对资金使用的关注和筹资者的压力；(2)金融机构要从经营服务中获取收益，从而增加了筹资者的成本，减少了投资者的收益。

(三)按所筹资金的使用期限分类

1. 短期筹资

短期筹资是对短期资金的筹集。短期资金是使用期不超过一年的资金，主要满足生产经营过程中的波动性流动资产需要。短期筹资主要有短期借款和商业信用等方式。

2. 长期筹资

长期筹资是对长期资金的筹集。长期资金是使用期限在一年以上的资金，主要用于购置固定资产、无形资产，对外长期投资，以及垫支于经常性占用的永久性流动资产需要。长期资金主要通过直接吸收投资、长期借款、融资租赁、发行股票和债券等方式筹集形成。长期资金对企业稳定经营和持续发展具有重要意义。

(四)按所筹资金的范围分类

1. 内源筹资

内源筹资是把企业内部积累作为筹资来源，是对一定时期净收益的留置和分配，包括提取公积金和保留收益。因为牵涉到收益分配，所以内源筹资通常和企业的利润分配政策相联系。采用内源筹资方式简便易行，不直接支付使用费，也不发生筹资费，较为经济，有利于企业的长期发展。因此，在筹资政策上，应先考虑内源筹资，再安排外源筹资。

2. 外源筹资

外源筹资是利用外部来源筹集资金，除企业内部积累外，其余都属于外源筹资。显然，外部资金具有供量大、渠道宽、方式多的特征。企业筹资有较多的选择，但是外源筹资往往限制条件多，使资金的使用受到约束。

(五)按筹资的结果是否在资产负债表上得以反映分类

1. 表内筹资

表内筹资是指可能引起资产负债表中负债与所有者权益发生变动的筹资。

2. 表外筹资

表外筹资是指不会引起资产负债表中负债与所有者权益发生变动的筹资。表外筹资可分为直接表外筹资和间接表外筹资。

直接表外筹资是企业以不转移资产所有权的特殊借款形式直接筹资。最常见的筹资方式有租赁(融资租赁除外)、代销商品、来料加工等。

间接表外筹资使用另一个企业的负债代替本企业负债，使得本企业表内负债保持在合理的限度内。最常见的间接表外筹资方式是母公司投资于子公司和附属公司，母公司将自己经营的元件、配件拨给一个子公司和附属公司，子公司和附属公司将生产出的元件、配件销售给母公司。企业还可以通过应收票据贴现、出售有追索权的应收账款、产品筹资协议等把表内筹资化为表外筹资。

三、筹资的渠道

筹资渠道是指企业取得资金的来源或途径，体现着资金的源泉和流量。认识筹资渠道的种类及每种渠道的特点，有利于企业充分开拓和正确利用筹资渠道以筹集生产经营所需要的资金。

经济体制改革以前，我国全民所有制企业的筹资渠道比较单一，主要有国家财政资金、银行信贷资金和企业自留资金。随着经济体制改革的深入开展和证券市场的建立，我国企业的资金来源发生了巨大的变化，正由单一渠道逐步向多渠道发展，由以纵向渠道为主逐步向以横向渠道为主转变。

目前，我国企业的筹资渠道主要有以下七种：

(一)国家财政资金

国家对企业的投资是国有企业的主要资金来源。现在国有企业的资金来源大部分是过去由国家以财政拨款的方式投资形成的。国家财政资金基础坚固、来源充沛，为大中型企业的生产经营活动提供了可靠的保证，再加上国家不断加大扶持基础性产业和公益性产业的长远发展战略，这就决定了国家财政资金今后仍然是国有企业筹集资金的重要渠道。

(二)银行信贷资金

银行一般分为商业性银行和政策性银行。商业性银行为各类企业提供商业性贷款。政策性银行为特定企业提供政策性贷款。银行信贷资金有居民储蓄、单位存款等较稳定的资金来源，贷款方式灵活，能适应各种企业的资金需要，是企业重要的筹资渠道。

(三)非银行金融机构资金

非银行金融机构主要有信托投资公司、保险公司、租赁公司、证券公司、企业集团的财务公司等。非银行金融机构通过一定的途径或方式为企业直接提供部分资金或为企业筹资提供服务。这种筹资渠道的财力比银行信贷资金要小，但它的资金供应比较灵活方便，并可提供其他方面的服务，因此具有十分广阔的发展前景。

(四)其他法人单位资金

其他法人单位资金是指其他法人单位以其可以支配的资产对企业投资形成的资金。企业在生产经营过程中，往往会形成部分暂时闲置的资金，可以在企业之间相互调剂使用。随着横向经济联合的发展，企业之间也进行相互投资。这种企业之间资金的联合和融通成为企业资金筹集的一个渠道。

(五)民间资金

对于企业职工和城乡居民手中暂时不用的资金，企业可以通过一定的方式如发行股票、债券等，把这些节余货币集中起来形成企业的资金，充分利用这一大有潜力的资金来源。

(六)企业自留资金

企业自留资金是指企业通过各种途径和形式积累起来的属于企业自有的资金，主要包括企业在税后利润中提取的公积金、未分配利润和计提折旧费用而形成的资金，是企业的“自动化”筹资渠道。

(七)境外资金

境外资金是指外商向我国企业投入的资金，是外商投资企业的重要资金来源。利用外资是弥补资金不足、促进企业不断壮大、推动经济发展的重要手段之一。企业通过吸引外资和我国港、澳、台地区资本投资，不仅可以筹集到必要的资金来满足生产经营的需要，而且能够引进国外先进技术和管理经验，促进企业技术进步和管理水平的提高。

四、筹资的方式

筹资方式是指企业筹集资金所采取的具体形式，体现着资金的属性。正确认识筹资方式的种类及每种筹资方式的属性，有利于企业选择合适的筹资方式，实现最佳的筹资组合。

企业可以利用的筹资方式主要有以下几种：

(一)吸收直接投资

吸收直接投资是指企业以协议等形式吸收国家、其他企业、个人和外商等直接投入资金，形成企业资本金的一种筹资方式。吸收直接投资不以股票为媒介，是非股份制企业筹措自有资本的一种基本方式。

(二)发行股票

股票是股份有限公司为筹措自有资本而发行的有价证券，是持股人拥有公司股份的凭证。发行股票是股份有限公司筹措自有资本的主要方式。

(三)金融机构贷款

金融机构贷款是指企业向银行或非银行金融机构借入的，按规定期限还本付息的款项，是企业负债经营时所采取的主要筹资方式。

(四)商业信用

商业信用是指企业之间在商品交易中以延期付款或预收货款进行购销活动而形成的借贷关系，是企业之间由于商品和货币在时间和空间上分离而形成的直接信用行为。它产生于银行信用之前，但银行信用出现之后，商业信用仍然得到了广泛的发展和运用，成为企业的短期筹资方式之一。

(五)发行债券

发行债券是指债务人为筹集借入资金而发行的，约定在一定期限内向债权人还本付息的有价证券。发行债券是企业筹集借入资金的重要方式。

(六)发行短期融资券

短期融资券在西方又称为商业本票，是企业为筹措短期资金而发行的无担保短期期票。发行短期融资券是企业筹集短期借入资金的一种方式。

(七)租赁

租赁是指出租人以收取租金为条件，在契约或合同规定的期限内，将资产租借给承租人使用的一种经济行为。租赁直接涉及的是物而不是钱，但它在实质上具有借贷属性，是现代企业筹集资金的一种特殊方式。

(八)联营

联营是指各企业之间根据平等互利的原则，通过协商一致，共同采取某种经营方式的联合经营。随着改革开放政策的不断深化，我国部门、地区等“条条”“块块”的分割已经开始被打破，跨地区、跨部门、跨行业、跨所有制的横向经济联合有了很大的发展。企业之间通过联营，可以集中多方面的资金，扩大经营范围，以至建立规模较大的经济联合体，同时还可以进行技术、劳动力、资源等生产要素的联合，发挥各方面的优势，增加企业的活力和竞争能力。因此，联营是企业为扩大生产经营规模而筹集资金的一种重要方式。

(九)企业内部积累

内部积累是指企业在税后利润中按规定比例提取的盈余公积金、公益金和未分配利润等。企业通过内部积累的方式筹集资金，既有利于满足扩大企业生产经营规模的资金需求，又能够减少企业的财务风险。因此，内部积累是各企业长期采用的一种筹资方式。

五、筹资渠道与筹资方式的配合

企业的筹资渠道与筹资方式有着密切的联系。同一筹资渠道的资金往往可以采用不同的方式取得，而同一筹资方式又往往适用于不同的筹资渠道。企业在进行筹资时，应该认真分析研究各种筹资渠道和筹资方式的特点及适用性，寻求两者的最佳配合。

企业筹资渠道与筹资方式的配合可以用表 3—1 表示。

表 3—1　　筹资渠道与筹资方式的配合

渠道＼方式	吸收直接投资	发行股票	金融机构贷款	商业信用	发行债券	发行短期融资券	租赁	联营	企业内部积累
国家财政资金	√	√							
银行信贷资金	√	√	√		√	√			
非银行金融机构资金	√	√	√		√	√	√		
其他法人单位资金	√	√		√	√	√		√	
民间资金	√	√			√	√			
企业自留资金	√	√							√
境外资金	√	√			√		√		

六、筹资原则

企业筹资决策涉及筹资渠道与方式、筹资数量、筹资时机、筹资结构、筹资风险、筹资成本等。其中，筹资渠道受到筹资环境的制约，外部的筹资环境和企业的筹资能力共同决定了企业的筹资方式；筹资数量和筹资时机受到企业筹资战略的影响，反映了企业发展战略目标；筹资结构取决于企业所处的发展阶段，是企业通过控制和利用财务风险来实现企业价值最大化的决策，它和企业的经营风险以及财务风险大小有关。企业筹资应当有利于实现企业顺利健康成长和企业价值最大化。企业筹资制度必须在宏观筹资体制的框架下作出选择，因此受到国家金融制度安排的约束。

具体来说，企业筹资应遵循以下基本原则：

(一)规模适当原则

企业筹资规模受到资本限额、企业债务契约约束、企业规模大小等多方面因素的影响，且不同时期企业的资金需求量并不是一个常数。企业财务人员要认真分析科研、生产、经营状况，采用一定的方法，预测资金的需求数量，合理确定筹资规模。这样，既可避免因资金筹集不足，影响生产经营的正常进行；又可防止资金筹集过多，造成资金闲置。

(二)筹措及时原则

企业财务人员在筹集资金时必须熟知资金时间价值的原理和计算方法，以便根据资金的需求情况，合理安排资金的筹集时间，适时获取所需资金。这样，既能避免过早筹集资金形成资金投放前的闲置，又能防止取得资金的滞后，错过资金投放的最佳时间。一般来说，期限越长、手续越复杂的筹款方式，其筹款时限越差。

(三)来源合理原则

资金的来源渠道和资金市场为企业提供了资金的源泉和筹资场所，它反映资金的分布状况和供求关系，决定着筹资的难易程度。不同来源的资金，对企业的收益和成本有不同影响。因此，企业应认真研究资金来源渠道和资金市场，合理选择资金来源。

(四)方式经济原则

在确定筹资数量、筹资时间、资金来源的基础上,企业在筹资时还必须研究筹资方式。企业筹集资金必然要付出一定的代价,不同筹资方式条件下的资金成本有高有低。为此,就需要对各种筹资方式进行分析、对比,选择经济、可行的筹资方式。与筹资方式相联系的问题是资金结构的问题,企业应确定合理的资金结构,以便降低成本、减少风险。

第二节　资金需要量预测

企业在筹资之前,应当采用一定的方法预测资金需要数量,只有这样,才能使筹集来的资金既能保证满足生产经营的需要,又不会有太多的闲置。现介绍预测资金需要量的常用方法。

一、定性预测法

定性预测法是指利用有关材料,依靠预测者的个人经验,对企业未来资金的需要量作出预测的方法。这种方法一般在企业缺乏完备、准确的历史资料的情况下才使用。它的预测过程是:先由熟悉生产经营情况和财务情况的专家,根据过去积累的经验进行分析判断,提出预测的初步意见,然后再通过召开座谈会或发出各种征询意见表格等形式,对上述预测的初步意见进行补充,得出最终的预测结果。

定性预测法在企业缺乏基本资料的情况下不失为一种有价值的预测方法,但是它缺乏客观依据,容易受预测人员主观判断的影响,因而预测的准确性较差。

二、比率预测法

定性预测法是十分有用的,但它不能揭示资金需要量与有关因素之间的数量关系。例如,预测资金需要量应和企业生产经营规模相联系。生产规模扩大,销售数量增加,会引起资金需要量增加;反之,则会使资金需要量减少。能用于预测的比率可能会很多,如存货周转率、应收账款周转率、资金毛利率等,但最常用的是资金与销售之间的比率,也就是销售额比率预测法。

(一)销售额比率法的含义与基本假定

销售额比率法是指以资金与销售额的比率为基础,预测未来资金需要量的方法。应用销售额比率法预测资金需要量是建立在以下假定基础之上的:企业的部分资产和负债与销售额同比例变化;企业各项资产、负债与所有者权益结构已达到最优。

(二)销售额比率法的步骤

应用销售额比率法预测资金需要量通常需经过以下步骤:预计销售额增长率;确定随销售额变动而变动的资产和负债项目;确定需要增加的资金数额;根据有关财务指标的约束确定对外筹资数额。

【例 3—1】　北方公司 2014 年 12 月 31 日的资产负债表如表 3—2 所示。

北方公司 2014 年的销售收入为100 000元,现在还有剩余生产能力,即增加收入不需要进行固定资产方面的投资。假定销售净利率为 10%,如果 2015 年的销售收入提高到120 000元,企业销售净利率和利润分配政策不变,那么要筹集多少资金呢?

表 3—2　　北方公司资产负债表

2014 年 12 月 31 日　　单位：元

资　产		负债与所有者权益	
固定资产净值	30 000	实收资本	20 000
存货	30 000	保留盈余	10 000
应收账款	15 000	公司债券	10 000
现金	5 000	短期借款	25 000
		应付账款	10 000
		应付费用	5 000
资产总计	80 000	负债与所有者权益总计	80 000

注：此资产负债表的格式是根据预测资金需要量的要求设计的，因而在资产、负债、所有者权益的排列顺序上与一般的资产负债表不完全一致。

首先，预计销售额增长率。

$$销售额增长率=\frac{120\ 000-100\ 000}{100\ 000}\times 100\%=20\%$$

其次，将资产负债表中预计随销售变动而变动的项目分离出来。在北方公司的实例中，资产方除固定资产外都将随销售的增加而增加，因为较多的销售量需要占用较多的存货，发生较多的应收账款，需要较多的现金。在负债与所有者权益一方，应付账款和应付费用也会随销售的增加而增加，但实收资本、公司债券、短期借款等不会自动增加。公司的盈余如果不全部分配出去，保留盈余也会有适当增加。预计随销售增加而自动增加的项目列示在表 3—3 中。

表 3—3　　北方公司销售百分率表

资　产	销售百分率(%)	负债与所有者权益	销售百分率(%)
固定资产	不变动	实收资本	不变动
存货	30	保留盈余	不变动
应收账款	15	公司债券	不变动
现金	5	短期借款	不变动
		应付账款	10
		应付费用	5
合　计	50	合　计	15

在表 3—3 中，不变动是指该项目不随销售的变化而变化。表中的百分率都是用表 3—2 中有关项目数字除以销售收入求得，如存货：$\frac{30\ 000}{100\ 000}\times 100\%=30\%$。

再次，确定需要增加的资金。从表 3—3 中可以看出，销售收入每增加 100 元，必须增加 50 元的资金，但同时增加 15 元的资金来源，还剩下 35%的资金需求。因此，每增加 100 元的销售收入，北方公司必须取得 35 元的资金来源。在本例中，销售收入从 100 000 元增加到 120 000元，增加了20 000元，使用 35%的比率可预测销售的增加将增加7 000元的资金需求。

最后，确定对外界资金需求的数量。

上述7 000元的资金需求有些可通过企业内部来筹集，2015年的销售利润为12 000元（120 000×10%），如果公司的利润分配给投资者的比率为60%，则将有40%的盈余被保留下来，从7 000元中减去4 800元的保留盈余，则还有2 200元的资金必须通过外界来融通。

上述预测过程可用下列公式来表示：

$$对外筹资需要量=\frac{A}{S_1}\cdot \Delta S-\frac{B}{S_1}\cdot \Delta S-P\cdot E\cdot S_2$$

或：

$$对外筹资需要量=\frac{\Delta S}{S_1}\cdot (A-B)-P\cdot E\cdot S_2$$

式中：A 为随销售变化的资产；B 为随销售变化的负债；S_1 为基期销售额；S_2 为预测其销售额；ΔS 为销售的变动额；P 为销售净利率；E 为盈余的保留比率；$\frac{A}{S_1}$ 为随销售的变动资产自动变动的百分比；$\frac{B}{S_1}$ 为随销售的变动负债自动变动的百分比。

根据北方公司资料可求得对外界资金的需求量为：

50%×20 000－15%×20 000－10%×40%×120 000＝2 200（元）

在此例中，如果北方公司2015年的销售收入预计为110 000元，即只增长10%，则对外界资金的需求量为：

50%×10 000－15%×10 000－10%×40%×110 000＝－900（元）

如果公司的销售仅增加10%，公司不仅不需要向外界筹资，而且还会有900元的剩余资金。那么在此情况下，公司的任务不是规划如何筹资，而应是计划去增加股利、偿还债务或寻找较有利可图的投资机会。这一实例也说明了正确预测资金需求量，对于公司合理筹资具有举足轻重的作用。

三、资金习性预测法

所谓资金习性，是指资金的变动同产品产销数量变动之间的依存关系。按照资金同产销量之间的这种关系，可以把资金分为不变资金、变动资金和半变动资金。

不变资金是指在一定的产销量范围内，不随产销量的变动而变动的那部分资金，包括：为维持营业而占用的最低数额的现金，原材料的保险储备，必要的成品储备和厂房、机器设备等固定资产占用的资金。

变动资金是指随着产销量的变动而呈比例变动的那部分资金，一般包括直接构成产品实体的原材料、外购件等占用的资金。

半变动资金是指虽受产销量变化的影响，但并不呈比例变动的那部分资金，如一些辅助材料占用的资金。半变动资金可以通过一定的方法分解为不变资金和变动资金两部分。

资金习性预测法，就是对资金习性进行分析，将其划分为变动资金和不变资金两部分，根据资金与产销量之间的数量关系来建立数学模型，再根据历史资料预测资金需要量。预测的基本模型为：

$$y=a+bx$$

式中：y 为资金需要量；a 为不变资金；b 为单位产销量所需要的变动资金；x 为产销量。

资金习性预测法包括回归直线法和分项预测法两种。

(一)回归直线法

回归直线法是按照企业历史上资金占用总额与产销量的关系，运用最小平方法原理计算不变资金和单位销售额的变动资金的一种资金习性分析方法。其计算公式为：

$$a=\frac{\sum X_i^2\sum Y_i-\sum X_i\sum X_iY_i}{n\sum X_i^2-(\sum X_i)^2}$$

$$b=\frac{n\sum X_iY_i-\sum X_i\sum Y_i}{n\sum X_i^2-(\sum X_i)^2}$$

或：

$$b=\frac{\sum Y_i-na}{\sum X_i}$$

【例 3—2】　某企业 2010～2014 年的产销量与资金需要量如表 3—4 所示。假如 2015 年企业的预计产销量为 150 万件，试预测 2015 年的资金需要量。

表 3—4　　2010～2014 年产销量与资金需要量的关系

年　度	产销量 x_i(万件)	资金占用量 y_i(万元)
2010	120	190
2011	140	200
2012	170	260
2013	190	285
2014	160	230

资金需要量的预测过程如下：

(1)根据表 3—4 的资料，计算整理出表 3—5 的资料。

表 3—5　　产销量与资金需要量数据计算表

年　度	产销量 x_i(万件)	资金占用量 y_i(万元)	x_iy_i	x_i^2
2010	120	190	22 800	14 400
2011	140	200	28 000	19 600
2012	170	260	44 200	28 900
2013	190	285	54 150	36 100
2014	160	230	36 800	25 600
$n=5$	$\sum x_i=780$	$\sum y_i=1\ 165$	$\sum x_iy_i=185\ 950$	$\sum x_i^2=124\ 600$

(2)将表 3—5 的数据代入下列联立方程：

$$a=\frac{\sum X_i^2\sum Y_i-\sum X_i\sum X_iY_i}{n\sum X_i^2-(\sum X_i)^2}$$

$$b=\frac{n\sum X_iY_i-\sum X_i\sum Y_i}{n\sum X_i^2-(\sum X_i)^2}$$

求出 a 和 b 的值，即：

$a=8.0792$

$b=1.4418$

(3)将 $a=8.0792$，$b=1.4418$ 代入 $y=a+bx$ 中，得到资金需要量与产销量之间的关系式为：

$y=8.0792+1.4418x$

(4)将 2015 年预计产销量 150 万件代入上式，得到 2015 年企业的资金需要量为：

$y=8.0792+1.4418\times150\approx224$(万元)

(二)分项预测法

分项预测法是根据各资金占用项目(如现金、存货、应收账款、固定资产等)与销售收入之间的关系，把各项目的资金分成变动资金和不变资金两部分，然后汇总求出企业变动资金总额和不变资金总额，再预测资金的需要量。

【例 3—3】 某企业 2010～2014 年现金占用与销售收入之间的关系如表 3—6 所示。假如 2015 年企业的预计销售收入为3 400万元，试预测 2015 年的资金需要量。

表 3—6　　现金占用与销售收入关系表

年　度	销售收入 x_i(万元)	现金占用 y_i(万元)
2010	2 000	110
2011	2 300	120
2012	2 600	125
2013	2 900	140
2014	3 200	170

根据表 3—6 的资料，我们运用高低点法计算出 a、b 的值，其计算公式为：

$$b=\frac{\text{最高收入期资金占用量}-\text{最低收入期资金占用量}}{\text{最高销售收入}-\text{最低销售收入}}$$

$$a=\text{最高收入期资金占用量}-\text{最高销售收入}$$

由 $y=a+bx$ 得：$a=y-bx$。将 2014 年数据代入后得：

$a=170-0.05\times3200=10$(万元)

按照同样的方法对应收账款、存货、固定资产、流动负债等项目占用的资金分解成变动资金和不变资金两部分，汇总列示在表 3—7 中。

表 3—7　　资金占用与产销量关系表

项　目	年度不变资金 a(万元)	每元销售收入所需变动资金 b(元)
流动资产：		
现金	10	0.05
应收账款	50	0.15
存货	90	0.24
小　计	150	0.44
减：流动负债		
应付账款	70	0.14

续表

项　目	年度不变资金 a（万元）	每元销售收入所需变动资金 b（元）
净流动资金占用	80	0.30
固定资产：		
厂房、设备	60	
所需资金合计	140	0.30

根据表 3—7 的资料得出资金需要量的预测模型为：

$y=140+0.30x$

若企业 2015 年的预计销售收入为 3 400 万元，那么 2015 年的预测资金需要量为：

$y=140+0.30\times3\ 400=1\ 160$（万元）

资金习性预测法利用资金需要量与产销量之间的数学关系进行预测，是一种比较科学合理的预测方法。使用资金习性预测法时必须注意以下几个问题：

(1)资金需要量与产销量之间线性关系的假定应符合实际情况。

(2)确定 a、b 的数值，应该利用预测年度前连续若干年的历史资料，至少要有 3 年以上的资料。

(3)应考虑价格等因素的变化情况。

第三节　权益筹资

一、吸收直接投资

吸收直接投资是指企业以协议等形式吸收国家、其他企业、个人和外商等直接投入资金，形成企业资本金的一种筹资方式。吸收投资与发行股票、留存收益都是企业筹集自有资金的重要方式，发行股票要有股票作为媒介，而吸收直接投资则无须公开发行证券。吸收投资中的出资者都是企业的所有者，他们对企业具有经营管理权。如果企业经营状况好，盈利多，各方可按出资额的比例分享利润；但如果企业经营状况差，连年亏损，甚至被迫破产清算，则各方要在其出资的限额内按出资比例承担损失。

(一)吸收直接投资的种类

1. 吸收个人投资

个人投资是指社会个人或本企业内部职工以个人合法财产投入企业，这种情况下形成的资本称为个人资本。吸收个人投资一般具有以下特点：参加投资的人员较多；每人投资的数额相对较少；以参与企业利润分配为目的。

2. 吸收法人投资

法人投资是指法人单位以其依法可以支配的资产投入企业，这种情况下形成的资本称为法人资本。吸收法人投资一般具有如下特点：发生在法人单位之间；以参与企业利润分配为目的；出资方式灵活多样。

3. 吸收国家投资

国家投资是指有权代表国家投资的政府部门或机构以国有资产投入企业，这种情况下形成的资本称为国有资本。吸收国家投资是国有企业筹集自有资金的主要方式之一。根据《企业国有资本与财务管理暂行办法》的规定，国家对企业注册的国有资本实行保全原则。企业在持续经营期间，对注册的国有资本除依法转让外，不得抽回，并且以出资额为限承担责任。吸收国家投资一般具有如下特点：产权归属国家；资金的运用和处置受国家约束较大；在国有企业中采用比较广泛。

（二）吸收投资者的出资方式

企业在采用吸收投资方式筹集资金时，投资者可以用现金、厂房、机器设备、材料物资、无形资产等作价出资。现分别说明如下：

1. 吸收现金投资

现金投资是企业吸收直接投资所乐于采用的形式。企业有了现金，可用于购置资产、支付费用，比较灵活方便。因此，企业一般争取投资者以现金方式出资。对现金出资比例由有关法规作出规定，或由融资各方协商确定。

2. 吸收实物投资

以实物投资主要是指投资者以房屋、建筑物、设备等固定资产和原材料、燃料、产品等流动资产作价投资。一般来说，企业吸收的实物应符合如下条件：确为企业科研、生产、经营所需；技术性能比较好；作价公平合理。

实物出资所涉及的实物作价方法，应按国家的有关规定执行。

3. 以工业产权出资

以工业产权出资是指投资者以专有技术、商标权、专利权等无形资产所进行的投资。一般来说，企业吸收的工业产权应符合以下条件：能帮助研究和开发新的高科技产品；能帮助生产出适销对路的高科技产品；能帮助改进产品质量，提高生产效率；能帮助大幅度降低各种消耗；作价比较合理。

企业在吸收工业产权投资时应特别谨慎，进行认证的可行性研究。因为以工业产权投资实际上是把有关技术资本化了，把技术的价值固定化了，而技术具有时效性，因其不断老化而导致价值不断减少甚至完全丧失，风险较大。

4. 以土地使用权出资

投资者也可以用土地使用权来进行投资。土地使用权是按有关法规和合同的规定使用土地的权利。企业吸收土地使用权投资应符合如下条件：企业科研、生产、销售活动所需的；交通、地理条件比较适宜；作价公平合理。

（三）吸收直接投资的条件

企业采用吸收直接投资方式筹措自有资本，必须符合一定的条件要求，主要有以下几个方面：

（1）采用吸收直接投资方式筹措自有资本的企业，应当是非股份制企业，包括国有企业、集体企业、合资或合营企业等，股份制企业按规定应以发行股票方式取得自有资本。

（2）企业通过吸收直接投资而取得的实物资产或无形资产，必须符合企业生产经营、科研开发的需要，在技术上能够消化应用。在吸收无形资产投资时，应符合法定比例。我国现行法规规定，企业吸收无形资产投资的比例一般不得超过注册资本的20％，如果情况特殊，含有高新技术，确需超过20％的，应经审批部门批准，但最高不得超过30％。

(3)企业通过吸收直接投资而取得的非现金资产,必须进行公正合理的估价。

(四)吸收直接投资的评价

在我国,吸收直接投资是最早也是普遍采用的企业筹资方式。与其他筹资方式比较,吸收直接投资具有以下优点:(1)有利于增强企业信誉。吸收直接投资所筹资本属权益资本,与负债比较可以提高企业信誉,增强举债能力。(2)有利于尽快形成生产能力。可以直接获得现金和各种生产要素,尽快形成生产能力。(3)有利于降低财务风险。根据企业盈利状况向投资者分配利润,具有灵活性,不会形成财务负担。

采用吸收直接投资也有它的不利之处,主要表现在以下两个方面:(1)资金成本较高。一般而言,采用吸收投资方式筹集资金所需负担的资金成本较高,特别是企业经营状况较好和盈利较强时,更是如此,这是因为向投资者支付的报酬是根据其出资的数额和企业实现的利润多寡来计算的。(2)容易分散企业控制权。采用吸收投资方式筹集资金,投资者一般都要求获得与投资数量相适应的经营管理权,这是接受外来投资的代价之一。如果外部投资者的投资较多,则投资者会有相当大的管理权,甚至会对企业实行完全控制,这是吸收投资的不利因素。

二、普通股筹资

(一)股票的含义与分类

1. 股票的含义与性质

股票是指股份公司为筹集权益资本发行的、表明股东按其持有股份享受权益和承担义务、可转让的书面凭证。通常具有以下几方面含义:一是股票所筹资金属于公司资本;二是股票代表股东的权利地位;三是股票可以转让,是有价证券。其性质如下:

(1)法定性。股票是经过国家主管部门核准发行的,具有法定性。

(2)收益性。投资者所持有的股票,有权按公司章程从公司领取股息和分享公司的经营红利,股票持有者还可以利用股票获取差价和保值。

(3)风险性。认购股票必须承担一定的风险,因为股票盈利要随着股份有限公司的经营状况和盈利水平上下浮动,并且受到股票市场的行情影响。

(4)参与性。股东有权出席股东大会,选举公司的董事会,参与公司的重大决策,其权力大小取决于其持有股票份额的多少。

(5)无限期性。在股份有限公司的存续期间,股票是一种无限期的法律凭证,它反映着股份有限公司之间比较稳定的经济关系。

(6)可转让性。股票是流动性较高的证券,在股票市场上,股票可以作为买卖对象和抵押品随时转让。

(7)价格波动性。股票的波动性是指股票价格经常与股票票面价值不一致。

2. 股票的分类

根据不同标准,可以对股票进行不同的分类,现介绍几种主要分类方式。

(1)普通股股票和优先股股票。

按股东享受权利和承担义务的大小,可将股票分为普通股股票和优先股股票。

普通股股票简称普通股,是指股份公司发行的享受管理权但股利不固定的股票。一般情况下,股份有限公司只发行普通股,它的股利随公司生产经营状况和管理当局股利分配政策的变化而变化。

优先股股票简称优先股,是指公司分派股利和分派剩余资产过程中顺序优先于普通股的股票。优先股股东不享有经营管理权，也不具有表决权或表决权利受到限制（我国《公司法》规定，3年未分得股利的优先股股东享有投票表决权）。优先股一方面不需要偿还本金，是公司自有资本的一种筹集方式；另一方面按固定利率支付股利，又具有债券性质。

（2）记名股票和无记名股票。

按股票票面上有无记名，可将股票分为记名股票和无记名股票。

记名股票是指股票票面上记载有股东的姓名或名称，并将其记入股东名册的一种股票。公司向发起人、国家授权投资机构法人发行的股票应为记名股票，向社会公众发行的股票可以是记名股票也可以是无记名股票。记名股票的转让、继承需办理过户手续。

无记名股票是在股票上不记载股东姓名的股票，股东名称或姓名也不记入公司的股东名册。无记名股票的转让、继承无须办理过户手续，由持有人认购即实现股权转移。无记名股票属于向社会公众发行的股票，按照《股票发行与交易管理暂行条例》的规定，其发行数不少于拟发行股本总数的25%。

（3）面值股票和无面值股票。

按股票票面上有无金额，可将股票分为面值股票和无面值股票。

面值股票是公司发行的标有每股金额的股票，持有这种股票的股东以持有股票票面金额之和表示占公司总资本的份额，用来确定其对公司享有权利、承担义务的大小。

无面值股票是指股票票面上不记载每股金额，仅注明每股金额占公司全部资产的比例，其价值随公司财产价值的增减而增减。

（4）始发股和新发股。

按发行时间的先后，可将股票分为始发股和新发股。

始发股是公式设立时发行的股票。

新发股是公司增资时发行的股票。

无论是始发股还是新发股，其发行条件、发行目的、发行价格不尽相同，但是股东的权利和义务却是相同的。

（5）A股、B股、H股和N股等。

按发行对象和上市地区，可将股票分为A股、B股、H股和N股等。

在我国内地，有A股、B股。A股是以人民币认购和交易的股票。B股是以人民币标明票面金额，以外币认购和交易的股票。另外，还有H股和N股，H股是在我国香港上市的股票，N股是在纽约上市的股票。

（二）股票的价值、价格与股价指数

1. 股票价值

股票价值是用货币衡量的作为获利手段的价值。股票价值有四种形式：（1）票面价值，通常指面值，是股份有限公司在其发行的股票上标明的票面金额。（2）账面价值，又称净值，是股票包含的实际资产价值。（3）清算价值，是股份有限公司进行清算时，股票每股所代表的实际价值。（4）市场价值，是股票在股票市场上进行交易过程中具有的价值。

2. 股票价格

股票价格有狭义和广义之分。狭义的股票价格就是股票交易价格。广义的股票价格则包括股票的发行价格和交易价格两种形式。

股票交易价格的特点包括：（1）事先的不确定性。股票交易价格总处在不断变动之中，而且这种变动是连续的、非间断性的，这与其他价格形式明显不同。（2）股票交易价格的市场性。

股票交易价格一般不受其发行价格的制约，也不受股份有限公司的直接支配，而是取决于股票市场的供求关系，随市场供求关系的变化而变化。

3. 股价指数

股价指数，亦即股票价格指数，是指金融机构通过对股票市场上一些有代表性的公司发行的股票价格进行平均计算和动态对比后得出的数值，它是用于表示多种股票平均水平及其变动并衡量股市行情的指标。根据股价指数反映的价格走势所涵盖的范围，可以将股价指数分为反映整个市场走势的综合性指数和反映某一行业或某一类股票价格走势的分类指数。例如，恒生指数反映的是我国香港股市整体走势，而恒升国企指数反映的是在我国香港上市的H股价格走势，恒生红筹股指数则反映我国香港股市中红筹股的价格走势。按照编制股价指数时纳入指数计算方位的股票样本数量，可以将股价指数划分为全部上市股票价格指数和成分股指数。前者是指将指数所反映出的价格走势所涉及的全部股票纳入指数计算范围，如上海证券交易所发布的上海证券交易所综合指数，就是把全部上市股票的价格变化都纳入计算范围，上海证券交易所工业股价格指数、商业股价格指数等则分别把全部的工业类上市股票和商业类上市股票纳入各自的指数计算范围。例如，深圳证券交易所成分股指数，就是从深圳证券交易所全部上市股票中选取40种，计算得出的一个综合性成分股指数。通过这个指数，可以近似地反映出全部上市股票的价格走势。深圳证券交易所发布的工业股成分指数，是从深圳证券交易所全部上市的工业股中选取20家成分股为代表计算得出的。在编制成分指数时，为了保证所选样本具有充分的代表性，国际上惯用的做法是，综合考虑样本股的市价总值及成交量在全部上市股票中所占的比重，并要充分考虑到所选样本股公司的行业代表性。指数公布后，还要根据市场变化状况定期或不定期地更换样本股。

编制股价指数时通常采用以过去某一时刻(基期)部分有代表性或全部上市公司的股票行情状况为标准参照值，将当期部分有代表性的或全部上市公司的股票行情状况与标准参照值相比的方法。股价指数的计算方法有简单算术平均法、综合平均法、几何平均法和加权平均法等。

(三)普通股股东的权利

普通股股票的持有人称为普通股股东，普通股股东一般具有如下权利：

1. 公司管理权

公司管理权即普通股股东应对公司的管理权。对大公司来说，普通股股东成千上万，不可能每个人都直接对公司进行管理，普通股股东的管理权主要体现为在董事会选举中有选举权和被选举权，通过选出的董事会代表所有股东对企业进行控制和管理。具体来说，普通股股东的管理权主要体现为：

(1)投票权。普通股股东有权投票选举公司董事会成员，并有权对修改公司章程、改变公司资金结构、批准出售公司重要资产、吸收或兼并其他公司等重大问题进行投票表决。

(2)查账权。从原则上来讲，普通股股东具有查账权。但由于保密的原因，这种权利常常受到限制。因此，并不是每个股东都可以自由查账，但股东可以委托会计师事务所代表他去查账。

(3)阻止越权经营的权利。当公司的管理当局越权经营时，股东有权阻止。

2. 分享盈余权

分享盈余也是普通股股东的一项基本权利。盈余的分配方案由股东大会决定，每一个会计年度由董事会根据企业的盈利数额和财务状况来决定分发股利的多少并经股东大会批准通过。

3. 出让股份权

股东有权出售或转让股票，这也是普通股股东的一项基本权利。股东出让股票的原因可能有：

(1)对公司的选择。有的股东由于与管理当局的意见不一致，又没有足够的力量对管理当局进行控制，便出售其股票而购买其他公司的股票。

(2)对报酬的考虑。有的股东认为现有股票的报酬低于所期望的报酬，便出售现有的股票，寻求更有利的投资机会。

(3)对资金的需求。有的股东由于一些原因需要大量资金，不得不出售其股票。

4. 优先认股权

优先认股权是普通股股东可优先于其他投资者购买公司增发股票的权利。当公司增发普通股股票时，原有股东有权按持有公司股票的比例，在一定期限内以低于市价的认购价格购买新股。

优先认股权的存续期分为附权期和除权期两部分。附权期是从公司宣布配股之日起至配股登记日止；除权期是从配股登记日至到期日。附权期内的股票称为“附权股票”，优先认股权附在股票上进行交易，股票交易价格中包含优先认股权的价值，这时股票价格会上升；除权期内的股票称为“除权股票”，原来的附权股票价值就分为股票的价值和优先认股权价值两部分。这既可以作为发行普通股的一种促销手段，又能维持原股东在公司的控制权。

5. 剩余财产要求权

当公司解散、清算时，普通股股东对剩余财产有要求权。但是，公司破产清算时，财产的变价收入，首先要用来清偿债务，然后支付优先股股东，最后才能分配给普通股股东。所以，在破产清算时，普通股股东实际上很少能分到剩余财产。

(四)股票的发行

股票的发行是利用股票筹集资金的一个最重要的问题，现简介如下：

1. 股票发行的条件

按国际惯例，股份公司发行股票必须具备一定的条件，取得发行资格，并在办理必要手续后才能发行。现对我国股票发行的条件作适当说明。

(1)新设发行。新设的股份有限公司申请公开发行股票，应当符合下列条件：生产经营符合国家产业政策；发行普通股限于一种，同股同权，同股同利；以募集方式设立股份有限公司的，发起人认购的股份不少于公司拟发行股份总数的35%；发起人在近三年内没有重大违法行为；证监会规定的其他条件。

(2)改组发行。国有企业改组设立股份有限公司申请公开发行股票，除应当符合上述情况下的各种条件外，还应当符合下列条件：发行前一年年末，净资产在总资产中所占比例不低于30%，无形资产在净资产中所占比例不高于20%，但证监会另有规定的除外；近三年连续盈利；国有企业改组设立股份有限公司公开发行股票的，国家拥有的股份在公司拟发行的股本总额中所占比例，由国务院或国务院授权的部门规定；必须采取募集方式。

(3)增资发行。股份有限公司增资申请发行股票，必须具备下列条件：前一次发行的股份已募足，并间隔一年以上；公司在近三年内连续盈利，并可向股东支付股利；公司在最近三年内财务会计文件无虚假记载；公司预期利润率可达同期银行存款利率。

(4)定向募集发行。这是指定向募集公司申请发行股票。这种形式除应符合“(1)”和“(2)”所列条件外，还应当符合下列条件：定向募集所得资金的使用与招股说明书所述的用途相符，并且资金使用效益良好；据最近一次定向募集股份的时间不少于12个月；从最近一次定向募集到本次公开发行期间没有重大违法行为；内部职工股权证按照规定范围发放，并且交国家指定的证券机构集中托管；证监会规定的其他条件。

股份公司发行股票必须符合《证券法》和《股票发行与交易管理暂行条例》等规定的发行条件。

2. 股票发行程序

股票发行的基本程序如下：(1)作出新股发行决议；(2)公司做好新股发行的准备工作，编写必备的文件资料和获取有关的证明材料；(3)提出发行股票申请；(4)提交有关机构审核；(5)签署股票承销协议；(6)公布招股说明书；(7)按规定程序招股；(8)认股人缴纳股款；(9)向认股人交割股票等。

3. 股票发行价格

股票的发行价格有等价、时价和中间价三种。等价是指以股票面额为发行价格，即股票的发行价格与其面额等价，也称平价发行或面值发行。时价，是指以公司原发行同种股票的现行市场价格为基准来选择增发新股的发行价格，也称市价发行。中间价是取股票市场价格与面额的中间值作为股票的发行价格。以中间价和时价发行都可能是溢价发行，也可能是折价发行。值得注意的是，我国《公司法》规定，公司发行股票不准折价发行，即不准以低于股票面额的价格发行。

根据我国《证券法》的规定，股票的发行价格由发行人与承销的证券公司协商确定。发行公司应当参考公司经营业绩、发展潜力、净资产、发行数量、行业特点、股市状态等，提供定价分析报告，说明确定发行价格的依据。

实际工作中股票发行的定价方式主要有以下几种：

(1)协商定价方式。该方式由发行人与主承销商协商确定股票发行价格，报中国证监会核准。

(2)一般的询价方式。该方式是在对一般投资者上网发行和对机构投资者配售相结合的发行方式下，发行人和主承销商事先确定发行量和发行底价，通过向机构投资者询价，并根据机构投资者的预约申购情况确定最终发行价格，以统一价格向机构投资者配售和对一般投资者上网发行。

(3)累计投标询价方式。该方式是指在发行过程中，根据不同价格下投资者的认购意愿确定发行价格的一种方式。通常，主承销商将发行价格确定在一定的区间内，投资者在此区间内按照不同的发行价格申购认购数量，主承销商将所有投资者在同一价格之上的收购量累计计算，得出一系列在不同价格之上的总收购量。最后，主承销商按照总收购量超过发行量的一定倍数(即超额认购倍数)确定发行价格。

(4)上网竞价方式。上网竞价发行是指发行人和主承销商利用证券交易所的交易系统，由主承销商作为新股的唯一买方，以发行人宣布的发行底价为最低价格，以新股实际发行量为总的卖出数，由投资者在指定的时间内竞价委托申购，发行人和主承销商以价格优先的原则确定发行价格并发行股票。

采用上述定价发行方式中的任何一种，发行人和主承销商事先都要协商出一个发行底价或者发行价格区间。这一发行底价或发行价格区间可以采用下列方法来估计：

第一，市盈率定价法。

市盈率定价法是指依据注册会计师审核后的发行人盈利预测计算发行人的每股收益，然后根据二级市场的平均市盈率、发行人的行业情况、发行人的经营状况及其成长性等拟定发行市盈率，最后依据发行市盈率与发行人每股收益的乘积决定发行价格。

其计算公式为：

$$发行价格=每股收益\times发行市盈率$$

式中，每股收益的确定方法有两种：一是完全摊薄法。即用发行当年预测全部利润除以总股本，直接得出每股净利润。二是加权平均法，其计算公式为：

$$每股收益=\frac{发行当年预测净利润}{发行前总股本数+本次公开发行股本数\times\frac{12-发行月数}{12}}$$

市盈率又称本益比(P/E)，是指公司股票价格与公司盈利的比率。发行市盈率通常根据二级市场的平均市盈率、发行公司所处行业的情况(同类行业公司股票的市盈率)、发行公司的经营状况及其成长性等拟定。其计算公式为：

$$市盈率=\frac{每股市价}{每股净收益}$$

第二，净资产倍率法。

净资产倍率法又称资产净值法，是指通过资产评估和相关会计手段确定发行公司拟募股资产的每股净资产值，然后根据证券市场的状况将每股净资产值乘以一定的倍率，以此确定股票发行价格的方法。净资产倍率法在国外常用于房地产公司或资产现值重于商业利益的公司的股票发行，但在国内一直未采用。以此种方法确定每股发行价格不仅应考虑公平市值，还需考虑市场所能接受的溢价倍数。以净资产倍率法确定发行股票价格的计算公式是：

$$发行价格=每股净资产值\times溢价倍数$$

第三，竞价确定法。

投资者在指定时间内通过证券交易所交易网络，以不低于发行底价的价格并按限购比例或数量进行认购委托，申购期满后，由交易场所的交易系统将所有有效申购按照"价格优先、同价位申报时间优先"的原则，将投资者的认购委托由高价位向低价位排队，并由高价位到低价位累计有效认购数量，当累计数量恰好达到或超过本次发行数量的价格，即为本次发行的价格。

如果在发行底价上仍不能满足本次发行股票的数量，则低价为发行价。发行底价由发行公司和承销商根据发行公司的经营业绩、盈利预测、项目投资的规模、市盈率、发行市场与股票交易市场上同类股票的价格及影响发行价格其他因素共同研究协商确定。由于在此种方法下，价格大户易于操纵发行价格，因此，经试验后即停止使用了。

第四，现金流量折现法。

现金流量折现法又称贴现现金流量定价法，该方法是通过预测公司未来盈利能力，据此计算公司净现值，并按一定的折现率折算，从而确定股票发行价格的方法。其基本要点是：首先是用市场接受的会计手段预测公司每个项目未来的净现金流量的净现值。以公司的净现值除以公司股份数，即为每股净现值。采用此法应注意两点：第一，由于未来收益存在不确定性，发行价格通常要对上市每股净现值折让20%～30%。第二，用现金流量折现法定价的公司，其市盈率往往远高于市场平均水平，但是这类公司发行上市时套算出来的市盈率与一般公司发行的市盈率之间不具可比性。这一方法在国际主要股票市场主要用于对新上市公路、港口、桥梁、电厂等基建公司的股指发行的定价。这类公司的特点是前期投资大，初期回报不高，上市时的利润一般偏低，如果采用市盈率法发行定价则会低估其真实价值，而对公司未来收益(现金流量)的分析和预测能比较准确地反映公司的整体和长远价值。

(五)股票上市

股票上市是指股份有限公司公开发行的股票经批准在证券交易所进行挂牌交易。

1. 股票上市的条件

公司公开发行的股票进入证券交易所交易必须受严格的条件限制。我国《公司法》规定，股份有限公司申请股票上市，必须符合以下条件:(1)股票经国务院证券管理部门批准已向社会公开发行;(2)公司股本总额不少于人民币5 000万元;(3)开业时间在3年以上，最近3年连续盈利;(4)原国有企业依法改建而设立的，或者在《公司法》实施后新组建成立、其主要发起人为国有大中型企业的股份有限公司，可连续计算;(5)持有股票面值人民币1 000元以上的股东不少于1 000人，向社会公开发行的股份达股份总数的25%以上;(6)公司股本总额超过人民币4亿元的，其向社会公开发行股份的比例为15%以上;(7)公司在最近3年内无重大违法行为，财务会计报告无虚假记载;(8)国务院规定的其他条件。

具备上述条件的股份有限公司经申请，由国务院或国务院授权的证券管理部门批准，其股票方可上市。股票上市公司必须公告其上市报告，并将其申请文件存放在指定的地点供公众查阅。股票上市公司还必须定期公布其财务状况和经济状况，每年定期公布财务会计报告。

2. 股票上市的暂停与终止

股票上市公司有下列情形之一的，由国务院证券管理部门决定暂停其股票上市:(1)公司股本总额、股权分布等发生变化，不再具备上市条件;(2)公司不按规定公开其财务状况，或者对财务会计报告作虚假记载;(3)公司有重大违法行为;(4)公司最近3年连续亏损。

股票上市作为一种有效的筹资方式，对公司的成长起着重要的作用。发达国家的绝大部分发展迅速的公司都选择了上市。然而，股票上市也会给公司带来一些负面效果，因此，在作出股票上市的决定前，公司管理者应该非常慎重地考虑，并且应该尽可能向专家或有过类似经历的企业家进行咨询，以便作出的决策能达到预期目的。

3. 股票上市为公司带来的益处

(1)有助于改善财务状况。公司公开发行股票可以筹得自有资金，能迅速改善财务状况，并有条件得到利率更低的贷款。同时，公司一旦上市，就可以在今后有更多的机会从证券市场上筹集资金。

(2)利用股票收购其他公司。一些公司常用出让股票而不是付现金的方式对其他企业进行收购。被收购企业也乐意接受上市公司的股票，因为上市公司的股票具有良好的流通性，持股人可以很容易将股票出手而得到资金。

(3)利用股票市场客观评价企业。对于已上市的公司来说，每日每时的股市，都是对企业客观的市场估价。

(4)利用股票可激励员工。上市公司利用股票作为激励关键人员的手段是卓有成效的。公开的股票市场提供了股票的准确价值，也可使员工的股票得以兑现。

(5)提高公司知名度，吸引更多顾客。股票上市公司为社会所知，并被认为经营优良，这会给公司带来良好的声誉，从而吸引更多的顾客，扩大公司的销售。

4. 股票上市对公司产生的不利影响

(1)使公司失去隐私权。一家公司转为上市公司，其最大的变化是公司隐私权的消失。国务院证券监督管理机构要求上市公司将关键的经营情况向社会公众公开。

(2)限制经理人员操作的自由度。公司上市后,其所有重要决策都需要经董事会讨论通过,有些对企业至关重大的决策则需全体股东投票决定。股东们通常以公司盈利、分红、股价等来判断经理人员的业绩,这些压力往往使得企业经理人员注重短期效益而忽略长期效益。

(3)公开上市需要很高的费用。这些费用包括资产评估费用、股票承销佣金、律师费、注册会计师费、材料印刷费、登记费等。这些费用的具体数额取决于每一个企业的具体情况、整个上市过程的难易程度和上市数额等因素。公司上市后尚需花费一些费用为证券交易所、股东等提供材料,聘请注册会计师、律师等。

(六)普通股筹资的优缺点

1. 普通股筹资的优点

(1)没有固定利息负担。公司有盈余,并认为适合分配股利,就可以分给股东;公司盈余较少,或虽有盈余但资金短缺或有更有利的投资机会,就可以少支付或不支付股利。

(2)没有固定到期日,也不用偿还。利用普通股筹集的资金是永久的资金,除非公司清算才需偿还。它对保证企业最低的资金需要有重要的意义。

(3)筹资风险小。由于普通股没有到期日,不用支付固定的利息,此种筹资实际上不存在不能偿付的风险,因此风险最小。

(4)能提高公司的信誉。普通股股本与留存收益构成公司所借入一切债务的基础。有了较多的自有资金,就可为债权人提供较大的损失保障,因此,普通股筹资既可以提高公司的信用价值,同时也为使用更多的债务资金提供了强有力的支持。

(5)筹资限制少。利用优先股或债券筹资,通常有许多限制,这些限制往往会影响公司经营的灵活性,而利用普通股筹资则没有这种限制。

2. 普通股筹资的缺点

(1)资金成本较高。一般来说,普通股筹资的成本要大于债务资金。这主要是因为股利要从净利润中支付,而债务资金的利息可在税前扣除;另外,普通股的发行费用也比较高。

(2)容易分散控制权。利用普通股筹资,出售了新的股票,引进了新的股东,容易导致公司控制权的分散。

此外,新股东分享公司未发行新股前积累的盈余,会降低普通股的每股净收益,从而可能引起股价的下跌。

三、发行优先股

(一)优先股的性质

各国相关法律一般规定,允许股份有限公司设置优先股。从公司章程规定的有关条款看,优先股是介于普通股和债券之间的资金来源,是一种混合性证券,其特征也介于普通股和债券之间。

1. 优先股具有普通股的某些特征

优先股与普通股相同的地方,主要表现在以下几个方面:

(1)优先股所筹资本属于权益资本,多数情况下,没有到期日;

(2)优先股的股利在税后利润中支付;

(3)优先股没有筹资风险,当公司没有足够盈利支付股利时,可以不支付,而无破产之忧;

(4)优先股股东也是以其投资对公司的债务承担有限责任。

2. 优先股具有类似债券的特征

优先股与债券相似之处主要有以下几个方面：

(1)优先股的股利固定，一般不受公司经营状况和盈利水平的影响；

(2)优先股一般不具有参与公司经营管理权；

(3)当公司章程中规定有赎回条款时，优先股具有还本特征；

(4)当公司章程中规定有转换条款时，优先股可以像债券那样转换为普通股。

(二)发行优先股的动机

企业发行优先股的动机包括：防止股权分散化；调剂现金余缺；改善资金结构；维持举债能力。

(三)优先股的种类

依据公司章程的有关规定，对优先股可进一步分类。

1. 按支付股利能否累积分类，可划分为累积优先股和非累积优先股

(1)累积优先股，是指优先股股利如当年因盈利不足以分派或不予分派时，未发或未发足的股利，可以累积到以后年度一并如数补付，并优先于普通股股利的分派。多数情况下，优先股均为累积优先股。

(2)非累积优先股，是指优先股如当年未能获得分派股利，则以后也无补发要求权。

2. 按是否可以参加额外股利分配分类，可划分为参加优先股和不参加优先股

(1)参加优先股，是指公司盈利较多时，按规定取得固定股利之后，还可以同普通股一起参加剩余利润的分配，分得额外股利的优先股。在公司章程中，参加分享额外收益的条款很少轻易提供。

(2)非参加优先股，是指只能取得固定股利，不能参加剩余利润分配的优先股，是优先股的常见形式。

3. 按是否可以赎回分类，可划分为可赎回优先股和不可赎回优先股

(1)可赎回优先股，是指优先股发行若干年后，公司可按预先约定的价格和一定方式，将其逐渐收回的优先股。通常收回价格高于股票票面，算是对股东的一种补偿。由于赎回的决定权在公司，因此赎回总是在有利于公司的情况下进行的。如市场利率较低，公司可用其他方式筹集较低成本的资金，公司不愿再受优先股约定条件的限制等。

(2)不可赎回优先股，是指公司没有赎回权利的优先股。当然，不可赎回并非是指公司不可以从市场上照市价收回。在优先股中，不可赎回优先股是主要形式。

4. 按是否可以转换分类，可划分为可转换优先股和不可转换优先股

(1)可转换优先股，是指在公司章程规定的期限内，按股东意愿可以按票面一定比例转换为普通股的优先股。

(2)不可转换优先股，是指不具有转换为普通股权利的优先股。

(四)优先股股东的权利

优先股股东的权利包括：优先分配股利权；优先分配剩余财产权；部分管理权。

(五)优先股筹资评价

1. 优先股筹资的优点

从公司财务角度看，采用优先股筹资方式，具有以下优点：

(1)优先股从根本上说属于权益资本，没有固定到期日，是永久资金来源，可以为公司举债提供保证。

(2)优先股一般不具有参与经营管理权，如果公司既想筹集权益资本，又要维护原股东的

控制权,采用优先股筹资是最恰当的。

(3)优先股股利虽然固定,但盈利不足以支付时,可以暂不支付,具有一定的灵活性。

(4)优先股股利固定,也具有杠杆作用。

(5)优先股的可赎回性和可转换性,使之具有调整资本结构的功能。

2. 优先股筹资的缺点

(1)优先股通常有些保护条款,这些条款会形成对公司管理者的限制。

(2)优先股股利支付虽然灵活,但毕竟要支付,会形成公司的财务负担。

(3)优先股的资本成本也较高。

四、发行认股权证

(一)认股权证的含义与特点

认股权证是由股份公司发行的,能够按特定的价格,在特定的时间内购买一定数量该公司股票的选择权凭证。

认股权证的特点:认股权证作为一种特殊的筹资手段,对于公司发行新债券或优先股股票具有促销作用。持有人在认股之前,既不拥有债权也不拥有股权,只拥有股票认购权。用认股权证购买普通股票,其价格一般低于市价。

(二)认股权证的种类

1. 按允许购买的期限长短,分为长期认股权证与短期认股权证

短期认股权证的认股期限一般在90天以内,长期认股权证的认股期限通常在90天以上。

2. 按认股权证的发行方式不同,分为单独发行认股权证与附带发行认股权证

单独发行认股权证是指不依附于公司债券、优先股、普通股或短期票据而单独发行的认股权证。

附带发行认股权证是指依附于债券、优先股、普通股或短期票据发行的认股权证。

3. 按认股权证认购数量的约定方式,分为备兑认股权证与配股权证

备兑认股权证是指每份备兑证按一定比例含有几家公司的若干股股票。

配股权证是指确认老股东配股权的证书,它按照股东持股比例定向派发,赋予其以优惠价格认购公司一定份数的新股。

(三)认股权证的基本要素

认股权证的基本要素包括:(1)认购数量;(2)认购价格;(3)认购期限;(4)赎回条款。

(四)认股权证的价值

认股权证的价值有理论价值与实际价值之分。其理论价值可用下式计算:

$$\text{认股权证理论价值}=\text{普通股市场价格}-\text{普通股认购价格}\times\text{认股权证换股比率}$$

影响认股权证理论价值的主要因素有:(1)换股比率;(2)普通股市价;(3)执行价格。

(五)剩余有效期间

认股权证的实际价值是认股权证在证券市场上的市场价格或售价。认股权证的实际价值大于理论价值的部分,称为超理论价值的溢价。

(六)认股权证的作用

认股权证的作用主要包括:(1)为公司筹集额外现金;(2)促进其他筹资方式的运用。

第四节　负债筹资

一、长期借款筹资

长期借款是指企业向银行或其他非银行金融机构借入的使用期超过一年的借款，主要用于购建固定资产和满足长期资金占用的需要。长期借款大多采用分期还本付息的偿还方式，对债权人和债务人都较为有利。因此，当企业需求金额较大、期限较长的资金，而又没有发行股票等权益筹资的能力和条件时，可采用长期借款的方式。

(一)长期借款的种类

1. 按提供贷款的机构分类

按提供贷款的机构分类，可分为政策性银行贷款和商业性银行贷款。

(1)政策性银行贷款，是指执行国家政策性贷款业务的银行提供的贷款，通常为长期贷款，且一般只贷给国有企业。如我国的国家开发银行、中国农业发展银行、中国进出口银行就属于政策性银行，其贷款业务属于政策性贷款业务。

(2)商业性银行贷款，包括短期贷款和长期贷款，其中长期贷款具有以下特征：①期限长于一年；②企业与银行之间要签订借款合同，合同内容含有对借款企业的具体限制等条款；③有规定的借款利率，可固定亦可随基准利率的变动而变动；④主要实行分期偿还方式，一般每期偿还金额相等，当然也可采用到期一次偿还方式。

2. 按有无担保分类

按有无担保分类，可分为信用贷款和抵押贷款。

(1)信用贷款，是指不需要借款企业提供抵押品，而凭贷款企业的信用或其担保人信用而发放的贷款。信用贷款通常适用于信誉良好的企业，贷款利率通常较高，并且要附加一定条件，目前我国专业银行向国有企业贷款，大多是信用贷款。

(2)抵押贷款，是指以特定抵押品作为担保的贷款，其抵押品通常是房屋、建筑物、机器设备、股票债券等。贷款到期，企业不能或不愿意偿还债务时，银行有权处置这些抵押品。

(二)长期借款的程序

企业申请长期借款，主要履行以下几个基本步骤：

1. 提出借款申请

企业申请借款必须符合贷款原则和条件。我国金融部门对企业发放贷款的原则是：按计划发放，择优扶植，有物资保证，按期归还。企业申请贷款应具备的条件是：(1)独立核算，自负盈亏，有法人资格；(2)经营方向和业务范围符合国家产业政策，贷款用途属于银行贷款办法规定的范围；(3)借款企业具有一定的物资财产保证，担保单位具有相应的经济实力；(4)具有偿还贷款的能力；(5)财务管理和经济核算制度健全，资金使用效益和企业经济效益良好；(6)在银行设有账户办理结算。只有具备上述条件的企业才能向银行提出申请，陈述借款原因和金额、用款时间和计划、还款期限和计划。

2. 银行审批

银行根据有关政策和贷款条件，对借款企业进行审查，依据审批权限，核准其申请的借款金额和用款计划。银行审查内容包括：(1)企业的财务状况；(2)企业的信用情况；(3)企业盈利稳定性;(4)企业发展前景;(5)借款投资项目可行性;(6)借款的担保品等。

3. 签订借款合同

经银行审核,借款申请批准后,银行与借款公司可就贷款的具体条件签订正式的借款合同,规定贷款的数额、利率、期限和一些保护性条款等。长期借款利率有固定利率和浮动利率两种。若采用固定利率,借贷双方通常会找出一家风险类似于借款企业的其他企业,再以发行期限等于长期贷款期限的债券利率作为参考基准来确定长期贷款利率;若采用浮动利率,借款企业和贷款机构会将长期贷款利率定在超过各年基本利率若干百分点上,当基本利率发生变化时,长期贷款中尚未偿还部分的利率也会同比例涨跌。当资金市场利率波动不大、资金供应平稳时,企业多采用固定利率。

4. 取得借款

贷款合同签订后,即具有法律效力,企业可在核准的贷款指标范围内,根据用款计划和实际需求,一次将贷款转入存款结算账户,以便支用。

5. 归还借款

贷款到期时,借款企业可按贷款合同规定,按期偿还借款本金与利息或续签合同。长期借款的偿还方式包括:(1)定期支付利息,到期一次性偿还本金,这种方式下,企业还款压力大;(2)平时逐期偿还小额本金和利息,期末偿还余下的大部分,每次的还款金额按公司的偿还能力和银行的要求相结合来确定。

(三)与银行借款有关的信用条件

银行发放贷款时,往往涉及以下信用条款:

1. 信贷额度

信贷额度亦即贷款限额,是借款人与银行在协议中规定的允许借款人借款的最高限额。如借款人超过规定限额继续向银行借款,则银行停止办理。此外,如果企业信誉恶化,即使银行曾经同意按信贷限额提供贷款,企业也可能因银行终止放贷而得不到借款。

2. 周转信贷协定

周转信贷协定是银行从法律上承诺向企业提供不超过某一最高限额的贷款协定。在协定的有效期内,只要企业借款总额未超过最高限额,银行必须满足企业任何时候提出的借款要求。企业享用周转信贷协定,通常要对贷款限额的未使用部分付给银行一笔承诺费。

【例3-4】 某企业与银行商定的周转信贷额为2 000万元,承诺费率为0.5%,借款企业年度内使用了1 400万元,余额为600万元。则借款企业应向银行支付承诺费的金额为:

承诺费=600×0.5%=3(万元)

3. 补偿性余额

补偿性余额是银行要求借款人在银行中保持按贷款限额或实际借用额的一定百分比(通常为10%~20%)计算的最低存款余额。补偿性余额有助于银行降低贷款风险,补偿其可能遭受的损失;但对借款企业来说,补偿性余额则提高了借款的实际利率,加重了企业的利息负担。补偿性余额贷款实际利率的计算公式为:

$$\text{补偿性余额贷款实际利率}=\frac{\text{名义利率}}{1-\text{补偿性余额比率}}\times 100\%$$

【例3-5】 某企业按年利率8%向银行借款100万元,银行要求保留20%的补偿性余额,企业实际可以动用的借款只有80万元,则该项借款的实际利率为:

$$\text{补偿性余额贷款实际利率}=\frac{8\%}{1-20\%}\times 100\%=10\%$$

4. 借款抵押

银行向财务风险较大、信誉不好的企业发放贷款，往往需要有抵押品担保，以减少自己蒙受损失的风险。借款的抵押品通常是借款企业的应收账款、存货、股票、债券以及房屋等。银行接受抵押品后，将根据抵押品的账面价值决定贷款金额，一般为抵押品账面价值的30%～50%。这一比率的高低取决于抵押品的变现能力和银行的风险偏好。抵押借款的资金成本通常高于非抵押借款，这是因为银行主要向信誉好的客户提供非抵押贷款，而将抵押贷款视为一种风险贷款，因而收取较高的利息；此外，银行管理抵押贷款比管理非抵押贷款更为困难，为此往往另外收取手续费。企业取得抵押借款还会限制其抵押财产的使用和将来的借款能力。

5. 偿还条件

无论何种借款，一般都会规定还款的期限。根据我国金融制度的规定，贷款到期后仍无能力偿还的，视为逾期贷款，银行要照章加收逾期罚息。贷款的偿还有到期一次偿还和在贷款期内定期等额偿还两种方式。一般来说，企业不希望采用后种方式，因为这会提高贷款的实际利率；而银行则不希望采用前种方式，因为这会加重企业还款时的财务负担，增加企业的拒付风险，同时会降低实际贷款利率。

6. 以实际交易为贷款条件

当企业发生经营性临时资金需求，向银行申请贷款以求解决时，银行则以企业将要进行的实际交易为贷款基础，单独立项，单独审批，最后做出决定并确定贷款的相应条件和信用保证。如某承包商因完成某项承包任务缺少资金而向银行借款，当他收到委托承包者付款时，立即归还此笔借款。对这种一次性借款，银行要对借款人的信用状况、经营情况进行个别评价，然后才能确定贷款的利息率、期限和数量。

(四)银行借款利息的支付方式

1. 利随本清法

利随本清法又称收款法，是在借款到期时向银行支付利息的方法。采用这种方法，借款的名义利率等于其实际利率。

2. 贴现法

贴现法是银行向企业发放贷款时，先从本金中扣除利息部分，而到期时借款企业再偿还全部本金的一种计息方法。贴现法的实际贷款利率公式为：

$$\text{贴现贷款实际利率}=\frac{\text{利息}}{\text{贷款金额}-\text{利息}}\times 100\%$$

$$=\frac{\text{名义利率}}{1-\text{名义利率}}\times 100\%$$

【例3－6】　某企业从银行取得借款200万元，期限1年，名义利率为10%，利息20万元。按照贴现法付息，企业实际可动用的贷款为180万元(200－20)，该项贷款的实际利率为：

$$\text{贴现贷款实际利率}=\frac{20}{200-20}\times 100\%=11.11\%$$

(五)长期借款筹资的优缺点

1. 长期借款筹资的优点

(1)融资速度快。企业若发行证券融资，不仅要做发行前的各项准备工作，而且证券发行本身需要一定时间，而银行借款通过双方直接谈判，即可取得其所需资金，因此相对来说，所花时间较短。

(2)筹资成本低。长期借款利率一般低于债券利率，且借款属于直接筹资，费用较少，利息可在税前支付，使企业可实际少负担利息费用，因而筹资成本低。

(3)借款弹性较大。长期借款筹资的弹性主要表现在企业对借款契约某些条款协商或修改的可能性上。借款企业在与贷款机构协商贷款业务时，可就其借款时间、数量、利率直接进行谈判。在借款期间，如果企业情况发生变化，可与银行协商，改变某些借款条款的有关规定。而在发行有价证券筹资方式下，企业想单方面修改某些条款几乎是不可能的。

(4)具有杠杆作用。无论企业盈利多少，银行只收取固定的利息，而更多的收益归借款企业所有。这样，当企业投资报酬率大于其借款利率时，长期借款能使企业获取超过借款利率的差额利润，提高企业每股净收益。

2. 长期借款筹资的缺点

(1)财务风险高。长期借款必须到期还本付息，当企业经营不景气时，会给企业带来更大的财务困难，甚至可能导致破产。

(2)限制性条款较多。这有可能使企业在财务管理和生产经营上受到某种程度的制约，以致对企业今后的筹资和投资活动产生影响。

(3)筹资数额有限制。银行一般对长期借款会有上限限制，无法满足企业生产经营活动大跨度的方向转变和大规模的范围调整等需要。

二、发行债券筹资

(一)债券的性质和种类

1. 债券的性质

企业债券是依照法定程序发行的，约定在一定期限内还本付息的有价证券。按我国公司法和国际惯例，股份有限公司和有限责任公司发行的债券称为公司债券或公司债。利用发行债券筹集生产经营资金是当今世界各国企业常用的做法。

债券代表持券人和企业间的债权债务关系，发行债券所筹资金属于负债资金。债券作为一种筹资手段与一般债务筹资比较，具有以下几个方面的特征：

(1)流动性。债券具有较强的变现能力，即流动性。这是因为，债券是一种有价证券，有固定的利率，便于计算投资收益率，期满后可以收回本金，这样，持券人在需要资金时可以到证券市场转让或到银行机构作抵押取得贷款。

(2)契约性。债券是一种契约性债务凭证，债券发行的所有事项均在契约中予以规定，包括债券发行方式、利息支付、偿还方式、担保品，并规定了相应的保障条款，有的契约中还规定了赎回和转换条款，而其他负债筹资方式则没有这么复杂。

(3)法律约束性。一般债务的法律限制较小，发行债券的限制较为明显，如发行债券的资格、发行的数额、利率、发行程序等，在有关法律中均有明确规定。这意味着发行债券要比其他债务筹资受到更多、更严格的限制，而这些限制的目的是为了保护投资者利益。

(4)弹性。债券的弹性表现在有的债券契约中规定有赎回和转换条款，公司可在一定条件下购回所发行的债券或将债券转换为普通股，赋予了债券调整资本结构的功能，使债券筹资具有灵活性。

2. 债券的种类

(1)按有无抵押担保分类，可分为有担保债券和信用债券。

①有担保债券，是指企业以特定财产作为抵押品为担保发行的债券。所谓特定财产，包括不动产、动产和有价证券。其中，以不动产为抵押品的债券称为抵押债券；以动产和有价证券

为抵押品的债券称为质押债券，又称流动抵押债券。以有价证券为抵押的，大多由需要资金，但又不愿出售持有证券的公司发行，其目的是为了保持对附属公司或其他公司的控制权。有担保债券如不能到期偿还，则持券人可行使抵押权，拍卖抵押品作为补偿。

②信用债券，又称无担保债券，是指不以任何物品作抵押，完全凭借公司信用发行的债券。通常只有那些信誉良好、声名卓著的公司才可以发行，信用债券的资产索偿权与一般债权人一样，没有特定资产作保证，但有一个限制，就是公司此后不得将资产抵押给其他债权人。

(2)按是否记名分类，可分为记为债券和无记名债券。

①记名债券，是指券面上记有持券人姓名或名称的债券。记名债券只对记名人还本，持券人凭印鉴领取利息，记名债券的转让要办理过户手续。

②无记名债券，是指券面上不记有持券人姓名或名称的债券。债券的还本付息仅以债券为凭，即见票还本付息。无记名债券的转让，只需将债券交付受让人后即发生效力。

(3)按能否转换为普通股分类，可分为可转换债券和不可转换债券。

①可转换债券，是指按契约规定，在一定条件下可转换为普通股的公司债券。这种债券具有选择权，所以利率比普通债券要低。

②不可转换债券，是指不具有转换选择权的公司债券。

(4)按本金偿还方式分类，可分为一次偿还债券、分次偿还债券和偿债基金债券。

①一次偿还债券，又称期满偿还债券，这种债券的本金于到期日一次全部偿还。

②分次偿还债券，是指本金分次偿还的债券。又可具体分为定时偿还和随时偿还两种类型。这种分散还本的做法可以减轻企业集中还本的支付压力。

③偿债基金债券，是指契约中附有偿债基金条款的债券。这种债券不仅可以保证持券人的权益，而且能减轻债券到期日因偿还本金的现金压力。

(5)按债券持有收益分类，可分为固定利率债券、浮动利率债券、参与分红债券和收益债券。

①固定利率债券，是指发行时就已确定利率并记于债券票面的债券。

②浮动利率债券。这种债券的利率在发行时不固定，而是随着市场利率变化作相应调整，从筹资角度看，浮动利率债券不仅可以获得长期资金，而且在整个使用期不必负担过高的利率，通常在未来利率不确定情况下适用。

③参与分红债券，又称参与公司债券，这种债券利率较低，但公司有超额盈余时，可以参加盈余分配。实际中，这种债券较为少见。

④收益债券。这种债券偿本义务由公司负责，但利息并不按期支付，需视公司盈余多寡而定，只有结算收益有能力支付利息时才支付。对公司而言，发行收益债券可以不必承担固定的利息负担，减少财务风险，通常是在公司财务发生困难、整顿改组、挽救危机时才发行。

(二)债券的基本要素

1. 债券的面值

债券面值包括两个基本内容：一是币种，二是票面金额。面值的币种可用本国货币，也可用外币，这取决于发行者的需要和债券的种类。债券的发行者可根据资金市场情况和自己的需要选择适合的币种。债券的票面金额是债券到期时偿还债务的金额。面额印在债券上，固定不变，到期必须足额偿还。

2. 债券的期限

债券都有明确的到期日，债券从发行之日起，至到期日之间的时间差为债券的期限。在债券的期限内，公司必须定期支付利息，债券到期时，必须偿还本金，也可按规定分批偿还或提前一次偿还。

3. 债券的利率

债券通常都载明利率，一般分为固定利率和浮动利率两种。债券上标注的利率一般是年利率，在不计复利的情况下，面值与利率相乘可得出年利息。

4. 债券的价格

理论上，债券的面值就应是它的价格，事实上并非如此。由于发行者的种种考虑或资金市场上供求关系、利息率的变化，债券的市场价格常常脱离它的面值，有时高于面值，有时低于面值，但其差额并不是很大，不像普通股那样相差甚远。也就是说，债券的面值是固定的，它的价格却是经常变化的。发行者计息还本，是以债券的面值为根据，而不是以其价格为根据。

（三）债券的发行条件

按国际惯例，企业发行债券要符合一定的条件。根据我国《公司法》的规定，股份有限公司、国有独资公司和两个以上的国有企业或其他两个以上的国有投资主体投资设立的有限责任公司具有发行债券的资格。发行公司债券应当符合下列条件：

(1)股份有限公司的净资产额不低于人民币3 000万元，有限责任公司的净资产额不低于人民币6 000万元；

(2)累计债券总额不超过净资产的40％；

(3)最近3年平均可分配利润足以支付公司债券1年的利息；

(4)筹集的资金投向符合国家产业政策；

(5)债券的利率不得超过国务院限定的利率水平；

(6)国务院规定的其他条件。

此外，发行可转换为股票的公司债券，除了具备发行债券的条件外，还应当符合股票发行条件。

（四）债券的发行程序

1. 作出发行决议

公司发行债券，必须对发行的主要事项，包括发行总额、票面金额、利率、发行价格、偿还期限等作出决议，根据我国《公司法》规定，股份有限公司、有限责任公司发行债券，由董事会制订方案，股东会作出决议。国有独资公司发行债券，应由国家授权的投资机构或国家授权的部门作出决议。

2. 评定债券等级

债券发行决议作出后，企业应聘请具有从业资格的评信机构评定债券的信用等级，以便为证券管理部门审批提供依据。

3. 提出申请批准

公司按规定作出发行债券决议并取得信用评级后，应向国家证券管理部门报请批准。申请应提交公司登记证明、公司章程、公司债券募集办法、资产评估和验资报告、信用等级等有关文件。

4. 公告债券募集办法

公司发行债券申请经批准后，应当公告募集办法。募集办法中应载明公司名称、债券总额和票面金额、债券的利率、还本付息的期限和方式、债券发行的起止日期、公司净资产额、已发行的尚未到期的公司债券总额、债券的承销机构等主要事项。

5. 发售债券

债券的发售一般分为私募发行和公募发行两种方式。

私募发行是面向少数特定投资者发行，如发行单位职工、发行单位产品用户以及与发行人有密切业务往来的机构投资者。私募发行一般采取直接发售方式。因受到限制，故很少采用。

公募发行是向社会广泛的不特定的投资者发行，因为面向社会公众，发售工作量大，一般需要证券机构协助。证券机构承销债券有代销和包销两种方式。代销是委托承销机构代为向社会销售债券，承销机构按发行条件，在约定期限内尽力推销，到截止日期，未售出部分退回发行公司。承销机构不承担发行风险。包销是由承销机构按发行条件向社会推销债券，到截止日期，未售出部分由承销机构认购，并按约定的时间向发行公司支付全部债券款。采用包销方式，承销机构将承担部分发行风险。

6. 收缴债券款，登记债券存根簿

企业发行债券应当在规定的时间结束，在截止日期后向承销机构收缴债券款项，同时在置备的公司债券存根簿上进行登记。

(五)债券发行价格的确定

多数情况下，企业债券是按票面价值发行，亦称等价发行。但也有按高于票面价值或低于票面价值，即溢价发行或折价发行的情况。这是因为，债券利率是参照市场利率制定的，一经印制，便固定不变。而从印制到债券发行，市场利率可能会发生变化，如果发生变化，则应根据市场利率变化情况调整发行价格，以保证投资者获得与当时市场利率相当的收益率。

在按期付息到期一次还本，且不考虑发行费用的情况下，债券发行价格的计算公式为：

$$\text{债券发行价格}=\frac{\text{票面金额}}{(1+\text{市场利率})^n}+\sum_{t=1}^{n}\frac{\text{票面金额}\times\text{票面利率}}{(1+\text{市场利率})}$$

或：

$$\text{债券发行价格}=\text{票面金额}\times(P/F,i_1,n)+\text{票面金额}\times i_2\times(P/A,i_1,n)$$

式中，n 为债券期限，t 为计息期数。

【例 3-7】 华北公司发行面值1 000元的 10 年期债券，票面利率为 10%，每年支付利息一次，发行时市场利率有以下三种不同情况：

(1)市场利率与票面利率一致，也是10%，则：

1 000×(P/F,10%,10)+1 000×10%×(P/A,10%,10)=1 000(元)

此时，发行价格与面值相同，为等价发行。

(2)市场利率为 15%，比印制时上升 20%，则：

1 000×(P/F,15%,10)+1 000×10%×(P/A,15%,10)=749(元)

此时，发行价格低于面值，为折价发行。

(3)市场利率为 5%，比印制时降低 20%，则：

1 000×(P/F,5%,10)+1 000×10%×(P/A,5%,10)=1 386(元)

此时，发行价格高于面值，为溢价发行。

如果企业发行不计复利、到期一次还本付息的债券，则其发行价格的计算公式为：

债券发行价格＝票面金额×(1＋票面年利率×期限 n)×(n 期复利现值系数)

【例 3-8】 华西公司发行面值为1 000元的债券，票面年利率为 6%(不计复利)，期限为 10 年，到期一次还本付息。已知目前市场利率为 5%，则其发行价格为：

债券发行价格＝1 000×(1＋6%×10)×0.613 9＝982.24(元)

(六)债券的还本付息

1. 债券的偿还

债券偿还时间按其实际发生与规定的到期日之间的关系,分为到期偿还、提前偿还与滞后偿还三类。

(1)到期偿还,是指当债券到期后还清债券所载明的义务,又包括分批偿还和一次偿还两种。

(2)提前偿还,又称提前赎回或收回,是指在债券尚未到期之前就予以偿还。只有在企业发行债券的契约中明确规定了有关允许提前偿还的条款,企业才可以进行此项操作。提前偿还所支付的价格通常要高于债券的面值,并随到期日的临近而逐渐下降。具有提前偿还条款的债券可使企业融资有较大的弹性。当企业资金有结余时,可提前赎回债券;当预测利率下降时,也可提前赎回债券,而后以较低的利率来发行新债券。

赎回有三种形式:强制性赎回、通知赎回和选择性赎回。

①强制性赎回,又有偿债基金和赎债基金两种形式。

偿债基金主要是为分期偿还未到期债券而设。它要求发行人在债券到期前陆续偿还债务,因而缩短了债务的有效期限,同时分散了还本付息的压力,这样在某种程度上减少了违约的风险。但另一方面,在市场看好时(如市场价格高于面值),强制性赎回使投资人遭受损失,举债公司要给予补偿,通常的办法是提高赎回价格。

赎债基金同样是举债人为提前偿还债券设立的基金,与偿债基金不同的是,赎债基金是债券持有人强制举债公司收回债券。赎债基金只能从二级市场上购回自己的债券,其主要任务是支持自己的债券在二级市场上的价格。

②通知赎回,是指举债公司在到期日前准备赎回债券时,要提前一段时间向债券持有人发出赎债通知,告知赎回债券的日期和条件。债券持有人有权将债券在通知赎回日期之前售回举债公司,债券持有人的这种权利称为提前售回优先权。

③选择性赎回,是指举债公司有选择债券到期前赎回全部或部分债券的权利。选择性赎回的利息率略高于其他同类债券。

通知赎回中对于债券持有人,还有一种提前售回选择权,是指债券持有人有权选择在债券到期前某一或某几个指定日期,按指定价格把债券售回举债公司,这和选择性赎回的选择主体正好相反。

(3)滞后偿还,是指债券在到期日之后偿还。这种偿还条款一般在发行时便订立,主要是给予持有人延长持有债券的选择权。滞后偿还有转期和转换两种形式。

①转期,是指将较早到期的债券换成到期日较晚的债券,实际上是将债务的期限延长。常用的办法有两种:直接以新债券兑换旧债券;用发行新债券得到的资金来赎回旧债券。

②转换,通常是指股份有限公司发行的债券可以按一定的条件转换成本公司的股票。

2. 债券的付息

债券的付息主要表现在利息率的确定、付息频率和付息方式三个方面。利息率的确定有固定利率和浮动利率两种形式。债券付息频率主要有按年付息、按半年付息、按季付息、按月付息和一次性付息(利随本清、贴现发行)五种。付息方式有两种方式:一种是采取现金、支票或汇款的方式,另一种是息票债券的方式。

(七)债券筹资的优缺点

采用发行债券方式筹集资金,财务主管人员应对其优缺点有充分的认识,并根据企业的具体情况进行抉择。

1. 债券筹资的优点

(1)债券的利息在税前支付,因此可以享受到免税优惠。

(2)债券的利息固定,一般不参加超额盈余的分配,从而提高权益资本的收益率或每股收益,即通常所说的财务杠杆利益。

(3)债券成本低于权益资本的成本。

(4)债券持有人没有参与企业经营管理权,有利于保持股东对企业的控制权。

(5)如果是可赎回债券或可转换债券,则具有调整资本结构的作用。

2. 债券筹资的缺点

(1)债券不属于永久性资金,必须到期还本付息,如果企业经营状况不佳,会发生支付困难,有较大的财务风险。

(2)债券限制性条款较多,可能会对以后的资金筹措产生不利的影响。

(八)可转换债券

1. 可转换债券的性质

可转换债券赋予持有者一种特殊的选择权,即按事先约定在一定时间内将其转换为公司股票的选择权,在转换权行使之前属于公司的债务资本,权利行使之后则成为发行公司的所有权资本。

2. 可转换债券的基本要素

(1)基准股票,又称相关股票,即可转换债券的标的物,一般是发行公司的普通股。

(2)票面利率。可转换债券的利率一般低于普通债券,因为其持有人有一种特殊的选择权。

(3)转换价格,是指可转换债券在转换期内转换成普通股的每股价格。转换价格一般高于发行当时相关股票价格的10%～30%,在转换期内,随着股票分割或股利分配要调整其转换价格。其计算公式如下:

$$转换价格=\frac{债券面值}{转换比率}$$

(4)转换比率,是指每份可转换债券可转换成普通股的股数。其计算公式如下:

$$转换比率=\frac{转换普通股股数}{可转换债券数}$$

(5)转换期限,是指可转换债券转换成股票的起始日至结束日。一般有两种规定:一种是发行公司制定一个特定的转换期限,另一种是不限制转换的具体期限。

3. 可转换债券筹资的优缺点

优点:可转换为普通股,有利于稳定股票市价;利率低于普通债券,可节约利息支出;可增强筹资灵活性。

缺点:若股价低迷,面临兑付债券本金的压力;存在回售风险。

三、融资租赁筹资

(一)租赁业务的种类和特征

租赁是指出租人以收取租金为条件,在契约或合同规定的期限内将资产租给承租人使用的一种经济行为。租赁活动由来已久,现代租赁综合了传统租赁和分期付款的特点,在金融市场上发挥了投资、融资和促销三重作用,其中融资功能最为明显。目前租赁业务已成为企业普遍采用的筹资方式。

租赁业务通常可以分为经营性租赁和融资性租赁两大类。

1. 经营性租赁

经营性租赁是出租人在短期内向承租人提供租赁物，并承担维修责任的一种服务性业务，所以又称服务性租赁。经营性租赁是一种传统的租赁，用户的着眼点不在于融资，而是为了解决短期的、临时的资产需求，一旦需求解决，租赁关系即告结束。

经营性租赁的特点主要有：(1)租赁物一般由出租人选定，经营性租赁物一般具有通用性，属于容易找到接替用户的设备，如办公设备、汽车等；(2)租期较短；(3)出租人承担维修、保养责任，这是为了保持租赁物的完好，以便继续出租；(4)在合理的条件下，承租人有权解除租约。

2. 融资性租赁

(1)融资租赁的含义。

融资租赁是租赁公司按承租企业要求，购买所需要的设备，然后在契约或合同规定的期限内租借给承租企业使用，承租企业按期支付租金，租赁期满，设备以较低的价格转让给承租企业，即留购；或以较优惠的租金续租，也有的退租，一般情况下为留购。

融资租赁是以融通资金为目的的租赁，以出租实物形式取代向企业提供设备贷款，是融资与融物相结合，并带有商品销售性质的信用活动，是筹集资金的特殊方式。现代意义的租赁就是指融资租赁，因为融资功能明显，因此也称为财务租赁或金融租赁。

(2)融资租赁的形式。

融资租赁通常有直接租赁、返回租赁和杠杆租赁三种形式。

①直接租赁，就是通常所说的融资租赁，是融资租赁的典型形式。在直接租赁形式下，出租人主要有制造商、独立的租赁公司、金融机构的租赁业务部门和专项设备租赁公司。

②返回租赁，又称售后租回，是企业出于资金的需要，将自己拥有的资产销售给出租人取得价款，再签订租约，将其租回使用，并按期向出租人支付租金。凭借此方式，企业可以获得资金调动，同时继续使用该项资产，从性质上看，与直接租赁相同，所不同的是返回租赁的资产产权属于承租企业，而直接租赁的资产产权自始至终属于出租人。

③杠杆租赁。杠杆租赁是近年来出现的租赁形式。在这种租赁形式下，所涉及的对象不仅有承租企业和出租人，还有贷款人。对于承租企业来说，这种形式与其他两种形式没有什么不同，都是在契约或合同规定的期限内有权使用租赁物，并支付租金。但对于出租人来说就有所不同，出租人所提供资产的资金一小部分来自本身的投资，其余大部分则以该资产为抵押由贷款人提供，也可以通过租赁权和租金的转让取得，在这种场合下，出租人又是借款人。由于租金收益一般大于借款的成本，出租人借款购物，可以从中获得杠杆利益，故此种形式称为杠杆租赁。

(二)融资租赁的程序

对于承租企业而言，融资租赁有以下主要过程：

1. 作出租赁决策

一般是通过租赁与自购比较，决定取舍。除了进行租赁与自购现金流量的定量比较，还要注意其他一些重要因素，如企业的现金能力、举债的限制等，进行综合考察分析。

2. 选定租赁物，委托租赁

承租企业根据需要，确定租赁资产的品种和规格，再与供应商接洽租赁物，然后选择租赁公司并申请租赁预约，经租赁公司审查合格后，双方签署租约。

3. 租赁物交货验收

租约签订后，租赁公司向供应商订货，并由供应商向承租企业发货，货到验收，租期即行开始。

4. 按期缴付租金

在租赁期内，承租企业按期向租赁公司缴付租金，在此期间内，承租企业享有租赁物的使用权。

5. 租期届满租赁物的处理

租赁期满，承租企业根据租约规定留购、续租或退租。

(三)融资租赁租金的计算

1. 融资租赁租金的构成

融资租赁的租金包括设备价款和租息两部分，其中租息又可分为租赁公司的融资成本和租赁手续费等。设备价款是租金的主要内容，它由设备的买价、运杂费和途中保险费等构成。融资成本是指租赁公司为购买租赁设备所筹资金的成本，即设备租赁期间的利息。租赁手续费包括租赁公司承办租赁设备的营业费用和一定的盈利。租赁手续费的高低一般无固定标准，可由承租企业与租赁公司协商确定。

2. 租金的支付方式

租金的支付方式也影响到租金的计算。租金通常采用分次支付的方式，具体又分为以下几种类型：

按支付时期的长短，可分为年付、半年付、季付和月付等方式。

按支付时期先后，可以分为先付租金和后付租金两种。

按每期支付金额，可以分为等额支付和不等额支付两种。

3. 租金的计算方法

在我国租赁业务中，计算租金的方法一般采用等额年金法。

等额年金法是利用年金现值的计算公式经变换后计算每年支付租金的方法。因租金有先付租金和后付租金两种支付方式，须分别说明。

(1)后付租金的计算。根据年资本回收额的计算公式，可得出后付租金方式下每年年末支付租金数额的计算公式如下：

$$A=P/(P/A,i,n)$$

【例 3－9】 企业采用融资租赁方式于 2015 年 1 月 1 日从某租赁公司租入一台设备，设备价款为40 000元，租期为 8 年，到期后设备归企业所有，为了保证租赁公司完全弥补融资成本、相关的手续费并有一定盈利，双方商定采用 18% 的折现率。试计算该企业每年年末应支付的等额租金。

$A=40\ 000/(P/A,18\%,8)$

$=40\ 000/4.077\ 6\approx 9\ 809.69$(元)

(2)先付租金的计算。根据即付年金的现值公式，可得出先付等额租金的计算公式如下：

$$A=P/[(P/A,i,n-1)+1]$$

【例 3－10】 承【例 3－9】，如采用先付等额租金方式，则每年年初支付的租金额可计算如下：

$A=40\ 000/[(P/A,18\%,7)+1]$

$=40\ 000/(3.811\ 5+1)\approx 8\ 313.42$(元)

(四)融资租赁筹资的优缺点

1. 融资租赁筹资的优点

(1)不必一次付出全部资金,即可获得所需要的设备,很快形成生产能力,边生产、边付租金,所以有人将融资租赁比喻为“借鸡生蛋,以蛋还债”。

(2)可以保留现金或融资能力,用于对企业更有利的投资方向。

(3)可以避免举债方式对企业的种种限制。如前所述,长期借款、发行债券等方式均有相当多的限制规定,相比之下,融资租赁对企业的限制就少得多,如果企业既想获得资金,又想少受限制,则融资租赁是理想的选择。

(4)融资租赁的租金作为费用处理,可以获得节税好处。

融资租赁方式灵活,简便快捷,企业可根据生产和资金情况确定租期,安排租金支付,这比其他筹资方式有较大的弹性。

2. 融资租赁筹资的缺点

融资租赁的缺点主要是租金费用较高。出租人会将各种成本以租金形式转嫁给承租企业,因此,租金成本比一般举债成本高出许多,对此,财务人员必须有清醒的认识。此外,租金虽然分期支付,但仍会增加固定成本,在企业财务困难时,也能构成支付负担,带来财务风险。

四、商业信用

商业信用就是以商品形态提供的信用,是商品买卖过程中,由于延期付款和延期交货所形成的债权债务关系。

商业信用是商品经济的产物,只要存在着商品生产和商品交换,就会发生商业信用。商品经济越发展,商业信用利用越广泛,从提供信用的数额看,商业信用已成为企业短期资金筹集的主要方式。

(一)商业信用的形式

利用商业信用筹资,具体形式主要有应付账款、应付票据、预收货款、应付费用。

1. 应付账款

应付账款是赊购商品发生的由卖方提供给买方的信用,是一种最常见的信用形式。在应付账款的信用方式下,买方不必像申请银行借款那样签署正式借据,而是一份货已交运的发票所做的欠账记录,这种借贷关系完全靠买方的信用维持,通常是在卖方对买方的信用地位做了充分调查后才提供的。

2. 应付票据

应付票据是一种期票,是由出票人出票,由承兑人允诺在一定时期内支付一定款项的书面证明。这种票据由购货方或销货方开出,由购货方承兑或请求开户银行承兑。一般来说,在购货方有拖欠情况下,销货方为得到购货方对债项的正式承诺才会采用。显然,这对销货方有利。

在应付票据商业信用形式下,延期付款期限一般为1～6个月,最长不超过9个月。应付票据有带息和不带息两种,西方国家一般带息,属于有代价信用;我国一般不带息,属于免费信用。

3. 预收货款

预收货款是销货方在交货前向购货方预先收取部分或全部货款所发生的负债,这项负债要用以后的商品或劳务偿还,这实际等于向购货方借一笔款项。

4. 应付费用

在企业经营活动中，因为结算程序原因形成的应付费用，主要有应付工资、应付税金、应付福利费、应付水电费等。

对于持续经营的企业来说，应付费用信用带有连续性，是企业经常性的短期资金来源，因此，在企业筹资中，不要忽视它的存在。

(二)商业信用的条件

1. 应付账款的信用条件

对应付账款，其信用条件分为以下三种情况：

(1)没有规定现金折扣，购货方必须在法定期限内付款，法定期限很短，利用价值不大。

(2)规定有现金折扣，享受现金折扣，购货方必须在折扣期限内付款。一般情况下，现金折扣为 2%～3%，折扣期一般为 10 天或 20 天。

(3)规定有现金折扣，不享受现金折扣，购货方必须在规定的信用期内付款，逾期属于拖欠行为。在西方国家，为了促使购货方按期付款，销货方可提供现金折扣，如规定“2/10，n/30”，其中 2 表示现金折扣，10 表示折扣期限，30 为信用期限，意即购货方在 10 天之内付款，可以享受 2%的现金折扣；如果购货方未利用此项折扣，则全部货款 30 天到期。

2. 预收货款的信用条件

在商品交易中，销货方要求购货方预付货款是出于以下原因：(1)对购货方信誉一无所知或了解到购货方以往有拖欠行为；(2)销货方的货物属于紧俏商品；(3)销货方生产周期较长，出于资金周转需要，要求购货方先行垫支。

在商业信用中，应付票据较少使用。而应付费用属于自然筹资，没有信用条件。

(三)商业信用的成本

多数情况下，商业信用不产生成本。因为在不提供现金折扣情况下使用商业信用，谈不上成本问题。而提供现金折扣，享受了这一折扣，在折扣期内使用商业信用，同样也不花费成本。至于预收货款和应付费用，更谈不上成本问题。但如果提供了现金折扣而不享受，则会产生明显的使用信用的机会成本。

$$\text{放弃现金折扣的成本}=\frac{CD}{1-CD}\times\frac{360}{N}\times100\%$$

式中：CD 为现金折扣的百分比；N 为失去现金折扣延期付款天数，等于信用期与折扣期之差。

【例 3—11】 企业购进一批材料，价款为 120 000 元，销货方的信用条件为“2/10，n/30”，则有以下两种情况：

(1)企业在第 10 天付款，享有现金折扣 2 400 元(120 000×2%)，并使用 10 天的免费信用。

(2)在第 30 天付款，可使用 30 天的信用，但要以放弃现金折扣为代价，这种代价就是商业信用的成本。其计算如下：

$$\text{放弃现金折扣的成本}=\frac{2\%}{1-2\%}\times\frac{360}{20}\times100\%=36.73\%$$

上述计算结果表明，放弃现金折扣的信用成本是相当昂贵的，比借款利率高出许多，若无特殊情况，还是享受现金折扣为好。

(四)商业信用筹资的优缺点

1. 商业信用筹资的优点

商业信用是伴随商品交易自然而然发生的借贷行为，使用简便，属于"自动筹资"；与银行借款相比，限制条件较少，容易取得，只需向销货方增加定额，便可扩大信用；当商业信用为免费信用时，不发生信用成本。

2. 商业信用筹资的缺点

利用期限有限，尤其是应付账款；因为商业信用容易取得，过分利用会使企业承担过多的债务；对应付账款，放弃现金折扣，成本十分昂贵，如果拖欠还会发生损害信用的内在成本。

(五)杠杆收购筹资

1. 杠杆收购筹资的含义

杠杆收购筹资是指某一企业拟收购其他企业进行结构调整和资产重组时，以被收购企业资产和将来的收益能力做抵押，从银行筹集部分资金用于收购行为的一种筹资活动。

2. 杠杆收购筹资的特点

杠杆收购筹资的财务杠杆比率非常高；以杠杆筹资方式进行企业兼并、改组，有助于促进企业的优胜劣汰；对于银行而言，贷款的安全性保障程度高；筹资企业利用杠杆收购筹资有时还可以得到意外的收益，即所收购企业的资产增值；杠杆收购可以充分调动参股者的积极性，提高投资者的收益能力。

同步测试题

一、单项选择题

1. 下列权利中，不属于普通股股东权利的是(　　)。
A. 公司管理权　B. 分享盈余权　C. 优先认股权　D. 优先分配剩余财产权

2. 某企业拟以"2/20，$n/40$"的信用条件购进原料一批，则企业放弃现金折扣的机会成本率为(　　)。
A. 2%　B. 36.73%　C. 18%　D. 36%

3. 下列筹资方式中，常用来筹措短期资金的是(　　)。
A. 商业信用　B. 发行股票　C. 发行债券　D. 融资租赁

4. 一般而言，企业资金成本最高的筹资方式是(　　)。
A. 发行债券　B. 长期借款　C. 发行普通股　D. 发行优先股

5. 相对于股票筹资而言，银行借款的缺点是(　　)。
A. 筹资速度慢　B. 筹资成本高　C. 借款弹性差　D. 财务风险大

6. 相对于普通股股东而言，优先股股东所拥有的优先权是(　　)。
A. 优先表决权　B. 优先购股权　C. 优先分配股利权　D. 优先查账权

7. 相对于公募发行债券而言，私募发行债券的主要缺点是(　　)。
A. 发行费用较高　B. 利息负担较重　C. 限制条件较多　D. 发行时间较长

8. 相对于借款购置设备而言，融资租赁设备的主要缺点是(　　)。
A. 筹资速度较慢　B. 融资成本较高　C. 到期还本负担重　D. 设备淘汰风险大

9. 下列各项资金，可以利用商业信用方式筹措的是(　　)。
A. 国家财政资金　B. 银行信贷资金　C. 其他企业资金　D. 企业自留资金

10. 下列各项中，不属于商业信用融资内容的是(　　)。
A. 赊购商品　B. 预收货款　C. 办理应收票据贴现　D. 用商业汇票购货

11. 采用销售百分率法预测资金需要量时，下列项目中被视为不随销售收入的变动而变动的是(　　)。
A. 现金　B. 应付账款　C. 存货　D. 公司债券

12. 在财务管理中，将资金划分为变动资金与不变资金两部分，并据以预测企业未来资金需要量的方法称为(　　)。

A. 定性预测法　　B. 比率预测法　　C. 资金习性预测法　　D. 成本习性预测法

13. 相对于负债融资方式而言，采用吸收直接投资方式筹措资金的优点是(　　)。

A. 有利于降低资金成本　　B. 有利于集中企业控制权

C. 有利于降低财务风险　　D. 有利于发挥财务杠杆作用

14. 某企业按年利率4.5%向银行借款200万元，银行要求保留10%的补偿性余额，则该项借款的实际利率为(　　)。

A. 4.95%　　B. 5%　　C. 5.5%　　D. 9.5%

15. 某公司拟发行面值为1 000元，不计复利，5年后一次还本付息，票面利率为10%的债券。已知发行时资金市场的年利率为12%，$(P/F,10\%,5)=0.620\ 9$，$(P/F,12\%,5)=0.567\ 4$。则该公司债券的发行价格为(　　)元。

A. 851.10　　B. 907.84　　C. 931.35　　D. 993.44

16. 相对于发行股票而言，发行公司债券筹资的优点为(　　)。

A. 筹资风险小　　B. 限制条款少　　C. 筹资额度大　　D. 资金成本低

17. 相对于发行债券和利用银行借款购买设备而言，通过融资租赁方式取得设备的主要缺点是(　　)。

A. 限制条款多　　B. 筹资速度慢　　C. 资金成本高　　D. 财务风险大

18. 企业在选择筹资渠道时，下列各项中需要优先考虑的因素是(　　)。

A. 资金成本　　B. 企业类型　　C. 融资期限　　D. 偿还方式

19. 下列各项中，能够引起企业自有资金增加的筹资方式是(　　)。

A. 吸收直接投资　　B. 发行公司债券　　C. 利用商业信用　　D. 留存收益转增资本

二、多项选择题

1. 吸收直接投资的优点包括(　　)。

A. 有利于降低企业资金成本　　B. 有利于加强对企业的控制

C. 有利于壮大企业经营实力　　D. 有利于降低企业财务风险

2. 下列各项中，属于筹资决策必须考虑的因素有(　　)。

A. 取得资金的渠道　　B. 取得资金的方式

C. 取得资金的总规模　　D. 取得资金的成本与风险

3. 下列各项中，属于吸收直接投资与发行普通股筹资方式所共有缺点的是(　　)。

A. 限制条件多　　B. 财务风险大　　C. 控制权分散　　D. 资金成本高

4. 相对于权益资金的筹资方式而言，长期借款筹资的缺点主要有(　　)。

A. 财务风险较大　　B. 资金成本较高　　C. 筹资数额有限　　D. 筹资速度较慢

5. 相对于普通股股东而言，优先股股东可以优先行使的权利有(　　)。

A. 优先认股权　　B. 优先表决权

C. 优先分配股利权　　D. 优先分配剩余财产权

三、判断题

1. 与长期负债融资相比，流动负债融资的期限短、成本低，其偿债风险也相对较小。(　　)

2. 现金折扣是企业为了鼓励客户多买商品而给予的价格优惠，每次购买的数据越多，价格也就越便宜。(　　)

3. 一般情况下，发行信用债券的企业不得将财产抵押给其他债权人。(　　)

4. 从出租人的角度来看，杠杆租赁与售后租回或直接租赁并无区别。(　　)

5. 企业按照销售百分率法预测出来的资金需要量，是企业在未来一定时期资金量的增量。(　　)

6. 发行优先股的上市公司如不能按规定支付优先股股利，优先股股东有权要求公司破产。(　　)

7. 无面值股票的最大缺点是该股票既不能直接代表股份，也不能直接体现其实际价值。（　　）

四、计算分析题

已知：某公司 2014 年销售收入为20 000万元，销售净利润率为 12%，净利润的 60%分配给投资者。2014 年 12 月 31 日的资产负债表(简表)如下：

资产负债表(简表)

2014 年 12 月 31 日

单位：万元

资　产	期末余额	负债及所有者权益	期末余额
货币资金	1 000	应付账款	1 000
应收账款净额	3 000	应付票据	2 000
存货	6 000	长期借款	9 000
固定资产净值	7 000	实收资本	4 000
无形资产	1 000	留存收益	2 000
资产总计	18 000	负债及所有者权益总计	18 000

该公司 2015 年计划销售收入比上年增长 30%，为实现这一目标，公司需新增设备一台，价值 148 万元。据历年财务数据分析，公司流动资产与流动负债随销售额同比率增减。公司如需对外筹资，可按面值发行票面年利率为 10%、期限为 10 年、每年年末付息的公司债券解决。假定该公司 2015 年的销售净利率和利润分配政策与上年保持一致，公司债券的发行费用可忽略不计，适用的企业所得税税率为 25%。

要求：

(1)计算 2015 年公司需增加的营运资金。

(2)预测 2015 年需要对外筹集的资金量。

(3)计算发行公司债券的资金成本。

第四章　筹资决策

学习目标

通过本章学习，理解资本成本、杠杆效应和资本结构的概念；了解资本成本的影响因素、资本成本的作用，以及几种有代表性的资本结构理论；掌握资本成本、杠杆及资本结构优化的计算和运用。

案例导读

WL公司筹资决策

WL公司为适应市场发展的需要，急需筹措4 000万元资金以开发新的产品。公司王总经理责成财务部门拿出筹资方案，以供董事会研究讨论，做出决定。财务处李处长马上召开全体财务人员工作会议，要求大家根据公司现有的资金结构状况进行讨论，制订一套最佳筹资方案。资历较深的财务主管张经济师说："目前我国金融市场发展很快，企业筹资渠道很多，像发行股票、债券等，因此，我们的选择余地很大，但我们要考虑的应该是哪种筹资方式最便宜，能为我们企业节约资金。"刚从大学毕业参加工作不长时间的小高接着说："张经济师说得对，哪种筹资方式最便宜，就是哪种筹资的资金成本最低，企业的资金结构最佳。我们可以理论联系实际，尽可能地制订多种筹资方案，然后比较各种方案综合资金成本，成本低的方案肯定就是最好的。"李处长总结说："大家就按这样的思路先制订几套方案以供选择。"于是，大家根据企业目前资金结构状况(表4—1)和对市场的分析预测(见下说明)提供了以下3种方案：

表4—1　　　　**资金结构表**　　　　单位：万元

筹资方式	金　额
债券	8 000
普通股	8 000
合　计	16 000

说明：表4—1中，债券年利率为10%，普通股每股面值为1元，发行价格10元，目前市场价格亦为10元，共80万股。今年期望股利为每股1元，预计以后每年增加股利5%，该企业所得税税率为25%。

甲方案：增加发行400万元的债券，因负债增加，投资者风险加大，债券利率应增至12%才能发行，预计普通股股利不变，但由于风险加大，普通股市价会降至每股8元。

乙方案：发行债券200万元，年利率为10%；发行股票20万股，每股发行价为10元，预计普通股股利不变。

丙方案：发行股票 36.36 万股，普通股市价增至每股 11 元。

［资料来源］ 王化成：《财务管理教学案例》，中国人民大学出版社 2012 年版。

【案例探索思考】

通过阅读上面的资料，归纳一下你认为以上哪个方案能使公司资金结构最优？究竟应该如何确定最优方案？通过学习本章内容，你就会得到这些问题的答案。

第一节　资本成本

一、资本成本概述

（一）资本成本的概念

资本成本是指企业为筹集和使用资金而付出的代价。广义来讲，不论时间长短，企业筹集和使用的任何资金，都要付出代价。而狭义的资本成本仅指筹集和使用长期资金的成本，包括自有资本和借入的长期资金的成本。按照金融市场的分类，长期资金也被称为资本，所以长期资金成本也称为资本成本。

资本成本包括筹集费用和使用费用两部分。资金的筹集费用是指企业在筹资过程中支付的各项费用，如发行股票、债券支付的印刷费用、发行的手续费用、律师费、资信评估费、公证费、担保费、广告费等。资金的使用费用是指企业在生产经营过程中因使用资金而支付的费用，如股票的股利、借款和债券的利息等。两种费用相比而言，资金的使用费用是筹资企业经常发生的，它是资本成本的主要内容；而资金的筹集费用通常是在筹措资金时一次发生的，在用资过程中不再发生，因此在计算资本成本时可作为筹资金额的抵扣项。筹资总额扣除筹资费用后的差额，称为实际筹资金额。

资本成本因反映的对象不同，可以有多种表现形式。在比较各种筹资方式时，使用个别资本成本，包括普通股成本、留存收益成本、长期借款成本和债券成本；在进行资本结构决策时，使用加权平均资本成本；在进行追加筹资决策时，使用边际资本成本。

（二）资本成本的理论公式

资本成本可以用绝对数来衡量，也可以用相对数来衡量。用绝对数来衡量，是指企业为筹措和使用资金而付出的筹资费用和用资费用的总和；用相对数来衡量，则是指资金的使用费用与实际筹得资金的比率。在财务管理中，一般用相对数表示。其通用计算公式如下：

$$资本成本=\frac{资金使用费}{实际筹资额}$$

或：

$$资本成本=\frac{资金使用费}{筹资总额-筹资费用}$$

或：

$$资本成本=\frac{资金使用费}{筹资总额\times(1-筹资费率)}$$

筹资费率是筹资费用与筹资总额的比率。通过上述公式可以看到，资本成本是资金的使用费用与实际筹得资金(筹资的净额)的比率,而不是资金使用费与筹资总额的比率,这是因为在整个资金使用过程中,可被企业利用的是总额扣除筹资费用后的差额,即筹资净额,这也表明了资本成本同利息率或股利率在含义和数量上的差别。

(三)资本成本的作用与影响因素

1. 资本成本的作用

资本成本不仅对财务管理有重要作用,甚至可以说对企业整个经营管理都具有重要的作用。其主要作用表现在以下几个方面:

(1)资本成本是选择筹资渠道和方式、拟订筹资方案、进行筹资决策的主要依据。

在市场经济条件下,企业可选择的筹资渠道和方式是多方面的,不同的筹资渠道和方式,资本成本是不同的,而且出于各方面的原因,一定量的资金企业也往往通过不同的筹资渠道和方式组合融资,因此,不同的组合形式也会使企业的综合资本成本发生变动。从经济核算出发,为了以最小的代价取得企业所需资金,就必须要分析各种筹资渠道和方式的资本成本的高低,并进行合理配置,以实现理想的筹资效果。

(2)资本成本是评价投资项目、选择投资方案、追加投资决策的重要标准。

一般来说,一个投资方案或项目的投资收益率只有高于其所用资本成本率,在经济上才是可行的。因此可以说,资本成本率是企业投资项目的最基本收益率,是判断一个投资项目是否可行的一个取舍标准。

(3)资本成本是衡量企业经营成果、评价经营业绩的基本尺度。

在市场经济条件下,一个企业的经营最基本的就应该是经营利润率高于资本成本率,才可以说其经营业绩好;如果其经营利润率低于资本成本率,则表明其经营业绩欠佳。

2. 资本成本的影响因素

在市场经济环境下,多方面因素的综合作用决定着企业资本成本的高低,其中主要因素有宏观经济环境、金融市场环境、企业内部的经营状况和融资状况以及项目的融资规模。具体的影响是:

(1)宏观经济环境决定了整个国民经济中资本的供给和需求,以及预期通货膨胀水平。宏观经济环境变化的影响,反映在无风险报酬上。如果整个社会经济中的资金需求和供给发生变动,或者通货膨胀水平发生变化,投资者从自身利益角度出发,也会相应改变其所要求的收益率。具体来讲,如果货币需求增加,而供给没有相应增加,投资者便会提高其投资收益率,企业资本成本就会上升;反之,则会降低其要求的投资收益率,使资本成本下降。如果预期通货膨胀水平上升,货币购买力下降,投资者也会提出更高的收益率,以补偿预期的投资损失,从而导致企业资本成本上升。

(2)金融市场环境影响金融资产投资的风险,主要是指金融资产流动的难易程度和价格的波动幅度。如果某种金融资产的市场流动性不好,投资者买进或卖出就变得相对困难,变现风险加大,要求的收益率必然会提高;或者虽然存在对某种金融资产的需求,但其价格波动幅度较大,投资风险加大,要求的收益率也会提高。这必然造成企业资本成本随之变化。

(3)企业内部的经营状况和融资状况,是指经营风险和财务风险的大小。经营风险是企业投资决策的结果,表现在总资产收益率上的不确定性;财务风险是企业筹资决策的结果,表现在普通股收益率上的不确定性。如果企业的经营风险和财务风险大,按照市场经济的规律,投资者必然要求给予较高的回报。

(4)项目融资规模是影响企业资金成本的又一个重要的内部因素。企业的融资规模大,资金成本相对就较高。例如，企业发行的证券金额很大，资金的筹集费和使用费都会上升，而且，往往证券发行规模的增大还会降低其发行价格，由此也会增加企业的资本成本。

资本成本有如此重要的作用，同时，影响因素又如此之多，不同的融资渠道和方式，不同来源方式的资本，不同的组合资本成本，所以，准确计算资本成本就成为筹资管理决策的一项重要内容。

基于管理的目的不同，资本成本有不同的计算方式和方法，我们将分别加以介绍。

二、个别资本成本

个别资本成本是指使用各种长期资金的成本，包括银行借款成本、债券成本、优先股成本、普通股成本和留存收益成本。前两种为债务资本成本，后三种为权益资本成本。按照前面讲到的资本成本的理论公式可知，当筹资费用为零时，税前债务成本就是企业支付给债券投资者的年收益率。筹资费用的发生直接减少了实际筹得的资金数额，使债务成本升高。根据国际惯例和各国税法的规定，一般允许债务利息在企业所得税前列支，具有抵税作用，这就降低了债务的税后实际成本，因此在计算债务个别资本成本时需要考虑所得税因素。而权益资本成本是在所得税后支付的，没有抵税作用，直接按照实际支付情况计算即可。

(一)银行借款成本

银行借款成本是指借款利息和筹资费用。按照前面的分析，其成本可按下列计算公式计算：

$$K_1=\frac{I_t(1-T)}{L(1-f_1)}=\frac{i_1(1-T)}{1-f_1}$$

式中：K_1为银行借款成本；I_t为银行借款年利息；T为所得税税率；L为银行借款筹资总额；f_1为银行借款筹资费率；i_1为银行借款利息率。

由于银行借款的手续费很低，所以上式中的f_1常常忽略不计，公式可简化为：

$$K_1=i_1(1-T)$$

【例 4—1】 某企业从银行取得长期借款 200 万元，年利率为 6.3%，期限为 3 年，每年年末付息一次。假定筹资费率为 1%，企业所得税税率为 25%，则其借款成本为：

$$K_1=\frac{200\times6.3\%\times(1-25\%)}{200\times(1-1\%)}\times100\%=4.77\%$$

上述计算长期借款资本成本的方法比较简单，但缺点是没有考虑资金时间价值。在实际工作中，还可以根据现金流量考虑资金时间价值计算长期借款成本。根据前面资金时间价值计算公式，可按下列公式计算银行借款资本成本：

$$L(1-F_1)=\sum_{t=1}^{n}\frac{I_t}{(1+K)^t}+\frac{P}{(1+K)^n}$$

$$K_1=K(1-T)$$

式中：P为第n年年末应偿还的本金；K为所得税前的银行借款资本成本；K_1为所得税后的长期借款资本成本。

第一个公式中的等号左边是借款的实际现金流入；等号右边为借款引起的未来现金流出的现值总额，由各年利息支出的年金现值之和加上到期本金的复利现值而得。按此方法计算，实际上是将银行借款的资本成本看作是使这一借款的现金流入等于其现金流出现值的贴现率。运用时，先用第一个公式，采用内插法求解借款的税前资本成本，再利用第二个公式将借款的税前资本成本调整为税后的资本成本。因为在资金时间价值一节我们已讲过其计算过程，这里不再赘述。

(二)债券成本

债券成本主要是指债券利息和筹资费用。因为同属于债务筹资，其资本成本的计算与银行借款资本成本计算相同。但债券的筹资费用一般较高，不可在计算时省略。按照一次还本、分期付息的方式，债券资本成本的计算公式为：

$$K_2=\frac{I_b(1-T)}{B(1-f_2)}$$

式中：K_2为债券资本成本；I_b为债券年利息；T为所得税税率；B为债券筹资额；f_2为债券筹资费率。

【例 4—2】 某企业发行总面额为 1 000 万元的 10 年期债券，票面利率为 10%，发行费率为 5%，公司所得税税率为 25%。该债券的成本为：

$$K_2=\frac{1\,000\times10\%\times(1-25\%)}{1\,000\times(1-5\%)}\times100\%=\frac{10\%\times(1-25\%)}{1-5\%}\times100\%=7.89\%$$

若债券溢价或折价发行，为了更精确地计算资本成本，应以实际发行价格作为债券筹资额来计算。

【例 4—3】 假定上述企业所发债券面额为1 000万元，实际发行价格为1 200万元，其他条件不变。则该债券成本为：

$$K_2=\frac{1\,000\times10\%\times(1-25\%)}{1\,200\times(1-5\%)}\times100\%=6.58\%$$

【例 4—4】 假定上述企业所发债券面额为 1 000 万元，实际发行价格为 900 万元，其他条件不变。则该债券成本为：

$$K_2=\frac{1\,000\times10\%\times(1-25\%)}{900\times(1-5\%)}\times100\%=8.77\%$$

上述计算债券成本的方式，同样没有考虑资金时间价值。若考虑资金时间价值因素，其公式变化同样可借鉴银行借款资本成本计算公式，这里不再重复。

(三)优先股成本

优先股成本主要是指定期支付的优先股股利及支付的筹资费用。与债券相同，优先股股利通常是固定的，这使得优先股成本计算与债券成本计算有相同之处。不同的是，优先股无届满期限，且优先股股利是在税后净利中支付的，没有抵税作用。同时，当企业破产清算时，优先股股东的求偿权在债券持有人之后，优先股股东的风险大于债券持有人的风险，这就使得优先股的股利率一般要大于债券的利息率。因此，优先股成本通常要高于债券成本，其计算公式为：

$$K_3=\frac{D}{P_3(1-f_3)}$$

式中：K_3为优先股资本成本；D为优先股年股利额；P_3为优先股筹资总额；f_3为优先股筹资费率。

【例 4—5】 某公司发行优先股 100 万元，筹资费率为 4%，每年支付 0% 的股利，则优先股的成本为：

$$K_3=\frac{100\times10\%}{100\times(1-4\%)}\times100\%=10.42\%$$

(四)普通股资本成本

确定普通股成本相对来说要难于前述各种成本的计算，这是因为普通股股东要承担比其他投资人更大的风险，所以根据不同市场环境条件，他会不断调整对受资人的股利要求，企业支付给普通股股东的现金流量也难以确定。由此普通股资本成本的计算也存在多种不同计算方法，主要有三种计算模式：

1. 股利价值模式

该方法是利用股价普通股现值的计算公式，来计算普通股资本成本的一种方法。普通股现值的计算公式为：

$$V_0=\sum_{i=1}^{n}\frac{D_i}{(1+K_4)^i}+\frac{V_n}{(1+K_4)^n}$$

由于股票没有到期日，那么，当 $n\to\infty$ 时，$\frac{V_n}{(1+K_4)^n}\to 0$，所以，股票的现值为：

$$V_0=\sum_{i=1}^{n}\frac{D_i}{(1+K_4)^i}$$

这样，利用上述公式就可以求出 K_4，即普通股资本成本。由于预期股利这一因素比较复杂，我们可以分两种情况对其股利进行假设，以方便我们的计算。

(1)假定各年预期股利固定不变，则上式可简化为：

$$V_0=\frac{D}{K_4}$$

若已知 D、V_0，即可求得普通股资本成本为：

$$K_4=\frac{D}{V_0}$$

式中：V_0 为普通股发行价格；D 为每年固定股利。

考虑筹资费用，上述公式又可变为：

$$K_4=\frac{D}{V_0(1-f_4)}$$

【例 4－6】 某公司发行普通股，每股价格为 10 元，筹资费率为 4%，每股年固定股利为 1 元，则资金成本为：

$$K_4=\frac{1}{10\times(1-4\%)}\times 100\%=10.42\%$$

(2)假定现行股利以某一固定增长率 g 增长，则可得公式如下：

$$K_4=\frac{D_1}{V_0(1-f_4)}+g$$

式中：D_1 为第一年的股利。

【例 4－7】 某公司发行普通股价格为 25 元，筹资费率为 5%，上次股利分配每股为 2 元，预计股利将以 10% 的速度持续增长，则普通股成本为：

$$K_4=\frac{2\times(1+10\%)}{25\times(1-5\%)}\times 100\%+10\%=19.26\%$$

2. 资本资产定价模式

根据资本资产定价模式，资本资产的价格由两部分构成，即无风险报酬和风险报酬。无风险报酬为市场投资的平均必要报酬；风险报酬为个别投资个别风险所带来的超过市场投资平均报酬的部分，它取决于个别投资的 β 系数（个别投资的风险系数）和市场风险报酬。用公式描述为：

$$K_4=R_F+\beta(R_M-R_F)$$

式中：K_4为普通股资本成本；R_F为无风险报酬率；β为股票的贝塔系数；R_M为平均风险股票必要报酬率。

【例 4－8】 某期间市场无风险报酬率为 10%，平均风险股票必要报酬率为 15%，某公司普通股β值为 1.4，则该公司的普通股成本为：

$K_4=10\%+1.4\times(15\%-10\%)=17\%$

3. 风险溢价模型

按照某项投资"风险越大，要求的报酬率越高"的原则，普通股股东对企业的投资风险大于债券投资者，因此会在债券投资者要求的收益率之上，再要求一定的风险溢价。根据这一原理，普通股的资本成本公式为：

$$K_4=K_2+RP_c$$

式中：K_4为普通股资本成本；K_2为债券资本成本；RP_c是股东比债权人承担更大风险所要求的风险溢价。

债券成本的计算前面已经介绍过，实际操作中，难点在于RP_c的确定。风险溢价可以凭经验估计。一般认为，某企业普通股风险溢价对其自己发行的债券来说，为 3%～5%，当市场利率达到历史性高点时，风险溢价通常较低，在 3%左右；当市场利率达到历史性低点时，风险溢价通常较高，在 5%左右；一般情况下，常常采用 4%的平均风险溢价。

【例 4－9】 某公司债券成本为 8%，平均风险溢价为 4%，则普通股资本成本为：

$K_4=8\%+4\%=12\%$

(五)留存收益成本

一般企业考虑未来的经营和发展都不会把全部收益以股利形式分给股东，所以，留存收益是企业一项重要的资金来源。但需要清楚，留存收益是由企业税后净利形成的，其所有权属于股东。股东将这一部分作为分派的利润留存于企业，实际上等于是股东对企业追加投资。股东对这部分投资与以前缴给企业的股本一样，也要求有一定的报酬，所以，留存收益也要计算成本。留存收益成本的计算与普通股成本的计算基本相同，由于它是税后净利形成的企业内部积累，因此计算时不必考虑筹资费用。一般情况下采用股利价值模式确定，公式为：

$$K_5=\frac{D}{V_0}$$

在股利不断增加的情况下，公式为：

$$K_5=\frac{D_1}{V_0}+g$$

【例 4－10】 某公司留存收益为 100 万元，普通股目前市价为每股 20 元，本年发放股利 1.5 元，以后每年增长 5%，则：

$$K_5=\frac{1.5}{20}\times100\%+5\%=12.5\%$$

三、加权平均资本成本

受多种因素的制约和影响，企业不可能只使用单一的筹资渠道和方式，往往需要通过多种渠道和方式筹集所需资金。为有效地进行筹资决策，就需要计算确定企业全部资本的总成本——加权平均资本成本。加权平均资本成本也称综合资本成本，是以各种资本来源所占比重为权数，对各种资本成本进行加权平均计算出来的。其计算公式为：

$$K_w=\sum W_jK_j$$

式中：K_w为加权平均资本成本；W_j为第j种资本占总资本的比重；K_j为第j种资本的成本。

【例4—11】 某公司共有资金1 000万元，其中债券300万元，优先股100万元，普通股400万元，留存收益200万元，各种资金的成本分别为6%、12%、15.5%、15%。则该企业加权平均资本成本为：

$K_w = 300 \times 6\% + 100 \times 12\% + 400 \times 15.5\% + 200 \times 15\% = 12.2\%$

值得注意的是，在计算加权平均资本成本时，关于个别资本占全部资本的比重，一般情况下是按照账面价值确定的，资料很容易取得。但当资本的账面价值与市场价值差别较大时，如股票、债券的市场价格发生较大变动，计算结果就会与实际出现较大差异，从而误导我们的决策。为此，个别资本占全部资本的比重，还可以按市场价值或目标价值确定，分别称为市场价值权数和目标价值权数。

市场价值权数是指债券、股票以市场价格确定的权数。这样计算加权平均资本成本相对更能反映企业目前的实际情况，但因市场价格变动频繁不易确定，通常采用一定时期的平均价格计算。目标价值权数是指债券、股票以未来预计的目标市场价值确定的权数。该权数能体现期望的资本结构，而不像账面价值权数和市场价值权数那样，只反映过去和现在的资本结构，所以按目标价值权数计算的加权资本成本，更适用于企业筹措新资金。然而，由于市场等多种因素影响和企业主观方面的原因，一般很难客观合理地确定证券的目标价值，这也是制约该方法应用的一个重要原因。

计算资本成本时，若没有特殊说明，一般我们采用账面价值权数计算。

四、边际资本成本

任何企业都无法以某一固定的资本成本来筹措无限的资金，当其筹集的资金超过一定限度时，原来的资本成本就会增加。因此，企业再追加筹资时，为保证决策的合理有效，就需要知道筹资额在什么数额上便会引起资本成本怎样的变化。这就要用到边际资本成本的概念。

所谓边际资本成本，是指资金每增加一个单位而增加的成本。边际资本成本也是按加权平均法计算的，是追加筹资时所使用的加权平均成本。

下面举例说明边际资本成本的计算和应用。

【例4—12】 某公司拥有长期资金1 000万元，其中长期借款150万元，长期债券250万元，普通股600万元。公司考虑扩大经营规模，拟筹措新的资金。经分析认为目前的资本结构是最优的，希望筹集新资金后能保持目前的资本结构。经测算，随着筹资额的增加，各种资本成本的变动情况如表4—2所示。

表4—2　　随筹资增加各种资本成本的变化

资金种类	目标资本结构	新筹资的数量范围(元)	资本成本
长期借款	15%	60 000以内	5%
		60 000～120 000	6%
		120 000以上	8%
长期债券	25%	200 000以内	10%
		200 000～500 000	11%
		500 000以上	12%

续表

资金种类	目标资本结构	新筹资的数量范围(元)	资本成本
普通股	60%	300 000 以内	13%
		300 000~900 000	14%
		900 000 以上	15%

1. 计算筹资突破点

在一定的资本成本率前提下只能筹集到一定限度的资金，超过这一限度，多筹集资金就要多花费资本成本，引起原资本成本的变化，于是就把在保持某资本成本的条件下可以筹措到的资金总限度称为现有资本结构下的筹资突破点。在筹资突破点以内筹资，原来的资本成本不会改变；一旦筹资额超过筹资突破点，即使维持现有的资本结构，其资本成本也会增加。筹资突破点的计算公式为：

$$BP_i=\frac{TF_i}{W_i}$$

式中：BP_i为筹资突破点；TF_i为第i种筹资方式的成本突破点；W_i为目标资本结构中第i种筹资方式所占的比重。

该公式实际上就是个别资金占总资金比重的反运算，即已知个别资金量和个别资金占总资金比重的情况下，求总资金。如在资本成本为5%时，按照既定的资本结构，长期借款比重为15%，取得的长期借款筹资限额为60 000元，其筹资突破点为：

$$\frac{60\ 000}{15\%}=400\ 000(\text{元})$$

按此方法，资料中各种情况下的筹资突破点的计算结果如表4—3所示。

表4—3　筹资突破点计算表

资金种类	目标资本结构	资本成本	新筹资的数量范围(元)	筹资突破点(元)
长期借款	15%	5%	60 000 以内	400 000
		6%	60 000~120 000	800 000
		8%	120 000 以上	
长期债券	25%	10%	200 000 以内	800 000
		11%	200 000~500 000	2 000 000
		12%	500 000 以上	
普通股	60%	13%	300 000 以内	500 000
		14%	300 000~900 000	1 500 000
		15%	900 000 以上	

2. 计算边际资本成本

根据上一步计算出的筹资突破点，可得到6组筹资范围：(1)400 000元以内；(2)400 000~500 000元；(3)500 000~800 000元；(4)800 000~1 500 000元；(5)1 500 000~2 000 000元；(6)2 000 000元以上。对以上6组筹资总额范围分别计算加权平均资本成本，即可得到各种筹资总额范围的边际资本成本，计算结果如表4—4所示。

表 4—4　　各种筹资总额范围的边际资本成本

筹资总额范围	资金种类	资本结构	资本成本	边际资本成本
400 000 元以内	长期借款	15%	5%	5%×15%=0.75%
	长期债券	25%	10%	10%×25%=2.5%
	普通股	60%	13%	13%×60%=7.8%
	加权平均资本成本			11.05%
400 000～500 000 元	长期借款	15%	6%	6%×15%=0.96%
	长期债券	25%	10%	10%×25%=2.5%
	普通股	60%	13%	13%×60%=7.8%
	加权平均资本成本			11.26%
500 000～800 000 元	长期借款	15%	6%	6%×15%=0.96%
	长期债券	25%	10%	10%×25%=2.5%
	普通股	60%	14%	14%×60%=8.4%
	加权平均资本成本			11.86%
800 000～1 500 000 元	长期借款	15%	8%	8%×15%=1.2%
	长期债券	25%	11%	11%×25%=2.75%
	普通股	60%	14%	14%×60%=8.4%
	加权平均资本成本			12.35%
1 500 000～2 000 000 元	长期借款	15%	8%	8%×15%=1.2%
	长期债券	25%	11%	11%×25%=2.75%
	普通股	60%	15%	15%×60%=9%
	加权平均资本成本			12.95%
2 000 000 元以上	长期借款	15%	8%	8%×15%=1.2%
	长期债券	25%	12%	12%×25%=3%
	普通股	60%	15%	15%×60%=9%
	加权平均资本成本			13.2%

第二节　杠杆效应与风险

杠杆原理是物理学中的一个概念，是指通过杠杆的使用，只需要一个较小的力量即可移动相对较重的物体，这种“以小博大”的物理现象称为杠杆效应。在企业财务管理中也存在着类似的杠杆效应，表现为：由于固定成本费用的存在而导致的，当某一财务变量以较小的幅度变动时，另一相关财务变量会以较大的幅度变动。了解杠杆原理，对于企业合理地规避风险，提高财务管理水平，有着重要的意义。

财务管理中的杠杆效应有三种形式：经营杠杆、财务杠杆和复合杠杆。固定成本费用是财务管理中杠杆效应产生的前提，而成本的固定与变动是按照成本的习性划分的。

一、经营杠杆

(一)经营杠杆的概念

在其他条件不变的情况下，业务量的增加虽然不会改变固定成本总额，但会降低单位固定成本，从而提高单位利润，使息税前利润的增长率大于业务量的增长率；反之，业务量的减少会提高单位固定成本，降低单位利润，使息税前利润的下降率也大于业务量的下降率。如果不存在固定成本，所有成本都是变动的，那么边际贡献就是息税前利润，这时息税前利润变动率就同业务量变动率完全一致。在某一固定成本比重下，业务量变动对息税前利润产生的作用，称为经营杠杆。

(二)经营杠杆的计量

由以上分析可以看出，只要企业存在固定成本，就存在经营杠杆的作用。但不同企业或同一企业不同业务量情况下，经营杠杆的作用程度是不完全一致的，为此，需要对经营杠杆进行计量。对经营杠杆的计量最常用的指标是经营杠杆系数。所谓经营杠杆系数，是指息税前利润变动率相当于业务量变动率的倍数。其计算公式为：

$$DOL=\frac{\Delta EBIT/EBIT}{\Delta X/X}$$

式中：DOL 为经营杠杆系数；$EBIT$ 为变动前的息税前利润；$\Delta EBIT$ 为息税前利润变动额；X 为变动前的业务量；ΔX 为业务量变动额。

【例 4－13】 大华公司有关资料如表 4－5 所示，计算该公司 2015 年的经营杠杆系数。

表 4－5　　大华公司盈利情况资料　　单位：元

项　目	2014 年	2015 年	变动额	变动率(%)
销售额	3 000 000	4 500 000	1 500 000	50
变动成本	2 000 000	3 000 000	1 000 000	50
边际贡献	1 000 000	1 500 000	500 000	50
固定成本	200 000	200 000	0	0
息税前利润	800 000	1 300 000	500 000	62.5

$$DOL=\frac{500\ 000/800\ 000}{1\ 500\ 000/3\ 000\ 000}=\frac{62.5\%}{50\%}=1.25$$

上述公式是计算经营杠杆系数的常用公式，但利用该公式，必须根据变动前和变动后的有关资料才能计算，而不能仅仅根据基期资料完成计算。为简化资料准备，我们根据上述公式进行推导，可得到下列计算公式：

$$DOL=\frac{\Delta EBIT/EBIT}{\Delta X/X}=\frac{\Delta X(p-b)/[X(p-b)-a]}{\Delta X/X}=\frac{X(p-b)}{X(p-b)-a}=\frac{M}{EBIT}=\frac{M}{M-a}$$

用上述计算公式计算【例 4－13】中的经营杠杆系数为：

$$DOL=\frac{1\ 000\ 000}{800\ 000}=1.25$$

(三)经营杠杆和经营风险

1. 经营风险

经营风险是指企业因经营上的原因而导致利润变动的风险。影响企业经营风险的因素很多，主要有：

(1)市场需求。在市场经济条件下，市场需求表现为多层次、全方位、多频率的变动，市场需求的这种多变性往往导致企业的经营风险。在其他条件不变的情况下，市场对企业的需求越稳定，经营风险就越小；反之，市场对企业的需求变动越频繁，经营风险就越大。

(2)产品售价。企业产品结构不同，其消费对象就不同，产品价格波动幅度也就不一样。

一般而言，生产传统产品、生活必需品的企业，其产品价格相对来讲比较稳定，经营风险较小；生产高新产品、奢侈品的企业，其产品价格相对变动较大，经营风险也较大。

(3)产品成本。产品成本是收入的抵减，成本不稳定，会导致利润不稳定。因此，产品成本变动幅度大，经营风险就大；产品成本变动幅度小，经营风险就小。

(4)调整价格的能力。企业产品成本变动会带来企业经营风险，但产生的经营风险大小还要看企业对产品价格的调整能力。若企业具有较强的价格调整能力，经营风险相对就会变小；反之，经营风险就会变大。

(5)固定成本的比重。在企业全部成本中，固定成本所占比重较大时，单位产品分摊的固定成本就多，若产品产量发生变动，单位产品分摊的固定成本就会随之变动，最后导致利润更大幅度的变动，经营风险就大；反之，经营风险就小。

2. 经营杠杆与经营风险的关系

通过前面的分析我们知道，产生经营风险的主要原因是市场需求和成本等因素的不确定性，经营杠杆本身并不是经营风险的根源。但是，当产销量发生变动时，经营杠杆的存在往往会放大经营风险。

【例 4－14】 A、B 两家企业的有关资料如表 4－6 所示。

表 4－6　　A、B 两家企业的有关资料

企业名称	市场状况	概率	销量（件）	单价（元）	销售额	单位变动成本	变动成本总额	边际贡献	固定成本	息税前利润
A	较好	0.20	120	10	1 200	6	720	480	200	280
	中等	0.60	100	10	1 000	6	600	400	200	200
	较差	0.20	80	10	800	6	480	320	200	120
B	较好	0.20	120	10	1 200	4	480	720	400	320
	中等	0.60	100	10	1 000	4	400	600	400	200
	较差	0.20	80	10	800	4	320	480	400	80

为测算两个企业风险的大小，先计算两家企业最有可能的经营杠杆系数。

A 企业的期望边际贡献为：

$\overline{M_A}=480\times0.2+400\times0.6+320\times0.2=400$（元）

A 企业的期望息税前利润为：

$\overline{EBIT_A}=280\times0.2+200\times0.6+120\times0.2=200$（元）

A 企业最有可能的经营杠杆系数为：

$$DOL_A=\frac{\overline{M_A}}{\overline{EBIT_A}}=\frac{400}{200}=2$$

B 企业的期望边际贡献为：

$\overline{M_B}=720\times0.2+600\times0.6+480\times0.2=600$（元）

B 企业的期望息税前利润为：

$\overline{EBIT_B}=320\times0.2+200\times0.6+80\times0.2=200$（元）

B 企业最有可能的经营杠杆系数为：

$$DOL_B=\frac{\overline{M_B}}{\overline{EBIT_B}}=\frac{600}{200}=3$$

从上述计算可以看出，B 企业的经营杠杆系数要比 A 企业大。为了说明经营杠杆对风险程度的影响，下面计算两家企业息税前利润的标准离差。

A企业的标准离差为：

$$\sigma_A=\sqrt{(280-200)^2\times0.2+(200-200)^2\times0.6+(120-200)^2\times0.2}=50.6$$

B企业的标准离差为：

$$\sigma_B=\sqrt{(320-200)^2\times0.2+(200-200)^2\times0.6+(80-200)^2\times0.2}=75.9$$

B企业的标准离差大，说明B企业的经营风险更大。

可见，经营杠杆扩大了市场和生产等不确定因素对利润变动的影响。而且经营杠杆系数越高，利润变动越剧烈，企业经营风险就越大。于是，企业经营风险的大小和经营杠杆有着重要的关系。具体关系可以用下列公式加以说明：

$$DOL=\frac{M}{M-a}=\frac{(p-b)X}{(p-b)X-a}$$

(1)固定成本作用下的经营杠杆与经营风险。

在企业的边际贡献足以补偿其固定成本的情况下，其他因素不变，随着固定成本的升高，经营杠杆系数呈同方向变动，而且是一个大于1的正数。也就是说，固定成本的高低影响着经营杠杆放大效应的大小。正常情况下，企业固定成本越高，经营杠杆的放大效应越明显；固定成本越低，经营杠杆系数越趋近于1，其放大效果就越弱；当固定成本为0时，经营杠杆系数等于1，这时没有放大效应，但这并不是说企业就不存在经营风险了，只要市场需求和其他因素存在不确定性，息税前利润就会有波动，企业就会有经营风险，只是这时企业息税前利润的波动幅度与产销量的波动幅度相等，经营杠杆不存在放大效应。

这里有一个前提，就是企业的边际贡献足以补偿其固定成本。一般来说，一个企业的生产规模确定以后，其固定成本也就大致确定下来了，如果企业管理当局试图通过调整固定成本来调节经营杠杆系数，从而达到降低经营风险的目的，那么在实际操作中将会受到诸多因素的限制。

(2)产品单价和单位变动成本作用下的经营杠杆与经营风险。

从上述计算公式可以看出，企业要调节经营杠杆，还可以通过产品单价和单位变动成本来进行。正常情况下，当产品单价提高或单位变动成本降低时，单位产品的边际贡献增加，如果其他因素不变，就会降低经营杠杆系数的放大效应。然而，一个企业的产品单价受市场竞争因素的制约，其单位变动成本的减少，也要受科技发展水平等因素的限制，总会有一个极限。所以在实际运用中，最常见的是利用产销量因素对经营杠杆施加影响来降低经营风险，这就要用到盈亏临界点的概念。

(3)产销量作用下的经营杠杆与经营风险。

在研究产销量变动对经营杠杆效应的影响之前，我们先要了解一下盈亏临界点。

所谓盈亏临界点，也称为保本点，是指企业在一定时期内经营处于不盈不亏时的销售量或销售额。在销售达到该点之前企业处于经营亏损状态，超过该点以后企业处于盈利状态。这里的“经营不盈不亏”是指息税前利润为零时的状态。盈亏临界点的销售量计算公式如下：

$$X=\frac{a}{p-b}$$

式中：X代表盈亏临界点的销售量，其他同上。

现举例说明盈亏临界点与经营杠杆效应的关系。

【例4—15】 某公司产销甲产品，单位售价为60元，单位变动成本为40元，固定成本总额为100 000元。计算其盈亏临界点销量如下：

$$X=\frac{100\ 000}{60-40}=5\ 000(\text{件})$$

若其他条件不变，甲产品销售量分别为2 000件、3 000件、4 000件、6 000件、8 000件、14 000件，计算不同销售量条件下的经营杠杆系数。

当销售量为2 000件时：

$$DOL=\frac{(60-40)\times 2\ 000}{(60-40)\times 2\ 000-100\ 000}=-0.67$$

当销售量为3 000件时：

$$DOL=\frac{(60-40)\times 3\ 000}{(60-40)\times 3\ 000-100\ 000}=-1.5$$

当销售量为4 000件时：

$$DOL=\frac{(60-40)\times 4\ 000}{(60-40)\times 4\ 000-100\ 000}=-4$$

当销售量为6 000件时：

$$DOL=\frac{(60-40)\times 6\ 000}{(60-40)\times 6\ 000-100\ 000}=6$$

当销售量为8 000件时：

$$DOL=\frac{(60-40)\times 8\ 000}{(60-40)\times 8\ 000-100\ 000}=2.67$$

当销售量为14 000件时：

$$DOL=\frac{(60-40)\times 14\ 000}{(60-40)\times 14\ 000-100\ 000}=1.56$$

通过计算结果可以看出，当其他条件不变时，甲产品的销售量离盈亏临界点5 000件越远，经营杠杆系数的绝对值就越低；反之，销售量离盈亏临界点越近，经营杠杆系数的绝对值越高；销售量恰好处于盈亏临界点时，经营杠杆系数无穷大。

由此得出盈亏临界点及产销量与经营杠杆效应的关系：在固定成本和单位边际贡献不变的条件下，当企业的销售量逼近盈亏临界点时，经营杠杆效应趋于无穷大；当销售量超过盈亏临界点继续增长时，经营杠杆的放大效应不断变小，经营杠杆系数逐步趋近于1。产销量离盈亏临界点的远近程度影响着息税前利润变动对产销量变动的敏感度。也就是说，企业即使有很大的固定成本，但若其经营水平远远超过盈亏临界点，它的经营杠杆效应也不会很突出；反之，企业即使只有很低的固定成本，若企业靠近盈亏临界点经营，它将面临巨大的经营杠杆效应。

二、财务杠杆

(一)财务杠杆的概念

与企业产品的经营成本一样，债务利息和优先股股利的支付，通常也都是固定不变的。这种不变性使得企业出现这样一种现象：那就是当息税前利润增大时，每1元盈余所负担的固定利息和固定股利就会相对减少，从而给普通股股东带来更多的盈余；反之，当息税前利润减少时，每1元盈余所负担的固定利息和固定股利就会相对增加，从而使普通股股东的盈余大幅度减少。这种由于债务和优先股股利的存在而导致普通股收益变动大于息税前利润变动的效应，称为财务杠杆。

财务杠杆可以说是企业对固定的资本成本筹资方式和来源的利用程度，也可以说是企业普通股股东每股收益的变动对息税前利润变动的敏感程度。在现代市场经济条件下，企业经营首先就应该对企业所有者负责，所以，企业的理财目标确定为股东财富最大化。从这个角度讲，企业利用财务杠杆所期望的就是增加普通股股东的收益，而其收益的大小，在普通股股东持有股份一定的前提下，取决于普通股每股税后收益。因此，在具体研究财务杠杆之前，我们要引入一个概念——普通股每股税后收益。

所谓普通股每股税后收益，是指企业税后利润在扣除优先股股利以后与企业流通在外的普通股股数之比。其计算公式如下：

$$EPS=\frac{(EBIT-I)(1-T)-D}{N}$$

式中：EPS 为普通股每股税后收益；$EBIT$ 为息税前利润；I 为债务利息；T 为企业所得税税率；D 为优先股股利；N 为流通在外的普通股股数。

普通股每股税后收益是衡量普通股股东利益的一个重要指标，下面我们研究财务杠杆的正负效应时，将以财务杠杆对普通股每股税后收益的有利或不利影响作为判别依据。

为说明财务杠杆的存在，现举例说明如下。

【例 4－16】 如表 4－7 所示。

表 4－7　　**A、B 公司资金结构与普通股每股利润**　　金额单位：元

项　目	A 公司	B 公司
股本（面值：100 元）	4 000 000	2 000 000
流通在外股数（股）	40 000	20 000
债务（利息率为 6%）	0	2 000 000
资本总额	4 000 000	4 000 000
息税前利润	400 000	400 000
利息	0	120 000
税前利润	400 000	280 000
所得税（税率 25%）	100 000	70 000
净利润	300 000	210 000
每股利润	7.5	10.5
息税前增长率（%）	10	10
增长后的息税前利润	440 000	440 000
债务利息	0	120 000
税前利润	440 000	320 000
所得税（25%）	110 000	80 000
净利润	330 000	240 000
每股利润	8.25	12
每股利润增加额	0.75	1.5
普通股利润增长率	10%	14.29%

在表4—7中，A、B两个公司的资本总额相等，息税前利润相等，息税前利润的增长率也相同，不同的是资本结构。A公司全部资本都是普通股，B公司的资本中普通股和债务各占一半。在息税前利润增长10%的情况下，A公司每股利润增长10%，而B公司却增长了14.29%。当然，如果息税前利润下降，B公司每股利润的下降幅度也要大于A公司每股利润下降的幅度。这种由企业筹资中固定财务支出所产生的普通股每股利润的变动率大于息税前利润变动率的结果，也称为财务杠杆利益。

(二)财务杠杆的计量

通过以上分析我们可以知道，只要企业的筹资中有固定财务支出的债务和优先股，就存在财务杠杆的效应。所不同的是，企业筹资结构有区别，因此，不同的企业财务杠杆的作用程度是不一样的。为此，需要对企业的财务杠杆进行计量。对财务杠杆进行计量的最常用指标是财务杠杆系数。所谓财务杠杆系数，是指普通股每股利润的变动率相当于息税前利润变动率的倍数。其计算公式为：

$$DFL=\frac{\Delta EPS/EPS}{\Delta EBIT/EBIT}$$

式中：DFL为财务杠杆系数；ΔEPS为普通股每股利润的变动额；EPS为基期普通股每股利润；$\Delta EBIT$为息税前利润变动额；$EBIT$为基期息税前利润。

把表4—7的有关资料代入公式，得：

$$DFL_A=\frac{0.67/6.7}{40\,000/400\,000}=\frac{10\%}{10\%}=1.00$$

$$DFL_B=\frac{1.34/9.38}{40\,000/400\,000}=\frac{14.29\%}{10\%}=1.43$$

与经营杠杆相同，用该公式计算财务杠杆系数必须要先知道变动前后的相关资料，而财务管理更多的是要根据现在预测未来，很明显，通过该公式我们无法利用当期资料预测下期的财务杠杆系数。同样，需要我们对这一基本公式加以改造，以满足实际工作的需要。

按照基本公式各指标的含义，我们推导如下：

$$\begin{aligned}DFL&=\frac{\Delta EPS/EPS}{\Delta EBIT/EBIT}\\&=\frac{\Delta EBIT(1-T)/N}{[(EBIT-I)(1-T)-D]/N}\times\frac{EBIT}{\Delta EBIT}\\&=\frac{EBIT}{EBIT-I-D/(1-T)}\end{aligned}$$

式中各符号含义同上。

如果企业未发行优先股，其财务杠杆系数的计算公式可简化为：

$$DFL=\frac{EBIT}{EBIT-I}$$

将表4—7资料代入，得：

$$DFL_A=\frac{400\,000}{400\,000-0}=1.00$$

$$DFL_B=\frac{400\,000}{400\,000-120\,000}=1.43$$

这说明，在息税前利润增加时，B公司普通股每股利润的增长幅度大于A公司的增长幅度；当然，当息税前利润减少时，B公司普通股每股利润下降得也更大。因此，当公司息税前利润较多、增长幅度较大时，适当地利用负债性资金，发挥财务杠杆的作用，可增加普通股每股利润，使股票价格上涨，增加企业价值，更好地实现理财目标。

（三）财务杠杆与财务风险

任何经济利益的存在都是有风险的，财务杠杆利益也如此。由财务杠杆利益所带来的风险称为财务风险。所谓财务风险，又称筹资风险或融资风险，是指企业为获得财务杠杆利益而利用负债筹资所带来的，可能丧失偿债能力和每股收益大幅度变动的风险。它有两方面的含义：一是指偿债能力的不确定性，借入资金必须按期还本付息，这使企业财务负担加重，潜伏着资不抵债的危险；二是指利用负债资金所带来的企业自有资金收益的不确定性。因此，影响企业财务风险的因素主要有：(1)企业获利能力的强弱。在资本结构和负债资金成本率一定的情况下，企业获利能力越强，财务风险越小；反之，企业获利能力越弱，财务风险越大。(2)负债资金成本率的高低。在其他条件不变的情况下，债务资金成本率高，财务风险大；债务资金成本率低，财务风险小。(3)资本结构的变化。在其他条件不变的情况下，企业负债比率越高，财务风险越大；反之，企业负债比率越低，财务风险越小。企业的筹资决策，总是在某一特定时期、特定的条件下进行的，所以资本结构的变化，是影响企业财务风险的最直接因素。

与企业经营杠杆一样，财务杠杆并非是产生财务风险的根源，但它也既具有增加普通股股东利益的一面，同时又具有放大企业财务风险的一面。为说明这一效应，现举例如下：

【例 4—17】 甲、乙、丙三家企业的资本构成情况如表 4—8 所示。三家企业市场情况及概率情况也完全一致，分别为：较好，0.20；中等，0.60；较差，0.20。试计算普通股每股利润、财务杠杆系数及每股利润的标准离差。

表 4—8　企业资本构成及其他情况　单位：元

项　目	甲	乙	丙
资金总额	2 000	2 000	2 000
普通股	2 000	1 000	1 000
负债	0	1 000	1 000
利息	0	60	120

注：普通股面值均为 10 元/股，甲企业流通在外 200 股，乙、丙企业流通在外 100 股；乙企业负债的利息率为 6%，丙企业负债的利息率为 12%。

根据以上资料，可通过表 4—9 计算普通股每股利润等资料。

表 4—9　普通股每股利润　单位：元

企业名称	市场情况	概率	息税前利润	利息	税前利润	所得税（税率 25%）	净利润	每股利润
甲	较好	0.20	320	0	320	80	240	1.20
	中等	0.60	200	0	200	50	150	0.75
	较差	0.20	80	0	80	20	60	0.30
乙	较好	0.20	320	60	260	65	195	1.95
	中等	0.60	200	60	140	35	105	1.05
	较差	0.20	80	60	20	5	15	0.15

续表

企业名称	市场情况	概率	息税前利润	利息	税前利润	所得税（税率25%）	净利润	每股利润
丙	较好	0.20	320	120	200	50	150	1.50
	中等	0.60	200	120	80	20	60	0.60
	较差	0.20	80	120	−40	0	−40	−0.40

根据表4—9的资料，可计算三家企业的期望普通股每股利润、每股利润的标准差和财务杠杆系数如下：

$$\overline{EPS}_{甲}=1.20\times0.20+0.75\times0.60+0.30\times0.20=0.75(元/股)$$

$$\sigma_{甲}=\sqrt{(1.20-0.75)^2\times0.20+(0.75-0.75)^2\times0.60+(0.30-0.75)^2\times0.20}=0.284\ 6$$

$$DFL_{甲}=\frac{200}{200-0}=1$$

$$\overline{EPS}_{乙}=1.95\times0.20+1.05\times0.60+0.15\times0.20=1.05(元/股)$$

$$\sigma_{乙}=\sqrt{(1.95-1.05)^2\times0.20+(1.05-1.05)^2\times0.60+(0.30-1.05)^2\times0.20}=0.523\ 9$$

$$DFL_{乙}=\frac{200}{200-60}=1.43$$

$$\overline{EPS}_{丙}=1.50\times0.20+0.60\times0.60+(-0.40)\times0.20=0.58(元/股)$$

$$\sigma_{丙}=\sqrt{(1.50-0.58)^2\times0.20+(0.60-0.58)^2\times0.60+(-0.40-0.58)^2\times0.20}=0.601\ 3$$

$$DFL_{丙}=\frac{200}{200-120}=2.5$$

通过上例，结合前面的公式，我们可以看到，财务杠杆系数的绝对值高低决定了财务杠杆效应的大小。影响财务杠杆效应大小的因素主要有以下几个方面：

第一，债务利息和优先股股利的大小。在企业的息税前利润足以补偿债务利息和优先股股利的情况下，若其他因素不变，随着利息和优先股股利的增加，财务杠杆系数将呈同方向变动。企业的债务利息和优先股股利越大，财务杠杆的放大效果越明显；债务利息和优先股股利越小，财务杠杆系数越趋近于1，其放大效应就越弱；当企业无负债和优先股时，财务杠杆系数等于1，这时没有放大效应。上例中，甲企业全部靠自有资金经营，其期望每股股利为0.75元/股，财务杠杆系数为1(没有优先股)，标准离差为0.284 6。乙企业利用了利息率为6%的负债1 000元，自有资金与负债资金的比率为1∶1，负债比率为50%，则该企业的期望每股利润上升到1.05元/股，财务杠杆系数上升到1.43，标准离差上升到0.523 9。由于财务杠杆的作用，每股收益增加的同时，财务风险也在加大。丙企业利用了利息率为12%的负债1 000元，负债比率也为50%，但其期望每股收益却下降到0.58元/股，财务杠杆系数上升到2.5，标准离差为0.601 3。这说明此时利用财务杠杆只能加大财务风险，而不能取得好的财务杠杆利益。

第二，息税前利润的高低。在息税前利润足以补偿债务利息和优先股股利的情况下，若负债等其他因素不变，随着息税前利润的增加，财务杠杆的放大效应将会不断变小，杠杆系数逐步趋近于1。也就是说，当企业的息税前利润还比较小时，该企业因利用负债和优先股筹资而带来的财务杠杆效应将会很突出；随着企业的息税前利润不断增多，直至远远大于债务利息和优先股股利时，该企业的财务杠杆效应将会越来越弱。

上述研究都有一个前提，那就是息税前利润足以补偿债务利息和优先股股利，此时求得的财务杠杆系数是一个正数，在债务利息率不变、其他因素也不变的情况下，仅随着资本结构中负债比率的升高，每股收益也会越来越高，在这种情况下运用财务杠杆举债经营对增加普通股每股收益是有利的，我们称为财务杠杆的正效应或财务杠杆利益。反之，若息税前利润不足以补偿债务利息和优先股股利，这种情况下运用财务杠杆只能减少普通股每股收益，我们称为财务杠杆的负效应或财务杠杆损失。

由此我们可以说，在企业息税前利润较多、增幅较大时，适当地利用固定财务支出筹资，发挥财务杠杆效应，可以使每股收益以更大的幅度增加，从而使股票价格上涨，增加企业价值。但是，一旦息税前利润下降，每股收益也会以更大的幅度下降，此时企业面临的财务风险也大。财务杠杆既带来利益，也有风险。所以企业在筹措资金时，必须在财务杠杆利益与风险之间进行权衡，根据企业对财务风险的承受能力以及其他具体情况，合理安排资本结构中各种资金的比例关系。

三、复合杠杆

(一)复合杠杆的概念

根据前面的分析我们知道，企业由于存在固定的生产经营成本，产生经营杠杆作用，使息税前利润的变动率大于业务量的变动率；同样，由于存在固定的财务费用，产生了财务杠杆的作用，使企业每股利润的变动率大于息税前利润的变动率。而对于企业来讲，往往都是两种杠杆同时存在，在此情况下两种杠杆共同发挥作用，那么业务量稍有变动就会使普通股每股收益产生更大的变动。这种由于固定生产经营成本和固定资本成本的共同存在而导致的每股收益变动率大于业务量变动率的杠杆效应，称为复合杠杆或综合杠杆或联合杠杆。

(二)复合杠杆的计量

只要企业同时存在固定的生产经营成本和固定的利息费用及优先股股利，就会存在复合杠杆的作用。但不同企业，固定生产经营成本和资本结构不同，复合杠杆的作用程度是不完全一致的，因此，需要对复合杠杆的作用程度进行计量。对复合杠杆进行计量的常用指标是复合杠杆系数。所谓复合杠杆系数，是指每股利润变动率相当于业务量变动率的倍数。其计算公式为：

$$DCL=\frac{\Delta EPS/EPS}{\Delta X/X}$$

式中：DCL 为复合杠杆；其他符号同前。

根据数学原理，上述公式又可写作：

$$DCL=\frac{\Delta EPS/EPS}{\Delta EBIT/EBIT}\cdot\frac{\Delta EBIT/EBIT}{\Delta X/X}$$

$$=DFL\cdot DOL$$

即复合杠杆系数等于财务杠杆系数与经营杠杆系数的乘积。

又因为：

$$DOL=\frac{M}{EBIT}$$

$$DFL=\frac{EBIT}{EBIT-I-\frac{D}{1-T}}$$

所以：

$$DCL=\frac{M}{EBIT-I-\frac{D}{1-T}}$$

$$=\frac{(p-b)X}{(p-b)X-a-I-\frac{D}{1-T}}$$

若企业没有优先股,公式可简化为:

$$DCL=\frac{M}{EBIT-I}=\frac{(p-b)X}{(p-b)X-a-I}$$

【例4—18】 华龙公司有关资料如表4—10所示,要求计算该公司的复合杠杆系数,并分析其效应。

表4—10　　**华龙公司有关财务资料**　　单位:元

项　目	2014年	2015年	变动率(%)
销售量(件)	1 000 000	1 200 000	20
销售收入	10 000 000	12 000 000	20
变动成本	4 000 000	4 800 000	20
边际贡献	6 000 000	7 200 000	20
固定成本	4 000 000	4 000 000	0
息税前利润	2 000 000	3 200 000	60
利息	800 000	800 000	0
税前利润	1 200 000	2 400 000	100
所得税(税率25%)	300 000	600 000	100
净利润	900 000	1 800 000	100
普通股流通在外股数(股)	1 000 000	1 000 000	0
每股收益	0.90	1.8	100

2015年华龙公司的复合杠杆系数为:

$$DCL=\frac{\Delta EPS/EPS}{\Delta X/X}=\frac{100\%}{20\%}=5$$

或:

$$DCL=\frac{M}{EBIT-I}=\frac{6\ 000\ 000}{2\ 000\ 000-800\ 000}=5$$

也可以先求出 DOL 和 DFL,然后按照两者乘积的公式计算复合杠杆。

$$DOL=\frac{\Delta EBIT/EBIT}{\Delta X/X}=\frac{60\%}{20\%}=3$$

$$DFL=\frac{\Delta EPS/EPS}{\Delta EBIT/EBIT}=\frac{100\%}{60\%}\approx 1.67$$

$$DCL=DOL\cdot DFL=3\times 1.67\approx 5$$

通过计算结果可以看到,在复合杠杆的作用下,销售量增长20%,每股收益便增长100%,复合杠杆作用使每股收益的变动率相对于销量的变动率扩大了5倍。当然,如果销量下降

20%,企业的每股收益也将下降100%,复合杠杆同样以5倍的变动率发挥作用。

(三)复合杠杆与复合风险

通过以上分析我们知道,在复合杠杆的作用下,当企业经济效益好时,随着业务量的增长,每股收益会以成倍的增长率大幅度上升;当企业经济效益差时,每股收益也会随着业务量的下降而大幅度下降。企业的复合杠杆系数越大,每股收益的波动幅度越大。由于复合杠杆的作用使每股收益大幅度波动而造成的风险,称为复合风险。在其他因素不变的情况下,复合杠杆系数越大,复合风险越大;复合杠杆系数越小,复合风险越小。要说明这一问题,我们同样可以像经营杠杆和财务杠杆一样,借用标准离差来计算说明,这里不再赘述。

总之,复合杠杆的意义就在于:第一,能够估计出业务量变动对每股收益造成的影响。第二,能使我们知道经营杠杆与财务杠杆之间的相互关系,即为了达到某一复合杠杆系数,经营杠杆与财务杠杆可以有很多不同的组合。例如,经营杠杆较高的公司可以在较低的程度上使用财务杠杆,经营杠杆较低的公司可以在较高的程度上使用财务杠杆等。当然,这一切都有待于企业在考虑了各有关影响因素之后做出相应的选择。

第三节 资本结构决策

资金是企业从事生产经营活动的必要前提。在市场经济环境下,任何一笔资金都是有成本的,企业面对不同的资金来源渠道和方式,考虑企业经营目标,必须要有所选择,这样就形成了企业不同的资本结构。不同的资本结构对企业实现经营目标意义重大,因此,资本结构问题自然成为财务管理的重要内容。

一、资本结构理论

(一)资本结构的概念

资本结构是指企业各种长期资金筹集来源的构成和比例关系。这一概念的界定很明显,它所指的并非是企业全部资本,而仅指长期资本。这是因为短期资本的需要量和筹集是经常变化的,而且在整个资本总量中所占比重不稳定,因此不列入资本结构管理范围,而作为营运资金管理。

企业资本结构是由企业采用的各种筹资渠道和方式筹集资金而形成的,各种来源渠道和筹资方式不同的组合类型决定着企业资本结构及其变化。企业具体的筹资渠道和方式虽然很多,但从其与企业形成的权益关系来划分不外乎两类:一是负债权益资本,二是所有者权益资本。因此,资本结构问题总的来说可以简化为负债资本的比例问题,即负债资本在企业全部资本中所占的比重。为什么可以作这样的简化?这不单单是因为企业全部资本来源我们简化分为两部分,更是因为负债权益资本在企业全部资本中所占比重不同,对企业经营目标的实现有着重大的影响。

(二)资本结构中负债资本的意义

1. 一定的负债资本可以降低企业综合资本成本

通常情况下,债务利息率低于股票的股利率,特别是按照国际财务惯例和税法惯例,债务利息是在所得税前支付,具有抵税的作用,因而债务资本成本明显低于所有者权益资本成本。所以,在一定的限度内增加债务资本,就可以降低企业综合资本成本;而减少债务资本,则会提升企业的综合资本成本。

2. 债务资本具有财务杠杆作用

一般情况下，债务利息是固定不变的。当企业息税前利润增大时，每 1 元盈余所负担的固定利息就会相应地减少，这能给每一股普通股带来更多的收益。这就是我们上一节所讲的财务杠杆效应。因此，在企业息税前利润较多、增长幅度较大时，适当地利用债务资本，发挥财务杠杆的作用，可增加每股利润，从而使企业股票价格上涨。

3. 负债资本会加大企业财务风险

按照债务协议，债权人是不承担企业经营风险的，企业使用债务资本必须按期还本付息，这种支付具有刚性。企业为取得财务杠杆利益而增加债务，必然要增加这种刚性支付的负担。特别是在企业息税前利润下降时，由于财务杠杆的作用，普通股每股收益会下降得更快。这些风险都是因企业利用债务资本而产生的。

通过以上分析我们可以看到，利用债务资本对于企业来讲既有利也有弊，关键是如何利用。经过长期的总结和摸索，就此问题产生了几种相关的理论。

(三)资本结构理论

1. 净收入理论

净收入理论认为，负债可以降低企业的资本成本，负债程度越高，企业价值越大。这是因为债务利息和所有者权益资本均不受财务杠杆影响，无论负债程度有多高，企业的债务资本成本和所有者权益资本成本都不会变化。因此，只要债务成本低于所有者权益成本，那么负债越多，企业的加权平均资本成本就越低，企业的价值就越大。当负债比率为 100%时，企业加权平均资本成本最低，企业价值将达到最大。如果这种理论的假设是正确的，那么，为使企业价值达到最大化，应使用几乎 100%的债务资本，因为此时综合资本成本达到最低。

2. 净营运收入理论

净营运收入理论认为，不论财务杠杆如何变化，企业加权平均资本成本都是固定的，因而企业的总价值也是固定不变的。这是因为企业利用财务杠杆时，即使债务成本本身不变，但由于加大了所有者权益的风险，也会使所有者权益成本上升，于是加权平均资本成本不会因为负债比率的提高而降低，而是维持不变，企业的总价值也就固定不变。如果这种理论真实存在的话，那么资本结构决策将无关紧要，即不存在最佳资本结构问题。

3. 传统理论

传统理论是一种介于净收入理论和净营运收入理论之间的理论。传统理论认为，企业利用财务杠杆尽管会导致所有者权益成本的上升，但在一定程度内却不会完全抵消利用成本率低的债务所获得的好处，因此会使加权平均资本成本下降，企业总价值上升。但是，超过一定程度的利用财务杠杆，所有者权益成本的上升就不再能为债务的低成本所抵消，加权平均资本成本便会上升。以后债务成本也会上升，它和所有者权益的上升共同作用，使加权平均资本成本上升更快。加权平均资本成本从下降变为上升的转折点，是加权平均资本成本的最低点，这时的负债率就是企业价值的最佳资本结构。可见，传统理论学说承认企业有其最佳资本结构。

4. 权衡理论(MM 理论)

该理论是美国的两位学者莫迪格利尼(Modigliani)和米勒(Miller)提出的，所以也称为 MM 理论。最初的 MM 理论认为，由于所得税法允许债务利息费用在税前扣除，在某些严格的假设下，负债越多，企业价值越大。这些假设包括：(1)公司筹资时没有交易费用或佣金；(2)投资者无须缴纳个人所得税；(3)投资者与公司的借款成本相同；(4)息税前利润不受负债影响。显然，这些假设并不完全成立，由此导出的结论也不完全符合现实情况。

为了解决上述问题，两位学者及其后续支持者通过研究，使上述假设得以一一解除，并引入现实的因素，提出了税负利益—破产成本权衡理论（如图 4—1 所示）。

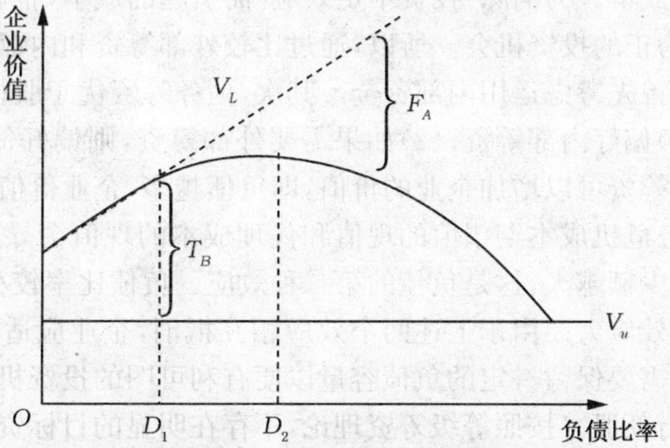

图 4—1　税负利益—破产成本权衡理论示意图

图中：V_L 为只有负债税额庇护而没有破产成本的企业价值（破产成本：与破产有关的成本）；V_u 为无负债时的企业价值；V_L 为同时存在负债税额庇护、破产成本的企业价值；T_B 为负债税额庇护利益的现值；F_A 为破产成本；D_1 为破产成本变得重要时的负债水平；D_2 为最佳资本结构。

图 4—1 说明：(1)负债可以给企业带来税额庇护利益。(2)最初的 MM 理论假设在现实中不存在，事实是各种负债成本随负债比率的增大而上升，当负债比率达到某一程度时，息税前利润会下降，同时企业负担破产成本的概率会增加。(3)当负债比率未超过 D_1 点时，破产成本不明显；当负债比率达到 D_1 点时，破产成本开始变得重要，负债税额庇护利益开始被破产成本所抵消；当负债比率达到 D_2 点时，边际负债税额庇护利益恰好与边际破产成本相等，企业价值最大，达到最佳资本结构；负债比率超过 D_2 点后，破产成本大于负债税额庇护利益，导致企业价值下降。

资本结构理论为企业融资决策提供了有价值的参考，可以指导决策行为。但是，由于融资活动本身和外部环境的复杂性，目前仍难以准确地显示出存在于财务杠杆、每股收益、资本成本及企业价值之间的关系，所以，在一定程度上，融资决策还要依靠有关人员的经验和主观判断。

5. 代理理论

该理论的创始人詹森和麦克琳认为：企业资本结构会影响经理人员的工作水平和其他行为选择，从而影响企业未来现金流入和企业市场价值。其理论的核心是：公司债务的违约风险是财务杠杆系数的增函数，随着公司债权资本的增加，债权人的监督成本随之上升，债权人要求的利率会更高。而这种代理成本最终要由股东承担（即股权代理成本增加），公司资本结构中债券比率过高会导致股东价值的降低。均衡的企业所有权结构应该是由股权代理成本和债权代理成本之间的平衡关系来决定的，债权资本适度的资本结构会增加股东的价值，一旦过度反而会降低股东的价值。除了债务的代理成本之外，还有一些代理成本涉及公司雇员、消费者和社会等，在资本结构决策中也应予以考虑。

6. 等级筹资理论

这是以梅耶斯为代表的一批学者在20世纪80年代提出的一种新的优序筹资理论。该理论认为：首先，外部筹资的成本不仅包括管理和证券承销成本，还包括不对称信息所产生的“投资不足效应”而引起的成本。为消除“投资不足效应”而引起的成本，企业可以选择用内部积累的资金去满足净现值为正的投资机会。所以，通过比较外部筹资和内部筹资的成本，当企业面临投资决策时，理论上首先考虑运用内部资金。其次，债务筹资优于股权筹资。优序筹资理论的两个中心思想是：(1)偏好内部筹资；(2)如果需要外部筹资，则偏好债务筹资。由于企业所得税的节税利益，负债筹资可以增加企业的价值，即负债越多，企业价值增加越多，这是负债的第一种效应；但是，财务危机成本期望值的现值和代理成本的现值会导致企业价值的下降，即负债越多，企业价值减少额越大，这是负债的第二种效应。负债比率较小时，第一种效应大；负债比率较大时，第二种效应大。由于上述两个效应相互抵消，企业应适度负债。最后，由于非对称信息的存在，企业需要保留一定的负债容量以便有利可图的投资机会来临时可发行债券，避免以过高的成本发行新股。按照等级筹资理论，不存在明显的目标资本结构，因为虽然留存收益和增发新股均属股权筹资，但前者最先选用，后者最后选用；获利能力较强的公司之所以安排较低的债权比率，并不是由于已确立较低的目标债权比率，而是由于不需要外部筹资；获利能力较差的公司选用债券筹资是由于没有足够的留存收益，而且在外部筹资选择中债权为首选。从成熟的证券市场来看，企业优序筹资模式是可行的也是如此实践的，首先是内部筹资，其次是债务筹资，最后是发行新股筹资。但这对于新兴证券市场来说未必如此。20世纪80年代，新兴证券市场具有明显的股权融资偏好(如中国的企业)，其筹资顺序的选择几乎与该理论模型背道而驰。这也是与新兴市场经济国家的市场机制、体制不健全，以及经济环境相关联的。原因主要有三：第一，在不健全的资本市场机制前提下，市场和股东对代理人(董事会和经理)的监督效率很低，经理人有较多的私人信息和可自由支配的现金流量；第二，代理人认为企业股权筹资的成本是以股利来衡量的，而股利的发放似乎是按代理人的计划分配的，从而使他们认为股票筹资的成本是廉价的；第三，经理利用股权筹资可使他们承担较小的破产风险。以我国为例，我国现阶段的证券市场，企业的股利支付率很低，使企业代理人错误地认为股权筹资的成本很低，在我国企业的财务实践中，有相当多的代理人还没有把最优债务理论和筹资优序理论运用到企业筹资中去，多半是以简单的直观判断和表面的资金成本来选择筹资方式，这无疑走进了股权投资偏好的误区。实际上，在我国证券市场进行股票筹资的成本是很高的，远远大于银行目前的贷款利率，对于处于稳定成长期或成熟期的企业来讲，股权筹资并不经济。

由此，可以得到如下启示：股票筹资的成本并不低，不是上市公司或拟上市公司筹资的唯一途径。特别是对于已经进入稳定成长期或成熟期的企业来说，其筹资的最优策略选择应是发行债券和可转换债券，或通过银行等金融机构进行商业借贷更为合理。无理性地进行大规模的股票筹资，不仅带来资金成本的提高，而且其经营业绩压力也是不可忽视的，这也是西方国家进入成熟期后举债筹资回购股票的主要原因。因此，股票筹资并不是企业筹资策略的唯一选择。

二、资本结构的决策方法

通过资本结构理论的分析我们知道，进行资本结构决策，实际上就是确定企业的最优资本结构。按照上述理论，所谓的最佳资本结构，是指企业加权平均资本成本最低、企业价值最大时的资本结构。从理论上讲，每一个企业都应有其最佳资本结构，但在实际中很难十分准确地确定这个最佳点。这是由于理论上的分析将实际现实理想化并抽象掉了许多现实因素，同时至今还没有确定最佳资本结构所需的一套完整实用的方法。为此，最佳资本结构理论只能作为指导，不能替代现实分析，我们还必须回到现实中来。那么，在现实中影响资本结构决策的因素有哪些呢？

（一）资本结构决策的影响因素

现实中，影响资本结构的因素很多，除了前已述及的资本成本、财务风险以外，还有以下一些重要因素：

1．企业销售的稳定与增长情况

一个企业如果销售比较稳定，则可以较多地负担固定的财务费用；如果销售和盈余具有很高的波动性，则负担固定的财务费用将冒较大的财务风险。企业未来的销售增长情况，决定着企业财务杠杆在多大程度上扩张每股利润，企业未来销售增长地越快，适当提升运用财务杠杆效应的比例，就会给每股带来更大的利益。

2．企业所有者和管理者的态度

一个企业如果股权相对比较分散，谁也没有绝对的控制权，这个企业可能更多地会采用发行股票方式来筹资，因为企业所有者并不担心控制权的旁落；反之，若企业股权相对比较集中，股东们十分重视控制权问题，企业为了保证少数股东的绝对控制权，一般尽量避免利用普通股筹资，而是采用优先股或负债形式募集资金。

管理人员对待风险的态度，也是影响资金结构的重要因素。喜欢冒险的管理人员，考虑财务杠杆利益，往往会安排比较高的负债筹资；反之，相对比较稳健的管理人员，则会只使用较少的负债筹资。

3．金融机构和信用评级机构的态度

任何企业对如何适当地运用财务杠杆都会有自己的分析和理解，但金融机构和信用评级机构的态度实际上往往成为决定财务结构的关键因素。

通常来讲，企业都会与自己的贷款银行和信用评级机构商讨本企业的资本结构，并且充分尊重他们的意见。绝大部分贷款银行都不希望客户的负债比例太大，如果客户坚持使用过多债务筹资，银行很可能拒绝贷款。同样，企业如果负债太多，信用评级机构也会降低企业的信用等级，这样也会影响企业的社会融资能力，提高企业的资金成本。

4．行业因素

不同的行业以及同一行业的不同企业、不同时期，在运用财务杠杆时所采用的策略和方法大不相同，从而也会使资本结构产生差别。一般来说，制药业和电子类产品制造企业，因为属于高盈利企业，一般可以通过留存收益筹资，所以相对负债水平较低。零售商业、钢铁制造业和公用事业等，一般使用负债筹资比较多。而那些高风险、需要大量科研经费，而且产品试制周期较长的企业，自身风险就比较大，过量地使用负债资本就是很不明智的，因此一般来看其负债率都较低。财务人员应该把握本企业所处行业资本结构的一般水平，并分析本企业与同行业其他企业的差别，以便合理地确定本企业的资本结构。同时，还必须认识到，资本结构不会停留在一个固定的水平上，随着时间的推移，情况的变化，资本结构也会发生变动，财务人员也应随之做出相应的调整。即便是在同一行业的企业之间，由于不同因素的影响，资本结构往往也会存在很大差异，我们也不能强求一致。了解资本结构的行业状况、行业差别及其变动，有助于认识资本结构的行业特点，作为确定最佳资本结构的参考。

5. 企业规模

一般而言,企业规模越大,筹资的方式就越多,因此负债比率一般相对较低;而中小企业筹资相对比较单一,主要靠借款来解决资金需求,因此负债水平一般比较高。

6. 企业的财务状况

获利能力越强、财务状况越好、变现能力越强的公司,就越有能力承担财务上的风险。所以随着企业变现能力、财务状况和盈利能力的不断向好,企业举债融资的吸引力也会越来越强。当然,如果企业因为财务状况不好,无法顺利发行股票,也只好以高利率发行债券来筹集资金,但这与前者有本质区别。

7. 资产结构状况

不同性质的企业其资产结构不同,资产结构不同就会影响资本结构不同。一般来讲,拥有大量固定资产的企业主要通过长期负债和发行股票筹集资金;拥有较多流动资产的企业,更多以流动负债来筹集资金;资产适用于抵押贷款的公司举债额较多,如房地产公司;以高新技术研究开发为主的企业则负债较少。

8. 所得税税率的高低

利息费用可以抵减所得税,而股利却不能抵税。所以,企业的所得税税率越高,负债经营的好处越大,刺激企业更多利用举债筹资;反之,如果所得税税率很低,采用举债方式的减税利益不明显,企业就可能会有其他选择。

9. 利率水平的变动趋势

如果企业认为利息率暂时较低,不久的将来有可能上升的话,便会大量举债,从而在若干年内把企业资本利率固定在较低的水平上。

以上因素都可能会影响企业的资本结构,企业财务人员在运用资本结构决策方法时,应充分考虑到上述因素的影响,以便科学、合理地确定企业最佳资本结构。

(二)最佳资本结构决策的数量方法

影响资本结构的因素是多方面的,而这些因素对资本结构的影响结果是怎样的?如何在因素影响作用下选择出企业最佳的资本结构是摆在我们面前的最实际的问题。这个问题的回答不能只用单纯的理论解释,它更需要现实的数据。所以,下面我们研究如何用数量方法进行最佳资本结构的决策。

在实际工作中,最佳资本结构决策的方法也很多,这里我们只介绍三种比较常用的方法。

1. 比较资本成本法

通过前面的资本结构理论分析我们知道,最佳资本结构的一个重要标准就是综合资本成本最低。所谓的比较资本成本法,就是抓住了这一标准,针对企业可能的各种资本结构方案,分别计算各种资本结构方案下的加权平均资本成本,选择其中加权平均资本成本最低的资本结构方案作为最佳资本结构方案的方法。

关于加权平均资本成本的计算,前面已经介绍,这里不再重复,下面举例说明。

【例 4—19】 大华公司 2014 年年末的资本结构如表 4—11 所示。

表 4—11　　大华公司 2014 年年末的资本结构　　单位:万元

资本来源	金　额
优先股的年股息率为 12%,筹资费率 2%	200
普通股 300 000 股,筹资费率 4%	600

续表

资本来源	金 额
长期债券的年利率10%,筹资费率2%	400
合 计	1 200

公司普通股股票每股面值20元,2015年预计每股股息为3元,以后每年股息增加5%,该公司所得税税率为25%。

公司2015年准备增资400万元,有以下两个方案可供选择:

A方案:发行长期债券400万元,年利率为12%,筹资费率为2%;普通股股息增加到3.6元,以后每年递增6%。但是,由于增加了风险,普通股市价预计将跌到每股18元。

B方案:发行长期债券200万元,年利率为12%,筹资费率为2%;另外发行普通股股票200万元,普通股股息增加到3.6元,以后每年递增6%。由于企业信誉提高,普通股市价预计将上升到每股25元。

公司选择哪个方案更有利?

(1)计算2014年年末的加权平均资本成本。

各项资金来源比重:

优先股:$\frac{200}{1\ 200}\times100\%=16.67\%$

普通股:$\frac{600}{1\ 200}\times100\%=50\%$

长期债券:$\frac{400}{1\ 200}\times100\%=33.33\%$

各项资本成本:

优先股:$\frac{12\%}{1-2\%}=12.24\%$

普通股:$\frac{3}{20\times(1-4\%)}+5\%=20.63\%$

长期债券:$\frac{10\%\times(1-25\%)}{1-2\%}=7.65\%$

则2014年年末的加权平均资本成本为:

$K_W=12.24\%\times16.67\%+20.63\%\times50\%+7.65\%\times33.33\%=14.9\%$

(2)计算A方案的加权平均资本成本。

各项资金来源比重:

优先股:$\frac{200}{1\ 600}\times100\%=12.5\%$

普通股:$\frac{600}{1\ 600}\times100\%=37.5\%$

原债券:$\frac{400}{1\ 600}\times100\%=25\%$

新债券:$\frac{400}{1\ 600}\times100\%=25\%$

各项资本成本：

优先股：12.24%

普通股：$\frac{3.6}{18\times(1-4\%)}+6\%=26.83\%$

原债券：7.65%

新债券：$\frac{12\%\times(1-25\%)}{1-2\%}=9.18\%$

A方案的加权平均资本成本为：

$K_W=12.24\%\times12.5\%+26.83\%\times37.5\%+7.65\%\times25\%+9.18\%\times25\%=15.8\%$

(3)计算B方案的加权平均资本成本。

各项资金来源比重：

优先股：12.5%

普通股：$\frac{800}{1\,600}\times100\%=50\%$

原债券：25%

新债券：$\frac{200}{1\,600}\times100\%=12.5\%$

各项资本成本：

优先股：12.24%

普通股：$\frac{3.6}{25\times(1-4\%)}+6\%=21\%$

原债券：7.65%

新债券：9.18%

B方案的加权平均资本成本为：

$K_W=12.24\%\times12.5\%+21\%\times50\%+7.65\%\times25\%+9.18\%\times12.5\%=15.09\%$

计算结果表明，大华公司应选择B方案筹资比较有利，其加权平均资本成本虽然略高于2014年年末的成本，但低于A方案的资本成本，使公司的资本结构也得到了进一步的优化。

比较资本成本法比较简单，也容易理解，但这种方法也有其局限性。它需要事先确定出若干个备选的资本结构方案，然后从中选优。值得我们注意的是，备选方案数量有限，而且很可能会漏掉实际成本最低的方案，这时的选优就仅仅是备选方案中相对的“优”，而并非是实际的最优。要避免这一问题就需要增加备选方案的数量，这往往会加大工作量，从而影响决策工作的效率。

2. 每股收益无差别分析法

企业资本结构合理与否，站在企业所有者的角度来看，关键就是单位投资的收益变化情况。能提高所有者单位投资收益的资本结构就是合理的；反之则不够合理。由此前的分析我们已经知道，所有者投资收益的高低，不仅受资本结构的影响，还受到销售水平的影响。如何处理以上三者之间的关系，可以运用每股收益分析的方法。

每股收益的分析是利用每股收益的无差别点进行的。所谓每股收益的无差别点，是指普通股每股税后利润不受融资方式影响的销售水平。根据每股收益无差别点，可以分析判断在什么样的销售水平下，适于采用何种筹资方式来安排和调整资本结构。每股收益无差别点可以通过计算求得。借用前面的符号，其计算公式为：

$$EPS_1=EPS_2$$

式中：EPS_1为负债融资方案下的每股收益；EPS_2为所有者权益融资方案下的每股收益。在每股收益无差别点上，无论采用负债融资，还是采用所有者权益融资，每股收益都是相等的。参照前面所讲的 EPS 计算公式，将上述公式展开得：

$$\frac{(S-V_1-a_1-I_1)(1-T)-D_1}{N_1}=\frac{(S-V_2-a_2-I_2)(1-T)-D_2}{N_2}$$

或：

$$\frac{(EBIT-I_1)(1-T)-D_1}{N_1}=\frac{(EBIT-I_2)(1-T)-D_2}{N_2}$$

式中：S 和 $EBIT$ 为每股收益无差别点；V_1、V_2分别为两方案各自的变动成本总额；a_1、a_2分别为两方案各自固定成本总额；I_1、I_2为两方案各自的利息费用；T 为所得税税率；D_1、D_2为两方案优先股股利，企业如果没有优先股该项可省略；N_1、N_2为两方案发行在外的普通股股数。

【例 4—20】 某公司原有资本 1 000 万元，其中债务资本 300 万元（每年负担利息 36 万元），普通股资本 700 万元（发行普通股 35 万股，每股面值 20 元）。该企业所得税税率为 25%。由于扩大业务，需追加筹资 400 万元，有甲、乙两种筹资方案可供选择。

甲方案：发行债券 400 万元，债券年利率为 12%。

乙方案：发行普通股 10 万股，每股 20 元；另发行债券 200 万元，债券年利率为 12%。

该公司应选择哪种筹资方案？

首先，确定两种筹资方案下的年利息和普通股股数：

$I_1=36+48=84$（万元）　　　　$I_2=36+24=60$（万元）

$N_1=35$（万股）　　　　$N_2=35+10=45$（万股）

其次，将计算结果和题中资料代入前述公式，可有：

$$\frac{(EBIT-84)(1-25\%)}{35}=\frac{(EBIT-60)(1-25\%)}{45}$$

计算求得：$EBIT=168$（万元）

此时，每股收益为：

$$EPS_1=EPS_2=\frac{(168-84)(1-25\%)}{35}=\frac{(168-60)(1-25\%)}{45}=1.8\text{（元/股）}$$

上述每股收益无差别分析，可用图 4—2 表示。

从图 4—2 可以看出，当息税前利润高于 168 万元时，负债筹资方式所获得的普通股每股收益大于权益筹资方式所获得的每股收益，因此，在此情况下应选择债务筹资方式；当息税前利润低于 168 万元时，情况恰好相反，因此应选择权益筹资方式。假如，本例题该公司增资后预计每年的息税前利润为 900 万元，该企业应选择甲方案更合适。

该方法把企业所有者的利益、资本结构状况和销售（息税前利润）情况紧密地联系在一起进行筹资决策，考虑的因素增加了，提高了决策的质量，但它没有考虑到财务风险问题，因此也有其局限性。

3. 企业价值分析法

以每股收益的高低作为衡量标准对筹资方式进行选择，虽然比单纯以筹资成本为标准的筹资决策有了进步，但它也有不足——没有考虑财务风险因素。从根本上讲，财务管理的目标在于追求企业价值的最大化或股价最大化。然而，只有在风险不变的情况下，每股收益的增长

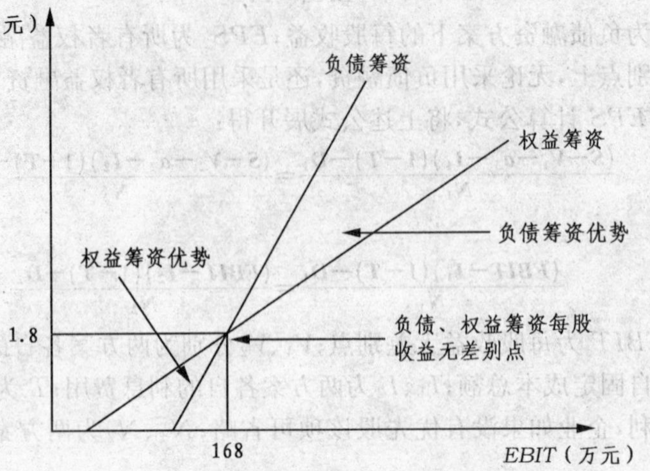

图 4－2　每股收益无差别分析示意图

才会直接导致股价的上升。实际上，随着每股收益的增长，通常企业风险也会加大。如果每股收益的增长不足以补偿风险增加所需的报酬，尽管每股收益增加，股价仍然会降低。所以，企业的最佳资本结构应当是可使企业总价值最高，而不一定是每股收益最大的资本结构。同时，在这样的资本结构下，企业的加权平均资本成本也是最低的。

以上市公司为例，公司的市场总价值 V 应该等于其股票的总价值 S 加上债券的总价值 B，即：

$$V=S+B$$

为简化起见，假设债券的市场价值等于它的面值。股票的市场价值则可通过下式计算：

$$S=\frac{(EBIT-I)(1-T)}{K_S}$$

式中：$EBIT$ 为息税前利润；I 为年利息额；T 为所得税税率；K_S 为所有者权益资本成本。

其中，所有者权益资本成本 K_S 可采用资本资产定价模型计算：

$$K_S=R_F+\beta(R_m-R_F)$$

式中：R_F 为无风险报酬率；β 为公司股票的风险系数；R_m 为平均风险股票的必要报酬率。

而公司的资本成本，则应用加权平均资本成本（K_W）来表示。其计算公式为：

$$K_W=K_b\left(\frac{B}{V}\right)(1-T)+K_S\left(\frac{S}{V}\right)$$

式中：K_b 为税前的债务资本成本。

【例 4－21】 某公司年息税前利润为 500 万元，资金全部由普通股资本组成，股票账面价值为2 000万元，所得税税率为 40%。该公司认为目前的资本结构不够合理，准备用发行债券购回部分股票的办法予以调整。经咨询调查，目前的债务利率和权益资本的成本情况如表 4－12所示。

表 4－12　　不同债务水平对公司债务资本成本和权益资本成本的影响

债券的市场价值 B（百万元）	税前债务资本成本 K_b	股票 β 值	无风险报酬率 R_F	平均风险股票必要报酬率 R_m	权益资本成本 K_S
0	—	1.20	10%	14%	14.8%

续表

债券的市场价值B(百万元)	税前债务资本成本K_b	股票β值	无风险报酬率R_F	平均风险股票必要报酬率R_m	权益资本成本K_S
2	10%	1.25	10%	14%	15%
4	10%	1.30	10%	14%	15.2%
6	12%	1.40	10%	14%	15.6%
8	14%	1.55	10%	14%	16.2%
10	16%	2.10	10%	14%	18.4%

根据表4—12的资料，运用上述公式，可计算出筹借不同金额的债务时公司的价值和加权平均资本成本，如表4—13所示。

表4—13　　　　公司市场价值和资本成本

债券的市场价值B(百万元)	股票的市场价值S(百万元)	公司的市场价值V(百万元)	税前债务资本成本K_b	权益资本成本K_S	加权平均资本成本K_W
0	20.27	20.27	—	14.8%	14.80%
2	19.20	21.20	10%	15%	14.15%
4	18.16	22.16	10%	15.2%	13.54%
6	16.46	22.46	12%	15.6%	13.36%
8	14.37	22.37	14%	16.2%	13.41%
10	11.09	21.09	16%	18.4%	14.23%

从表4—13中可以看到，在没有债务的情况下，公司的总价值就是其原有股票的市场价值。当公司用债务资本部分地替换权益资本时，刚开始公司的总价值上升，加权平均资本成本下降；当公司债务达到600万元时，公司总价值最高，加权平均资本成本最低；当公司债务超过600万元后，公司总价值下降，加权平均资本成本上升。因此，债务为600万元时的资本结构是该公司的最佳资本结构。

同步测试题

一、单项选择题

1. 资本结构的调整并不能(　　)。

A. 降低资本成本　B. 降低财务风险　C. 降低经营风险　D. 增加融资弹性

2. 成本按其习性可划分为(　　)。

A. 约束成本和酌量成本　　B. 固定成本、变动成本和混合成本

C. 相关成本和无关成本　　D. 付现成本和非付现成本

3. 经营杠杆系数(DOL)、财务杠杆系数(DFL)和复合杠杆系数(DCL)之间的关系是(　　)。

A. $DCL=DOL+DFL$　　B. $DCL=DOL-DFL$

C. $DCL=DOL\times DFL$　　D. $DCL=DOL\div DFL$

4. 某企业下期财务杠杆系数为1.5，假定该企业未发行优先股，本期息税前利润为600万元，则本期实际利息费用为(　　)万元。

A. 100　　B. 200　　C. 300　　D. 900

5. 若财务杠杆系数为1，则下列表述中正确的是(　　)。

A. 息税前利润增长率为0　　B. 息税前利润为0

C. 利息和优先股股息为0　　D. 固定成本为0

6. 下列各项中，不影响经营杠杆系数的是(　　)。

A. 产品销售数量　　B. 产品销售价格　　C. 固定成本　　D. 利息费用

7. 若某企业的经营处于保本状态(息税前利润为零)，则下列说法中错误的是(　　)。

A. 此时销售额处于销售收入线与总成本线的交点

B. 此时的经营杠杆系数趋近于无穷小

C. 此时的营业销售利润率等于0

D. 此时的边际贡献等于固定成本

8. 若企业全部资本都是股权资本，则企业(　　)。

A. 只存在经营风险　　B. 只存在财务风险

C. 存在经营风险和财务风险　　D. 经营风险和财务风险相互抵消

9. 最佳资本结构是指企业在一定时期(　　)。

A. 企业利润最大的资本结构

B. 企业目标资本结构

C. 加权平均资本成本与风险适中的目标资本结构

D. 加权平均资本成本最低，企业价值最大的资本结构

10. 息税前利润变动率一般比产销量变动率(　　)。

A. 小　　B. 大　　C. 相等　　D. 不一定

二、多项选择题

1. 影响财务杠杆系数的因素有(　　)。

A. 息税前利润　　B. 固定成本　　C. 优先股股利　　D. 所得税税率

2. 下列项目中，属于资金成本中筹资费用的是(　　)。

A. 借款手续费　　B. 债券发行费　　C. 债券利息　　D. 股利

3. 下列各项中，与复合杠杆系数呈比例关系变动的是(　　)。

A. 每股利润变动率　　B. 产销量变动率　　C. 经营杠杆系数　　D. 财务杠杆系数

4. 影响优先股成本的主要因素有(　　)。

A. 优先股股利　　B. 优先股总额　　C. 优先股筹资费率　　D. 企业所得税税率

5. 负债资金在资本结构中产生的影响是(　　)。

A. 降低企业资金成本　　B. 加大企业财务风险

C. 具有财务杠杆作用　　D. 分散股东控制权

6. 下列说法中，正确的是(　　)。

A. 在固定成本不变的情况下，经营杠杆系数说明销售额增长(减少)所引起的利润增长(减少)的程度

B. 当销售额达到盈亏临界点时，经营杠杆系数接近于无穷大

C. 财务杠杆系数表明息税前利润增长所引起的每股盈余的增长幅度

D. 经营杠杆程度较高的企业不宜在较低的程度上使用财务杠杆

7. 影响企业加权平均资本成本的因素有(　　)。

A. 资金结构　　B. 个别资本成本高低　　C. 筹集资金总额　　D. 筹资期限长短

8. 加权平均资本成本的计算中所采用的权数可以按(　　)计算。

A. 账面价值　　B. 市场价值　　C. 目标价值　　D. 票面价值

9. 企业财务风险主要体现在(　　)。

A. 增加了企业产销量大幅度变动的机会　　B. 增加了普通股利润大幅度变动的机会
C. 增加了企业资金结构大幅度变动的机会　　D. 增加了企业的破产风险

10. 确定企业资本结构时，(　　)。

A. 如果企业的销售比较稳定，则可适当提高负债资本比例

B. 为了保证原有股东的绝对控制权，一般应尽量避免普通股筹资

C. 若预期市场利率会上升，企业应尽量利用短期负债

D. 企业所得税税率越高，举债筹资利益越明显

三、判断题

1. 在其他因素不变的情况下，固定成本越大，经营杠杆系数也越大，企业经营风险也就越大。(　　)

2. 企业的最优资本结构是指在一定条件下使企业自有资本成本最低的资本结构。(　　)

3. 经营杠杆和财务杠杆都会对息税前利润造成影响。(　　)

4. 在不考虑风险的情况下，当预计息税前利润大于每股收益无差别点时，企业增加负债筹资比增加主权资本筹资更为有利。(　　)

5. 留存收益是企业利润所形成的，所以留存收益没有资本成本。(　　)

6. 在产销量的相关范围内，提高固定成本总额，能够降低企业的经营风险。(　　)

7. 企业负债比例越高，财务风险越大，因此负债对企业总是不利的。(　　)

8. 在个别资本成本一定的情况下，企业加权平均资本成本的高低取决于资本总额。(　　)

9. 企业采用借入资本方式筹资比采用自有资本方式筹资付出的资本成本低，但承担的风险大。(　　)

10. 在筹资额和利息(股息)率相同时，企业借款筹资与发行优先股产生的财务杠杆作用不同，其原因是借款利息和优先股股息的抵税作用不同。(　　)

四、计算分析题

1. 恒信公司拟筹资5 000万元，其中按面值发行债券2 000万元，票面利率为10%，筹资费率为2%；发行优先股1 000万元，股息率为12%，筹资费率为3%；发行普通股2 000万元，筹资费率为5%。预计第一年股利率为12%，以后每年按4%递增，所得税税率为25%。

要求：

(1)计算债券资本成本；

(2)计算优先股资本成本；

(3)计算普通股资本成本；

(4)计算加权平均资本成本。

2. 利民公司计划筹资100万元，所得税税率为25%。有关资料如下：(1)向银行借款10万元，借款年利率为7%，手续费为2%；(2)按溢价发行债券，债券面值为14万元，溢价发行价格为15万元，票面利率为9%，期限为5年，每年付息一次，筹资费率为3%；(3)发行优先股25万元，预计年股利率为12%，筹资费率为4%；(4)发行普通股40万元，每股价格10元，筹资费率为6%，预计第一年每股股利1.2元，以后每年按8%递增；(5)其余所需资金通过留存收益解决。

要求：

(1)计算个别资本成本；

(2)计算该企业的加权平均资本成本。

3. 鸿翔公司2014年销售产品100万件，单价为50元，单位变动成本为30元，固定成本总额为1 000万元。公司负债600万元，年利息率为12%，并需每年支付优先股股利100万元，所得税税率为25%。

要求：

(1)计算公司2014年的边际贡献；

(2)计算公司2014年的息税前利润；

(3)计算公司2015年的复合杠杆系数。

4. 某种产品2014年税前利润为200万元，利息支出为50万元，固定成本为80万元。

要求：计算2015年的经营杠杆系数、财务杠杆系数和复合杠杆系数。

5. 如意公司只生产和销售A产品，其总成本习性模型为$Y=10\,000+3x$。假定该企业2014年度A产品销售量为10 000件，每件售价为5元；按市场预测2015年A产品的销售量将增长10%。

要求：

(1)计算2014年该公司的边际贡献总额；

(2)计算2014年该公司的息税前利润；

(3)计算销售量为10 000件时的经营杠杆系数；

(4)计算2015年该公司的息税前利润增长率；

(5)假定公司2014年发生负债利息5 000元，且无优先股股息，计算2015年的复合杠杆系数。

6. 东鸣公司目前发行在外普通股100万股(每股1元)，已发行10%利率的债券400万元，该公司打算为一个新的投资项目融资500万元，新项目投产后，公司每年息税前利润增加到200万元。现有两个方案可供选择：按12%的利率发行债券(方案1)；按每股20元发行新股(方案2)。公司适用的所得税税率为25%。

要求：

(1)计算两个方案的每股利润；

(2)计算两个方案的每股利润无差别点息税前利润；

(3)计算两个方案的财务杠杆系数；

(4)判断哪个方案更好?

7. 金鑫公司现有普通股100万股，股本总额为1 000万元，公司债券为600万元。现公司拟扩大筹资规模，有两个备选方案：其一是增发普通股50万股，每股发行价格为15元；其二是平价发行公司债券750万元。若公司债券利率为12%，所得税税率为25%。

要求：

(1)计算两个方案的每股收益无差别点息税前利润；

(2)如果该公司预期息税前利润为400万元，对两个筹资方案作出择优决策。

8. 德利公司目前拥有资本100万元，其中长期负债20万元，优先股5万元，普通股(含留存收益)75万元。为了满足追加投资需要，公司拟筹措新资金，如下表所示：

资本种类	目标资本结构	新筹资的数量范围	资本成本
长期负债	20%	10 000元以内	6%
		10 000～40 000元	7%
		40 000元以上	8%
优先股	5%	2 500元以内	10%
		2 500元以上	12%
普通股	75%	22 500元以内	14%
		22 500～75 000元	15%
		75 000元以上	16%

要求：计算该公司新筹资总额的分界点，编制边际资本成本规划表。

五、案例分析与讨论题

1. 基本案情

1980年12月31日，国产第一台微型汽车发动机在哈尔滨东安机械厂诞生；2000年7月18日10时，“东安动力”第100万台微型汽车发动机在下生产线。20年，东安完成了从0到100万元的历史性跨越，从困境一步步走向辉煌。20年来，东安公司走的是一条投资少、见效快、自我滚动发展的道路。“东安”的动力来自于挖潜改造、扩大生产规模。事实证明，这是一条搞好国有老企业的成功之路。

哈尔滨东安机械厂的前身是始建于1948年的哈尔滨东安发动机制造公司，这个同新中国一起成长的"老军工"，曾创造了我国第一台活塞七、活塞八航空发动机，研制了第一台涡轮螺旋桨发动机，为我国航空事业的发展做出过重大贡献。然而，当历史进入20世纪80年代，企业陷入困境。从1981年到1983年仅三年间，亏损额高达1 000多万元，成为航空工业的头号亏损大户。面对困境，东安人不等不靠，立足于自身优势，开始了"军转民"的第二次创业。起初，东安人走了一段弯路，相继开发出了清粉机、磨粉机、煤气罐等50多种民用产品。这些产品科技含量低，难以发挥东安的技术优势，后来经过全面分析论证，确定了当时尚属国内空白、技术含量高、性能先进且能发挥自身优势的DA462微型汽车发动机作为支柱产品进行重点开发。企业要在市场竞争中立于不败之地，必须规模经营，而实现规模经营必须有相应的技术准备作后盾，提高生产线的自动化程度，特别是对于高投入、高产出的汽车行业更是如此。这一点，东安人看得清楚、算得明白。但由于资金不足，马上采取高投入扩大经济规模的办法是没有可能性的。在这种情况下，他们选择了挖潜改造扩大生产规模的道路，采取了边生产、边积累、边改造的方式，充分盘活了存量资产，走出了一条投资少、见效快、自我滚动发展的新路。

"东安"艰难的第一步

首期工程改造是东安人"走过"的艰难一步。在技术改造初期，东安人按照产品结构调整的主攻方向，对生产要素进行了优化组合。拆除了当时闲置的老军品生产线，腾出了36 000平方米的厂房面积，近500余台富余设备和2 000多名技术工人，组建了9条冷加工和5条热加工生产线，用于生产微型汽车发动机。

重新组合的资产，打破了旧有格局，使资产开始向市场最急需、回报率高、最具发展潜力的方向流动，使军品富余的设备得到有效利用，节省了大量资金。为了充分挖潜，东安人在微型汽车发动机一期工程改造的1 000多台设备中，利用军品富余设备427台，自制专机和组机85台，整个设备投资仅用了250万元。

"东安"关键的一步

二期改造是东安人"迈出"的关键一步。在二期工程改造中，东安人仍从优化资本结构出发，首先从技术、经济、进度几个角度，对改造工程进行了优化设计和分析计算，认为如果全部生产线从国外引进，需要花费7 000万美元，如果全部采用国产设备，其关键部位质量难以保证。最后东安人仍然走了挖潜的道路，采用一般设备自行制造、重点设备利用和浓缩军品线挖潜、关键设备从国外引进的办法，少花钱、多办事，自行积累、逐步完善。在这一思想指导下，东安人仅投入8 500万元人民币，硬是改造完成了具有12条冷加工和7条热加工，年产可达5万台发动机的生产线。

在挖潜改造的道路上，东安人把有限的资金投入到关键薄弱环节，注重经济增长的质量和效益。比如"八五"改造，东安人从国外引进一条价格低廉的生产线，在充分消化吸收的基础上，重新进行了改造，采用了电器液压自动控制和PC控制技术，使这条只用700万元买回的生产线，发挥了巨大作用。

"东安"稳重的一步

三期工程改造市东安人"走向"辉煌的稳重一步。为了赢得市场竞争的主动，扩大经营规模，增强企业实力，从1993年开始，东安人投资1.52亿元，对微型汽车发动机生产线进行了第三期工程改造，新建能同时生产0.8升和1.0升微发产品的具有阶段性自动化的缸体、缸盖、曲轴和变速器壳体4条生产线。1995年年末，东安人又对中小铸铁件、铸铝件等毛坯生产线和DA465Q发动机变速器及热处理生产线，进行了"双加"工程的改造，投入使用后，微发综合生产能力达到20万台。

三期改造工程和一期"双加"改造，总投资只有4亿多元，便形成了年产微型汽车发动机20万台的能力。特别是工程改造的进度和市场对微发产品的需求同步，使得工程改造完工后马上发挥作用，取得了较好的经济效益和社会效益。

东安人有理由自豪，因为中国微型汽车1/3的发动机来自他们的企业。

2. 分析要点及要求

东安公司分析了二期工程改造项目投资的两个方案后，最终决定走内部挖潜的道路，即一般设备自制、重点设备内部挖潜、关键设备引进的投资方案，整个项目需投资8 500万元人民币。若其项目投资所需资金的备选方案如下：

A方案：项目投资的40%通过银行贷款解决，贷款年利率为10%；项目投资的60%通过发行三年期债券解决，债券年利率为15%。

B方案：一般设备投资拟用自有资金解决，占项目投资的20%，企业投资利润率为20%；重点设备和关键设备拟用银行贷款和发行债券解决，其中银行贷款占30%，贷款年利率为10%；发行五年期债券占50%，债券年利率为20%。

请根据案情和你掌握的资料进行筹资决策方法比较，确定东安公司的最佳筹资方案。

3. 问题探讨

(1)为什么说挖潜改造是搞好国有老企业的成功之路？

(2)东安人走出困境、一步步走向辉煌的经验是什么？

第五章　项目投资决策

学习目标

通过本章学习，掌握现金净流量、各种贴现与非贴现指标的含义及计算方法；掌握项目投资决策评价指标在项目投资方案的对比与优选中的应用；理解现金流量的概念及构成内容。

案例导读

珠河葡萄酒厂投资案例

珠河葡萄酒厂是生产葡萄酒的中型企业，该厂生产的葡萄酒酒香纯正，价格合理，长期以来供不应求。为了扩大生产能力，珠河葡萄酒厂准备新建一条生产线。徐健是该厂的助理会计师，主要负责筹资和投资工作。总会计师王一民要求徐健搜集建设新生产线的有关资料，并对投资项目进行财务评价，以供厂领导决策考虑。徐健经过一个月的调查研究，得到以下有关资料：

(1)投资新的生产线需一次性投入 1 000 万元，建设期 1 年，预计可使用 10 年；按税法要求，该生产线的折旧年限为 10 年，使用直线法折旧，残值率为 10%。

(2)购置设备所需的资金通过银行借款筹措，借款期限为 5 年，每年年末支付利息 80 万元，第 5 年年末用税后利润偿付本金。

(3)该生产线投入使用后，预计可使工厂第 1～5 年的销售收入每年增长1 000万元，第 6～10 年的销售收入每年增长 800 万元，耗用的人工和原材料等成本为收入的 60%。

(4)生产线建设期满后，工厂还需垫支流动资金 200 万元。

(5)所得税税率为 25%。

(6)银行借款的资金成本为 8%。

[资料来源] 《企业投资管理案例》，世界经纪人网站，2014 年 5 月。

【案例探索思考】

为了完成总会计师交给的任务，徐健要完成以下工作：

(1)预测新的生产线投入使用后，该工厂未来 10 年增加的净利润；

(2)预测该项目各年的现金净流量；

(3)计算该项目的净现值，以评价项目是否可行。

如何对此项目的可行与否作出决策，本章内容将逐一回答以上问题。

第一节 项目投资概述

项目投资，是指以特定建设项目为投资对象的一种长期投资行为。与证券投资相比，项目投资的支出是对企业自身的投入，与其他经济实体不发生资本收支的经济往来关系，是一种对内投资。

一、项目投资的含义与类型

项目投资是以特定项目为对象，直接与新建项目或更新改造项目有关的长期投资行为。新建项目是指以新建生产能力为目的的外延式扩大再生产，如增加设备数量、新建车间、分厂等。更新改造项目是指以恢复和改善生产能力为目的的内涵式扩大再生产，如修理设备、新型号替换旧型号等。

二、项目投资的特点

(一)投资数额多

项目投资所形成的资产是固定资产及其相关资产，因而项目投资需要投入大量的资金，对企业未来现金流量和财务状况具有决定性的影响。

(二)影响时间长

项目投资发挥影响的时间较长，需要几年甚至几十年才能收回投资，对企业未来的经济效益产生重大影响。

(三)发生频率低

项目投资在企业并非经常发生。

(四)变现能力差

项目投资所形成的资产不是为销售而持有的，一般不会在短期内变现。而且，项目投资的对象也大多是变现能力较差的长期资产，变现起来相当困难。

(五)投资风险大

由于项目投资的投资数额大、作用时间长和变现能力差，必然造成投资风险大，对企业的经营和发展具有决定性影响，必须认真进行可行性研究，一旦失误会给企业带来巨大损失。

三、项目投资的分类

(一) 维持性投资与扩大生产能力投资

项目投资按其与企业未来经营活动的关系，分为维持性投资和扩大生产能力投资。维持性投资是为维持企业正常经营、保持现有生产能力而投入的财力。扩大生产能力投资是企业为扩大生产规模，增加生产能力或改变企业经营方向，对企业今后的经营与发展有重大影响的各种投资。

(二) 固定资产投资、无形资产投资和递延资产投资

项目投资按投资对象，分为固定资产投资、无形资产投资和递延资产投资。固定资产投资是指投资于企业固定资产，特别是生产经营用固定资产的投资。无形资产投资是指投资于企业长期使用没有实物形态的资产上的投资，如专利、商标和非专利技术等。递延投资是指在新

建项目上的开办费投资。

(三)战术性投资和战略性投资

项目投资按其对企业前途的影响,分为战术性投资和战略性投资。战术性投资是指不牵涉整个企业前途的投资。战略性投资是指对企业全局有重大影响的投资。

(四)相关性投资和非相关性投资

项目投资按其相互关系,分为相关性投资和非相关性投资。如果采纳或放弃某一项目并不显著地影响另一项目,则可说两个项目在经济上是不相关的,两者互为非相关性投资。如果采纳或放弃某个投资项目可以显著地影响另外一个投资项目,则可以说这两个项目在经济上是相关的。

(五)扩大收入投资和降低成本投资

项目投资按其增加利润的途径,分为扩大收入投资与降低成本投资。扩大收入投资是指通过扩大企业生产经营规模,以便增加利润的投资。降低成本投资是指通过降低生产经营中的各种耗费,以便增加利润的投资。

(六)采纳与否投资和互斥选择投资

项目投资按决策的角度,分为采纳与否投资和互斥选择投资。采纳与否投资是指决定是否投资于某一项目的投资。互斥选择投资是指在两个或两个以上的项目中,只能选择其中之一的投资。

四、项目投资的程序

(一)项目提出

项目投资的提出是根据企业的长远发展战略、中长期投资计划和投资环境的变化,在把握良好投资机会的情况下提出的。它是项目投资程序的第一步。

(二)项目评价

项目投资的评价有以下工作:

(1)对提出的投资项目进行适当的分类;

(2)计算有关项目的建设周期,投产后收入、费用和经济效益,预测现金流入和现金流出;

(3)运用各种指标将各项投资进行排序;

(4)写出详细的评价报告。

(三)投资决策

评价后应按分权管理的决策权限由企业高层管理人员或相关部门经理做最后的决策。

(四)项目执行

决定对某项目进行投资后,要积极筹措资金,实施项目投资。

(五)项目投资的再评价

在投资项目的执行过程中,应注意原来作出的投资决策是否合理、是否正确。一旦出现新的情况,就要随时根据变化的情况作出新的评价,以避免更大的损失。

五、项目计算期及资金构成

(一)项目计算期

项目计算期是指项目从投资建设开始到最终清理结束整个过程的全部时间,包括建设期和生产经营期,用 n 表示。项目计算期通常以年为单位。其中,建设期(记作 S,$S\geqslant 0$,若建设期不足半年，可假定建设期为零）的第1年年初称为建设起点，建设期的最后一年年末称为投产日；项目计算期的最后一年年末称为终结点，从投产日到终结点之间的时间间隔称为生产经营期（记作 p），生产经营期包括试产期和达产期（完全达到设计生产能力）。

（二）项目资金构成

1. 原始总投资

原始总投资又称初始投资，是企业为使项目完全达到设计生产能力、开展正常经营而投入的全部现实货币资金，包括建设投资和流动资金投资两部分内容。

建设投资是指在建设期内按一定生产经营规模和建设内容进行的投资，包括固定资产投资、无形资产投资和开办费投资三项。

2. 投资总额

投资总额是一个反映项目投资总体规模的价值指标，它等于原始总投资于建设期资本化利息之和。其中，建设期资本化利息是指建设期发生的与建设项目所需的固定资产、无形资产等长期资产有关的借款利息。

第二节　投资项目的现金流量分析及其计算

一、现金流量是项目投资的决策依据

（一）现金流量的含义

现金流量是指投资项目在其计算期内各项现金流入和现金流出量的统称。这里的“现金”概念是广义的，包括各种货币资金及与投资项目有关的非货币资产的变现价值。

（二）现金流量的作用

对于投资决策来说，只有投资方案的现金流入量大于现金流出量，该方案才是可行的投资方案。这是因为：

1. 现金流量以收付实现制为基础

尽管期间利润代表了方案的盈利水平，但期间利润是权责发生制的产物，是当期收入与当期费用配比的结果。当期收入可能是实际现金收入也可能是应收项目，当期费用可能是实际现金支出也可能是应付项目。同样，本期的实际现金收入或现金支出，也可能没有被作为本期的收入或本期的费用予以配比。权责发生制是以应收和应付作为收入实现与费用发生的标志的，并没有考虑现金收支的实际时间。但从长期来看，收入真正实现的标志是现金流入而不是应收项目，费用真正发生的标志是现金流出而不是应付项目。

期间利润与现金流量的不一致是由于跨期分配的作用，跨期分配是会计期间假设下权责发生制的要求。从财务管理的角度来看，长期投资项目的会计期间不是日历期间，它应当是该项目的整个寿命期间。从超过一年的长期期间来看，不再存在着权责发生制下的跨期分配作用，而应考虑收付实现制下的现金实际收付。

2. 现金流动状况比盈亏状况更为重要

一个投资项目能否进行，取决于有无实际现金进行支付，而不是取决于在一定期间内有无利润。企业当期利润很大，并不一定有足够的现金进行支付。例如，某企业本期现金收入为100万元，成本费用只有折旧费一项，如果按加速折旧法折旧，本期折旧费为80万元，利润为

20 万元；如果按直线法折旧，本期折旧费可能只有 10 万元，利润为 90 万元。两种情况下，后者利润比前者增加了 70 万元，但现金流量并没有增加，两种情况本期现金余额均为 100 万元。

进一步来看，长期项目的投资回收期较长，若以没有收到现金的收入作为利润的组成部分，那么这种利润往往是靠不住的，具有较大的风险。而且，以未实际收到现金的收入来计算利润，人为地高估了投资项目的投资报酬。现金一旦被支付后，即使没有进入本期的成本费用，也不能用于其他目的。只有当现金真正收回后，才能用于其他项目的再投资。因此，投资决策中不采用风险较大的期间利润作为决策依据，而重视现金流量的取得。

(三)确定现金流量的假设

由于项目投资的现金流量的确定是一项很复杂的工作，为了便于确定现金流量的具体内容，简化现金流量的计算过程，本章特作以下假设：

1. 投资项目的类型假设

假设投资项目只包括典型的单纯固定资产投资项目、完整工业投资项目和更新改造项目三种类型；这些项目又可分为不考虑所得税因素和考虑所得税因素的项目。

2. 全投资假设

假设在确定项目的现金流量时，只考虑全部投资的运动情况，不具体区分自有资金还是借入资金等具体形式的现金流量，都将其视为自有资金对待。

3. 建设期投入全部资金假设

项目的原始总投资不论是一次投入还是分次投入，均假设它们是在建设期内投入的。

4. 投资项目的经营期与设备折旧年限一致的假设

假设项目主要固定资产的折旧年限或使用年限与其经营期相同。

5. 时点指标假设

现金流量的具体内容所涉及的价值指标，不论是时点指标还是时期指标，均假设按照年初或年末的时点处理。其中，建设投资在建设期内有关年度的年初或年末发生；流动资金投资在建设期的最后一年年末即经营期的第一年年初发生；经营期内各年的营业收入、付现成本、折旧(摊销等)、利润、所得税等项目的确认均在年末发生；项目最终报废或清理(中途出售项目除外)，回收流动资金均发生在经营期最后一年年末(但更新改造项目除外)。

6. 确定性假设

假设与项目现金流量估算有关的价格、产销量、成本水平、所得税税率等因素均为已知常数。

二、现金流量的内容

现金流量包括现金流入量、现金流出量和现金净流量三个具体概念。

(一)现金流入量

现金流入量是指由投资项目产生的使企业的现实货币资金的增加额，简称现金流入。包括：

1. 营业收入

营业收入是指项目投产后每年实现的全部营业收入。为简化核算，假定正常经营年度内，每期发生的赊销额与回收的应收账款大致相等。营业收入是经营期主要的现金流入量项目。

2. 回收固定资产的余值

固定资产的余值是指投资项目的固定资产在终结报废清理时的残值收入，或中途转让时的变价收入。

3. 回收流动资金

回收流动资金是指投资项目在项目计算期结束时,收回原来投放在各种流动资产上的全部的流动资金。

回收固定资产的余值和回收流动资金统称为回收额。

4. 其他现金流入量

其他现金流入量是指以上三项指标以外的现金流入量项目。

(二)现金流出量

现金流出量是指由投资项目引起的使企业的现实货币资金的减少量或需要动用的现金量,简称现金流出。包括:

1. 建设投资(含更改投资)

(1)固定资产投资,包括固定资产的购置成本或建造成本、运输成本、安装成本等。

(2)无形资产投资,包括专利、非专利技术和商标等的购置成本及研发成本。固定资产投资和无形资产投资在建设期发生,统称为建设投资。

2. 流动资金投资

流动资金投资是指投资项目建成投产后为开展正常经营活动而投放在流动资产(存货、应收账款等)上的资金,由于在项目结束时还可收回,所以又称为垫支的流动资金。

建设投资与垫支的流动资金合称为项目的原始总投资。

3. 付现成本(或经营成本)

付现成本是指在经营期内为满足正常生产经营而需用现金支付的成本。它是生产经营期内最主要的现金流出量。

付现成本=变动成本+付现的固定成本=总成本-折旧额(及摊销额)

4. 所得税税额

所得税税额是指投资项目建成投产后,因应纳税所得额增加而增加的所得税。

5. 其他现金流出量

其他现金流出量是指不包括在以上内容中的现金流出项目。

(三)现金净流量

现金净流量是指投资项目在项目计算期内现金流入量和现金流出量的净额,由于投资项目的计算期超过一年,且资金在不同的时间具有不同的价值,所以本章所述的现金净流量是以年为单位的。

现金净流量的计算公式为:

现金净流量(NCF)=年现金流入量-年现金流出量

当流入量大于流出量时,净流量为正值;反之,净流量为负值。

项目计算期(n)=建设期+经营期

所以,现金净流量可分为建设期的现金净流量和经营期的现金净流量。

1. 建设期现金净流量的计算

现金净流量=-该年投资额

由于在建设期没有现金流入量,所以建设期的现金净流量总为负值。其次,建设期现金净流量还取决于投资额的投入方式是一次投入还是分次投入,若投资额是在建设期一次全部投入的,上述公式中的该年投资额即为原始总投资。

2. 经营期营业现金净流量的计算

经营期营业现金净流量是指投资项目投产后，在经营期内由于生产经营活动而产生的现金净流量。

(1)不考虑所得税的营业现金净流量。

现金净流量(*NCF*)＝营业收入－付现成本

＝营业利润＋非付现成本

式中，非付现成本主要是固定资产的年折旧费用。如果有其他较大数额的跨年摊销费用，如跨年的大修理摊销费用、改良工程折旧摊销费用、筹建开办费摊销费用等，也都作为非付现成本予以考虑。

通常情况下表示为：

现金净流量(*NCF*)＝营业收入－(总成本－折旧额及摊销额)

＝利润＋折旧额＋摊销额

(2)考虑所得税的营业现金净流量。

现金净流量＝营业收入－付现成本－所得税

＝营业收入－(总成本－折旧额及摊销额)－所得税

＝净利润＋折旧额及摊销额

3. 经营期终结现金净流量的计算

经营期终结现金净流量是指投资项目在项目计算期结束时所发生的现金净流量。

现金净流量＝营业现金净流量＋回收额

【例 5－1】 迅达公司拟投资一完整工业项目，需原始总投资 650 万元，其中：固定资产投资 500 万元，流动资产投资 100 万元，其余为无形资产投资。全部投资均为自有资金。项目建设期 2 年，经营期 10 年，除流动资金投资在项目完工时投入外，其余投资均于建设起点一次投入。固定资产按直线法计提折旧，期满有 40 万元净残值；无形资产从投产年份起分 10 年摊销完毕；流动资金于终结点一次收回。预计项目相关营业收入和经营成本分别为 380 万元和 129 万元，所得税税率为 25%。

要求：计算该项目下列指标：

(1)项目计算期；

(2)固定资产年折旧；

(3)无形资产投资；

(4)无形资产摊销额；

(5)建设期各年的净现金流量；

(6)投产后每年的经营净现金流量；

(7)终结点净现金流量。

解答：(1)项目计算期$(n)=s+p=2+10=12$(年)

(2)固定资产年折旧$=\dfrac{500-40}{10}=46$(万元)

(3)无形资产投资$=650-500-100=50$ (万元)

(4)无形资产摊销额$=\dfrac{50}{10}=5$(万元)

(5)建设期各年的净现金流量：

$NCF_0=-500-50=-550$(万元)

$NCF_1=0$(万元)

$NCF_2=-100$(万元)

(6)投产后每年的经营净现金流量：

净利润＝[380－(129＋46＋5)]×(1－25%)＝150(万元)

经营净现金流量＝150＋46＋5＝201(万元)

(7)终结点净现金流量＝201＋100＋40＝341(万元)

$NCF_{3\sim11}=201$(万元)

$NCF_{12}=201+100+40=341$(万元)

第三节　项目投资决策评价指标及其计算

一、项目投资决策评价指标的类型

投资决策评价指标是判断项目财务可行性的标准与尺度，主要包括静态投资回收期、投资收益率、净现值、净现值率、获利指数和内部收益率。

(1)按是否考虑时间价值分类，可分为静态评价指标和动态评价指标。静态评价指标(计算过程不考虑时间价值)又称非折现评价指标，包括投资收益率和静态投资回收期；动态评价指标(计算过程考虑时间价值)又称折现评价指标，包括净现值、净现值率、获利指数和内部收益率。

(2)按指标性质不同分类，可分为正指标(越大越好)和反指标(越小越好)。投资利润率、净现值、净现值率、获利指数和内部收益率属于正指标；静态投资回收期属于反指标。

(3)按指标数量特征分类，可分为绝对量指标和相对量指标。绝对量指标包括静态投资回收期和净现值；相对量指标包括投资收益率、净现值率、获利指数和内部收益率。

(4)按指标重要性分类，可分为主要指标、次要指标和辅助指标。主要指标包括净现值、内部收益率、获利指数和内部收益率；次要指标是指静态投资回收期；辅助指标是指投资利润率。

二、静态评价指标

静态评价指标，即没有考虑资金时间价值因素的指标，主要包括静态投资回收期、投资收益率。

(一)静态投资回收期法

1. 静态投资回收期的含义

静态投资回收期又称全部投资回收期，简称回收期，是指投资项目经营净现金流量抵偿原始总投资所需要的全部时间。

静态投资回收期有两种形式：

(1)包括建设期的投资回收期(记作 PP)。

(2)不包括建设期的投资回收期(记作 PP')。

$$PP=s+PP'$$

即：　**包括建设期的投资回收期＝建设期＋不包括建设期的投资回收期**

2. 静态投资回收期法的决策规则

应用静态投资回收期的决策时，投资回收期越短的项目越好，表明投资收回的速度快，项目经济效益好。

3. 静态投资回收期的计算

(1)公式法。

当项目投产后前若干年每年的净现金流量 NCF 相等，且这些年内的净现金流量之和大于或等于原始总投资时，可以采用公式法计算静态投资回收期。

其计算公式如下：

$$\text{不包括建设期的投资回收期 } PP'=\frac{\text{原始投资额}}{\text{每年相等净现金流量 } NCF}$$

【例 5—2】 某企业拟投资建设一项固定资产，原始总投资为 120 万元，现有两个方案可供选择：甲方案投产后每年净现金流量均为 30 万元；乙方案投产后前 5 年每年净现金相等量均为 36 万元，后 5 年每年净现金流量均为 40 万元。两个方案的项目计算期均为 10 年。问：哪个方案更好？

甲方案：$PP'=\frac{120}{30}=4$(年)

乙方案：$PP'=\frac{120}{36}=3.33$(年)

由于乙方案的投资回收期较短，所以乙方案更好。

若投产后前若干年每年的净现金流量(NCF)不相等，则不能用公式法，需用列表法。

(2)列表法。

通过列表计算"累计净现金流量"的方法，来确定包括建设期的投资回收期，进而再推算出不包括建设期投资回收期的方法。不论在什么情况下，都可用这种方法，又称一般方法。其计算公式如下：

$$\text{投资回收期 } PP=m'+\frac{\text{第 } m' \text{ 年尚未回收额}}{\text{第}(m'+1)\text{年净现金流量}}$$

式中：m'是指累计净现金流量最后一年为负值对应的年份。

【例 5—3】 某企业拟进行一项固定资产投资，该项目的现金流量如表 5—1 所示。

表 5—1　　投资项目的现金流量　　单位：万元

项　目	建设期		经营期					合　计
	0	1	2	3	4	5	6	
净现金流量	−1 000	−1 000	100	1 000	B	1 000	1 000	2 900
累计净现金流量	−1 000	−2 000	−1 900	A	900	1 900	2 900	

要求：

(1)计算表中英文字母的数值；

(2)计算静态投资回收期。

(1)$A=1\,000+(-1\,900)=-900$(万元)

$B=900-(-900)=1\,800$(万元)

(2)包括建设期的投资回收期$=3+\frac{|-900|}{1\,800}=3.5$(年)

不包括建设期的投资回收期＝3.5－1＝2.5（年）

4. 静态投资回收期法的优缺点

优点：

(1)能够直观地反映原始投资的返本期限；

(2)便于理解，计算简单；

(3)可以直接利用回收期之前的净现金流量的信息。

缺点：

(1)没有考虑资金时间价值；

(2)不能反映投资方式不同对项目的影响；

(3)不考虑投资回收期后的净现金流量的情况。

(二)投资收益率法

1. 投资收益率的含义

投资收益率(ROI)又称投资报酬率，是指投资项目达产期正常年份的年息税前利润或年均息税前利润占项目总投资的百分比。

2. 投资收益率法的决策规则

投资项目的投资收益率越高越好，大于或等于无风险投资收益率的项目才具有财务可行性。

3. 投资收益率的计算

投资收益率的计算公式为：

$$投资收益率=\frac{年息税前利润或年均息税前利润}{项目总投资}\times 100\%$$

【例 5－4】 某企业有甲、乙两个投资方案，投资总额均为 10 万元，全部用于购置新的设备，使用期均为 5 年，无残值，其他有关资料如表 5－2 所示。

表 5－2　　甲、乙投资方案资料　　单位：元

项目计算期	甲方案 息税前利润	乙方案 息税前利润
0	(100 000)	(100 000)
1	15 000	14 000
2	15 000	18 000
3	15 000	22 000
4	15 000	26 000
5	15 000	10 000
合　计	75 000	90 000

要求：计算甲、乙两方案的投资收益率。

$$甲方案投资收益率=\frac{15\ 000}{100\ 000}\times 100\%=15\%$$

$$乙方案投资收益率=\frac{90\ 000\div 5}{100\ 000}\times 100\%=18\%$$

从计算结果来看，乙方案的投资收益率比甲方案的投资收益率高 3%，应选择乙方案。

4. 投资收益率法的优缺点

优点：计算过程比较简单，能够反映建设期资本化利息的有无对项目的影响。

缺点：

(1)没有考虑资金的时间价值因素；

(2)不能正确反映建设期长短、投资方式的不同和回收额的有无等条件对项目的影响；

(3)无法直接利用净现金流量的信息；

(4)计算公式的分子、分母的时间特征不同，不具有可比性。

三、动态评价指标

动态评价指标，即考虑资金时间价值因素的指标，主要包括净现值、净现值率、获利指数和内部收益率。

(一)净现值

1. 净现值的含义

净现值(NPV)是指在项目计算期内，按一定贴现率计算的各年现金净流量现值的代数和。所用的贴现率可以是企业的资本成本，也可以是企业所要求的最低报酬率水平。

2. 净现值法的决策规则

如果投资方案的净现值大于或等零，该方案为可行方案；如果投资方案的净现值小于零，该方案为不可行方案；如果几个方案的投资额相同，项目计算期相等且净现值均大于零，那么净现值最大的方案为最优方案。所以，净现值大于或等于零是项目可行的必要条件。

3. 净现值的计算

净现值的计算公式为：

$$NPV = \sum_{t=0}^{n} NCF_t \times (P/F, i, t)$$

式中：n 为项目计算期(包括建设期与经营期)；NCF_t 为第 t 年的现金净流量；$(P/F,i,t)$ 为第 t 年贴现率为 i 的复利现值系数。

或：

净现值＝经营期现金净流量现值－原始投资额现值

(1)经营期内各年现金净流量相等，建设期为零。

净现值的计算公式为：

净现值＝经营期每年相等的现金净流量×年金现值系数－原始投资

【例5－5】 某企业购入设备一台，价值为30 000元，按直线法计提折旧，使用寿命为6年，期末无残值。预计投产后每年可获得利润4 000元，假定贴现率为12%。

要求：计算该项目的净现值。

$折旧=\dfrac{30\ 000}{6}=5\ 000(元)$

$NCF_0=-30\ 000(元)$

$NCF_{1\sim6}=4\ 000+5\ 000=9\ 000(元)$

$NPV=9\ 000\times(P/A,12\%,6)-30\ 000=9\ 000\times4.111\ 4-30\ 000=7\ 002.6(元)$

(2)经营期内各年现金净流量不相等。

净现值的计算公式为：

净现值＝Σ(经营期各年的现金净流量×各年的现值系数)－ 原始投资现值

【例 5－6】 某企业拟建设一项生产设备。预计建设期 1 年，所需原始投资 200 万元于建设起点一次投入。该设备预计使用寿命为 5 年，使用期满报废清理时无残值，该设备折旧方法采用直线法。该设备投产后每年增加净利润 60 万元。假定适用的行业基准折现率为 10％。

要求：

(1)计算项目计算期内各年净现金流量；

(2)计算项目净现值。

(1)$NCF_0=-200$(万元)

$NCF_1=0$(万元)

$NCF_{2\sim6}=60+\frac{200-0}{5}=100$(万元)

(2)$NPV=100\times[(P/A,10\%,6)-(P/A,10\%,1)]-200$

$=100\times(4.3553-0.9091)-200$

$=144.62$(万元)

4. 净现值法的优缺点

优点：

(1)考虑到资金的时间价值；

(2)能够利用项目计算期内全部的净现金流量信息；

(3)考虑了投资风险。

缺点：

(1)无法直接反映投资项目的实际收益率水平；

(2)计算较麻烦。

(二)净现值率

净现值率(NPVR)是指投资项目的净现值与投资现值合计的比值，亦可将其理解为单位原始投资现值所创造的净现值。其计算公式为：

$$净现值率=\frac{项目的净现值}{原始投资的现值合计}$$

【例 5－7】 根据【例 5－5】的资料，计算净现值率。

$净现值率=\frac{7\,002.6}{30\,000}=0.233\,4$

净现值率法的优点是可以从动态的角度反映项目的资金投入与净产出之间的关系，计算过程比较简单；缺点是无法直接反映投资项目的实际收益率。

只有净现值率大于或等于零的投资项目才具有财务可行性。

(三)获利指数

获利指数(PI)是指项目投产后按一定贴现率计算的在经营期内各年现金净流量的现值合计与原始投资现值合计的比值。其计算公式为：

$$获利指数=\frac{投产后各年净现金流量的现值合计}{原始投资的现值合计}$$

净现值率与获利指数有如下关系：

$$现值指数=净现值率+1$$

净现值率大于零，现值指数大于 1，表明项目的报酬率高于贴现率，存在额外收益；净现值率等于零，现值指数等于 1，表明项目的报酬率等于贴现率，收益只能抵补资本成本；净现值率小于零，现值指数小于1，表明项目的报酬率小于贴现率，收益不能抵补资本成本。所以，对于单一方案的项目来说，净现值率大于或等于零，现值指数大于或等于1是项目可行的必要条件。当有多个投资项目可供选择时，由于净现值率或现值指数越大，企业的投资报酬水平就越高，所以应采用净现值率大于零或现值指数大于1中的最大者。

【例5－8】 根据【例5－7】的资料，计算获利指数。

$$获利指数=\frac{9\,000\times(P/A,12\%,6)}{30\,000}=1.233\,4$$

或：

获利指数＝净现值率＋1＝0.233 4＋1＝1.233 4

(四)内部收益率

1. 内部收益率的含义

内部收益率(IRR)，又称内含报酬率或内部报酬率，是指投资项目实际可望达到的收益率，即能使项目的净现值等于零时的折现率。它是一个相对数指标，反映项目的实际收益水平，便于不同投资规模的项目比较。

2. 内部收益率法的决策规则

只有内部收益率大于或等于基准收益率或资金成本的投资项目才具有财务可行性。内部收益率越大，说明项目的实际收益水平越高，项目的经济效益越好。

3. 内部收益率的计算

(1)经营期内各年现金净流量相等，且全部投资均于建设起点一次投入，建设期为零，即：

$$经营期每年相等的现金净流量\times年金现值系数(P/A,IRR,n)-原始投资额=0$$

内部收益率具体计算的程序如下：

①计算年金现值系数$(P/A,IRR,n)$。

$$年金现值系数=\frac{原始投资额}{经营期每年相等的净现金流量}$$

②根据计算出来的年金现值系数与已知的年限n，查年金现值系数表，确定内部收益率的范围。

③用内插法求出内部收益率。

【例5－9】 根据【例5－5】的资料，计算内部收益率。

$$(P/A,IRR,6)=\frac{30\,000}{9\,000}=3.333\,3$$

查表可知：$(P/A,18\%,6)=3.497\,6$　　$i_1=18\%$

$(P/A,IRR,6)=3.333\,3$　　IRR

$(P/A,20\%,6)=3.325\,5$　　$i_2=20\%$

$$IRR=18\%+\frac{3.497\,6-3.333\,3}{3.497\,6-3.325\,5}\times(20\%-18\%)=19.91\%$$

(2)经营期内各年现金净流量不相等。

若投资项目在经营期内各年现金净流量不相等；或建设期不为零，投资额是在建设期内分次投入的情况下，无法应用上述的简便方法，必须按定义采用逐次测试的方法，计算能使净现值等于零的贴现率，即内部收益率。

$$经营期每年的现金净流量(NCF)\times各年复利现值系数-原始投资现值=0$$

计算步骤如下：

①估计一个较低的折现率，用它来计算净现值。如果净现值为正数，说明方案的实际内含报酬率大于预计的贴现率，应提高贴现率再进一步测试；如果净现值为负数，说明方案本身的报酬率小于估计的贴现率，应降低贴现率再进行测算。如此反复测试，寻找出使净现值由正到负且接近零的两个贴现率。

②根据上述相邻的两个贴现率，用插入法求出该方案的内部收益率。由于逐步测试法是一种近似方法，因此相邻的两个贴现率不能相差太大，否则误差会很大。

【例 5—10】 计算内部收益率，有关测试计算如表 5—3 所示。

表 5—3　　内部收益率计算表　　单位：元

年 份	现金净流量（NCF）	贴现率＝16%		贴现率＝18%		贴现率＝20%	
		现值系数	现值	现值系数	现值	现值系数	现值
0	(30 000)	1	(30 000)	1	(30 000)	1	(30 000)
1	8 000	0.862 1	6 896.8	0.847 5	6 780	0.833 3	6 666.4
2	8 000	0.743 2	5 945.6	0.718 2	5 745.6	0.694 4	5 555.2
3	9 000	0.640 7	5 766.3	0.608 6	5 477.4	0.578 7	5 208.3
4	9 000	0.552 3	4 970.7	0.515 8	4 642.2	0.482 3	4 340.7
5	10 000	0.476 2	4 762	0.437 1	4 371	0.401 9	4 019
6	11 000	0.410 4	4 514.4	0.370 4	4 074.4	0.334 9	3 683.9
净现值			2 855.8		1 090.6		(526.5)

先按 16%估计的贴现率进行测试，净现值为2 855.8元，是正数；于是把贴现率提高到18%进行测试，净现值为1 090.6元，仍为正数；再把贴现率提高到 20%重新测试，净现值为－526.5 元，是负数，说明该项目的内含报酬率为 18%～20%。

然后用插入法近似计算内含报酬率：

18%　　　　*IRR*　　　　**20%**

NPV=1 090.6　　　　*NPV*=0　　　　*NPV*=−526.5

$$IRR=18\%+\frac{1\ 090.6-0}{1\ 090.6-(-526.5)}\times(20\%-18\%)=19.35\%$$

4. 内部收益率法的优缺点

内含报酬率是一个动态相对量正指标，它既考虑了资金时间价值，又能从动态的角度直接反映投资项目的实际报酬率，且不受贴现率高低的影响，比较客观；但该指标的计算过程比较烦琐。

(五)动态评价指标之间的关系

净现值（*NPV*）、净现值率（*NPVR*）、获利指数（*PI*）和内部收益率（*IRR*）指标之间存在以下数量关系，即：

当 $NPV>0$ 时，$NPVR>0$，$PI>1$，$IRR>i$；

当 $NPV=0$ 时，$NPVR=0$，$PI=1$，$IRR=i$；

当 $NPV<0$ 时，$NPVR<0$，$PI<1$，$IRR<i$。

这些指标的计算结果都受到建设期和经营期的长短、投资金额及方式，以及各年现金净流量的影响。所不同的是，净现值(NPV)为绝对数指标，其余为相对数指标，计算净现值、净现值率和现值指数所依据的贴现率(i)都是事先已知的，而内部收益率(IRR)的计算本身与贴现率(i)的高低无关，只是采用这一指标的决策标准是将所测算的内部收益率与其贴现率进行对比，当 $IRR \geqslant i$ 时该方案是可行的。

第四节　项目投资方案的对比与优选

一、项目投资方案及类型

同一个投资项目完全可以采取不同的技术路线和运作手段来实现。如新建一个投资项目，其投资规模可大可小，建设期有长有短，建设方式可分别采取自营方式和出包方式。这些具体的选择最终要通过规划不同的投资方案来体现。投资方案就是基于投资项目要达到的目标而形成的有关具体投资的设想与时间安排，或者说是未来投资行动的预案。一个投资项目可以只安排一个投资方案，也可以设计多个可供选择的方案。

根据投资项目中投资方案的数量，可将投资方案分为单一方案和多个方案；根据方案之间的关系，可以分为独立方案、互斥方案和组合或排队方案等。

所谓独立方案，是指在决策过程，一组互相分离、互不排斥的方案或单一的方案。

在独立方案中，选择某一方案并不排斥选择另一方案。就一组完全独立的方案而言，其存在的前提条件是：

(1)投资资金来源无限制；

(2)投资资金无优先使用的排列；

(3)各投资方案所需的人力、物力均能得到满足；

(4)不考虑地区、行业之间的相互关系及其影响；

(5)每一投资方案是否可行，仅取决于本方案的经济效益，与其他方案无关。

符合上述前提条件的方案即为独立方案。例如，某企业拟进行几项投资活动，这一组投资方案有：扩建某生产车间；购置一辆运输汽车；新建办公楼等。这一组投资方案中各个方案之间没有什么关联，互相独立，并不存在相互比较和选择的问题。企业既可以全部不接受，也可以接受其中一个、接受多个或全部接受。

互斥方案是指互相关联、互相排斥的方案，即一组方案中的各个方案彼此可以相互代替，采纳方案组中的某一方案，就会自动排斥这组方案中的其他方案。因此，互斥方案具有排他性。例如，某企业拟投资增加一条生产线(购置设备)，既可以自行生产制造，也可以向国内其他厂家订购，还可以向某外商订货，这一组设备购置方案即为互斥方案，因为在这三个方案中，只能选择其中一个方案。

二、独立方案的对比与选优

独立方案是指方案之间存在着相互依赖的关系，但又不能相互取代的方案。在只有一个投资项目可供选择的条件下，只需评价其财务上是否可行。

(一)判断方案完全具备财务可行性的条件

(1)净现值 $NPV \geqslant 0$；

(2)净现值率 $NPV \geqslant 0$；

(3)获利指数 $PI \geqslant 1$；

(4)内部收益率 $IRR \geqslant$ 行业基准折现率；

(5)包括建设期的静态投资回收期 $PP \leqslant$ 项目计算期的一半；

(6)不包括建设期的静态投资回收期 $PP' \leqslant$ 经营期的一半；

(7)投资利润率 $\geqslant$ 基准投资收益率 i（事先给定）。

(二)判断方案完全不具备财务可行性的条件

(1)净现值 $NPV < 0$；

(2)净现值率 $NPV < 0$；

(3)获利指数 $PI < 1$；

(4)内部收益率 $IRR <$ 行业基准折现率；

(5)包括建设期的静态投资回收期 $PP >$ 项目计算期的一半；

(6)不包括建设期的静态投资回收期 $PP' >$ 经营期的一半；

(7)投资利润率 $<$ 基准投资利润率 i（事先给定）。

(三)判断方案基本具备财务可行性的条件

(1)净现值 $NPV \geqslant 0$；

(2)净现值率 $NPV \geqslant 0$；

(3)获利指数 $PI \geqslant 1$；

(4)内部收益率 $IRR \geqslant$ 行业基准折现率；

(5)包括建设期的静态投资回收期 $PP >$ 项目计算期的一半；

(6)不包括建设期的静态投资回收期 $PP' >$ 经营期的一半；

(7)投资利润率 $<$ 基准投资利润率 i（事先给定）。

当主要指标可行而次要或辅助指标不可行时，以主要指标的结论为准。

(四)判断方案基本不具备财务可行性的条件

(1)净现值 $NPV < 0$；

(2)净现值率 $NPV < 0$；

(3)获利指数 $PI < 1$；

(4)内部收益率 $IRR <$ 行业基准折现率；

(5)包括建设期的静态投资回收期 $PP <$ 项目计算期的一半；

(6)不包括建设期的静态投资回收期 $PP' <$ 经营期的一半；

(7)投资利润率 $>$ 基准投资利润率 i（事先给定）。

当主要指标不可行而次要或辅助指标可行时，以主要指标的结论为准。

【例 5—11】 某固定资产投资项目，原始投资 100 万元，建设期 1 年，寿命 10 年，基准收益率为 10%，行业基准折现率为 11%。该项目的有关投资决策评价指标如下：$ROI=13\%$，$PP=6$(年)，$NPV=117$(万元)，$NPVR=1.17\%$，$PI=1.117$，$IRR=12.67\%$。

要求：根据以上资料评价该投资方案的可行性。

因为 $ROI=13\% >$ 准收益率 10%，$NPV=117>0$，$NPVR=1.17\%>0$，$PI=1.117>1$，$IRR=12.67\% >$ 行业基准折现率 11%，这些主要指标都在可行区间，尽管 $PP=6>11/2=5.5$（超过基准回收期的一半），但该方案也基本上具有财务上的可行性。只是投资回收期稍长些，有一定的投资风险。如果条件允许，可以实施投资。

三、互斥方案的对比与选优

互斥方案的决策过程就是在每一个入选方案已具备项目可行性的前提下，利用具体决策方法比较各个方案的优劣，利用评价指标从各个备选方案中最终选出一个最优方案的过程。

项目投资决策多方案比较的方法较多，本书只介绍两种简单常用的方法。

（一）净现值法

所谓净现值法，是指通过比较所有已具备财务可行性的投资方案的净现值指标的大小来选择最优方案的方法。该法适用于原始投资相同且项目计算期相等的多方案比较。

在此法下，净现值最大的方案为优。

（二）净现值率法

净现值率法，是指通过比较所有已具备财务可行性的投资方案的净现值率指标的大小来选择最优方案的方法。

在此法下，净现值率最大的方案为优。

在投资额相同的互斥方案比较决策中，采用净现值法和净现值率法会得到完全相同的结论；但投资额不同时，情况就会不同。

【例 5－12】 假定某企业准备投资一个项目，有 A、B、C 三个方案：A 项目需投资10 000元，期限 5 年；B 项目需投资18 000元，期限 5 年；C 项目需投资18 000元，期限 5 年。假定资本成本率为 10%，其余资料如表 5－4 所示。

要求：作出企业采用哪个方案的决策。

表 5－4　**投资方案的基本指标**　单位：元

项　目	A 项目	B 项目	C 项目
原始投资额	－10 000	－18 000	－18 000
每年 *NCF*	4 000（5 年）	6 500（5 年）	5 000（5 年）
净现值（*NPV*）	5 164	6 642	954
净现值率（*NPVR*）	0.52	0.37	0.053

由于 A、B、C 三个方案的净现值均大于零，所以三个方案已具备财务可行性。

净现值法适用于原始投资相同且项目计算期相等的多方案比较。对 B、C 方案比较，B 方案的净现值大于 C 方案，所以 B 方案较优。

应用净现值率法可以比较原始投资不等的方案，A、B、C 三个方案的净现值 B 方案最大，但 B 方案的投资较大，因而应用相对数的形式比较即净现值率，依次为 A＞B＞C，所以 A 方案最优。

四、多方案组合排队投资决策

如果一组方案既不属于相互独立，又不属于相互排斥，而是可以实现任意组合或排队，则这些方案被称作组合或排队方案，其中又包括先决方案、互补方案和不完全互斥等形式。在这种方案决策中，除了要求首先评价所有方案的财务可行性，淘汰不具备财务可行性的方案外，在接下来的决策中需要衡量不同组合条件下的有关评价指标的大小，从而作出最终决策。

这类决策涉及的多个项目之间不是相互排斥的关系，它们之间可以实现任意组合，又分两种情况：

(1)在资金总量不受限制的情况下，可按每一项的净现值 NPV 大小排队，确定优先考虑的项目顺序。

(2)在资金总量受到限制时，则需按净现值率 $NPVR$ 或获利指数 PI 的大小，结合净现值 NPV 进行各种组合排队，从中选出能使 $\sum NPV$ 最大的最优组合。

其具体程序如下：

第一，以各方案的净现值率高低为序，逐项计算累计投资额，并与限定投资总额进行比较。

第二，当截至某项投资项目(假定为第 j 项)的累计投资额恰好达到限定的投资总额时，则第一项至第 j 项的项目组合为最优的投资组合。

第三，若在排序过程中未能直接找到最优组合，必须按下列方法进行必要的修正：

(1)当排序中发现第 j 项的累计投资额首次超过限定投资额，而删除该项后，按顺延的项目计算的累计投资额却小于或等于限定投资额时，可将第 j 项与第 $(j+1)$ 项交换位置，继续计算累计投资额。这种交换可连续进行。

(2)当排列中发现第 j 项的累计投资额首次超过限定投资额，又无法与下一项进行交换，第 $(j-1)$ 项的原始投资大于第 j 项原始投资时，可将第 j 项与第 $(j-1)$ 项交换位置，继续计算累计投资额。这种交换亦可连续进行。

(3)若经过反复交换，已不能再进行交换，仍未找到能使累计投资额恰好等于限定投资额的项目组合时，可按最后一次交换后的项目组合作为最优组合。

总之，在主要考虑投资效益的条件下，多方案比较决策的主要依据，就是能否保证在充分利用资金的前提下，获得尽可能多的净现值总量。

同步测试题

一、单项选择题

1. 项目投资决策中，完整的项目计算期是指(　　)。

A. 建设期　　B. 经营期　　C. 建设期和达产期　　D. 建设期和经营期

2. 在固定资产售旧购新决策中，旧设备的变现价值是继续使用旧设备的(　　)。

A. 付现成本　　B. 购置成本　　C. 无关成本　　D. 机会成本

3. 下列项目中，不能引起现金流出的是(　　)。

A. 支付工资　　B. 计提折旧　　C. 支付材料价款　　D. 垫支流动资金

4. 甲企业拟新建一条生产线项目，建设期为 2 年，运营期为 20 年。建设投资为 468 万元(其中，第一年年初投入 200 万元)，流动资金在投产后第一年和第二年年初分两次投入，投资额分别为 15 万元和 5 万元。建设期资本化借款利息为 22 万元。则该项目的初始投资为(　　)万元。

A. 200　　B. 488　　C. 510　　D. 468

5. 年回收额法，是指通过比较所有投资方案的年等额净现值指标的大小来选择最优方案的决策方法。在此方法下，年等额净现值(　　)的方案为优。

A. 最小　　B. 最大　　C. 大于零　　D. 等于零

6. 如果某投资项目的相关评价指标满足以下关系：$NPV<0$，$NPVR<0$，$IRR<ic$，$ROI>i$，则可以得出的结论是(　　)。

A. 该项目完全具备财务可行性　　B. 该项目基本不具备财务可行性

C. 该项目基本具备财务可行性　　D. 该项目完全不具备财务可行性

7. 假定某项目的原始投资在建设期初全部投入，其预计的净现值率为 13.8%，则该项目的现值指数是

(　　)。

A. 5.69　B. 1.138　C. 1.38　D. 1.125

8. 如果其他因素不变，一旦贴现率提高，则下列指标中其数值将会变小的是(　　)。

A. 净现值率　B. 投资报酬率　C. 内部收益率　D. 静态回收期

9. 下列指标的计算中，没有直接利用现金净流量的是(　　)。

A. 内部收益率　B. 投资利润率　C. 净现值率　D. 现值指数

10. 关于项目投资，下列说法中不正确的是(　　)。

A. 投资内容独特，投资数额多，变现能力差

B. 是以特定建设项目为投资对象的长期投资行为

C. 影响时间可以短于一年或者一个营业周期

D. 每个项目都至少涉及一项形成固定资产的投资

二、多项选择题

1. 从企业的角度看，固定资产投资属于(　　)。

A. 直接投资　B. 生产性投资　C. 垫支资本投资　D. 对内投资

2. 下列关于静态投资回收期指标的说法中，正确的有(　　)。

A. 能够直观地反映项目总投资的返本期限

B. 便于理解

C. 没有考虑资金时间价值因素

D. 不能正确反映投资方式不同对项目的影响

3. 以下不属于单纯固定资产投资的现金流出量的是(　　)。

A. 流动资产投资　B. 无形资产投资　C. 其他资产投资　D. 流动资金投资

4. 已知甲项目原始投资为120万元，建设期资本化利息为10万元，运营期内每年利息费用8万元，建设期为1年，试产期为1年，达产期为5年，试产期税前利润为−5万元，达产期税前利润合计为280万元。试产期净现金流量为2万元，达产期第1年净现金流量为30万元，第2年净现金流量为100万元。则(　　)。

A. 包括建设期的静态投资回收期为3.88年　B. 总投资收益率为41.41%

C. 项目总投资为130万元　D. 包括建设期的静态投资回收期为3.98年

5. 下列说法中，属于净现值指标的优点的有(　　)。

A. 考虑了资金时间价值

B. 能够利用项目计算期的全部净现金流量信息

C. 考虑了投资风险

D. 可从动态的角度反映投资项目的实际投资收益率水平

6. 原始投资不同的互斥方案的选优可采用(　　)。

A. 净现值法　B. 净现值率法

C. 年等额净回收额法　D. 差额内部收益率法

7. 若某投资方案以内部收益率作为评价指标，保证投资方案可行的要求是内部收益率(　　)。

A. 大于0　B. 大于1　C. 大于资本成本　D. 大于基准贴现率

8. 当项目投资方案的净现值=0时，该方案(　　)。

A. 净现值率=0　B. 获利指数=1　C. 获利指数=0　D. 净现值率=1

9. 下列各项指标中，(　　)指标属于正指标。

A. 净现值　B. 现值指数　C. 内部收益率　D. 静态回收期

10. 投资决策评价动态相对指标主要包括(　　)。

A. 净现值　B. 总投资收益率　C. 净现值率　D. 内部收益率

三、判断题

1. 在进行财务可行性评价时，将在建设期末回收的固定资产余值和流动资金统称为回收额。（　　）

2. 财务可行性要素和时间价值是计算任何财务可行性评价指标都需要考虑的因素。（　　）

3. 根据“所得税后净现金流量＝所得税前净现金流量－所得税”可知：所得税前净现金流量＝所得税后净现金流量＋所得税，所以，如果所得税发生变化，则所得税前净现金流量也会发生变化。（　　）

4. 某项目全部投资于建设起点一次投入，建设期为0年，计算期为8年，投产后每年净现金流量相等，该项目的静态投资回收期为5.335年，则该项目的(P/A,IRR,8)数值为5.335。（　　）

5. 按指标在决策中的重要性分类，可分为主要指标、次要指标和辅助指标。总投资收益率为次要指标，静态投资回收期为辅助指标。（　　）

6. 对于更新改造投资项目而言，在计算“运营期第一年所得税后净现金流量”的公式中，“该年因更新改造而增加的息税前利润”包括“旧固定资产提前报废发生的净损失”。（　　）

7. 评价投资项目的财务可行性时，如果总投资收益率的评价结论与净现值率指标的评价结论发生矛盾，应当以总投资收益率指标的结论为准。（　　）

8. 项目投资是以建设项目（包括特定建设项目和一般建设项目）为投资对象的一种长期投资行为。（　　）

9. 已知某投资项目的原始投资500万元于建设起点一次投入，如果该项目的净现值率为2，则该项目的净现值为250万元。（　　）

10. 在运营期内的净现金流量一定大于或等于0。（　　）

四、计算分析题

某企业两个投资项目的现金流量如下表所示，该企业的资本成本为10%。

投资项目现金流量计算表

单位：万元

项目　　年限	0	1	2	3	4	5
甲方案						
固定资产投资	－60					
营业现金流量		20	20	20	20	20
现金流量合计	－60	20	20	20	20	20
乙方案						
固定资产投资	－80					
垫支营运资金	－20					
营业现金流量		28	25	22	39	16
固定资产残值						10
营运资金回收						20
现金流量合计	－100	28	25	22	39	46

要求：

(1)分别计算两个方案的投资回收期；

(2)分别计算两个方案的投资收益率；

(3)分别计算两个方案的净现值；

(4)分别计算两个方案的获利指数；

(5)分别计算两个方案的内部收益率。

第六章　证券投资决策

学习目标

通过本章学习，掌握股票和债券的价值及收益率计算；理解证券投资的种类、特点与原因；理解证券投资组合的策略和方法。

案例导读

天华公司的投资选择

天华公司是一家大型家电企业。2000年年初，公司领导召开会议，集体通过了利用手中多余资金1 500万元对外投资，以获投资收益的决定。经分析、整理调研资料，拟订以下可供公司选择的投资对象：

(1)国家发行七年期国债，每年付息一次，且实行浮动利率。第一年利率为2.63%，以后每年按当年银行存款利率加利率差0.38%计算支付利息。

(2)汽车集团发行五年期重点企业债券，票面利率为10%，每半年付息一次。

(3)春兰股份，中期预测每股收益0.45元，股票市场价格22.50元/股。总股本30 631万股，流通股7 979万股。公司主营：设计制造空调制冷产品，空调使用红外遥控。财务状况十分稳重，公司业绩良好，但成长性不佳。

(4)格力电器，中期预测每股收益0.40元，股票市场价格为17.00元/股。总股本29 617万股，流通股21 676万股。公司主营：家用电器、电风扇、清洁卫生器具。公司空调产销量居国内第一位，有行业领先优势，尤其是出口增长迅速，比上年出口增长70.7%，经营业绩稳定增长。

(5)华工科技，中期预测每股收益0.10元，股票市场价格为68元/股。总股本11 500万股，流通股长3 000万股。公司主营：激光器、激光加工设备及成套设备、激光医疗设备等。该股科技含量高，成长性好，公积金也高。

【案例探索思考】

面对上述可供选择的投资方案，如果钱塘公司为了扩大经营规模、实现规模效应，应如何进行投资组合，且分散或避免投资风险？如果钱塘公司仅为获得投资收益，应如何进行投资组合，且分散或避免投资风险？

第一节　证券投资

一、证券投资概述

(一)证券的概念及特点

证券是指具有一定票面金额，代表财产所有权和债权，可以有偿转让的书面凭证，如股票、债券等。

作为证券，必须具备两个最基本的特征：一是法律特征，本身必须具有合法性，同时，它所包含的特定内容具法律效力；二是书面特征，必须按照特定的格式进行书写或制定，载明有关法规规定的全部事项。凡同时具备上述两个特征的书面凭证才可称为证券。

证券具有流动性、收益性和风险性三个特点。

流动性又称变现性，是指证券可以随时抛售取得现金的特性。

收益性是指证券持有者凭借证券可以获得相应的报酬。证券收益一般由当前收益和资本利得构成。以股息、红利或利息所表示的收益称为当前收益。由证券价格上升(或下降)而产生的收益(或亏损)，称为资本利得或差价收益。

风险性是指证券投资者达不到预期的收益或遭受各种损失的可能性。证券投资既有可能获得收益，也有可能带来损失，具有很强的不确定性。

流动性与收益性往往成反比，而风险性则一般与收益性成正比。

(二)证券投资的概念和目的

证券投资是指企业为获取投资收益或特定经营目的而买卖有价证券的一种投资行为。

企业进行证券投资的目的主要有以下几个方面：

1. 暂时存放闲置资金，并获取投资收益

企业正常经营过程中有时会有一些暂时多余的资金闲置，为了充分有效地利用这些资金，可购入一些有价证券，在价位较高时抛售，以获取较高的投资收益。

2. 与筹集长期资金相配合

处于成长期或扩张期的公司一般每隔一段时间就会发行长期证券(股票或公司债券)。但发行长期证券所获得的资金一般并不一次用完，而是逐渐、分次使用。这样，暂时不用的资金可投资于有价证券，以获取一定收益，而当企业进行投资需要资金时，则可出售有价证券，以获得现金。

3. 为了积累发展基金或偿债基金，满足未来的财务需求

企业如欲在将来扩建厂房或归还到期债务，可按期拨出一定数额的资金投入一些风险较小的证券，以便到时售出，满足所需的整笔资金的需求。

4. 满足季节性经营对现金的需求

季节性经营的公司在某些月份资金有余，而在有些月份则会出现短缺，可在资金剩余时购入有价证券，短缺时则售出。

5. 获得对相关企业的控制权

企业有时从经营战略上考虑需要控制某些相关企业，可通过购买该企业大量股票，从而取得对被投资企业的控制权，以增强企业的竞争能力。

二、证券及证券投资的种类

要了解证券投资的种类，首先要了解证券的种类。

(一)证券的种类

1. 按证券体现的权益关系分类，可分为所有权证券、信托投资证券和债权证券

所有权证券是一种既不定期支付利息，也无固定偿还期的证券，它代表着投资者在被投资企业所占权益的份额，在被投资企业盈利且宣布发放股利的情况下，才可能分享被投资企业的部分净收益，股票是典型的所有权证券。

信托投资证券是由公众投资者共同筹集、委托专门的证券投资机构投资于各种证券，以获取收益的股份或收益凭证，如投资基金。

债权证券是一种必须定期支付利息，并要按期偿还本金的有价证券，各种债券如国库券、企业债券、金融债券都是债权证券。

所有权证券的投资风险要大于债权证券。投资基金的风险低于股票投资而高于债券投资。

2. 按证券的收益状况分类，可分为固定收益证券和变动收益证券

固定收益证券是指在证券票面上规定有固定收益率，投资者可定期获得稳定收益的证券，如优先股股票、债券等。

变动收益证券是指证券票面无固定收益率，其收益情况随企业经营状况而变动的证券。

变动收益证券风险大，投资报酬也相对较高；固定收益证券风险低，投资报酬也相对较低。

3. 按证券发行主体分类，可分为政府证券、金融证券和公司证券

政府证券是指中央或地方政府为筹集资金而发行的证券，如国库券等。

金融证券是指银行或其他金融机构为筹集资金而发行的证券。

公司证券又称企业证券，是工商企业发行的证券。

4. 按证券到期日的长短分类，可分为短期证券和长期证券

短期证券是指一年内到期的有价证券，如银行承兑汇票、商业本票、短期融资券等。长期证券是指到期日在一年以上的有价证券，如股票、债券等。

(二)证券投资的种类

1. 债券投资

债券投资是指企业将资金投入各种债券，如国债、公司债和短期融资券等。相对于股票投资，债券投资一般风险较小，能获得稳定收益，但要注意投资对象的信用等级。

2. 股票投资

股票投资是指企业购买其他企业发行的股票作为投资，如普通股、优先股股票。股票投资风险较大，收益也相对较高。

3. 组合投资

组合投资是指企业将资金同时投放于债券、股票等多种证券，这样可分散证券投资风险。组合投资是企业证券投资的常用投资方式。

4. 基金投资

基金投资是指投资者通过购买投资基金份额获得收益的投资方式。基金按受益凭证可否赎回，分为封闭式基金与开放式基金。封闭式基金在信托契约期限未满时，不得向发行人要求赎回；而开放式就是说投资者可以随时要求基金公司收购所买基金(即赎回)，当然目标应该是

卖出价高于买入价，同时在赎回的时候，要承担一定的手续费。而投资者的收益主要来自于基金分红。与封闭式基金普遍采取的年终分红所不同，根据行情和基金收益状况的不定期分红是开放式基金的主流分红方式。基金投资由于由专家经营管理，风险相对较小，越来越受广大投资者的青睐。

5. 期货投资

期货投资是指投资者通过买卖期货合约躲避价格风险或赚取利润的一种投资方式。所谓期货合约，是指为在将来一定时期以制定价格买卖一定数量和质量的商品而由商品交易所制定的统一的标准和约，是期货市场的交易对象。期货投资可以分为商品期货投资和金融期货投资。

6. 期权投资

期权投资是指为了实现盈利的目的或避免风险而进行期权买卖的一种投资方式。根据期权买进卖出的性质划分，期权投资可分为看涨期权、看跌期权和双向期权；根据期权合同买卖的对象划分，期权投资又可分商品期权、股票期权、债券期权、期货期权等的投资。

本章将主要介绍债券投资、股票投资及组合投资。

三、证券投资的一般程序

(一)合理选择投资对象

合理选择投资对象是证券投资成败的关键，企业应根据一定的投资原则，认真分析投资对象的收益水平和风险程度，以便合理选择投资对象，将风险降低到最低限度，取得较好的投资收益。

(二)委托买卖

由于投资者无法直接进场交易，买卖证券业务需委托证券商代理。企业可通过电话委托、电脑终端委托、递单委托等方式委托券商代为买卖有关证券。

(三)成交

证券买卖双方通过中介券商的场内交易员分别出价委托，若买卖双方的价位与数量合适，交易即可达成，这个过程称为成交。

(四)清算与交割

企业委托券商买入某种证券成功后，即应解交款项，收取证券。清算即指证券买卖双方结清价款的过程。

(五)办理证券过户

证券过户只限于记名证券的买卖业务。当企业委托买卖某种记名证券成功后，必须办理证券持有人的姓名变更手续。

四、证券投资的风险

证券资产是以经济合约为基本存在形式的权利性资产，具有独特的性质，所代表的是一种契约性权利；周转速度取决于证券的持有目的；其价值取决于证券能带来未来的现金流量。

获取投资收益是证券投资的主要目的，证券投资的风险是投资者无法获得预期投资收益的可能性。证券投资的风险按风险性质，可划分为系统性风险和非系统性风险两大类别。

(一)系统性风险

证券的系统性风险，是由于外部经济环境因素变化引起整个证券市场不确定性加强，从而对市场上所有证券都产生影响的共同性风险。

证券的系统性风险，无法通过投资多样化的证券组合而加以避免，也称为不可分散风险。

1. 价格风险

价格风险是由于市场利率上升而使证券价格普遍下跌的可能性。

证券市场是一个资本市场，价格风险来自于资本市场上证券买卖双方供求关系的不平衡。市场利率上升，资本需求量增加，引起整个证券市场所有证券价格的普遍下降；反之，市场利率下降，证券价格上升。

这里，价格风险所指的证券价格波动，并不是指经营业绩变化而引起的个别证券的价格波动。

当证券持有期间的市场利率上升时，证券价格就会下跌，证券期限越长，投资者遭受的损失越大。流动性附加率，就是对投资者承担利率变动风险的一种补偿，期限越长的证券，要求的流动性附加率就越大。

2. 再投资风险

再投资风险是由于市场利率下降造成的无法通过再投资而实现预期收益的可能性。

一般来说，短期证券的报酬率会低于长期证券的报酬率。投资者一般都愿意接受短期证券的低报酬率。因为证券期限越长，不确定性就越强，而短期证券较易变现而收回本金。同时，证券发行者一般愿意为长期证券支付较高的报酬率。因为长期证券可以筹集到长期资金，而不必经常面临筹集不到资金的困境。为了避免市场利率上升的价格风险，投资者可能会投资于短期证券，但短期证券又会面临市场利率下降的再投资风险，即无法按预定报酬率进行再投资而实现所要求的预期收益。

3. 购买力风险

购买力风险是由于通货膨胀而使货币购买力下降的可能性。

证券资产是一种货币性资产，通货膨胀会使证券投资的本金和收益贬值，名义报酬率不变而实际报酬率降低。购买力风险对具有收款权利性质的资产影响很大，债券投资的购买力风险远大于股票投资。如果通货膨胀长期延续，投资人会把资本投向于实体性资产以求保值，对证券资产的需求量减少，引起证券价格下跌。

系统性风险波及所有证券，最终会反映在证券市场平均利率的提高上，因此系统性风险几乎都可以归结为利率风险。利率风险是由于市场利率变动而引起证券价值变化的可能性。

(二)非系统性风险

证券的非系统性风险，是由于特定经营环境或特定事件变化引起的不确定性，从而对个别证券产生影响的特有性风险。

非系统性风险源于每个公司自身特有的营业活动和财务活动，与某个具体的证券相关，同整个证券市场无关。非系统性风险可以通过持有证券的投资多样化来抵消，也称为可分散风险。

1. 履约风险

履约风险是指证券发行者无法按时兑付证券利息和偿还本金的可能性。

履约风险是投资于收益固定型有价证券的投资者经常面临的，多发生于债券投资中。履约风险产生的原因可能是公司产品经销不善，也可能是公司现金周转不灵。

2. 变现风险

变现风险是指证券持有者无法在市场上以正常的价格平仓出货的可能性。

在同一证券市场上，各种有价证券的变现力是不同的，交易越频繁的证券，其变现能力越强。

3. 破产风险

破产风险是指在证券发行者破产清算时投资者无法收回应得权益的可能性。

当证券发行者由于经营管理不善而持续亏损、现金周转不畅而无力清偿债务或其他原因导致难以持续经营时，他可能会申请破产保护。破产保护会导致债务清偿的豁免、有限责任的退资，使得投资者无法取得应得的投资收益，甚至无法收回投资的本金。

非系统性风险是公司特有风险，从公司内部管理的角度考察，公司特有风险的主要表现形式是公司经营风险和财务风险。从公司外部的证券市场投资者的角度考察，公司经营风险和财务风险的特征无法明确区分，公司特有风险是以履约风险、变现风险、破产风险等形式表现出来的。

第二节 债券投资决策

企业要进行证券投资，首先必须进行证券投资的收益评价，评价证券收益水平主要有两个指标，即证券的价值和收益率。

一、债券的价值

债券的价值，又称债券的内在价值。根据资产的收入资本化定价理论，任何资产的内在价值都是在投资者预期的资产可获得的现金收入的基础上进行贴现决定的。运用到债券上，债券的价值是指进行债券投资时投资者预期可获得的现金流入的现值。债券的现金流入主要包括利息和到期收回的本金或出售时获得的现金两部分。当债券的购买价格低于债券价值时，才值得购买。

（一）债券价值的基本模型

债券价值的基本模型主要是指按复利方式计算的每年定期付息、到期一次还本情况下的债券的估价模型。

$$V=\sum_{t=1}^{n}\frac{i\times F}{(1+K)^t}+\frac{F}{(1+K)^n}=i\cdot F\,(P/A,K,n)+F\cdot(P/F,K,n)$$
$$=I\cdot(P/A,K,n)+F\cdot(P/F,K,n)$$

式中：V 为债券价值；i 为债券票面利息率；I 为债券利息；F 为债券面值；K 为市场利率或投资人要求的必要收益率；n 为付息总期数。

【例 6－1】 凯利公司债券面值为 1 000 元，票面利率为 6%，期限为 3 年，某企业要对这种债券进行投资，当前的市场利率为 8%，问债券价格为多少时才能进行投资？

$V=1\,000\times6\%\times(P/A,8\%,3)+1\,000\times(P/F,8\%,3)$

$=60\times2.577\,1+1\,000\times0.793\,8$

$=948.43$（元）

【例 6－2】 某债券面值 1 000 元，期限 10 年，以市场利率作为评估债券价值的贴现率，票面利率为 10%，如果目前的市场利率分别为 8%、10% 和 12%，则：

$V_1=1\,000\times10\%(P/A,8\%,10)+1\,000\times(P/F,8\%,10)$

$=100\times6.7101+1000\times0.4632=1134.21$(元)

$V_2=1000\times10\%(P/A,10\%,10)+1000\times(P/F,10\%,10)$

$=100\times6.1446+1000\times0.3855=999.96$(元)$\approx1000$(元)

$V_3=1000\times10\%(P/A,12\%,10)+1000\times(P/F,12\%,10)$

$=100\times5.6502+1000\times0.322=887.02$(元)

【例6—2】中,在其他条件不变的情况下,债券价值随市场利率变化而变化,市场利率变动敏感性分析的结论是:市场利率的上升会导致债券价值的下降,市场利率的下降会导致债券价值的上升。

(二)一次还本付息的单利债券价值模型

我国很多债券属于一次还本付息、单利计算的存单式债券,其价值模型为:

$$V=F(1+i\cdot n)/(1+K)^n$$
$$=F(1+i\cdot n)\cdot(P/F,K,n)$$

公式中的符号含义同前式。

【例6—3】 凯利公司拟购买另一家公司的企业债券作为投资,该债券面值1 000元,期限3年,票面利率5%,单利计息,当前市场利率为6%,该债券发行价格为多少时才能购买?

$V=1000\times(1+5\%\times3)\times(P/F,6\%,3)$

$=1000\times1.15\times0.8396$

$=965.54$(元)

该债券的价格必须低于965.54元时才适宜购买。

(三)零息债券的价值模型

零息债券的价值模型是指到期只能按面值收回,期内不计息债券的估价模型。

$$P=F/(1+K)^n=F\times(P/F,K,n)$$

公式中的符号含义同前式。

【例6—4】 某债券面值1 000元,期限3年,期内不计息,到期按面值偿还,市场利率为6%,价格为多少时,企业才能购买?

$V=1000\times(P/F,6\%,3)=1000\times0.8396=839.6$(元)

该债券的价格只有低于839.6元时,企业才能购买。

二、债券的收益率

债券的收益率是指按当前市场价格购买债券并持有至到期日或转让日,所产生的报酬率。

(一)短期债券收益率的计算

短期债券由于期限较短,一般不用考虑货币时间价值因素,只需考虑债券价差及利息,将其与投资额相比,即可求出短期债券收益率。其基本计算公式为:

$$K=\frac{S_1-S_0+I}{S_0}\times100\%$$

式中:S_0为债券购买价格;S_1为债券出售价格;I为债券利息;K为债券投资收益率。

【例6—5】 某企业于2014年5月8日以920元购进一张面值1 000元,票面利率5%,每年付息一次的债券,并于2015年5月8日以970元的市价出售,问该债券的投资收益率是多少?

$$K=\frac{970-920+50}{920}\times100\%=10.87\%$$

该债券的投资收益率为10.87%。

(二)长期债券收益率的计算

对于长期债券，由于涉及时间较长，需要考虑货币时间价值，其投资收益率一般是指购进债券后一直持有至到期日可获得的收益率，它使债券利息的年金现值和债券到期收回本金的复利现值之和等于债券购买价格时的贴现率。

1. 一般债券收益率的计算

一般债券的价值模型为：

$$V=I\cdot(P/A,K,n)+F\cdot(P/F,K,n)$$

式中：V 为债券的购买价格；I 为每年获得的固定利息；F 为债券到期收回的本金或中途出售收回的资金；K 为债券的投资收益率；n 为投资期限。

由于无法直接计算收益率，必须采用逐步测试法及内插法来计算，即：先设定一个贴现率代入上式，如计算出的 V 正好等于债券买价，该贴现率即为收益率；如计算出的 V 与债券买价不等，则须继续测试，再用内插法求出收益率。

【例6－6】 某公司2010年1月1日用平价购买一张面值为1 000元的债券，其票面利率为8%，每年1月1日计算并支付一次利息，该债券于2015年1月1日到期，按面值收回本金，计算其到期收益率。

$I=1\ 000\times8\%=80$(元)，$F=1\ 000$(元)

设收益率 $i=8\%$，则：

$V=80\times(P/A,8\%,5)+1\ 000\times(P/F,8\%,5)=1\ 000$(元)

用8%计算出来的债券价值正好等于债券买价，所以该债券的收益率为8%。可见，平价发行的每年复利计息一次的债券，其到期收益率等于票面利率。

如该公司购买该债券的价格为1 100元，即高于面值，则该债券收益率应为多少？

要求出收益率，必须使下式成立：

$1\ 100=80\times(P/A,i,5)+1\ 000\times(P/F,i,5)$

通过前面计算已知，$i=8\%$ 时，上式等式右边为1 000元。由于利率与现值呈反向变化，即现值越大，利率越小。而债券买价为1 100元，收益率一定低于8%，降低贴现率进一步试算。

用 $i_1=6\%$ 试算：

$V_1=80\times(P/A,6\%,5)+1\ 000\times(P/F,6\%,5)$

$\quad=80\times4.212\ 4+1\ 000\times0.747\ 3$

$\quad=1\ 084.29$(元)

由于贴现结果仍小于1 100元，还应进一步降低贴现率试算。

用 $i_2=5\%$ 试算：

$V_2=80\times(P/A,5\%,5)+1\ 000\times(P/F,5\%,5)$

$\quad=80\times4.329\ 5+1\ 000\times0.783\ 5$

$\quad=1\ 129.86$(元)

用内插法计算：

$$i=5\%+\frac{1\ 129.86-1\ 100}{1\ 129.86-1\ 084.29}\times(6\%-5\%)=5.66\%$$

所以，如果债券的购买价格为1 100元，债券的收益率为5.66%。

2. 一次还本付息的单利债券收益率的计算

【例 6－7】 利华公司 2011 年 1 月 1 日以 1 020.9 元购买一张面值为 1 000 元、票面利率为 10%、单利计息的债券，该债券期限 5 年，到期一次还本付息，计算其到期收益率。

一次还本付息的单利债券价值模型为：$V=F(1+i\cdot n)\cdot(P/F,K,n)$

$1\ 020.9=1\ 000\times(1+5\times10\%)\times(P/F,K,5)$

$(P/F,K,5)=1\ 020.9\div1\ 500=0.680\ 6$

查复利现值表，5 年期的复利现值系数等于 0.680 6 时，$K=8\%$。

如此时查表无法直接求得收益率，则可用内插法计算。

债券的收益率是进行债券投资时选购债券的重要标准，它可以反映债券投资按复利计算的实际收益率。如果债券的收益率高于投资人要求的必要报酬率，则可购进债券；否则就应放弃此项投资。

三、债券投资的优缺点

(一)债券投资的优点

(1)本金安全性高。相对于股票投资而言，债券投资风险较低。政府发行的债券有国家财力作后盾，其本金的安全性非常高，通常被视为无风险证券。而企业破产时企业债券的持有人对企业的剩余财产有优先求偿权，因而其本金损失的可能性小。

(2)收益稳定性强。进行债券投资一般可按时获得固定的利息收入，收益稳定。

(3)流动性较强。大企业及政府债券很容易在金融市场上迅速出售，流动性较强。

(二)债券投资的缺点

(1)无经营管理权。债券投资者只能定期取得利息，无权影响或控制被投资企业。

(2)购买力风险较大。由于债券面值和利率是固定的，如投资期间通货膨胀率较高，债券面值和利息的实际购买力就会降低。

第三节　股票投资决策

股票是代表投资者拥有对被公司股份资本所有权的证书并凭借其取得股利的有价证券，股票持有者拥有对股份公司的重大决策权、盈利分配要求权、剩余财产求索权和股份转让权。

一、股票的价值

股票的价值又称股票的内在价值，是进行股票投资所获得的现金流入的现值。股票带给投资者的现金流入包括两部分：股利收入和股票出售时的资本利得。因此，股票的内在价值由一系列的股利和将来出售股票时售价的现值所构成，通常当股票的市场价格低于股票内在价值时才适宜投资。

二、股票估价的基本模型

(一)短期持有、未来准备出售的股票估价模型

$$V=\sum_{t=1}^{n}\frac{d_t}{(1+K)^t}+\frac{V_n}{(1+K)^n}$$

式中：V 为股票内在价值；d_t 为第 t 期的预期股利；K 为投资人要求的必要资金收益率；V_n 为未来出售时预计的股票价格；n 为预计持有股票的期数。

股票价值的基本模型要求无限期的预计历年的股利，如果持有期是个未知数的话，上述模型实际上很难计算。因此应用的模型都是假设股利零增长或固定比例增长时的价值模型。

（二）长期持有、股利稳定不变的股票估价模型

普通股股利零增长、长期持有，优先股每期在固定的时点上支付相等的股利，并且没有到期日，这两情况未来的现金流量是一种永续年金，其股票价值模型为：

$$V=\frac{D}{K}$$

式中：V 为股票内在价值；D 为每年固定股利；K 为投资人要求的资金收益率。

【例 6－8】 利华公司拟投资购买并长期持有某公司股票，该股票每年分配股利 1 元，必要收益率为 10%，该股票价格为多少时适合购买？

$$V=\frac{D}{K}=\frac{1}{10\%}=10\text{（元）}$$

股票价格低于 10 元时才适合购买。

（三）长期持有、股利固定增长的股票估价模型

设上年股利为 D_0，本年股利为 D_1，每年股利增长率为 g，则股票价值模型为：

$$V=\frac{D_0(1+g)}{K-g}$$

$$=\frac{D_1}{K-g}$$

假定一个经营稳定的公司，每年的股利发放率都相等，每年的净资产报酬率也相等，则每年盈余的留存部分用于再投资，也能取得与净资产报酬率一致的收益率。因此：

$$\text{股利增长率 } g=(1-\text{股利发放率})\times\text{净资产报酬率}$$

式中：净资产报酬率指标所指的期末净资产，是指本期利润未留存之前的净资产。

例如，某公司本年股利发放率为 50%，净资产报酬率为 40%，则股利增长率为：

股利增长率＝(1－50%)×4%＝2%

【例 6－9】 利华公司拟投资某公司股票，该股票上年每股股利为 2 元，预计年增长率为 2%，必要投资报酬率为 7%，该股票价格为多少时可以投资？

$$V=\frac{D_0(1+g)}{K-g}=\frac{2\times(1+2\%)}{7\%-2\%}=40.8\text{（元）}$$

该股票价格低于 40.8 元时才可以投资。

二、股票投资的收益率

（一）本期股票收益率的计算

本期股票收益率是指股份公司以现金派发股利与本期股票价格的比率。其计算公式如下：

$$\text{本期收益率}=\frac{\text{年现金股利}}{\text{本期股票价格}}$$

本期股票价格是指证券市场上的该股票的当日收盘价，年现金股利是指上一年每一股票获得的股利，本期收益率表明以现行价格购买股票的预期收益。

(二)持有期股票收益率的计算

1. 短期持有股票收益率的计算

如果企业购买的股票在一年内出售，其投资收益主要包括股票投资价差及股利两部分，无须考虑货币时间价值，其收益率计算公式如下：

$$K=\frac{(S_1-S_0)/n+d}{S_0}\times 100\%$$

式中：K 为短期股票收益率；S_1为股票出售价格；S_0为股票购买价格；n 为持有年限；d 为年现金股利。

【例 6－10】 2014 年 3 月 10 日，利华公司购买某公司每股市价为 20 元的股票。2015 年 1 月，利华公司每股获现金股利 1 元。2015 年 3 月 10 日，利华公司将该股票以每股 22 元的价格出售，问投资收益率应为多少？

$$K=\frac{22-20+1}{20}\times 100\%=15\%$$

该股票的收益率为 15%。

若企业持有股票时间为半年，其他条件不变，问投资收益率应为多少？

$$K=\frac{(22-20)/0.5+1}{20}\times 100\%=25\%$$

2. 长期股票持有的收益率的计算

如果企业购买的股票持有期超过一年，其投资收益率的计算须考虑货币时间价值，股票投资的收益率是使各期股利及股票售价的复利现值等于股票买价时的贴现率。即：

$$V=\sum_{t=1}^{n}\frac{d_t}{(1+K)^t}+\frac{V_n}{(1+K)^n}$$

式中：V 为股票的买价；d_t为第 t 期的股利；K 为投资收益率；V_n为股票出售价格；n 为持有股票的期数。

【例 6－11】 利华公司于 2012 年 6 月 1 日投资 600 万元购买某种股票 100 万股，在 2013 年、2014 年和 2015 年的 5 月 30 日分得每股现金股利分别为 0.6 元、0.8 元和 0.9 元，并于 2015 年 5 月 30 日以每股 8 元的价格将股票全部出售，试计算该项投资的收益率。

用逐步测试法计算，先用 20%的收益率进行测算：

$$V=60/(1+20\%)+80/(1+20\%)^2+890/(1+20\%)^3$$
$$=60\times 0.8333+80\times 0.6944+890\times 0.5787$$
$$=620.59（万元）$$

由于 620.59 万元比 600 万元大，再用 24%测试：

$$V=60/(1+24\%)+80/(1+24\%)^2+890/(1+24\%)^3$$
$$=60\times 0.8065+80\times 0.6504+890\times 0.5245$$
$$=567.23（万元）$$

然后用内插法计算如下：

$$K=20\%+(620.59-600)/(620.59-567.23)\times(24\%-20\%)$$
$$=21.54\%$$

三、股票投资的优缺点

(一)股票投资的优点

(1)投资收益较高。股票价格频繁变动,投资风险大,但从长期看,优质股票价格总是上涨居多,只要选择得当,就能取得优厚的投资收益。

(2)购买力风险较低。与固定收益的债券相比,普通股能有效地降低购买力风险。因为通货膨胀率较高时,物价普遍上涨,股份公司盈利增加,股利也会随之增加。

(3)拥有经营控制权。普通股股票的投资者是被投资企业的股东,拥有一定的经营控制权。

(二)股票投资的缺点

(1)收益不稳定。普通股股利的有无、多少,须视被投资企业经营状况而定,很不稳定。

(2)价格不稳定。股票价格受众多因素影响,极不稳定。

(3)求偿权居后。企业破产时,普通股投资者对被投资企业的资产求偿权居于最后,其投资有可能得不到全额补偿。

第四节　基金投资决策

基金投资是一种利益共享、风险共担的集合投资方式,即通过发行基金股份或受益凭证等有价证券聚集众多的不确定投资者的出资,交由专业投资机构经营运作,以规避投资风险并谋取投资收益的证券投资工作。

一、基金的价值与单位价值

(一)基金的价值

基金也是一种证券,与其他证券一样,基金的内涵价值也是指在基金投资上所能带来的现金净流量。但是,基金内涵价值的具体确定依据与股票、债券等其他证券又有很大的区别。

债券的价值取决于债券投资所带来的利息收入和所收回的本金,股票的价值取决于股份公司净利润的稳定性和增长性。这些利息和股利都是未来收取的,也就是说,未来的而不是现在的现金流量决定着债券和股票的价值。基金的价值取决于目前能给投资者带来的现金流量,这种目前的现金流量用基金的净资产价值来表达。

基金的价值取决于基金净资产的现在价值,其原因在于:股票的未来收益在一定程度上还是可以预测的,而投资基金的未来收益是不可预测的。由于投资基金不断变换投资组合对象,再加上资本利得是投资基金收益的主要来源,变幻莫测的证券价格波动,使得投资者对投资基金未来收益的预计变得不大现实。既然未来不可预测,投资者能把握的就是“现在”,即基金资产的现有市场价值。

(二)基金的单位净值

基金的单位净值,也称为单位净资产值或单位资产净值。基金的价值取决于基金净资产的现在价值,因此,基金单位净值是评价基金业绩最基本和最直观的指标,也是开放型基金申购价格、赎回价格以及封闭型基金上市交易价格确定的重要依据。

基金单位净值是在某一时点每一基金单位(或基金股份)所具有的市场价值。其计算公式如下：

$$基金单位净值=\frac{基金净资产价值总额}{基金单位总份额}$$

$$基金净资产价值总额=基金资产总额-基金负债总额$$

在基金净资产价值的计算中，基金的负债除了以基金名义对外的融资借款以外，还包括应付投资者的分红、基金应付给基金经理公司的首次认购费、经理费用等各项基金费用。相对来说，基金的负债金额是固定的，基金净资产的价值主要取决于基金总资产的价值。这里，基金总资产的价值并不是指资产总额的账面价值，而是指资产总额的市场价值。

（三）基金的报价

从理论上说，基金的价值决定了基金的价格，基金的交易价格是以基金单位净值为基础的，基金单位净值高，基金的交易价格也高。封闭型基金在二级市场上竞价交易，其交易价格由供求关系和基金业绩决定，围绕着基金单位净值上下波动。开放型基金的柜台交易价格则完全以基金单位净值为基础，通常采用两种报价形式：认购价（卖出价）和赎回价（买入价）。

开放型基金柜台交易价格的计算公式如下：

$$基金认购价=基金单位净值+首次认购费$$

$$基金赎回价=基金单位净值-基金赎回费$$

基金认购价也就是基金经理公司的卖出价，卖出价中的首次认购费是支付给基金经理公司的发行佣金。基金赎回价也就是基金经理公司的买入价，赎回价低于基金单位净值是由于抵扣了基金赎回费，以此提高赎回成本，防止投资者的赎回，保持基金资产的稳定性。

二、基金的收益率

基金收益率反映基金增值的情况，它通过基金净资产的价值变化来衡量。基金净资产的价值是以市价计量的，基金资产的市场价值增加，意味着基金的投资收益增加，基金投资者的权益也随之增加。基金收益率的计算公式如下：

$$基金收益率=\frac{年末持有份数\times年末基金单位净值-年初持有份数\times年初基金单位净值}{年初持有份数\times年初基金单位净值}$$

式中："持有份数"是指基金单位的持有份数。如果年末和年初基金单位的持有份数相同，基金收益率就简化为基金单位净值在本年内的变化幅度。年初的基金单位净值相当于购买基金的本金投资，基金收益率也就相当于一种简便的投资报酬率。

三、基金投资的优缺点

（一）基金投资的优点

基金投资的最大优点是能够在不承担太大风险的情况下获得较高收益。其原因有以下两个方面：

（1）投资基金具有专家理财优势。投资基金的管理人都是投资方面的专家，他们在投资前要进行多种研究，这能够降低风险、提高收益。

（2）投资基金具有资金规模优势。我国的投资基金一般拥有资金 20 亿元以上，有些开放式投资基金资金规模达到 100 多亿元，这种资金优势可以进行充分的投资组合，能够降低风险、提高收益。

（二）基金投资的缺点

（1）无法获得很高的投资收益。投资基金在投资组合过程中，在降低风险的同时，也降低了获得巨大收益的机会。

(2)在证券市场整体不景气的情况下，进行基金投资也可能会有损失，投资人也要承担较大风险。

第五节 证券投资组合

一、证券投资组合的策略

证券投资充满了各种各样的风险，为了规避风险，可采用证券投资组合的方式，即投资者在进行证券投资时，不是将所有的资金都投向单一的某种证券，而是有选择地投向多种证券，这种做法就称为证券的投资组合或者投资的多样化。

(一)冒险型策略

这种策略认为，只要投资组合科学而有效，就能取得远远高于平均收益水平的收益，这种组合主要选择高风险高收益的成长性股票，对于低风险低收益的股票不屑一顾。

(二)保守型策略

这种策略是指购买尽可能多的证券，以便分散掉全部可分散风险，得到市场的平均收益。这种投资组合的优点是：(1)能分散掉全部可分散风险；(2)不需要高深的证券投资专业知识；(3)证券投资管理费较低。这种策略收益不高，风险也不大，故称为保守型策略。

(三)适中型策略

这种策略介于保守型与冒险型策略之间，采用这种策略的投资者一般都善于对证券进行分析。通过分析，选择高质量的股票或债券组成投资组合。他们认为，股票价格是由企业经营业绩决定的，市场上价格一时的沉浮并不重要。这种投资策略风险不太大，收益却比较高。但进行这种组合的人必须具备丰富的投资经验及进行证券投资的各种专业知识。

二、证券投资组合的方法

(一)选择足够数量的证券进行组合

当证券数量增加时，可分散风险会逐步减少，当数量足够时，大部分可分散风险都能分散掉。

(二)把不同风险程度的证券组合在一起

即1/3资金投资于风险大的证券，1/3资金投资于风险中等的证券，1/3资金投资于风险小的证券。这种组合法虽不会获得太高的收益，但也不会承担太大的风险。

(三)把投资收益呈负相关的证券放在一起组合

负相关股票是指一种股票的收益上升而另一种股票的收益下降的两种股票，把收益呈负相关的股票组合在一起，能有效分散风险。

三、资本资产定价模型

(一)投资组合的β系数

对于投资组合来说，其系统风险程度也可以用β系数来衡量。投资组合的β系数是所有单项资产β系数的加权平均数，权数为各种资产在投资组合中所占的比重。其计算公式为：

$$\beta_p = \sum_{i=1}^{n} w_i \beta_i$$

式中：β_p为证券组合的β系数；w_i为证券组合中第i种股票所占的比重；β_i为第i种股票的β系数；n为证券组合中股票的数量。

【例 6－12】 某投资组合由A、B、C三项资产组成，有关机构公布的各项资产的β系教分别为0.5、1.0和1.2。假定各项资产在投资组合中的比重分别为10%、30%和60%。

要求：计算该投资组合的β系数。

$\beta_1=0.5$，$\beta_2=1.0$，$\beta_3=1.2$，$W_1=10\%$，$W_2=30\%$，$W_3=60\%$，则有：

$R_p=0.5\times10\%+1.0\times30\%+1.2\times60\%=1.07$

(二)资本资产定价模型的基本表达式

资本资产定价模型是指财务管理中为揭示单项资产必要收益率与预期所承担的系统风险之间关系而构建的一个数学模型。

在特定条件下，资本资产定价模型的基本表达式如下：

$$R=R_f+\beta_p(R_m-R_f)$$

式中：R为某种资产或某种投资组合的必要收益率；R_F为无风险收益率；β_p为某种资产或某种投资组合的风险系数；R_m为市场组合的平均收益率。

从上式可以看出，单项资产或特定投资组合的必要收益率受到无风险收益率、市场组合的平均收益率和β系数三个因素的影响。

【例 6－13】 A股票的系数β为0.5，B股票的β系数为1.0，C股票的β系数为2，无风险利率为6%，假定同期市场上所有股票的平均收益率为10%。

要求：计算上述三种股票的必要收益率，并判断当这些股票的收益率分别达到多少时，投资者才愿意投资购买。

$R_f=6\%$，$\beta_1=0.5$，$\beta_2=1$，$\beta_3=2$，$R_m=10\%$，则：

A股票的必要收益率$R_1=6\%+0.5\times(10\%-6\%)=8\%$

B股票的必要收益率$R_2=6\%+1.0\times(10\%-6\%)=10\%$

C股票的必要收益率$R_3=6\%+2\times(10\%-6\%)=14\%$

只有当A股票的收益率达到或越过8%、B股票的收益率达到或超过10%、C股票的收益率达到或超过14%时，投资者才愿意投资购买。

(三)投资组合风险收益率的计算

根据资本资产定价模型的基本表达式，可以推导出投资组合风险收益率的计算公式为：

$$K_p=\beta_p\cdot(R_m-R_f)$$

式中：K_p为证券组合的风险收益率；β_p为证券组合的β系数；R_m为市场收益率，证券市场上所有股票的平均收益率；R_f为无风险收益率，一般用政府公债的利率来衡量。

从上式中可以看出，投资组合风险收益率也受到市场组合的平均收益率、无风险收益率和投资组合的β系数三个因素的影响。在其他因素不变的情况下，风险收益率与投资组合的β系数成正比，β系数越大，风险收益率就越大；反之则反是。

【例 6－14】 某企业目前持有由A、B、C三种股票构成的证券组合，每只股票的系数β分别是0.5、1.0和1.2，它们在证券组合中所占的比重分别为10%、30%和60%，据此计算的证券组合的β系数为1.07，当前股票的市场收益率为10%，无风险收益率为6%。

要求：计算投资组合风险收益率及投资组合的必要收益率。

$K_p=\beta_p\cdot(R_m-R_f)$

$=1.07\times(10\%-6\%)$

$=4.28\%$

$R_p=R_f+\beta_p(K_m-R_f)=6\%+1.07\times(10\%-6\%)=10.28\%$

【例 6—15】 仍按【例 6—14】的资料，该公司为降低风险，售出部分 C 股票，买进部分 A 股票，使 A、B、C 三种股票在证券组合中所占的比重变为 60%、30%和 10%，其他条件不变。

要求：

(1)计算新证券组合的 β 系数；

(2)计算新证券组合的风险收益率，并与原组合进行比较。

$\beta_1=0.5$，$\beta_2=1.0$，$\beta_3=1.2$，$W_1=60\%$，$W_2=30\%$，$W_3=10\%$，则：

新证券组合的 $\beta_p=0.5\times60\%+1.0\times30\%+1.2\times10\%=0.72$

$\beta_p=0.72$，$R_m=10\%$，$R_f=6\%$，则：

新证券组合的风险收益率 $K_p=\beta_p(R_m-R_f)=0.72\times(10\%-6\%)=2.88\%$

因为新证券组合为风险收益率为 2.88%，小于原组合的 4.28%，说明系统风险被降低了。

从【例 6—15】可以看出，改变投资比重，可以影响投资组合的 β 系数，进而改变其风险收益率。通过减少系统风险大的资产比重，提高系统风险小的资产比重，能达到降低投资组合总体风险水平的目的。

同步测试题

一、单项选择题

1. 投资组合能分散(　　)。

A. 所有风险　　B. 系统性风险　　C. 非系统风险　　D. 市场风险

2. 当投资必要收益率等于无风险收益率时，风险系数应(　　)。

A. 大于 1　　B. 等于 1　　C. 小于 1　　D. 等于 0

3. 假定某项投资风险系数为 1，无风险收益率为 10%，市场平均收益率为 20%，其必要收益率为(　　)。

A. 15%　　B. 25%　　C. 30%　　D. 20%

4. 当两种证券完全正相关时，由此所形成的证券组合(　　)。

A. 能适当地分散风险　　B. 不能分散风险

C. 风险等于单项证券风险的加权平均　　D. 可分散掉全部风险

5. 在证券投资中，因通货膨胀带来的风险是(　　)。

A. 违约风险　　B. 利息率风险　　C. 购买力风险　　D. 经营风险

6. 已知某证券的 β 系数等于 1，则表明(　　)。

A. 无风险　　B. 风险很低

C. 与金融市场所有证券平均风险一致　　D. 比金融市场所有证券平均风险高一倍

7. β 系数可以衡量(　　)。

A. 个别公司股票的市场风险　　B. 个别公司股票的特有风险

C. 所有公司股票的市场风险　　C. 所有公司股票的特有风险

8. 两种股票完全负相关时，把这两种股票组合在一起(　　)。

A. 能分散掉全部非系统风险　　B. 不能分散风险

C. 风险等于单项证券风险的加权平均　　D. 可分散掉部分风险

9. 在证券投资组合方法中，只选取少量成长型股票进行投资的策略是(　　)。

A. 保守型策略　　B. 冒险型策略　　C. 适中型策略　　D. 稳健型策略

10. 企业可以通过多元化投资予以分散的风险是(　　)。

A. 通货膨胀　　B. 技术革新　　C. 社会经济衰退　　D. 市场利率上升

二、多项选择题

1. 非系统性风险又可称为(　　)。

A. 可分散风险　　B. 不可分散风险　　C. 公司特有风险　　D. 市场风险

2. 证券投资的风险主要有(　　)。

A. 违约风险　　B. 利息率风险　　C. 购买力风险　　D. 经营风险

3. 证券投资组合的策略主要有(　　)。

A. 保守型策略　　B. 冒险型策略　　C. 适中型策略　　D. 稳健型策略

4. β系数是衡量风险大小的重要指标,下列表述中正确的有(　　)。

A. β系数越大,说明风险越大

B. 某股票β系数等于0,说明此证券无风险

C. 某股票β系数等于1,说明其风险等于市场的平均风险

D. 某股票β系数大于1,说明其风险大于市场的平均风险

5. 由影响所有公司的因素所引起的风险,可以称为(　　)。

A. 公司特有风险　　B. 可分散风险　　C. 系统风险　　D. 不可分散风险

6. 按照资本资产定价模式,影响特定股票预期收益率的因素有(　　)。

A. 无风险收益率　　B. 市场平均收益率

C. 特定股票的β系数　　D. 市场所有股票的β系数

7. 债券投资的优点主要有(　　)。

A. 本金安全性高　　B. 收入稳定性强　　C. 投资收益高　　D. 市场流动性好

8. 评价债券收益水平的指标是(　　)。

A. 债券票面利率　　B. 债券价值　　C. 债券到期前年数　　D. 债券收益率

9. 证券短期投资的收益包括(　　)。

A. 现价与原价的价差　　B. 股利收益

C. 债券利息收益　　D. 出售收入

10. 股票投资的缺点有(　　)。

A. 购买力风险高　　B. 求偿权居后　　C. 价格不稳定　　D. 收入稳定性强

三、判断题

1. 证券投资的流动性与风险性成正比。(　　)

2. 当β系数等于零时,表明投资无风险,必要收益率等于市场平均收益率。(　　)

3. 当股票种类足够多时,几乎可以把所有的系统风险分散掉。(　　)

4. β系数反映的是公司特有风险,β系数越大,则公司特有风险越大。(　　)

5. 变动收益证券比固定收益证券风险要小,报酬要高。(　　)

6. 证券组合投资风险的大小,等于组合中各个证券风险的加权平均数。(　　)

7. 任何证券都可能存在违约风险。(　　)

8. 通货膨胀情况下,债券比股票能更好地避免购买力风险。(　　)

9. 在计算长期证券收益率时,应考虑资金时间价值因素。(　　)

10. 就风险而言,从大到小的排列顺序为:金融证券、公司证券、政府证券。(　　)

四、计算分析题

1. 某公司的普通股基年股利为 6 元，估计年股利增长率为 6%，期望的收益率为 15%，打算两年以后转让出去，估计转让价格为 30 元。

要求：计算普通股的价值。

2. 某企业计划利用一笔长期资金投资购买股票，现有 A、B 两种股票可供选择。A 股票现行市价为每股 8 元，上年每股股利为 0.15 元，预计以后每年以 6%的增长率增长。B 股票现行市价为每股 7 元，上年每股股利为 0.6 元，采用固定股利政策。该企业所要求的投资必要报酬率为 8%。

要求：

(1)利用股票估价模型，分别计算 A、B 两种股票的内在价值。

(2)如该企业只投资一种股票，请对这两种股票作出分析与决策。

3. 某企业持有甲、乙、丙三种股票构成的证券组合，其 β 系数分别为 1.8、1.5 和 0.7，在证券组合中所占比重分别为 50%、30%和 20%，股票的市场收益率为 10%，无风险收益率为 5%。

要求：

(1)计算该证券组合的 β 系数。

(2)计算该证券组合的风险收益率。

(3)计算该证券组合的必要收益率。

第七章　营运资金管理

学习目标

通过本章学习，了解营运资金的含义与特点；了解现金和应收账款管理的主要内容；理解营运资金的周转和现金周转期计算；理解现金的持有动机与成本；理解应收账款、存货的功能与成本；掌握最佳现金持有量的计算；掌握信用政策的构成与决策；掌握存货的控制方法。

案例导读

苏宁电器营运资金管理

苏宁电器股份有限公司成立于1990年年末，自成立以来一直保持着快速稳健的发展势头。2000年，苏宁电器在全国率先拓展信息家电，2002年1月建立四大作业终端体系"1＋3模式"，即连锁店、物流中心、售后服务中心和客服中心，要求每进入一个城市，在筹备第一家店面时就必须同时建设物流、售后和客服中心。2004年7月，苏宁电器在深圳证券交易所成功上市，募集资金4亿元，股本总额达9 316万元。目前，苏宁电器已经成为集家电、电脑、通信为一体的全国大型3C电器专业销售连锁企业。与许多传统行业扩张"赚规模不赚利润"相比，作为中国家电连锁巨头之一，苏宁电器的扩张是"既赚规模又赚利润"的典型代表。苏宁电器作为家电零售行业的巨头，其对消费者购买行为的影响力或控制力远远超过制造商，这一点为其奠定了在供应链链条上的核心、强势地位。不难看出，苏宁电器2004～2009年对供应商的资金占用有增无减，但对供应商资金占用的形式却发生了变化：2004年、2005年苏宁电器占用供应商的资金主要来自于应付账款，占比分别达到56.3%和57.3%；而2006～2009年，苏宁占用供应商的资金则主要来自应付票据，占比分别为56.5 %、57.8%、56.9%和67.6%。在营销渠道的营运资金构成中，成品存货占有较大比重，各年均在80%以上，其占营业收入的比重也较高。2004～2009年，苏宁电器成品存货占营业收入的比重分别为8.40%、13.2%、13.0%、11.3%、9.80%、10.8%。大量成品存货的存在导致苏宁电器2004～2009年营销渠道周转期一直居高不下，这在一定程度上体现出苏宁电器营销渠道的营运资金管理尚有较大的改进空间。

[资料来源] 中国海洋大学管理学院/中国企业营运资金管理研究中心，中国财政杂志社，2015年2月。

【案例探索思考】

苏宁电器在运用营运资金OPM战略过程中，其核心的竞争力是垄断性的渠道资源。但如果以挤压供应商作为长期利润来源，就会失去改革与改造的动力，并且可能会激化与制造商的矛盾，从而走向意想不到的反面。一方面，由于不堪被低价盘剥和占用资金，各家电品牌开始自建渠道或联合设立大卖场，控制向现有零售商供货。2004年国美与格力之争后，慢慢出现了制造商重新自建渠道的浪潮，如TCL的“幸福树”计划、美的的“百家4S店”、康佳的“千县千店”计划，这样连锁零售商的渠道优势地位就受到了威胁。另一方面，中国的家电制造业的利润空间过小，中小型家电制造商艰难度日，如果继续恶化必然会带来制造商的重组合并，当每一类家电产品都集中于少数制造商手中的时候，其必然掌握价格的主导权，讨价还价的能力提升，对于苏宁电器来讲其原有优势将会遭到极大的挑战。

第一节 营运资金管理概述

一、营运资金的概念

营运资金是指企业生产经营活动中占用在流动资产上的资金。广义的营运资金是指一个企业流动资产的总额，狭义的营运资金是指企业流动资产减去流动负债后的差额。这里是指狭义的营运资金的概念，营运资金的管理既包括流动资产的管理，也包括流动负债的管理。

二、营运资金的特点

因为在此我们用的是狭义的营运资金概念，所以要说明营运资金的特点，应从流动资产和流动负债的特点两方面谈。

(一)流动资产的特点

流动资产是指可以在一年或超过一年的一个营业周期内变现或使用的资产，主要包括货币资金、交易性金融资产、应收账款、存货等。与固定资产相比，流动资产具有如下特点：

1. 投资回收期短

投资在流动资产上的资金，一般在一年或超过一年的一个营业周期内即可收回，因此对企业的影响时间也比较短。根据这一特点，流动资产投资所需资金通常可用短期负债加以解决。

2. 流动性强

流动资产相对固定资产等长期资产来看具有较强的变现能力，一旦遇到意外情况，企业出现资金周转不灵、现金短缺时，可迅速变卖流动资产，以获取现金。这对于财务上满足临时性资金需要具有重要意义。

3. 具有空间并存性和时间继起性

在流动资产的循环周转过程中，从供产销的某一瞬间看，各种不同形态的流动资产同时存在，在整个时间上各种形态又依次继起。因此，合理地配置流动资产的各项目比例，就成为保证流动资产得以顺利周转的必要条件。

4. 具有数量上的波动性

占用在流动资产上的资金数量受企业内、外部环境条件影响往往波动很大，季节性企业如此，非季节性企业也如此。为防止其影响企业正常的生产经营活动，财务人员应有效地预测和控制这种波动。

(二)流动负债的特点

流动负债是指在一年或超过一年的一个营业周期内需要偿还的债务，主要包括短期借款、交易性金融负债、应付票据、应付账款、预收款项、应交税费等。与长期负债筹资相比，流动负债筹资具有以下特点：

1. 筹资速度快

长期负债筹资，贷款人风险较大，需要对借款方的财务状况评估后方能做出决定，同时为规避风险，往往也会提出一些约束性条款。而短期负债筹资，贷款人相对风险较小，所以申请短期借款往往比申请长期借款更容易、更便捷，通常在较短的时间内即可获得。

2. 财务弹性高

与长期债务相比，流动负债是企业具有较大的灵活性。长期债务的债权人出于保护自己的利益，往往要在债务契约中对债务人的行为加以种种限制，使债务人丧失某些经营决策权。而短期债务契约中的限制条款比较少，使企业具有更大的行动自由。

3. 筹资成本低

在正常情况下，短期负债筹资所发生的利息支出低于长期负债筹资的利息支出。而对于某些具有“自然融资”性质的流动负债（如应付税金、应付账款等），则根本没有实际的筹资成本。

4. 偿债风险大

虽然短期债务成本低于长期债务成本，但其风险却高于长期债务。主要表现在：(1)长期债务的利息相对比较稳定，即在相当长的一段时间内保持不变。而短期债务的借款利率则随市场利率的变化而变化，时高时低，企业难以适应。(2)如果企业过多筹措短期债务资金，当债务到期时，企业不得不在短期内筹措大量资金还债，这极易导致企业财务状况恶化，甚至会因无法及时还债而破产。

三、营运资金的周转

营运资金周转，是指企业的营运资金从现金投入生产经营开始，到最终转化为现金为止的过程。营运资金周转与现金周转密切相关。一个典型生产经营企业的现金循环如图 7－1 所示。

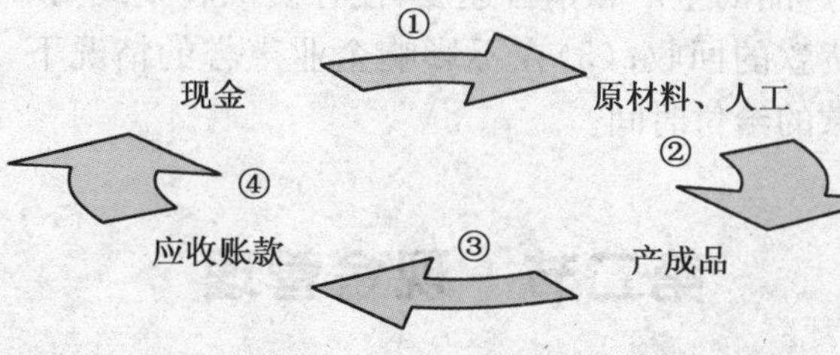

注：①企业按照生产需要订购各种原材料、辅助材料等，一般以赊账形式购买，因此形成应付账款；②企业聘用劳动力通过生产过程把原材料加工成产成品，劳动力工资按固定时间支付，所以也产生了应计工资；③产成品通常也是信用销售，不能在销售实现的当时收到货款，故产生了应收账款；④销售货款收回，应收账款兑现为现金，一个营运资金的循环周期完成。

图 7－1　企业营运资金循环

在一个周期内，通常在销售货款收回之前就要支付购买原材料等的货款和应付工资，这时就必须筹集短期资金来支付。图 7－2 表示的营运资金现金转换周期模型说明了企业需要短期筹资的原因及决定现金转换因素。

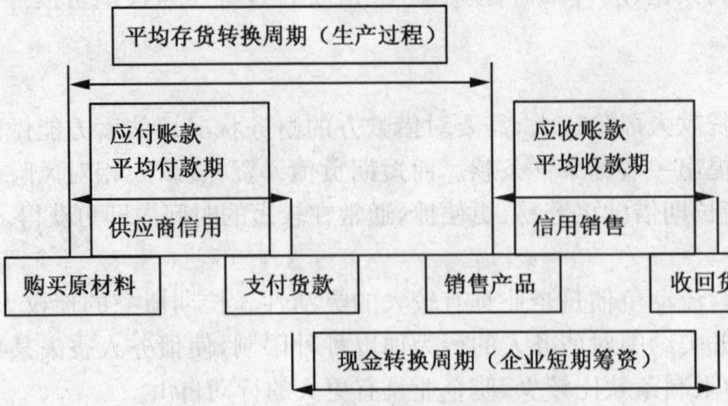

图 7—2　营运资金现金转换周期

由图 7—2 可以看出，营运资金现金周转的时间包括三个转换时间：(1)存货周转期，是指将原材料转化成产成品并出售所需要的时间；(2)应收账款周转期，是指将应收账款转换为现金所需要的时间；(3)应付账款周转期，是指从收到尚未付款的材料开始到现金支出之间所用的时间。三者之间的关系是：

营运资金现金周转期＝存货周转期＋应收账款周转期－应付账款周转期

现金循环周期的变化会直接影响所需营运资金的数额。一般来说，存货周转期和应收账款周转期越长，应付账款周转期越短，营运资金数额就越大；相反，如果存货周转期和应收账款周转期越短，应付账款周转期越长，营运资金数额就越小。此外，营运资金周转数额还受到偿债风险、收益要求和成本约束等因素的影响和制约。因此，企业为提高营运资金周转效率，就应将其维持在既没有过度资本化又没有过量交易的水平上。所谓过度资本化，是指一个企业的营运资金远远超过其经营规模实际需要的营运资金水平；所谓过量交易，是指一个企业主要靠流动负债来支持其存货和应收账款，而出现投放在营运资金上的长期资金不足的情况。缩短现金转换周期，提高营运资金周转效率的途径主要有：(1)在不影响正常生产经营活动的基础上，尽量减少存货，加快产品的生产和销售速度，使存货周转期缩短；(2)制定有效的信用政策和收账政策，加速赊销货款的回收；(3)在不影响企业声誉的情况下，延长应付账款的付款期，即尽量延迟供应商货款的给付时间。

第二节　现金管理

现金是指在生产过程中暂时停留在货币形态的资金，包括库存现金、银行存款、银行汇票和银行本票等。现金是流动性最强的非营利性资产，企业持有现金是为了应付经营过程中的正常支出和某些预测不到的意外支出，现金管理的过程就是在现金的流动性与收益性之间进行权衡选择的过程。通过现金管理，使现金不仅在数量上，而且在时间上相互衔接，既要满足日常业务开支的需要，又要避免现金的闲置浪费；既要考虑一般情况的存在，又要考虑可能情况的发生。这对于保证企业经营活动的现金需要，降低企业闲置的现金数量，提高资金收益率都具有重要的意义。

一、持有现金的动机

现金作为非营利性资产，按照经济核算原则，企业应拒绝持有现金。但事实上，任何一个企业都必须保留一定量的现金，企业持有现金的动机包括：

（一）交易动机

这是指持有一定量的现金以满足正常生产经营秩序下的需要。在日常经营业务中，现金收入与支出极少是完全同时出现的。为了避免现金支出额超过收入额，企业持有一定量现金可以使经营业务顺利进行，并能保持企业经营的灵活性。用于交易的现金数量，一般来说取决于企业的销售水平。若销售增加，销售额就会上升，用于购买与支付营业费用的现金支出也相应增加。

（二）预防动机

这是指持有一定量的现金以应付紧急情况的现金需要。市场情况瞬息万变，同时还有许多不可预测的因素存在，企业通常难以对未来现金的流入与流出量做出准确的估计与预期。因此，在正常业务活动现金需要量的基础上，追加一定数量的现金以应付未来现金流入和流出的随机波动，是企业在确定必要现金持有量时应当考虑的因素。企业为应付紧急情况所持有的现金余额主要取决于三方面：一是企业愿意承担风险的程度；二是企业临时举债能力的强弱；三是企业对现金流量预测的可靠程度。

（三）投机动机

这是指持有一定量的现金以抓住各种瞬间即逝的市场机会，获取较大利益的现金需要。当市场利率变动、物价浮动或证券行情变化时，企业手中若有较多的现金余额，则可以把握时机通过证券或物资交易获得更大的利润。其持有量的大小往往取决于企业在金融市场的投资机会和企业对待风险的态度。

企业的现金持有量一般小于三种动机下的现金持有量之和，因为为某一需求持有的现金可以用于满足其他需求。

二、现金的成本

作为一种资产，企业持有现金必然要发生相关的成本，这些成本通常由三个部分构成：

（一）现金持有成本

现金持有成本，是指企业因保留一定现金余额而增加的管理费及丧失的再投资收益。包括以下两个部分：

1. 管理成本

管理成本是指企业因持有一定数量的现金而发生的管理费用，如现金保管人员的工资、保管现金发生的必要的安全措施费用等。现金管理成本具有固定性，在一定的现金余额范围内与现金的持有量关系不大，是决策的无关成本。

2. 机会成本

机会成本是指企业因持有现金而丧失的再投资收益。企业持有现金会丧失其他方面的投资机会，其他方面的投资机会可能带来的收益就是现金的机会成本。它与现金持有量成正比，持有量越大，机会成本越高。通常可以用有价证券的收益率来衡量现金的机会成本。

（二）现金转换成本

现金转换成本，是指企业用现金购入有价证券以及转让有价证券换取现金时付出的代价，即现金同有价证券之间相互转换的成本，如委托买卖佣金、委托手续费、证券过户费、实物交割手续费等。转换成本有的具有变动性质，如委托买卖佣金或手续费，这些费用通常是按照委托成交金额计算的。在证券总额既定的情况下，无论变现次数多少，其委托成交金额是相同的，因此那些依据委托成交金额计算的转换成本与证券变现次数关系不大，属于无关成本。因而与证券变现次数密切相关的转换成本只包括其中的固定性交易费用。转换成本与现金持有量之间的关系是：在现金需要量既定的前提下，现今持有量越少，证券变现次数越多，相应的转换成本就越大；反之，转换成本就越小。

（三）现金短缺成本

现金短缺成本，是指在现金持有量不足而又无法及时通过有价证券变现加以补充而给企业造成的损失，包括直接的与间接的损失。短缺成本与现金持有量呈反方向变动关系，现金持有量越大，短缺成本越小；现金持有量越小，短缺成本越大。

三、最佳现金持有量的确定方法

如前所述，企业在生产经营过程中为了满足交易、预防、投机等需要，必须持有一定数量的现金资产，但现金资产持有太多或太少都对企业不利，应该保持一个合适的量——最佳现金持有量。所谓最佳现金持有量，是指在保证企业正常生产经营需要的基础上，相关成本之和最小时的现金持有量。最佳现金持有量的确定方法很多，下面仅介绍几种最常用的方法。

（一）现金周转模式

现金周转模式是从现金周转角度出发，根据现金的周转速度来确定最佳现金持有量的方法。

一般来说，采用该方法确定最佳现金持有量，包括以下三个步骤：(1)计算现金周转期；(2)计算现金周转率；(3)确定最佳现金持有量。其计算公式如下：

$$\text{现金周转期}=\text{存货周转期}+\text{应收账款周转期}-\text{应付账款周转期}$$

$$\text{现金周转率(周转次数)}=\frac{\text{计算期日数}}{\text{现金周转期}}$$

$$\text{最佳现金持有量}=\frac{\text{预测期现金需用总量}}{\text{现金周转率}}$$

【例 7—1】 某企业预计全年需用现金 1 800 万元，预计存货周转期为 120 天，应收账款周转期为 50 天，应付账款周转期为 70 天，则该企业最佳现金持有量计算如下：

$$\text{现金周转期}=120+50-70=100(\text{天})$$

$$\text{现金周转率}=\frac{360}{100}=3.6(\text{次})$$

$$\text{最佳现金持有量}=\frac{1\ 800}{3.6}=500(\text{万元})$$

现金周转模式计算简便，通俗易懂，但它是以日常现金流量大体一致、企业的生产经营过程在预测期平稳进行为前提条件的。如果这种假设条件不能存在，采用该方法计算出来的结果将会出现偏差。

（二）成本分析模式

成本分析模式是根据现金有关成本，分析预测其成本总额最低时现金持有量的一种方法。运用该方法确定现金最佳持有量，只考虑因持有一定量的现金而产生的机会成本和短缺成本，对于管理成本和转换成本则不予考虑。

机会成本即因持有现金而丧失的再投资收益，与现金持有量呈正比例关系变动，用公式表示为：

机会成本＝现金持有量×有价证券利率(或报酬率)

短缺成本与现金持有量呈反方向变动关系，短缺成本随着现金持有量的增大而减少，当现金持有量增大到一定量时，短缺成本将不存在。

现金成本与现金持有量之间的关系如图 7—3 所示。

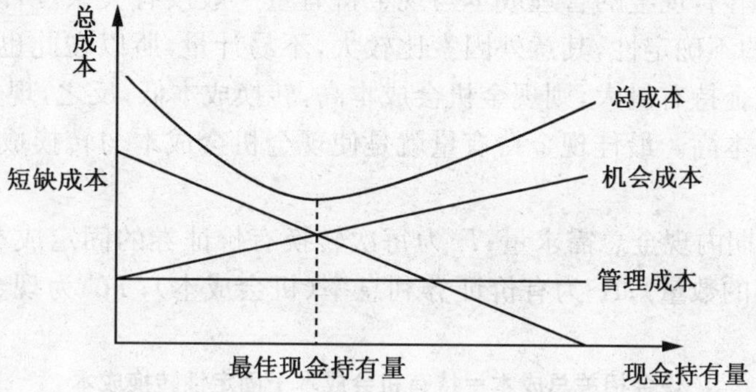

图 7—3　成本分析模式示意图

从图 7—3 中可以看出，由于各项成本同现金持有量的变动关系不同，使得总成本曲线呈抛物线型，抛物线的最低点，即为成本最低点，该点所对应的现金持有量便是最佳现金持有量，此时总成本最低。

【例 7—2】　某企业现有 A、B、C、D 四种现金持有方案，有关资料如表 7—1 所示。

表 7—1　　**某企业现金持有方案**　　单位：元

项　目	A	B	C	D
现金持有量	100 000	200 000	300 000	400 000
机会成本率	12%	12%	12%	12%
短缺成本	50 000	25 000	10 000	5 000

根据表 7—1，采用成本分析模式编制该企业最佳现金持有量测算表，如表 7—2 所示。

表 7—2　　**最佳现金持有量测算表**　　单位：元

方案及现金持有量	机会成本	短缺成本	相关总成本
A(100 000)	12 000	50 000	67 000
B(200 000)	24 000	25 000	49 000
C(300 000)	36 000	10 000	46 000
D(400 000)	48 000	5 000	53 000

通过分析比较表 7—1 中各方案的总成本可知，C 方案的相关总成本最低，因此企业持有 300 000元现金时，各方面的总代价最低，应为企业现金最佳持有量。

成本分析模式相对比较简单，容易理解，尤其是考虑了现金持有的代价问题。但决策中是以现有备选方案为前提，从中选优。如果备选方案中漏掉了实际最优方案，所选方案就不是最佳的现金持有方案。若增加备选方案，往往又会加大决策工作量。

(三)存货模式

存货模式也称鲍莫模式，是美国经济学家鲍莫首先提出的，他认为最佳现金持有量与存货的经济批量问题在很多方面都很相似，因此，可以借用存货的经济批量模型来确定最佳现金持有量。在存货模型中只考虑现金的机会成本和转换成本，而不考虑现金的管理成本和短缺成本。因为在一定范围内，现金的管理成本与现金持有量一般没有关系，所以属于无关成本；而短缺成本具有很大的不确定性，其意外因素比较大，不易计量，所以在此也不予考虑。作为两种相关成本，如果现金持有量大，则现金机会成本高，转换成本低；反之，现金持有量小，则现金机会成本低，转换成本高。最佳现金持有量就是使现金机会成本与转换成本之和最低的现金持有量。

设 T 为一个周期内现金总需求量；F 为每次转换有价证券的固定成本；Q 为最佳现金持有量(每次证券变现的数量)；K 为有价证券利息率(机会成本)；TC 为现金管理相关总成本。则有：

现金相关总成本＝持有机会成本＋固定性转换成本

即：

$$TC=\frac{Q}{2}\times K+\frac{T}{Q}\times F$$

对自变量 Q 求导数可知：

$$\frac{\mathrm{d}(TC)}{\mathrm{d}Q}=\frac{K}{2}-\frac{T\times F}{Q^2}$$

令：

$$\frac{\mathrm{d}(TC)}{\mathrm{d}Q}=0$$

则：

$$\frac{K}{2}=\frac{TF}{Q^2}$$

因此：

$$Q=\sqrt{\frac{2TF}{K}}$$

将上式代入总成本计算公式，可得：

$$TC=\sqrt{2TFK}$$

$$\text{有价证券交易次数}=\frac{T}{Q}=\sqrt{\frac{TK}{2F}}$$

有价证券交易间隔期＝计算期日数/有价证券交易次数

【例 7—3】 某企业现金收支状况比较稳定，预计全年需要现金1 600万元，现金与有价证券的转换成本为每次 400 元，有价证券的年利率为 8%，确定企业最佳现金持有量。

最佳现金持有量 $Q=\sqrt{\frac{2\times 16\ 000\ 000\times 400}{8\%}}=400\ 000$(元)

最低现金相关总成本 $TC=\sqrt{2\times 16\ 000\ 000\times 400\times 8\%}=32\ 000$(元)

有价证券交易次数$=\frac{16\ 000\ 000}{400\ 000}=40$(次)

有价证券交易间隔期 $=\frac{360}{40}=9$(天)

四、现金的日常管理

企业不仅要确定最佳现金持有量,以确保企业在有足够的现金支付能力的基础上使现金的管理总成本最低,而且还应该采取各种措施加强现金的日常管理,以确保现金的安全性、流动性、收益性,最大限度地发挥现金的作用。现金的日常管理主要包括两个方面:

(一)现金的回收管理

企业现金回收管理的目的就是要尽快收回现金,加速现金周转。为此,企业应根据成本与收益比较原则选用适当方法加速账款回收。鉴于企业账款回收的影响因素主要是邮寄时滞和银行的处理时滞,加速企业现金回收主要采用的方法有邮政信箱法和银行业务集中法两种。

1. 邮政信箱法

邮政信箱法又称锁箱法,是指企业在各主要城市租用专门的邮政信箱,并开立分行存款户,授权当地银行每日开启信箱,在取得客户支票后立即予以结算,并通过电汇将货款拨给企业所在地银行的方法。该方法缩短了支票邮寄及在企业停留的时间,但成本较高。

2. 银行业务集中法

银行业务集中法,是指通过建立多个收款中心来加速现金流转的方法。在这种方法下,企业往往指定一个主要开户银行(通常是总部所在地)为集中银行,并在收款额比较集中的若干地区设立若干个收款中心,客户首先将款项交给较近的收款中心,然后由收款中心将款项交给集中银行。该方法的优点是:(1)账单和货款邮寄时间可大大缩短。账单由收款中心寄发给该地区顾客,与由总部寄发相比,顾客能较早收到。顾客付款时,货款邮寄到最近的收款中心,通常也较直接邮寄给企业总部所需时间短。(2)支票兑现的时间可以缩短。收款中心收到顾客汇来的支票后存入该地区的地方银行,而支票的付款银行通常也在该地区内,因而支票兑现较方便。缺点是:(1)每个收款中心的地方银行都要求有一定的补偿余额,开设的中心越多,补偿性余额也越多,闲置的资金也越多。(2)设立收款中心需要一定的人力和物力,费用较高,因此,企业应在权衡利弊得失的基础上,做出是否采用该方法的决策。通常采用的考核指标是分散收账收益净额。其计算公式如下:

$$\text{分散收账收益净额}=\left(\text{分散收账前应收账款投资额}-\text{分散收账后应收账款投资额}\right)\times\text{企业综合资金成本率}-\text{因增设收款中心每年增加的费用}$$

(二)现金支出的管理

企业现金管理的另一个方面就是决定如何使用现金。根据风险与收益权衡原则,现金支出管理主要是在合理合法的前提下,控制现金的支出和尽可能延缓现金的支出时间。具体而言,现金支出管理可采用以下方法:

1. 合理利用“浮游量”

所谓现金“浮游量”,是指企业账户上现金余额与银行账户上所示的存款余额之间的差额。使用现金“浮游量”可以减少企业现金持有量,从而提高企业现金使用效率。但是,使用现金“浮游量”也有一定风险:一方面可能会出现支付不及时的情况,破坏企业之间的信用关系;另一方面可能会出现银行存款的透支现象。所以在使用现金“浮游量”时,必须注意控制好使用的额度和使用的时间。

A. 现金循环周期　　B. 偿债风险　　C. 收益要求　　D. 成本约束

2.（　　），营运资金周转的数额就越多。

A. 存货周转期和应收账款周转期越长　　B. 存货周转期和应收账款周转期越短

C. 应付账款周转期越短　　D. 应付账款周转期越长

3. 利用成本分析模式确定现金最佳持有量时，不予考虑的因素是（　　）。

A. 持有现金的机会成本　　B. 现金短缺成本

C. 现金与有价证券的转换成本　　D. 管理费用

4. 企业在确定为应付紧急情况而持有现金的数额时，需要考虑的因素有（　　）。

A. 企业销售水平的高低　　B. 企业临时举债能力的强弱

C. 金融市场投资机会的多少　　D. 企业现金流量预测的可靠程度

5. 赊销在企业生产经营中所发挥的作用有（　　）。

A. 增加现金　　B. 减少存货　　C. 促进销售　　D. 减少借款

6. 与应收账款机会成本有关的因素是（　　）。

A. 应收账款平均余额　　B. 变动成本率

C. 销售成本率　　D. 资金成本率

7. 信用条件的组成要素有（　　）。

A. 信用期限　　B. 现金折扣期　　C. 现金折扣率　　D. 商业折扣

8. 存货在企业生产经营过程中所具有的作用主要有（　　）。

A. 适应市场变化　　B. 维持连续生产　　C. 降低储存成本　　D. 维持均衡生产

9. 下列各项中，属于建立存货经济进货批量基本模型的假设前提有（　　）。

A. 一定时期的进货总量可以较为准确的预测　　B. 允许出现缺货

C. 仓储条件不受限制　　D. 存货的价格稳定

10. 下列有关适时生产的存货系统的表述中，正确的是（　　）。

A. 只有在使用之前才从供应商处进货，从而将原材料或配件的库存量减少到最小

B. 只有在出现需求或接到订单时才开始生产，从而避免产成品的库存

C. 适时生产的存货系统要求企业在生产经营的需要与材料物资的供应之间实现同步

D. 适时生产的存货系统的最终目的是将存货降低到最小限度，甚至零库存

三、判断题

1. 企业营运资金余额越大，说明企业风险越小，收益率越高。（　　）

2. 企业现金持有量过多会降低企业收益水平。（　　）

3. 企业持有现金总额可以小于各种动机所需要现金余额之和，且各种动机所需要保持的现金也不必均为货币形态。（　　）

4. 赊销是企业扩大销售的有力手段之一，企业应尽可能放宽信用条件，增加赊销量。（　　）

5. 存货周转期是指将原材料转化成产成品所需要的时间。（　　）

6. 当考虑保险储备的情况下，最优的存货政策就是使与保险储备有关的总成本最低的再订货点和保险储备量。（　　）

7. 企业的信用标准严格，给予客户的信用期越短，使得应收账款周转率很高，将有利于增加企业的利润。（　　）

8. 因为企业的现金管理成本是相对固定的，所以在确定现金最佳持有量时，可以不考虑它的影响。（　　）

9. 信用条件是客户获得企业商业信用所应具备的最低条件，通常以坏账损失率表示。（　　）

10. 在有数量折扣的经济进货批量模式下，确定经济进货批量需要考虑的相关成本有进货成本、变动性进货费用和变动性储存成本。（　　）

四、计算分析题

1. 某企业现金收支状况比较稳定，全年的现金需要量为900 000元，每次转换有价证券的固定成本为450元，有价证券的年利率为10%。

要求：

(1)计算最佳现金持有量。

(2)计算最低现金持有成本。

(3)计算最佳现金持有量的全年转换成本。

(4)计算最佳现金持有量的机会成本。

(5)计算有价证券的转换次数和转换间隔期。

2. 某企业全年需从外购买某零件1 200件，每批进货费用为400元，单位零件的年储存成本为6元，该零件每件进价为10元。供货单位规定：客户每批购买量不足600件，按标准价格计算；每批购买量超过600件，价格优惠3%。

要求：

(1)计算该企业进货批量为多少时，才是有利的。

(2)计算该企业最佳进货次数。

(3)计算该企业最佳进货间隔期。

(4)计算该企业经济进货批量的平均占用资金。

(5)假设生产周期为一年，企业订货至到货的时间为30天，则再订货点为多少？

3. 某企业预测2015年度销售收入净额为4 500万元，现销与赊销比例为1∶4，应收账款平均收账天数为60天，变动成本率为50%，企业的资金成本率为10%，一年按360天计算。

要求：

(1)计算2015年度赊销额。

(2)计算2015年度应收账款的平均余额。

(3)计算2015年度维持赊销业务所需要的资金额。

(4)计算2015年度应收账款的机会成本。

(5)若2015年应收账款需要控制在400万元，在其他因素不变的情况下，应收账款平均收账天数应调整为多少天？

4. 某企业每年需耗用A材料45 000件，单位材料年储存成本为20元，平均每次进货费用为180元，A材料全年平均单价为240元。假定不存在数量折扣，不会出现陆续到货和缺货的现象。

要求：

(1)计算A材料的经济进货批量。

(2)计算A材料年度最佳进货批数。

(3)计算A材料的相关进货成本。

(4)计算A材料的相关储存成本。

(5)计算A材料经济进货批量平均占用资金。

5. 某企业生产甲产品的固定成本为80 000元，变动成本率为60%，该企业有两种信用标准可供选择。

A标准：信用条件为“$n/30$”，预计坏账损失率为5%，销售收入为400 000元，预计收账费用为3 000元。

B标准：信用条件为“$n/45$”，预计坏账损失率为10%，销售收入为600 000元，预计收账费用为5 000元。

上述信用条件下企业均不给予折扣，企业投资的最低收益率为10%。

要求：

(1)计算A标准的边际收益、应收账款的机会成本和信用期的净收益。

(2)计算B标准的边际收益、应收账款的机会成本和信用期的净收益。

(3)根据计算结果，选择对企业有利的信用标准。

(一)总体目标

成本管理的总体目标服从于企业的整体经营目标。在竞争性经济环境中,成本管理系统的总体目标主要依据竞争战略而定:成本领先战略中,成本管理的总体目标是追求成本水平的绝对降低;差异化战略中,成本管理的总体目标则是在保证实现产品、服务等方面差异化的前提下,对产品全生命周期成本进行管理,实现成本的持续降低。

(二)具体目标

成本管理的具体目标是对总体目标的进一步细分,主要包括成本计算的目标和成本控制的目标。

成本计算的目标是为所有内、外部信息使用者提供成本信息。外部信息使用者关注的信息主要是资产价值和盈亏情况。因此,成本计算的目标之一是确定存货等资产价值和企业盈亏状况,即按照成本会计制度的规定计算成本,满足编制会计报表的需要。内部信息使用者使用成本信息,除了了解资产价值及盈亏情况外,重点用于经营管理。因此,成本计算的目标又包括:通过向管理人员提供成本信息,借以提高人们的成本意识;通过成本差异分析,评价管理人员的业绩,促进管理人员采取改善措施;通过盈亏平衡分析等方法,提供成本管理信息,有效地满足现代经营决策对成本信息的需求。

成本控制的目标是降低成本水平。在成本管理的发展过程中,成本控制目标经历了通过提高工作效率和减少浪费来降低成本,通过提高成本效益比来降低成本和通过保持竞争优势来降低成本等几个阶段。在竞争性经济环境中,成本控制目标因竞争战略的不同而有所差异。实施成本领先战略的企业中,成本控制的目标是在保证一定产品质量和服务的前提下,最大限度地降低企业内部成本,表现为对生产成本和经营费用的控制。实施差异化战略的企业中,成本控制的目标则是在保证企业实现差异化战略的前提下,降低产品全生命周期成本,实现持续性的成本节省,表现为对产品所处生命周期不同阶段发生成本的控制,如对研发成本、供应商成本和消费成本的重视和控制。

三、成本管理的主要内容

一般来说,成本管理具体包括成本规划、成本核算、成本控制、成本分析和成本考核五项内容。

(一)成本规划

成本规划是进行成本管理的第一步,主要是指成本管理的战略制定。它从总体上规划成本管理工作,并为具体的成本管理提供战略思路和总体要求。成本规划根据企业的竞争战略和所处的内、外部环境制定,主要包括确定成本管理的重点、规划控制成本的战略途径、提出成本计算的精度和确定业绩评价的目的和标准。成本规划是企业发展的重要影响因素。进行成本规划时,不仅要洞悉质量和成本的关系,深入探讨各种质量特性发生变化时,成本应该如何进行相应变化,还要立足于生产者和消费者双方,对其经济性作出恰当评价,并在充分分析过去老产品的基础上,制定出更适合新形势、新产品的成本管理战略。

(二)成本核算

成本核算是成本管理的基础环节,是指对生产费用发生和产品成本形成所进行的会计核算,它是成本分析和成本控制的信息基础。进行成本核算时,首先,要审核生产经营管理费用,看其是否已发生、是否应发生,已发生的是否应计入产品成本,从而实现对生产经营管理费用和产品成本的直接管理和控制;其次,要对已发生的费用按照用途进行分配和归集,计算各种产品的总成本和单位成本，为成本管理提供真实的成本资料。

成本核算分为财务成本核算和管理成本核算。财务成本核算采用历史成本计量，而管理成本核算则既可以用历史成本，又可以用现在成本或未来成本。成本核算的关键是核算方法的选择。财务成本核算包括品种法等基本方法和其他一些辅助方法，企业可以灵活选择；管理成本核算可以直接利用财务成本核算的结果，或者选择变动成本法、作业成本法等方法来单独核算。目前，两种核算模式所提供的相关信息与企业管理的需求差距都比较大。此外，成本核算的精度与企业发展战略相关，成本领先战略对成本核算精度的要求比差异化战略要高。

(三)成本控制

成本控制是成本管理的核心，是指企业采取经济、技术、组织等手段降低成本或改善成本的一系列活动。成本控制的关键是选取适用于本企业的成本控制方法，它决定着成本控制的效果。传统的成本控制基本上采用经济手段，通过实际成本与标准成本间的差异分析来进行，如标准成本法等；现代成本控制则突破了经济手段的限制，还使用了包括技术和组织手段在内的所有可能的控制手段，如作业成本法、责任成本法等。

成本控制的原则主要有以下三方面：一是全面控制原则，即成本控制要全部、全员、全程控制。全部控制是指要对产品生产的全部费用加以控制；全员控制是指要发动全体员工树立成本意识，参与成本控制；全程控制是指要对产品设计、制造、销售的全流程进行控制。二是经济效益原则。提高经济效益不单单是依靠降低成本的绝对数，更重要的是实现相对的节约，以较少的消耗取得更多的成果，取得最佳的经济效益。三是例外管理原则。即成本控制要将注意力集中在不同寻常的情况上。因为实际发生的费用往往与预算有出入，也就没有必要一一查明原因，而只需把注意力集中在非正常的例外事项上，并及时进行信息反馈。

(四)成本分析

成本分析是成本管理的重要组成部分，是指利用成本核算，结合有关计划、预算和技术资料，应用一定的方法对影响成本升降的各种因素进行科学的分析和比较，了解成本变动情况，系统地研究成本变动的因素和原因。通过成本分析，可以深入了解成本变动的规律，寻求成本降低的途径，为有关人员进行成本规划和经营决策提供参考依据。

成本分析的方法主要有对比分析法、连环替代法和相关分析法。其中：对比分析法是对成本指标在不同时期(或不同情况)的数据进行对比来揭露矛盾，具体包括绝对数比较、增减数比较和指数比较三种形式；连环替代法是确定引起某经济指标变动的各个因素影响程度的一种方法，适用于几个相互联系的因素共同影响某一指标的情况；相关分析法主要利用数学方法对具有依存关系的各种指标进行相关分析，从而找出有关经济指标之间的规律性联系。

(五)成本考核

成本考核是定期对成本计划及有关指标实际完成情况进行总结和评价，对成本控制的效果进行评估。其目的在于改进原有的成本控制活动并激励约束员工和团体的成本行为，更好地履行经济责任，提高企业成本管理水平。成本考核的关键是评价指标体系的选择和评价结果与约束激励机制的衔接。考核指标可以是财务指标，也可以是非财务指标，如实施成本领先战略的企业应主要选用财务指标，而实施差异化战略的企业则大多选用非财务指标。

上述五项活动中，成本分析贯穿于成本管理的全过程，成本规划在战略上对成本核算、成本控制、成本分析和成本考核进行指导，成本规划的变动是企业外部经济环境和企业内部竞争战略变动的结果，而成本核算、成本控制、成本分析和成本考核则通过成本信息的流动互相联系。

四、成本管理的过程

要搞好成本管理和提高成本管理水平，首先要认真开展成本预测工作，规划一定时期的成本水平和成本目标，对比分析实现成本目标的各项方案，进行最有效的成本决策。然后应根据成本决策的具体内容，编制成本计划，并以此作为成本控制的依据，加强日常的成本审核监督，随时发现并克服生产过程中的损失浪费情况，在平时要认真组织成本核算工作，建立健全成本核算制度和各项基本工作，严格执行成本开支范围，采用适当的成本核算方法，正确计算产品成本。同时安排好成本的考核和分析工作，正确评价各部门的成本管理业绩，促进企业不断改善成本管理措施，提高企业的成本管理水平。要定期积极地开展成本分析，找出成本升降变动的原因，挖掘降低生产耗费和节约成本开支的潜力。进行成本管理应该实行指标分解，各项成本指标层层落实，分口分段地进行管理和考核，使成本降低的任务能从组织上得以保证，并与企业和部门的经济责任制结合起来。

第二节　量本利分析

一、量本利分析概述

量本利分析方法起源于 20 世纪初的美国，到了 20 世纪 50 年代已经非常完善，并在西方会计实践中得到了广泛应用。时至今日，该方法在世界范围内都得到了广泛的应用，对企业预测、决策、计划和控制等经营活动的有效进行提供了良好保证。

利润是企业经营成果的一个重要衡量指标，而企业利润的高低取决于成本和收入的多少，其中收入主要由售价和销售量来决定。企业要想盈利，必须尽可能地降低成本，提高售价，增加销售量，显而易见，成本、业务量和利润三者之间存在着密切关系。为了获得最大利润，必须客观分析这三者之间的内在规律，寻找三者之间的均衡点，为企业经营决策和目标控制提供有效的管理信息。而量本利分析正是成本—产量（或销售量）—利润依存关系分析的简称，也称为 CVP 分析（Cost-Volume-Profit Analysis）。

（一）量本利分析的含义

量本利分析，也称本量利分析，是在成本性态分析和变动成本计算模式的基础上，通过研究企业在一定期间内的成本、业务量和利润三者之间的内在联系，揭示变量之间的内在规律性，为企业预测、决策、规划和业绩考评提供必要的财务信息的一种定量分析方法。

量本利分析作为一种完整的方法体系，在企业经营管理工作中应用十分广泛。运用量本利分析可以预测在保本、保利条件下应实现的销售量或销售额；与风险分析相结合，可以为企业提供降低经营风险的方法和手段，以保证企业实现既定目标；与决策分析相联系，可以用于企业进行有关的生产决策、定价决策和投资项目的可行性分析，为全面预算、成本控制、责任会计应用等提供理论准备。

（二）量本利分析的基本假设

在量本利分析中，成本、业务量和利润之间的数量关系是建立在一系列假设基础上的，量本利分析主要基于以下四个假设前提：

1. 总成本由固定成本和变动成本两部分组成

该假设要求企业所发生的全部成本可以按其性态区分为变动成本和固定成本，并且变动成本总额与业务量呈正比例变动，固定成本总额保持不变。在进行量本利分析时，最通常的是依据业务量来规划目标利润，因为影响利润的诸因素中，除业务量外，销售单价通常受市场供求关系的影响，而成本则是企业内部可以控制的因素。在相关范围内，固定成本总额和单位变动成本通常是与业务量大小无关的。因此，按成本习性划分成本是量本利分析的基本前提条件，否则，便无法判断成本的升降是由于业务量规模变动引起的还是成本水平本身升降引起的。

2. 销售收入与业务量呈完全线性关系

该假设要求销售收入必须随业务量的变化而变化，两者之间应保持完全线性关系。因此，当销售量在相关范围内变化时，产品的单价不会发生变化。而在现实中，销售收入是随着销售量增长的，但是随着销售量的进一步增长，销售收入的增长速度会放慢。这主要是因为扩大销售量，通常需要通过降价才能实现。

3. 产销平衡

假设当期产品的生产量与业务量相一致，不考虑存货水平变动对利润的影响。即假定每期生产的产品总量总是能在当期全部销售出去，产销平衡。假设产销平衡，主要是在保本分析时不考虑存货的影响。因为保本分析是一种短期决策，仅仅考虑特定时期全部成本的收回，而存货中包含了以前时期的成本，所以不在考虑范围之内。

4. 产品产销结构稳定

假设同时生产销售多种产品的企业，其销售产品的品种结构不变。即在一个生产与销售多种产品的企业，以价值形式表现的产品的产销总量发生变化时，原来各产品的产销额在全部产品的产销额中所占的比重不会发生变化。这是因为在产销多种产品的情况下，保本点会受到多种产品贡献和产销结构的影响，只有在产销结构不变的基础上进行的保本分析才是有效的。

(三)量本利分析的基本原理

1. 量本利分析的基本关系式

量本利分析所考虑的相关因素主要包括销售量、单价、销售收入、单位变动成本、固定成本、营业利润等。这些因素之间的关系可以用下列基本公式来反映：

利润＝销售收入－总成本

＝销售收入－(变动成本＋固定成本)

＝销售量×单价－销售量×单位变动成本－固定成本

＝销售量×(单价－单位变动成本)－固定成本

这个方程式是明确表达量本利之间数量关系的基本关系式，它含有五个相互联系的变量，给定其中四个变量，便可求出另外一个变量的值。量本利分析的基本原理就是在假设单价、单位变动成本、固定成本为常量以及产销量一致的基础上，将利润、产销量分别作为自变量和因变量，给定产销量便可求出其利润，或者给定目标利润，计算出目标产量。

2. 边际贡献

边际贡献，又称边际利润、贡献毛益等，是指销售收入减去变动成本后的余额。边际贡献的表现形式有两种：一种是以绝对数表现的边际贡献，分为边际贡献总额和单位边际贡献；另一种是以相对数表示的边际贡献。

边际贡献总额＝销售收入－变动成本

＝销售量×单位边际贡献

＝销售收入×边际贡献率

$$单位边际贡献=单价-单位变动成本$$
$$=单价\times边际贡献率$$
$$边际贡献率=\frac{边际贡献总额}{销售收入}=1-变动成本率$$

根据量本利的基本关系，利润、边际贡献及固定成本之间的关系可以表示为：

$$息税前利润=边际贡献-固定成本$$
$$=销售量\times单位边际贡献-固定成本$$
$$=销售收入\times边际贡献率-固定成本$$

【例 8—1】 某企业生产甲产品，售价为 60 元/件，单位变动成本为 24 元，固定成本总额为100 000元，当年产销量为20 000件。试计算单位边际贡献、边际贡献总额、边际贡献率及息税前利润。

单位边际贡献＝60－24＝36(元)

边际贡献总额＝36×20 000＝720 000(元)

$$边际贡献率=\frac{36}{60}\times100\%=60\%$$

或：

$$边际贡献率=\frac{720\ 000}{60\times20\ 000}\times100\%=60\%$$

息税前利润＝720 000－100 000＝620 000(元)

二、单一产品量本利分析

(一)保本分析

保本分析，又称盈亏临界分析，是研究当企业恰好处于保本状态时量本利关系的一种定量分析方法，是量本利分析的核心内容。

1. 保本点

保本分析的关键是保本点的确定。保本点，又称盈亏临界点，是指企业达到保本状态的业务量或金额，即企业一定时期的总收入等于总成本、利润为零时的业务量或金额。

单一产品的保本点有两种表现形式：一种以实物量来表现，称为保本销售量；另一种以货币单位来表现，称为保本销售额。根据量本利分析基本关系式：

$$息税前利润=销售量\times单价-销售量\times单位变动成本-固定成本$$

当利润为零时，求出的销售量就是保本销售量，即：

$$保本销售量=\frac{固定成本}{单价-单位变动成本}=\frac{固定成本}{单位边际贡献}$$

若用销售额来表示，则保本销售额的计算公式为：

$$保本销售额=保本销售量\times单价=\frac{固定成本}{1-\frac{单位变动成本}{单价}}=\frac{固定成本}{边际贡献率}$$

企业经营管理者总是希望企业的保本点越低越好，保本点越低，企业的经营风险就越小。从保本点的计算公式可以看出，降低保本点的途径主要有三个：一是降低固定成本总额；二是降低单位变动成本；三是提高销售单价。

【例 8—2】 某企业销售甲产品 6 000 件，单价为 100 元/件，单位变动成本为 50 元，固定成本为130 000元。要求：计算甲产品的边际贡献率、保本销售量及保本销售额。

$$边际贡献率=\frac{100-50}{100}\times100\%=50\%$$

$$保本销售量=\frac{130\ 000}{100-50}=2\ 600(件)$$

$$保本销售额=\frac{130\ 000}{50\%}=260\ 000(元)$$

或：

保本销售额＝2 600×100＝260 000(元)

2. 保本作业率

保本作业率是指保本点销售量(额)占正常经营情况下的销售量(额)的百分比，其计算公式为：

$$保本作业率=\frac{保本点销售量}{正常经营销售量}\times100\%$$

$$=\frac{保本点销售额}{正常经营销售额}\times100\%$$

该指标也可以提供企业在保本状态下对生产能力利用程度的要求。

【例 8－3】 沿用【例 8－2】的资料及有关计算结果，并假定该企业正常经营条件下的销售量为5 000件。要求：计算该企业的保本作业率。

$$保本作业率=\frac{2\ 600}{5\ 000}\times100\%=52\%$$

或：

$$保本作业率=\frac{260\ 000}{5\ 000\times100}\times100\%=52\%$$

计算结果表明：该企业保本作业率为 52%，即正常销售量的 52%用于保本。

(二)量本利分析图

在量本利分析图上，可以描绘出影响利润的因素：单价、销售量、单位变动成本、固定成本。量本利分析图有多种表现形式。

1. 基本的量本利分析图

以横坐标代表销售量，以纵坐标代表收入和成本，则销售收入线和总成本线的交叉点就是保本点(如图 8－1 所示)。

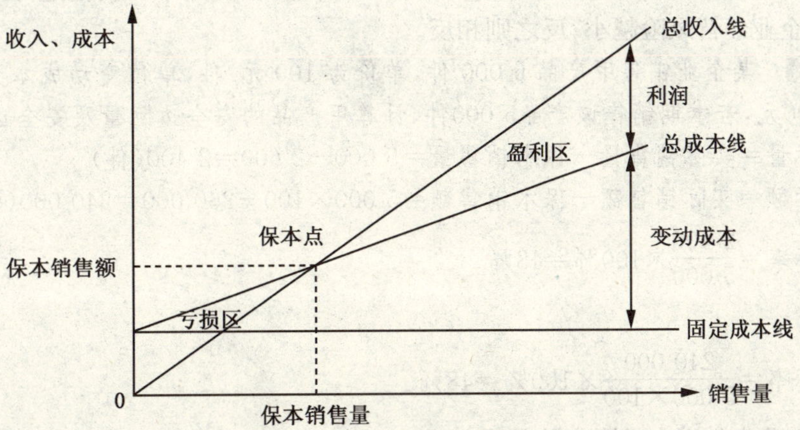

图 8－1　基本的量本利分析图

2. 边际贡献式量本利分析图

边际贡献式量本利分析图如图 8－2 所示。

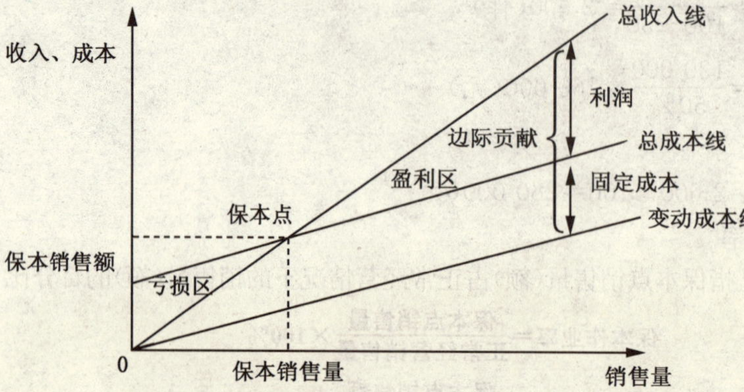

图 8－2　边际贡献式的量本利分析图

边际贡献式量本利分析图的主要优点是可以表示边际贡献的数值。

(三)安全边际分析

1. 安全边际

安全边际是指企业实际(或预计)销售量与保本销售量之间的差额,或实际(或预计)销售额与保本销售额之间的差额。它表明销售量、销售额下降多少,企业仍不至于亏损。

安全边际有两种表现形式:一种是绝对数,即安全边际量(额);另一种是相对数,即安全边际率。其计算公式为:

$$安全边际量＝实际或预计销售量－保本点销售量$$

$$安全边际额＝实际或预计销售额－保本点销售额$$

$$＝安全边际量×单价$$

$$安全边际率＝\frac{安全边际量}{实际或预计销售量}×100\%$$

$$＝\frac{安全边际额}{实际或预计销售额}×100\%$$

一般来讲,安全边际体现了企业在生产经营中的风险程度大小。安全边际或安全边际率越大,反映该企业经营风险越小;反之则相反。

【例 8－4】 某企业销售甲产品 6 000 件,单价为 100 元/件,单位变动成本为 50 元,固定成本为130 000元,若本期销售该产品5 000件,计算甲产品的安全边际量及安全边际率。

安全边际量＝实际销售量－保本销售量＝5 000－2 600＝2 400(件)

安全边际额＝实际销售额－保本销售额＝5 000×100－260 000＝240 000(元)

$$安全边际率＝\frac{2\ 400}{5\ 000}×100\%＝48\%$$

或:

$$安全边际率＝\frac{240\ 000}{5\ 000×100}×100\%＝48\%$$

2. 保本作业率与安全边际率的关系

保本作业率与安全边际率的关系可以用图 8－3 表示。

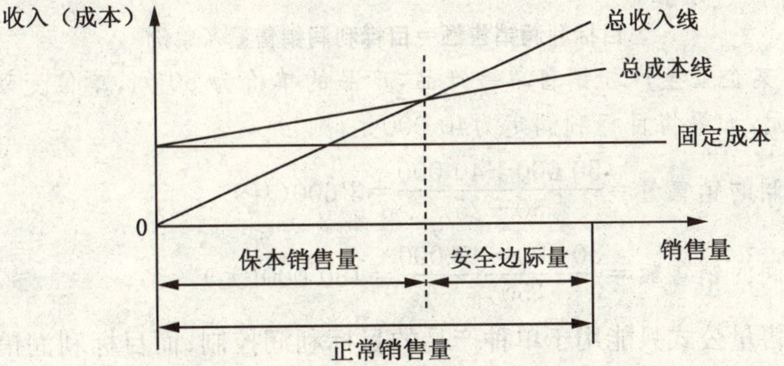

图 8—3　保本作业率与安全边际率的关系

根据图 8—3 可以看出：

保本销售量＋安全边际量＝正常销售量

上述公式两端同时除以正常销售量，便得到：

保本作业率＋安全边际率＝1

进一步推出：

息税前利润＝边际贡献－固定成本

＝销售收入×边际贡献率－保本销售额×边际贡献率

所以：

息税前利润＝安全边际额×边际贡献率

若将上式两端同时除以销售收入，便得到：

销售息税前利润率＝安全边际率×边际贡献率

从上述关系式可以看出，要提高企业的销售息税前利润率主要有两种途径：一是扩大现有销售水平，提高安全边际率；二是降低变动成本水平，提高边际贡献率。

三、目标利润分析

保本分析是假定企业在盈亏平衡、利润为零的状态下进行的量本利分析。虽然它有助于简化量本利分析的过程，了解企业最低生产条件以及评价企业经营的安全程度，并且为企业的经营决策提供有用的信息，但是，保本并不是企业经营的最终目的。在竞争的市场经济中，企业经营的目的是为了追求利润，在不断盈利中扩大自身规模，求生存空间，求发展机会。因此，企业不会满足于利润为零的保本分析，而更加注重于盈利条件下的量本利分析。

(一)目标利润分析

目标利润分析将目标利润引进量本利分析的基本模型，在单价和成本水平既定、确保目标利润实现的前提下，揭示成本、业务量和利润分析是保本分析的延伸和拓展。如果企业在经营活动开始之前，根据有关收支状况确定了目标利润，那么，就可以计算为实现目标利润而必须达到的销售数量和销售金额。计算公式如下：

目标利润＝(单价－单位变动成本)×销售量－固定成本

$$目标利润销售量=\frac{固定成本+目标利润}{单位边际贡献}$$

$$目标利润销售额=\frac{固定成本+目标利润}{边际贡献率}$$

或：

$$目标利润销售额=目标利润销售量\times 单价$$

【例 8—5】 某企业生产和销售单一产品，产品的单价为 50 元，单位变动成本为 25 元，固定成本为50 000元，如果将目标利润定为40 000元，则：

$$实现目标利润的销售量=\frac{50\ 000+40\ 000}{50-25}=3\ 600(件)$$

$$实现目标利润的销售额=\frac{50\ 000+40\ 000}{50\%}=180\ 000(元)$$

目标利润销售量公式只能用于单种产品的目标利润控制；而目标利润销售额既可用于单种产品的目标利润控制，又可用于多种产品的目标利润控制。

上述公式中的目标利润一般是指息税前利润。其实，从税后利润来进行目标利润的规划和分析，更符合企业生产经营的需要。如果企业预测的目标利润是税后利润，则上述公式应做如下调整：

由于：

$$税后利润=(息税前利润-利息)\times(1-所得税税率)$$

因此：

$$实现目标利润的销售量=\frac{固定成本+\dfrac{税后目标利润}{1-所得税税率}+利息}{单位边际贡献}$$

$$实现目标利润的销售额=\frac{固定成本+\dfrac{税后目标利润}{1-所得税税率}+利息}{边际贡献率}$$

(二)实现目标利润的措施

通常情况下企业要实现目标利润，在其他因素不变时，销售数量或销售价格应当提高，而固定成本或单位变动成本则应下降。

【例 8—6】 沿用【例 8—5】的资料，现在假定该公司将目标利润定为58 000元，问：从单个因素来看，影响目标利润的四个基本要素该做怎样的调整？

调整措施可选择如下方案中的任意一种：

(1)$实现目标利润的销售量=\frac{50\ 000+58\ 000}{50-25}=4\ 320(件)$

(2)$实现目标利润的单位变动成本=50-\frac{50\ 000+58\ 000}{3\ 600}=20(元)$

(3)$实现目标利润的固定成本=(50-25)\times 3\ 600-58\ 000=32\ 000(元)$

(4)$实现目标利润的单价=25+\frac{50\ 000+58\ 000}{3\ 600}=55(元)$

计算结果表明，该公司目标利润定为58 000元，比原来的目标利润增加18 000元。为确保现行目标利润的实现，从单个因素来看：销售数量应上升到4 320件，比原来的销售数量增加720 件；或单位变动成本下降到 20 元，比原来的单位变动成本降低 5 元；或固定成本应下降到32 000元，比原来的固定成本降低18 000元；或销售单价上升为 55 元，比原来的售价增加 5 元。

第三节　标准成本管理

一、标准成本管理的相关概念

(一)标准成本及其分类

标准成本是指通过调查分析，运用技术测定等方法制定的，在有效经营条件下所能达到的目标成本。

一是理想标准成本，这是一种理论标准，它是指在现有条件下所能达到的最优成本水平，即在生产过程无浪费、机器无故障、人员无闲置、产品无废品的假设条件下制定的成本标准。

二是正常标准成本，是指在正常情况下，企业经过努力可以达到的成本标准，这一标准考虑了生产过程中不可避免的损失、故障和偏差等。

通常来说，理想标准成本小于正常标准成本。正常标准成本在实践中得到广泛应用。

(二)标准成本控制与分析

标准成本管理，又称标准成本控制与分析，是以标准成本为基础，将实际成本与标准成本进行对比，揭示成本差异形成的原因和责任，进而采取措施，对成本进行有效控制的管理方法。它以标准成本的确定作为起点，通过差异的计算、分析等得出结论性报告，然后据以采取有效措施，巩固成绩或克服不足。

二、标准成本的制定

通常来说，正常标准成本大于理想标准成本。由于理想标准成本要求异常严格，一般很难达到，而正常标准成本具有客观性、现实性和激励性等特点，所以，正常标准成本在实践中得到广泛应用。标准成本包括用量标准和价格标准两部分。用量标准的潜在来源主要有历史经验、工艺研究及生产操作人员的意见。制定价格标准是生产、采购、人事和会计部门的共同责任。

产品成本由直接材料、直接人工和制造费用三个项目组成。无论是确定哪一个项目的标准成本，都需要分别确定其用量标准和价格标准，两者的乘积就是每一成本项目的标准成本，将各项目的标准成本汇总，即得到单位产品的标准成本。其计算公式为：

单位产品的标准成本＝直接材料标准成本＋直接人工标准成本＋制造费用标准成本

＝Σ(用量标准×价格标准)

(一)直接材料标准成本的制定

单位产品耗用的直接材料的标准成本是由材料的价格标准和用量标准来确定的。

材料的价格标准通常采用企业编制的计划价格，它通常是以订货合同的价格为基础，并考虑到未来物价、供求等各种变动因素后按材料种类分别计算的。一般由财务部门和采购部门等共同制定。

材料的用量标准是指在现有生产技术条件下，生产单位产品所需的材料数量。它包括构成产品实体的材料和有助于产品形成的材料，以及生产过程中必要的损耗和难以避免的损失所耗用的材料。材料的用量标准一般应根据科学的统计调查，以技术分析为基础计算确定。

在制定直接材料标准成本时，其基本程序是：首先，区分直接材料的种类；其次，逐一确定它们在单位产品中的标准用量和标准价格；再次，按照种类分别计算各种直接材料的标准成本；最后，汇总得出单位产品的直接材料标准成本。其计算公式如下：

直接材料标准成本＝Σ(单位产品材料用量标准×材料价格标准)

【例 8—7】 假定某企业 A 产品耗用甲、乙、丙三种直接材料，其直接材料标准成本的计算如表 8—1 所示。

表 8—1　　A 产品直接材料标准成本

项　目	标　准		
	甲材料	乙材料	丙材料
价格标准①	45 元/千克	15 元/千克	30 元/千克
用量标准②	3 千克/件	6 千克/件	9 千克/件
成本标准③＝①×②	135 元/件	90 元/件	270 元/件
单位产品直接材料标准成本④	495 元		

(二)直接人工标准成本的制定

直接人工的标准成本，是由直接人工用量和直接人工的价格两项标准决定的。

人工用量标准，即工时用量标准，它是指现有的生产技术条件下，生产单位产品所耗用的必要的工作时间，包括对产品直接加工工时、必要的间歇或停工工时，以及不可避免的废次品所耗用的工时等。

直接人工是由直接人工的价格和直接人工用量两项标准决定的。

直接人工的价格标准就是标准工资率，它通常由劳动工资部门根据用工情况制定。当采用计时工资时，标准工资率就是单位标准工资率，是由标准工资总额与标准总工时的商来确定的。其计算公式如下：

$$\text{标准工资率}=\frac{\text{标准工资总额}}{\text{标准总工时}}$$

因此：

直接人工标准成本＝工时用量标准×工资率标准

【例 8—8】 沿用【例 8—7】的资料，A 产品直接人工标准成本的计算如表 8—2 所示。

表 8—2　　A 产品直接人工标准成本

项　目	标　准
月标准总工时①	15 600 小时
月标准总工资②	168 480 元
标准工资率③＝②÷①	10.8 元/小时
单位产品工时用量标准④	1.5 小时/件
直接人工标准成本⑤＝③×④	16.2 元/件

(三)制造费用标准成本

制造费用的标准成本，是由制造费用用量标准和制造费用价格标准两项因素决定的。

制造费用的用量标准，即工时用量标准。

制造费用的价格标准，即制造费用的分配率标准。其计算公式为：

$$标准制造费用分配率=\frac{标准制造费用总额}{标准总工时}$$

因此：

制造费用标准成本＝工时用量标准×制造费用分配率标准

成本按照其性态分为变动成本和固定成本。前者随着产量的变动而变动；后者相对固定，不随产量波动。所以，制定费用标准时，也应分别制定变动制造费用和固定制造费用的成本标准。

【例8－9】 沿用【例8－7】的资料，A产品制造费用的标准成本计算如表8－3所示。

表8－3　**A产品制造费用标准成本**

项目		标准
工时	月标准总工时①	15 600小时
	单位产品工时标准②	1.5小时/件
变动制造费用	标准变动制造费用总额③	56 160元
	标准变动制造费用分配率④＝③÷①	3.6小时/件
	变动制造费用标准成本⑤＝②×④	5.4元/件
固定制造费用	标准固定制造费用总额⑥	187 200元
	标准固定制造费用分配率⑦＝⑥＋①	12元/小时
	固定制造费用标准成本⑧＝②×⑦	18元/件
单位产品制造费用标准成本⑨＝⑤＋⑧		23.4元

三、成本差异的计算及分析

在标准成本管理模式下，成本差异是指一定时期生产一定数量的产品所发生的实际成本与相关的标准成本之间的差额。凡实际成本大于标准成本的称为超支差异，凡实际成本小于标准成本的则称为节约差异。

从标准成本的制定过程可以看出，任何一项费用的标准成本都是由用量标准和价格标准两个因素决定的，因此，差异分析就应该从这两个方面进行。实际产量下的总差异的计算公式为：

总差异＝实际价格×实际用量－标准价格×标准用量
＝(实际价格×实际用量－标准价格×实际用量)＋
(标准价格×实际用量－标准价格×标准用量)
＝(实际价格－标准价格)×实际用量＋标准价格×(实际用量－标准用量)
＝价格差异＋用量差异

其中：

价格差异＝(实际价格－标准价格)×实际用量
用量差异＝标准价格×(实际用量－标准用量)

(一)直接材料成本差异的计算分析

直接材料成本差异，是指直接材料的实际总成本与实际产量下标准总成本之间的差异。它可进一步分解为直接材料价格差异和直接材料用量差异两部分。有关计算公式如下：

直接材料成本差异＝实际产量下实际成本－实际产量下标准成本
＝实际价格×实际用量－标准价格×标准用量
＝直接材料价格差异＋直接材料用量差异

直接材料价格差异＝(实际价格－标准价格)×实际用量

直接材料用量差异＝标准价格×(实际用量－实际产量下标准用量)

材料价格差异的形成受各种主客观因素的影响，较为复杂，如市场价格、供货厂商、运输方式、采购批量等的变动，都可以导致材料的价格差异。但由于它与采购部门的关系更为密切，所以其差异应主要由采购部门承担责任。

直接材料的用量差异形成的原因是多方面的，有生产部门的原因，也有非生产部门的原因。如产品设计结构、原料质量、工人的技术熟练程度、废品率的高低等都会导致材料用量的差异。材料用量差异的责任需要通过具体分析才能确定，但主要应由生产部门承担。

【例 8－10】 沿用【例 8－7】的资料，A 产品甲材料的标准价格为 45 元/千克，用量标准为 3 千克/件。假定企业本月投产 A 产品 8 000 件，领用甲材料 32 000 千克，其实际价格为 40 元/千克。其直接材料成本差异计算如下：

直接材料成本差异＝40×32 000－45×3×8 000＝200 000(元)(超支)

其中：

材料价格差异＝(40－45)×32 000＝－160 000(元)(节约)

材料用量差异＝45×(32 000－8 000×3)＝360 000(元)(超支)

通过以上计算可以看出，A 产品本月耗用甲材料发生 200 000 元超支差异。由于生产部门耗用材料超过标准，导致超支 360 000 元，应该查明材料用量超标的具体原因，以便改进工作，节约材料。从材料价格而言，由于材料价格降低节约了 160 000 元，从而抵消了一部分由于材料超标耗用而形成的成本超支。这是材料采购部门的工作成绩，也应查明原因，巩固和发扬成绩。

(二)直接人工成本差异的计算分析

直接人工成本差异，是指直接人工的实际总成本与实际产量下标准总成本之间的差异。它可分为直接人工工资率差异和直接人工效率差异两部分。有关计算公式如下：

直接人工成本差异＝实际总成本－实际产量下标准成本

＝实际工资率×实际人工工时－标准工资率×标准人工工时

＝直接人工工资差异率＋直接人工效率差异

直接人工工资率差异＝(实际工资率－标准工资率)×实际人工工时

直接人工效率差异＝标准工资率×(实际人工工时－实际产量下标准人工工时)

工资率差异是价格差异，其形成原因比较复杂，工资制度的变动、工人的升降级、加班或临时工的增减等都将导致工资率差异。一般来说，这种差异的责任不在生产部门，劳动人事部门更应对其承担责任。

直接人工效率差异是用量差异，其形成原因也是多方面的，工人技术状况、工作环境和设备条件的好坏等，都会影响效率的高低，但其主要责任还是在生产部门。

【例 8－11】 沿用【例 8－8】的资料，A 产品标准工资率为 10.8 元/小时，工时标准为 1.5 小时/件，工资标准为 16.2 元/件。假定企业本月实际生产 A 产品 8 000 件，用工 10 000 小时，实际应付直接人工工资 110 000 元。其直接人工差异计算如下：

直接人工成本差异＝110 000－16.2×8 000＝－19 600(元)(节约)

其中：

直接人工工资率差异＝(110 000÷10 000－10.8)×10 000＝2 000(元)(超支)

直接人工效率差异＝10.8×(10 000－1.5×8 000)＝－21 600(元)(节约)

通过以上计算可以看出，该产品的直接人工成本总体上节约19 600元。其中，人工效率差异节约21 600元，但工资率差异超支2 000元。工资率超过标准，可能是为了提高产品质量，调用了一部分技术等级和工资级别较高的工人，使小时工资率增加了0.2元(110 000÷10 000－10.8)。但也因此在提高产品质量的同时，提高了销路，使工时的耗用由标准的12 000小时(8 000×1.5)降低为10 000小时，节约工时2 000小时，从而导致最终的成本节约。可见生产部门在生产组织上的成绩是值得肯定的。

(三)变动制造费用成本差异的计算和分析

变动制造费用成本差异是指实际发生的变动制造费用总额与实际产量下标准变动费用总额之间的差异。它可以分解为耗费差异和效率差异两部分。其计算公式如下：

变动制造费用成本差异＝实际总变动制造费用－实际产量下标准变动制造费用

＝实际变动制造费用分配率×实际工时－标准变动制造费用分配率×标准工时

＝变动制造费用耗费差异＋变动制造费用效率差异

变动制造费用耗费差异＝(变动制造费用实际分配率－变动制造费用标准分配率)×实际工时

变动制造费用效率差异＝变动制造费用标准分配率×(实际工时－实际产量下标准工时)

其中，耗费差异属于价格差异，效率差异是用量差异。变动制造费用效率差异的形成原因与直接人工效率差异的形成原因基本相同。

【例8－12】　沿用【例8－9】的资料，A产品标准变动费用分配率为3.6元/小时，工时标准为1.5小时/件。假定企业本月实际生产A产品8 000件，用工10 000小时，实际发生变动制造费用40 000元。其变动制造费用成本差异计算如下：

变动制造费用成本差异＝40 000－3.6×1.5×8 000＝－3 200(元)(节约)

其中：

变动制造费用耗费差异＝(40 000÷10 000－3.6)×10 000＝4 000(元)(超支)

变动制造费用效率差异＝3.6×(10 000－1.5×8 000)＝－7 200(元)(节约)

通过以上计算可以看出，A产品变动制造费用节约3 200元，这是由于提高效率，工时由12 000小时(1.5×8 000)降为10 000小时的结果。由于费用分配率由3.6元提高到4元(40 000÷10 000)，使变动制造费用发生超支，从而抵消了一部分变动制造费用的节约额。应该查明费用分配率提高的具体原因。

(四)固定制造费用成本差异的计算分析

固定制造费用成本差异是指实际发生的固定制造费用与实际产量下标准固定制造费用的差异。其计算公式为：

固定制造费用成本差异＝实际产量下实际固定制造费用－实际产量下标准固定制造费用

＝实际分配率×实际工时－标准分配率×实际产量下标准工时

其中：

标准分配率＝固定制造费用预算总额÷预算产量下标准总工时

由于固定制造费用相对固定，实际产量与预算产量的差异会对单位产品所应承担的固定制造费用产生影响，所以，固定制造费用成本差异的分析有其特殊性，分为两差异分析法和三差异分析法。

1. 两差异分析法

它是指将总差异分为耗费差异和能量差异两部分，计算公式如下：

耗费差异＝实际固定制造费用－预算产量下标准固定制造费用

＝实际固定制造费用－标准分配率×工时标准×预算产量

=实际固定制造费用－标准分配率×预算产量下标准工时

能量差异=预算产量下标准固定制造费用－实际产量下固定制造费用

=标准分配率×(预算产量下标准工时－实际产量下标准工时)

【例 8－13】 沿用【例 8－9】的资料，A 产品固定制造费用标准分配率为 12 元/小时，工时标准为 1.5 小时/件。假定企业 A 产品预算产量为 10 400 件，实际生产 A 产品 8 000 件，用工 10 000 小时，实际发生固定制造费用 190 000 元。其固定制造费用的成本差异计算如下：

固定制造费用成本差异=190 000－12×105×8 000=46 000(元)(超支)

其中：

耗费差异=19 000－12×1.5×10 400=2 800(元)(超支)

能量差异=12×(1.5×10 400－1.5×8 000)=43 200(元)(超支)

通过以上计算可以看出，该企业 A 产品固定制造费用超支 46 000 元，主要是由于生产能力不足，实际产量小于预算产量所致。

2. 三差异分析法

它是将两差异分析法下的能量差异进一步分解为产量差异和效率差异，即将固定制造费用成本差异分为耗费差异、产量差异和效率差异三个部分。其中，耗费差异的概念和计算与两差异分析法下一致。相关计算公式为：

耗费差异=实际固定制造费用－预算产量下标准固定制造费用

=实际固定制造费用－标准分配率×工时标准×预算产量

=实际固定制造费用－标准分配率×预算产量下标准工时

产量差异=标准分配率×(预算产量下标准工时－实际产量下实际工时)

效率差异=标准分配率×(实际产量下实际工时－实际产量下标准工时)

【例 8－14】 沿用【例 8－13】的资料，计算其固定制造费用的成本差异如下：

固定制造费用成本差异=190 000－12×1.5×8 000=46 000(元)(超支)

其中：

耗费差异=19 000－12×1.5×10 400=2 800(元)(超支)

产量差异=12×(1.5×10 400－10 000)=67 200(元)(超支)

效率差异=12×(10 000－1.5×8 000)=－24 000(元)(节约)

通过上述计算可以看出，采用三差异分析法，能够更好地说明生产能力利用程度和生产效率高低所导致的成本差异情况，便于分清责任。

(五)分析结果的反馈

标准成本差异分析是企业规划与控制的重要手段。通过差异分析，企业管理人员可以进一步揭示实际执行结果与标准不同的深层次原因。差异分析的结果，可以更好地凸显实际生产经营活动中存在的不足或在必要时修改成本标准，这对企业成本的持续降低、责任的明确划分以及经营效率的提高具有十分重要的意义。

第四节 作业成本管理与责任成本管理

一、作业成本管理

作业成本计算法，最开始是作为一种产品成本的计算方法，对传统成本计算方法进行改进，主要表现在采用多重分配标准分配制造费用的变革上。随着成本计算方法的完善，开始兼顾对制造费用和销售费用的分析，以及对价值链成本的分析，并将成本分析的结果应用到战略管理中，从而形成了作业成本管理。

(一)作业成本计算法的相关概念

在这个作业链上，存在着“资源—作业—成本对象”的联结关系，即“作业耗用资源，产品耗用作业”。作业成本计算法基于资源耗用的因果关系进行成本分配：根据作业活动耗用资源的情况，将资源耗费分配给作业；再依照成本对象消耗作业的情况，把作业成本分配给成本对象。

在作业成本法下，对于直接费用的确认和分配与传统的成本计算方法一样，而间接费用的分配对象不再是产品，而是作业活动。

1. 资源

资源是企业生产耗费的原始形态，是成本产生的源泉。企业作业活动系统所涉及的人力、物力、财力都属于资源。一个企业的资源包括直接人工、直接材料、间接制造费用等。

2. 作业

作业，是指在一个组织内为了某一目的而进行的耗费资源动作，它是作业成本计算系统中最小的成本归集单元。作业贯穿产品生产经营的全过程。在这一过程中，每个环节、每道工序都可以视为一项作业。

作业按其层次分类，可以分为单位作业、批次作业、产品作业和支持作业。单位作业如加工零件、对每件产品进行的检验等。批次作业如设备调试、生产准备等。产品作业如产品工艺设计作业等。支持作业如厂房维修、管理作业等。通常认为单位作业、批次作业、产品作业以外的所有作业均是支持作业。

3. 成本动因

成本动因，亦称成本驱动因素，是指导致成本发生的因素，即成本的诱因。成本动因通常以作业活动耗费的资源来进行度量，如质量检查次数、用电度数等。在作业成本法下，成本动因是成本分配的依据。成本动因又可以分为资源动因和作业动因。

资源动因是引起作业成本变动的驱动因素，反映作业量与耗费之间的因果关系。资源动因被用来计量各项作业对资源的耗用，根据资源动因可以将资源成本分配给各有关作业。

作业动因是引起产品成本变动的驱动因素，反映产品产量与作业成本之间的因果关系。作业动因计量各种产品对作业耗用的情况，并被用来作为作业成本的分配基础，是沟通资源消耗与最终产出的中介。

4. 作业中心

作业中心又称成本库，是指构成一个业务过程的相互联系的作业集合，用来汇集业务过程及其产出的成本。换言之，按照统一的作业动因，将各种资源耗费项目归结在一起，便形成了作业中心。

(二)作业成本法与传统成本计算法的比较

如图 8—4 所示，作业成本计算法与传统成本计算法下，直接材料成本与直接人工成本都直接归集到成本对象，两者的区别集中在对间接费用的分配上，主要是制造费用的分配。传统成本计算法下，制造费用以直接人工工时或机器工时为分配依据。在作业成本计算法下，间接费用的分配对象不再是产品，而是作业。分配时，首先根据作业中心对资源的耗费情况将资源耗费的成本分配到作业中心去，然后再将上述分配至作业中心的成本按照各自的成本动因，依据作业的耗用数量分配到各产品。作业成本法很好地克服了传统成本方法中间接费用责任划分不清的缺点，使以往一些不可控的间接费用变为可控。采用作业成本计算法，制造费用按照成本动因直接分配，避免了传统成本计算法下的成本扭曲。

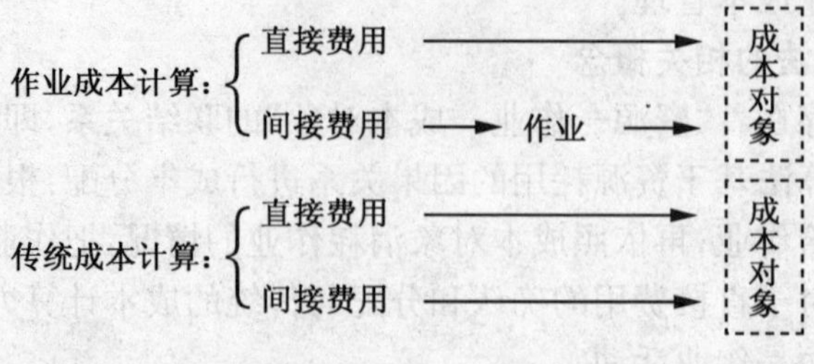

图 8－4　作业成本计算法与传统成本计算法的比较

(三)作业成本计算法的成本计算

根据作业成本计算法“作业耗用资源，产品耗用作业”的基本指导思想，产品成本计算过程可以分为两个阶段：第一阶段，识别作业，根据作业消耗资源的方式，将作业执行中耗费的资源分派（追溯和间接分配）到作业，计算作业的成本。第二阶段，根据产品所消耗的成本动因，将第一阶段计算的作业成本分派（追溯和间接分配）到各有关成本对象。作业成本法下间接成本的分配路径是“资源—作业—产品”。

(四)作业成本管理

作业成本管理是以提高客户价值、增加企业利润为目的，基于作业成本法的新型集中化管理方法。它通过对作业及作业成本的确认、计量，最终计算产品成本，同时将成本计算深入到作业层次，对企业所有作业活动进行追踪并动态反映。此外还要进行成本链分析，包括动因分析、作业分析等，从而为企业决策提供准确的信息，指导企业有效地执行必要的作业，消除和精简不能创造价值的作业，以达到降低成本、提高效率的目的。作业成本管理是一种符合战略管理思想要求的现代成本计算和管理模式。它既是精确的成本计算系统，也是改进业绩的工具。作业成本管理包含两个维度的含义：成本分配观和流程观（如图 8－5 所示）。

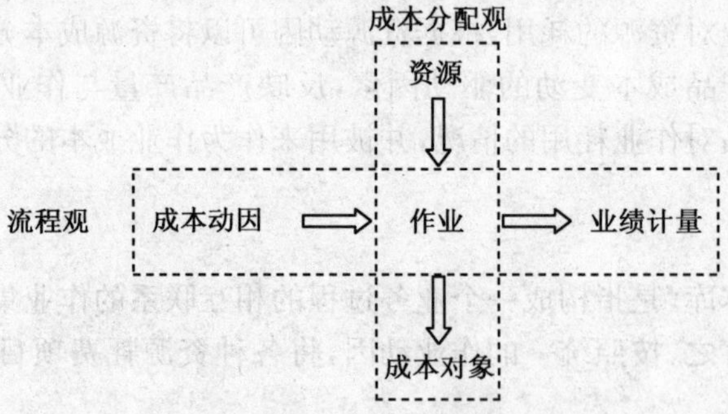

图 8－5　作业成本管理的结构

图 8－5 中，垂直部分反映了成本分配观。成本分配是从资源到作业，再从作业到成本对象，而这一流程正是作业成本计算的核心。

图 8－5 中，水平部分反映了流程观，它为企业提供引起作业的原因（成本动因）以及作业完成情况（业绩计量）的信息。

流程价值分析关心的是作业的责任，包括成本动因分析、作业分析和业绩考核三个部分。

其基本思想是：以作业来识别资源，将作业分为增值作业和非增值作业。

1. 成本动因分析

要进行作业成本管理，必须找出导致作业成本的原因。每项作业都有投入和产出。作业投入是为取得产出而由作业消耗的资源，而作业产出则是一项作业的结果或产品。比如，原料搬运，搬运到指定地点的材料数量，则是该“搬运”作业的产出量，也可以称为作业动因。然而，产出量指标不一定是作业发生的根本原因，必须进一步进行动因分析，找出形成作业成本的根本原因。例如，搬运材料的根本原因，可能是车间布局不合理造成的。一旦得知了根本原因，就可以采取相应的措施改善作业，如改善车间布局、减少搬运成本。

2. 作业分析

作业分析的主要目标是认识企业的作业过程，以便从中发现持续改善的机会及途径。分析和评价作业、改进作业和消除非增值作业构成了流程价值分析与管理的基本内容。按照对顾客价值的贡献，作业可以分为增值作业和非增值作业。

所谓增值作业，就是那些顾客认为可以增加其购买的产品或服务的有用性，有必要保留在企业中的作业。一项作业必须同时满足下列三个条件才可断定为增值作业：

(1)该作业导致了状态的改变；

(2)该状态的变化不能由其他作业来完成；

(3)该作业使其他作业得以进行。

例如，印刷厂的最后装订工序是先裁边再装订，那么裁边作业使所有纸张整齐划一，从而改变了原来的状态。这种状态之前的印刷或其他作业均不能实现该目的，而且只有裁边以后，才能进行后续的装订作业。裁边作业符合上述全部条件，因此为增值作业。增值作业又可分为高效作业和低效作业。增值成本即是那些以完美效率执行增值作业所发生的成本，或者说，是高效增值作业产生的成本。而那些增值作业中因为低效率所发生的成本，则属于非增值成本。

增值作业又可分为高效作业和低效作业。增值成本即是那些以完美效率执行增值作业所发生的成本，或者说，是高效增值作业产生的成本。而那些增值作业中因为低效率所发生的成本则属于非增值成本。

非增值作业，是指即便消除也不会影响产品对顾客服务的潜能，不必要的或可消除的作业。如果一项作业不能同时满足增值作业的三个条件，就可断定其为非增值作业。例如检验工作，只能说明产品是否符合标准，而不能改变其形态，不符合第一个条件；次品返工作业是重复作业，在其之前的加工作业本就应提供符合标准的产品，因此也属于非增值作业。执行非增值作业发生的成本全部是非增值成本。持续改进和流程再造的目标就是寻找非增值作业，将非增值成本降至最低。

在区分了增值成本与非增值成本之后，企业要尽量消除或减少非增值成本，最大化利用增值作业，以减少不必要的耗费，提升经营效率。作业成本管理中进行成本节约的途径，主要有以下四种形式：

(1)作业消除。如将原材料从集中保管的仓库搬运到生产部门，将某部门生产的零件搬运到下一个生产部门，都是非增值作业。如果条件许可，将原料供应商的交货方式改变为直接送达原料使用部门，将功能性的工厂布局转变为单元制造式布局，就可以缩短运输距离，削减甚至消除非增值的作业。

(2)作业选择。在其他条件不变的情况下，选择作业成本最低的销售策略，可以降低成本。

(3)作业减少。如减少整备次数，就可以改善整备作业及其成本。

(4)作业共享。如新产品在设计时,如果考虑到充分利用现有其他产品使用的零件,就可以免除新产品零件的设计作业,从而降低新产品的生产成本。

作业分析是流程价值分析的核心。通过对作业的分析研究,进而采取措施,消除非增值作业,改善低效作业,优化作业链,对于削减成本、提高效益具有非常重要的意义。

3. 作业业绩考核

实施作业成本管理,其目的在于找出并消除所有非增值作业,提高增值作业的效率,削减非增值成本。当利用作业成本计算系统识别出流程中的非增值作业及其成本动因后,就为业绩改善指明了方向。若要评价作业和流程的执行情况,必须建立业绩指标,可以是财务指标,也可以是非财务指标,以此来评价是否改善了流程。财务指标主要集中在增值成本和非增值成本上,可以提供增值与非增值报告,以及作业成本趋势报告。而非财务指标主要体现在效率、质量和时间三个方面,如投入产出比、次品率和生产周期等。

二、责任成本管理

(一)责任成本管理的内容

责任成本管理,是指将企业内部划分成不同的责任中心,明确责任成本,并根据各责任中心的权、责、利关系,来考核其工作业绩的一种成本管理模式。其中,责任中心也称责任单位,是指企业内部具有一定权利并承担相应工作责任的部门或管理层次。责任成本管理的流程如图 8—6 所示。

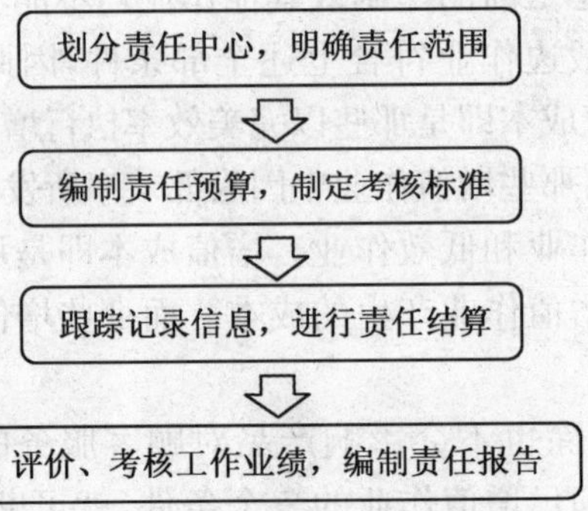

图 8—6　责任成本管理的流程

(二)责任中心及其考核

按照企业内部责任中心的权责范围以及业务活动的不同特点,责任中心一般可以划分为成本中心、利润中心和投资中心三类。每一类责任中心均对应着不同的决策权力及不同的业绩评价指标。

1. 成本中心

成本中心是指有权发生并控制成本的单位。成本中心一般不会产生收入,通常只计量考核发生的成本。成本中心是责任中心中应用最为广泛的一种形式,只要是对成本的发生负有责任的单位或个人都可以成为成本中心,如负责生产产品的车间、工段、班组等生产部门或确定费用标准的管理部门等。成本中心具有以下特点:

(1)成本中心不考核收益,只考核成本。一般情况下,成本中心不能形成真正意义上的收入,故只需衡量投入,而不衡量产出,这是成本中心的首要特点。

(2)成本中心只对可控成本负责,不负责不可控成本。可控成本是指成本中心可以控制的各种耗费,它应具备三个条件:第一,该成本的发生是成本中心可以预见的;第二,该成本是成本中心可以计量的;第三,该成本是成本中心可以调节和控制的。

凡不符合上述三个条件的成本都是不可控成本。可控成本和不可控成本的划分是相对的。它们与成本中心所处的管理层级别、管理权限与控制范围大小有关。对于一个独立企业而言,几乎所有的成本都是可控的。

(3)责任成本是成本中心考核和控制的主要内容。成本中心当期发生的所有可控成本之和就是其责任成本。

成本中心考核和控制主要使用的指标包括预算成本节约额和预算成本节约率。其计算公式为:

$$\text{预算成本节约额}=\text{预算责任成本}-\text{实际责任成本}$$

$$\text{预算成本节约率}=\frac{\text{预算成本节约额}}{\text{预算成本}}\times 100\%$$

【例 8－15】 某企业内部某车间为成本中心,生产甲产品,预算产量为 3 500 件,单位成本为 150 元,实际产量为 4 000 件,成本为 145.5 元,该成本中心的考核指标计算为:

$$\text{预算成本节约额}=150\times 4\ 000-145.5\times 4\ 000=18\ 000(\text{元})$$

$$\text{预算成本节约率}=\frac{18\ 000}{150\times 4\ 000}\times 100\%=3\%$$

结果表明,该成本中心的成本节约额为 18 000 元,节约率为 3%。

2. 利润中心

利润中心是指既能控制成本,又能控制收入和利润的责任单位。它不但有成本发生,而且还有收入发生。因此,它要同时对成本、收入以及收入与成本的差额即利润负责。利润中心有两种形式:一是自然利润中心,它是自然形成的,直接对外提供劳务或销售产品以取得收入的责任中心;二是人为利润中心,它是人为设定的,通过企业内部各责任中心之间使用内部结算价格结算半成品内部销售收入的责任中心。利润中心往往处于企业内部的较高层次,如分店或分厂等。利润中心与成本中心相比,其权利和责任相对较大,它不仅要降低绝对成本,还要寻求收入的增长,使之超过成本,即更强调相对成本的降低。

通常情况下,利润中心采用利润作为业绩考核指标,分为边际贡献、可控边际贡献和部门边际贡献。相关公式为:

边际贡献＝销售收入总额－变动成本总额

可控边际贡献＝边际贡献－该中心负责人可控固定成本

部门边际贡献＝可控边际贡献－该中心负责人不可控固定成本

其中:边际贡献是将收入减去变动成本总额,反映了该利润中心的盈利能力。

可控边际贡献也称部门经理边际贡献,它衡量了部门经理有效运用其控制下的资源的能力,是评价利润中心管理者业绩的理想指标。但是,该指标一个很大的局限就是难以区分可控和不可控的与生产能力相关的成本。如果该中心有权处置固定资产,那么相关的折旧费用是可控成本;反之,相关的折旧费用就是不可控成本。可控边际贡献忽略了应追溯但又不可控的生产能力成本,不能全面反映该利润中心对整个公司所做的经济贡献。

部门边际贡献,又称部门毛利,它扣除了利润中心管理者不可控的间接成本,因为对于公司最高层来说,所有成本都是可控的。部门边际贡献反映了部门为企业利润和弥补与生产能力有关的成本所做的贡献,它更多地用于评价部门业绩而不是利润中心管理者的业绩。

【例 8-16】 某企业内部乙车间是人为利润中心，本期实现内部销售收入 200 万元，销售变动成本为 120 万元，该中心负责人可控固定成本为 20 万元，不可控但应由该中心负担的固定成本为 10 万元。该利润中心的考核指标计算为：

边际贡献＝200－120＝80(万元)

可控边际贡献＝80－20＝60(万元)

部门边际贡献＝60－10＝50(万元)

3. 投资中心

投资中心是指既对成本、收入和利润负责，又对投资及其投资收益负责的责任单位。它本质上也是一种利润中心，但它拥有最大程度的决策权，同时承担最大程度的经济责任，属于企业中最高层次的责任中心，如事业部、子公司等。从组织形式上看，投资中心一般具有独立法人资格，而成本中心和利润中心往往是内部组织，不具有独立法人地位。

对投资中心的业绩进行评价时，不仅要使用利润指标，还需要计算、分析利润与投资的关系，主要有投资报酬率和剩余收益等指标。

(1)投资报酬率。投资报酬率是投资中心获得的利润与投资额的比率，其计算公式为：

$$\text{投资报酬率}=\frac{\text{营业利润}}{\text{平均营业资产}}$$

$$\text{平均营业资产}=\frac{\text{期初营业资产}+\text{期末营业资产}}{2}$$

其中，营业利润是指扣减利息和所得税之前的利润，即息税前利润。由于利润是整个期间内实现并累积形成的，属于期间指标，而营业资产属于时点指标，故取其平均数。

投资报酬率主要说明了投资中心运用公司的每单位资产对公司整体利润贡献的大小。它能够反映投资中心的综合获利能力，并具有横向可比性，因此，可以促使经理人员关注营业资产运用效率，并有利于资产存量的调整，优化资源配置。然而，过于关注投资利润率也会引起短期行为的产生，追求局部利益最大化而损害整体利益最大化目标，导致经理人员为眼前利益而牺牲长远利益。

(2)剩余收益。剩余收益是指投资中心的营业收益扣减营业资产按要求的最低投资报酬率计算的收益额之后的余额，其计算公式为：

$$\text{剩余收益}=\text{营业利润}-(\text{平均营业资产}\times\text{最低投资报酬率})$$

公式中的最低投资报酬率是根据资本成本来确定的。它一般等于或大于资本成本，通常可以采用企业整体的最低期望投资报酬率，也可以是企业为该投资中心单独规定的最低投资报酬率。

剩余收益指标弥补了投资报酬率指标会使局部利益与整体利益相冲突的不足，但由于其是一个绝对指标，故而难以在不同规模的投资中心之间进行业绩比较。另外，剩余收益同样仅反映当期业绩，单纯使用这一指标也会导致投资中心管理者的短期行为。

【例 8-17】 某公司的投资报酬率如表 8-4 所示。

表 8-4 某公司的投资报酬率 单位：万元

投资中心	利　润	投资额	投资报酬率
A	280	2 000	14%
B	80	1 000	8%
全公司	360	3 000	12%

假定A投资中心面临一个投资额为1 000万元的投资机会，可获利润131万元，投资报酬率为13.1%，假定公司整体的预期最低投资报酬率为12%。

若A投资中心接受该投资，则A、B投资中心的相关数据计算如表8—5所示。

表8—5 A、B投资中心的相关数据计算表 单位：万元

投资中心	利 润	投资额	投资报酬率
A	280＋131＝411	2 000＋1 000＝3 000	13.7%
B	80	1 000	8%
全公司	491	4 000	12.275%

(1)用投资报酬率指标衡量业绩。就全公司而言，接受投资后，投资报酬率增加了0.275%，应接受这项投资。然而，由于A投资中心的投资报酬率下降了3%，该投资中心可能不会接受这一投资。

(2)用剩余收益指标来衡量业绩。

A投资中心接受新投资前的剩余收益＝280－2 000×12%＝40(万元)

A投资中心接受新投资后的剩余收益＝411－3 000×12%＝51(万元)

所以，如果用剩余收益指标来衡量投资中心的业绩，则A投资中心应该接受这项投资。

(三)内部转移价格的制定

内部转移价格是指企业内部有关责任单位之间提供产品或劳务的结算价格。内部转移价格直接关系到不同责任中心的获利水平，其制定可以有效地防止成本转移引起的责任中心之间的责任转嫁，使每个责任中心都能够作为单独的组织单位进行业绩评价，并且可以作为一种价格信号引导下级采取正确决策，保证局部利益和整体利益的一致。

内部转移价格的制定，可以参照以下几种类型：

(1)市场价格，即根据产品或劳务的市场现行价格作为计价基础。市场价格具有客观真实的特点，能够同时满足分部和公司的整体利益，但是它要求产品或劳务有完全竞争的外部市场，以取得市价依据。

(2)协商价格，即内部责任中心之间以正常的市场价格为基础，并建立定期协商机制，共同确定双方都能接受的价格作为计价标准。采用该价格的前提是中间有非竞争性的市场可以交易，在该市场内双方有权决定是否买卖这种产品。协商价格的上限是市场价格，下限则是单位变动成本。当双方协商僵持时，会导致公司高层的行政干预。

(3)双重价格，即由内部责任中心的交易双方采用不同的内部转移价格作为计价基础。采用双重价格，买卖双方可以选择不同的市场价格或协商价格，能够较好地满足企业内部交易双方在不同方面的管理需要。

(4)以成本为基础的转移定价，是指所有的内部交易均以某种形式的成本价格进行结算，它适用于内部转移的产品或劳务没有市价的情况，包括完全成本、完全成本加成、变动成本以及变动成本加固定制造费用四种形式。以成本为基础的转移定价方法具有简便、客观的特点，但存在信息和激励方面的问题。比如，采用完全成本作为计价基础，对于中间产品的“买方”有利，而“卖方”得不到任何利润，虽然采用完全成本加成可以解决这个问题，但加成比例的确定又容易产生代理问题。同样，变动成本和变动成本加固定制造费用的计价方法也存在类似的问题。

同步测试题

一、单项选择题

1. 进行成本管理的第一步是(　　)。

A. 成本核算　　B. 成本控制　　C. 成本分析　　D. 成本规划

2. 某企业每月固定制造费用为20 000元,固定销售费用为5 000元,固定管理费用为50 000元。单位变动制造成本为50元,单位变动销售费用为9元,单位变动管理费用为1元。该企业生产一种产品,单价为100元,所得税税率为25%,如果保证本年不亏损,则至少应销售(　　)件产品。

A. 22 500　　B. 1 875　　C. 7 500　　D. 3 750

3. 若保本作业率为60%,变动成本率为50%,安全边际量为1 200台,单价为500元,则实际销售额为(　　)万元。

A. 120　　B. 100　　C. 150　　D. 无法计算

4. 下列各项中,不属于降低保本点途径的是(　　)。

A. 降低固定成本总额　　B. 降低单位变动成本

C. 提高销售单价　　D. 降低销售单价

5. 产品的销售单价为8元/件,单位边际贡献为4元/件,固定成本为10 000元,税后目标利润(假设利息为零)为22 500元,所得税税率为25%,则实现目标利润的销售额为(　　)元。

A. 60 000　　B. 80 000　　C. 50 000　　D. 40 000

6. 在确定直接人工标准成本时,人工用量标准不包括(　　)。

A. 直接加工操作必不可少的时间　　B. 必要的工间休息

C. 必要的停工工时　　D. 可避免的废品耗用工时

7. 某公司生产单一产品,实行标准成本管理。每件产品的标准工时为3小时,固定制造费用的标准成本为6元,企业生产能力为每月生产产品400件。7月份公司实际生产产品350件,发生固定制造成本2 250元,实际工时为1 100小时。根据上述数据计算,7月份公司固定制造费用效率差异为(　　)元。

A. 100　　B. 150　　C. 200　　D. 300

8. 本月生产甲产品1 000件,实际耗用A材料2 000千克,其实际价格为每千克20元。该产品A材料的用量标准为2.5千克,标准价格为每千克18元,其直接材料用量差异为(　　)元。

A. －9 000　　B. －10 000　　C. 90 000　　D. 10 000

9. 某企业内部某车间为成本中心,生产甲产品,预算产量为2 000件,单位成本为300元,实际产量为2 450件,实际单位成本为270元,则该成本中心的预算成本节约率为(　　)。

A. 10%　　B. 20%　　C. 9.8%　　D. 10.2%

10. 投资中心的经营资产平均额为20 000元,最低投资报酬率为15%,剩余收益为2 000元,则该中心的投资报酬率为(　　)。

A. 15%　　B. 40%　　C. 30%　　D. 25%

二、多项选择题

1. 成本分析的方法主要包括(　　)。

A. 对比分析法　　B. 连环替代法　　C. 相关分析法　　D. 综合分析法

2. 下列各项中,属于量本利分析的基本假设的有(　　)。

A. 总成本由固定成本和变动成本两部分组成　　B. 销售收入与业务量呈完全线性关系

C. 产销平衡　　D. 产品产销结构稳定

3. 某企业生产一种产品,单价为20元,单位变动成本为12元,固定成本为80 000元/月,每月实际销售量为25 000件。以一个月为计算期,下列说法中正确的有(　　)。

A. 保本点销售量为 10 000 件　　B. 安全边际额为 300 000 元

C. 保本作业率为 40%　　D. 销售利润率为 24%

4. 下列各项中，属于正常标准成本特点的有(　　)。

A. 客观性　　B. 现实性　　C. 激励性　　D. 一致性

5. 某产品的单位产品标准成本为：工时消耗 3 小时，变动制造费用小时分配率为 5 元，固定制造费用小时分配率为 2 元，本月生产产品 750 件，实际使用工时2 100小时，预算产量下标准工时为2 430小时，实际发生变动制造费用11 550元，实际发生固定制造费用5 250元，则下列有关制造费用差异的计算中，正确的有(　　)。

A. 变动制造费用耗费差异为 1 050 元　　B. 变动制造费用效率差异为－750 元

C. 固定制造费用耗费差异为 360 元　　D. 固定制造费用产量差异为 560 元

6. 本月生产产品 1 200 件，使用材料7 500千克，材料单价为 0.55 元/千克；直接材料的单位产品标准成本为 3 元，每千克材料的标准价格为 0.5 元。实际使用工时2 670小时，支付工资13 617元；直接人工的标准成本是 10 元/件，每件产品标准工时为 2 小时。则下列结论正确的有(　　)。

A. 直接材料成本差异为 525 元　　B. 直接材料价格差异为 375 元

C. 直接人工效率差异为 1 350 元　　D. 直接人工工资率差异为 240 元

7. 作业成本管理中进行成本节约的途径包括(　　)。

A. 作业消除　　B. 作业选择　　C. 作业增加　　D. 作业共享

8. 甲利润中心某年的销售收入为 10 000 元，已销产品的变动成本为3 000元，变动销售费用为1 000元，可控固定成本为1 000元，不可控固定成本为 500 元。则下列计算中正确的有(　　)。

A. 边际贡献为 6 000 元　　B. 可控边际贡献为 5 000 元

C. 部门边际贡献为 4 500 元　　D. 部门边际贡献为 5 500 元

9. 下列关于作业成本计算法的说法中，正确的有(　　)。

A. 作业成本计算法基于资源耗费的因果关系进行成本分配

B. 在作业成本法下，对于直接费用的确认和分配与传统的成本计算方法一样

C. 在作业成本法下，间接成本的分配对象是产品

D. 作业成本法很好地克服了传统成本方法中间接费用责任划分不清的缺点

三、判断题

1. 成本考核是成本管理的核心。(　　)

2. 成本核算是成本分析和成本控制的信息基础。(　　)

3. 边际贡献是指产品的销售收入减去总成本后的余额。(　　)

4. 保本点越低，企业的经营风险越大。(　　)

5. 净利润是量本利分析的核心要素。(　　)

6. 材料的价格标准由采购部门制定。(　　)

7. 通常来说，正常标准成本小于理想标准成本。(　　)

8. 增值作业中因为低效率所发生的成本属于非增值成本。(　　)

9. 双重价格的上限是市场价格，下限是单位变动成本。(　　)

四、计算分析题

1. 甲企业只生产一种产品，年产销量为 5 万件，单位产品售价为 20 元。为了降低成本，计划购置新生产线。买价为 200 万元，预计使用寿命 10 年，到期收回残值 2 万元。据预测可使变动成本降低 20%，产销量不变。现有生产线的年折旧额为 6 万元，购置新生产线后现有的生产线不再计提折旧。其他的固定成本不变。目前生产条件下的变动成本为 40 万元，固定成本为 24 万元。

要求：

(1)计算目前的安全边际率和利润。

(2)计算购置新生产线之后的安全边际率和利润。

(3)判断购置新生产线是否经济。

(4)如果购置新生产线，则企业经营的安全性水平有何变化？

2. NH公司下设A、B两个投资中心。A投资中心的经营资产为200万元，投资报酬率为15%；B投资中心的投资报酬率为17%，剩余收益为20万元；NH公司要求的平均最低投资报酬率为12%。NH公司决定追加投资100万元，若投向A投资中心，每年可增加经营利润20万元；若投向B投资中心，每年可增加经营利润15万元。

要求：

(1)计算追加投资前A投资中心的剩余收益。

(2)计算追加投资前B投资中心的经营资产。

(3)计算追加投资前NH公司的投资报酬率。

(4)若A投资中心接受追加投资，计算其剩余收益。

(5)若B投资中心接受追加投资，计算其投资报酬率。

3. 某产品本月成本资料如下：

(1)单位产品标准成本如下表所示：

成本项目	用量标准	价格标准	标准成本
直接材料	50千克	9元/千克	450元/件
直接人工	45小时	4元/小时	180元/件
变动制造费用	45小时	3元/小时	135元/件
固定制造费用	45小时	2元/小时	90元/件
合　计			855元/件

本企业该产品预算产量的标准工时为1 000小时。

(2)本月实际产量为20件，实际耗用材料为900千克，实际人工工时为950小时，实际成本如下表所示：

直接材料	9 000元
直接人工	3 325元
变动制造费用	2 375元
固定制造费用	2 850元
合　计	17 550元

要求：

(1)计算本月产品成本差异总额。

(2)计算直接材料价格差异和用量差异。

(3)计算直接人工效率差异和工资率差异。

(4)计算变动制造费用耗费差异和效率差异。

(5)计算固定制造费用耗费差异、产量差异和效率差异。

第九章　收入与利润分配管理

学习目标

通过本章学习，理解收入与利润分配管理的原则与内容，掌握销售预测的定量分析法和产品定价方法，掌握几种常用的股利分配政策、现金股利与股票股利的基本内容；理解我国公司制企业利润分配的一般程序及影响股利分配的因素；了解股利支付程序。

案例导读

九成企业因利润分配不当夭折

2012 年 8 月 5 日，创业者沙龙活动在济南市准时开场。“创业‘蛋糕’如何分配”是很多人已经经历和正在面临的难题，特邀嘉宾“赢在中国”第二季亚军获得者窦大海为大家剖析了“蛋糕”分配不当的利弊，并建议，“丑话说在前面，创业之前就应把“蛋糕”如何分与合作人达成共识。”济南市创促会工作人员李志强带来了一组数据：90％的企业，在创业初期因利润分配不当走向了关门倒闭的路，“这些倒闭的企业不是没有挣到钱，相反是挣到了钱，因为利润分配产生分歧，最终分道扬镳。”对于这组数据，窦大海表示了认同。

沙龙中，窦大海讲了两个有关利润分配的故事，引起了在场会员的深思。

故事一：有一个英语培训班，三个人合伙开办(这里以甲、乙、丙代替三位合伙人人名)。他们每人负责一个班，但第一个月，只有甲招到了学员，辛苦一个月下来，甲挣了1 000元钱，在利润分配时，甲提出乙、丙两人各拿 400 元，自已只拿 200 元，并约定，以后不管甲挣多少，乙、丙二人都按 400 元提取利润分红，当时乙、丙二人没有提出异议。第二个月，依然只有甲招到了学员，这一次的收益是10 000元，当甲拿出 400 元分别分给乙、丙二人时，遭到了两人拒绝，不过甲拿出了第一次分红时三人签署的有关甲个人所得利润分配方案时，乙、丙哑口无言。

故事二：一个企业的销售部，迟迟无法拉动公司销售额，于是老板想出了一个激励员工的点子，并公布了下去：如果有人在规定时间内，业务额能够超过2 000万元，公司就按照 2 个百分点给他提成。按照当时这家公司的运转情况，2 000万元的业务额是根本不可能完成的事，老板当然清楚这一点，这种做法不过是激励员工的空头支票而已。不过，国际经济形势突然发生了转变，有一位员工在规定的时间内业务额达到了 2 亿多元，按照老板当初的承诺计算，光提成就要拿 400 多万元。面对这个巨额的提成，老板犹豫了，最后也没有实现承诺，而是解聘了这位创下业务奇迹的员工。

［资料来源］　http://news.hexun.com/2012—08—08/144483210.html，2012 年 8 月 8 日。

【案例探索思考】

故事一说明,“丑话说在前面”可以很好地实现“多劳多得”的理想利润分配模式。当然,“丑话”既然说在了前面,那么就必须按照“丑话”来执行,否则将产生负面效果。而故事二中,没有兑现承诺的老板也许有这样的担忧,怕400多万元的提成会引起其他员工的不服及不满,但是却忽略了一点:还有人会相信他的话吗?还有人会为空头支票努力吗?抱住了一时的利润,却丧失了员工的信任,公司所面临的结果不言而喻。可见,利润这块“蛋糕”诱惑着很多人,它是一个企业成长的“双刃剑”。那么制约利润分配的因素有哪些?一个企业到底应采用何种收入和利润分配政策,应该怎样分配利润呢?请认真研究学习本章内容。

第一节　收入与利润分配管理概述

收入与利润分配管理是对企业收入与利润分配活动及其形成的财务关系的组织与调节,是企业进行销售预测和定价管理,并将一定时期内所创造的经营成果合理地在企业内、外部各利益相关者之间进行有效分配的过程。收入反映的是企业经济利益的来源,而分配反映的是企业经济利益的去向,两者共同构成企业经济利益流动的完整链条。收入的初次分配是对成本费用的弥补,这一过程随着再生产的进行而自然完成,而利润分配则是对收入初次分配的结果进行再分配。

一、收入与利润分配管理的意义和原则

企业通过经营活动取得收入后,要按照补偿成本、缴纳所得税、提取公积金、向投资者分配利润等顺序进行分配。对于企业来说,收入分配不仅是资产保值、保证简单再生产的手段,同时也是资产增值、实现扩大再生产的工具。通过收入分配还可以满足国家政治职能与组织经济职能的需要。同时,它也是处理所有者、经营者等各方面物质利益关系的基本手段。

(一)收入与利润分配管理的意义

收入与利润分配管理作为现代企业财务管理的重要内容之一,对于维护企业与各相关利益主体的财务关系、提升企业价值具有重要意义。具体而言,企业收入利润分配管理的意义表现在以下三个方面:

1. 收益分配集中体现了企业所有者、经营者与职工之间的利益关系

企业所有者是企业权益资金的提供者,按照“谁投资,谁受益”的原则,其应得的投资收益须通过企业的收益分配来实现,而获得投资收益的多少取决于企业盈利状况及利润分配政策。通过收益分配,投资者能实现预期的收益,提高企业的信誉程度,有利于增强企业未来融通资金的能力。

企业的债权人在向企业投入资金的同时也承担了一定的风险,企业的收益分配应体现出对债权人利益的充分保护。除了按时支付到期本金、利息外,企业在进行收益分配时也要考虑债权人未偿付本金的保障程度,否则将在一定程度上削弱企业的偿债能力,从而降低企业的财务弹性。

职工是价值的创造者,是企业收入和利润的源泉。通过薪资的支付以及各种福利的提供,可以提高职工的工作热情,为企业创造更多价值。因此,为了正确、合理地处理好企业各方利益相关者的需求,就必须对企业所实现的收益进行合理分配。

2. 收益分配是企业再生产的条件以及优化资本结构的重要措施

企业在生产经营过程中所投入的各类资金，随着生产经营活动的进行不断地发生消耗和转移，形成成本费用，最终构成商品价值的一部分。销售收入的取得，为企业成本费用的补偿提供了前提，为企业简单再生产的正常进行创造了条件。通过收益分配，企业能形成一部分自行安排的资金，可以增强企业生产经营的财力，有利于企业适应市场需要扩大再生产。

此外，留存收益是企业重要的权益资金来源，收益分配的多少，影响企业积累的多少，从而影响权益与负债的比例，即资本结构。企业价值最大化的目标要求企业的资本结构最优，因而收益分配便成了优化资本结构、降低资本成本的重要措施。

3. 收益分配是国家建设资金的重要来源之一

在企业正常的生产经营活动中，职工不仅为自己创造了价值，还为社会创造了一定的价值，即利润。利润代表企业的新创财富，是企业收入的重要构成部分。除了满足企业自身的生产经营性积累外，通过收益分配，国家财政也能够集中一部分企业利润，由国家有计划地分配使用，实现国家政治职能和经济职能，发展能源、交通和原材料基础工业，为社会经济的发展创造良好条件。

(二)收入与利润分配管理的原则

1. 依法分配原则

企业的收益分配必须依法进行。为了规范企业的收益分配行为，维护各利益相关者的合法权益，国家颁布了相关法规。这些法规规定了企业收益分配的基本要求、一般程序和重要比例，企业应当认真执行，不得违反。

2. 分配与积累并重原则

企业的收益分配必须坚持积累与分配并重的原则。企业通过经营活动赚取收益，既要保证企业简单再生产的持续进行，又要不断积累企业扩大再生产的财力基础。恰当处理分配与积累之间的关系，留存一部分净收益以供未来分配之需，能够增强企业抵抗风险的能力，同时，也可以提高企业经营的稳定性与安全性。

3. 兼顾各方利益原则

企业的收益分配必须兼顾各方面的利益。企业是经济社会的基本单元，企业的收益分配涉及国家、企业股东、债权人、职工等多方面的利益。正确处理它们之间的关系，协调其矛盾，对企业的生存、发展是至关重要的。企业在进行收益分配时，应当统筹兼顾，维护各利益相关者的合法权益。

4. 投资与收益对等原则

企业进行收益分配应当体现"谁投资，谁受益"，收益大小与投资比例相对等的原则。这是正确处理投资者利益关系的关键。企业在向投资者分配收益时，应本着平等一致的原则，按照投资者投资额的比例进行分配，不允许任何一方随意多分多占，以从根本上实现收益分配中的公开、公平和公正，保护投资者的利益。

二、收入与利润分配管理的内容

企业通过销售产品、提供劳务、转让资产使用权等活动取得收入，而这些收入的去向主要是两个方面：一是弥补成本费用，即为取得收入而发生的资源耗费；二是形成利润，即收入匹配成本费用后的余额。收入、成本费用和利润三者之间的关系可以简单表述为：

收入－成本费用＝利润

可以看出，广义的收益分配首先是对企业收入的分配，即对成本费用进行弥补，进而形成利润的过程，然后，对其余额（即利润）按照一定的程序进行再分配。显然，收入的取得、成本费用的发生以及利润的形成与流向便构成了收益分配的主要内容。因此，收入与利润分配管理包括收入管理、成本费用管理和利润分配管理三个部分。

可以看出，对企业收入的分配，首先是对成本费用进行补偿，然后，对其余额（即利润）按照一定的程序进行再分配。对成本费用的补偿随着企业再生产的进行自然完成，成本管理的有关内容已在前面章节做了详细介绍，此处不再赘述。本章主要介绍收入管理和利润分配管理两方面内容。

（一）收入管理

根据《企业会计准则》的规定，收入是指企业在日常活动中形成、会导致所有者权益增加、与所有者投入资本无关的经济利益的总流入，一般包括销售商品收入、提供劳务收入和让渡资产使用权收入等。企业的收入主要来自于生产经营活动，企业正常的经营活动主要包括销售商品、提供劳务、让渡本企业资产使用权等。

销售收入是企业收入的主要构成部分，是企业能够持续经营的基本条件，销售收入的制约因素主要是销量与价格，销售预测分析与销售定价管理构成了收入管理的主要内容。

1. 销售预测分析

常见的预测分析方法主要有两类：一类是定性分析法，即非数量分析法，如营销员判断法、专家判断法和产品寿命周期分析法；另一类是定量分析法，也称数量分析法，一般包括趋势预测分析法和因果预测分析法两大类。

2. 销售定价管理

常见的定价方法主要有两类：一类是基于成本的定价方法，如全部成本费用加成定价法、目标利润法等；另一类是基于市场需求的定价方法，如需求价格弹性系数定价法、边际分析定价法等。

（二）利润分配管理

利润是收入弥补成本费用后的余额。若成本费用不包括利息和所得税，则利润表现为息税前利润；若成本费用包括利息而不包括所得税，则利润表现为利润总额；若成本费用包括利息和所得税，则利润表现为净利润。

本章所指利润分配是指对净利润的分配。公司净利润的分配应按照下列顺序进行，并构成利润分配管理的主要内容：

1. 弥补以前年度亏损

企业在提取法定公积金之前，应先用当年利润弥补亏损。企业年度亏损可以用以下年度的税前利润弥补，下一年度不足弥补的，可以在五年之内用税前利润连续弥补，连续五年未弥补的亏损则用税后利润弥补。其中，税后利润弥补亏损可以用当年实现的净利润，也可以用盈余公积转入。

2. 提取法定公积金

根据《公司法》的规定，法定盈余公积金的提取比例为当年税后利润（弥补亏损后）的10%。当年法定盈余公积的累积额已达注册资本的50%时，可以不再提取。法定盈余公积金提取后，根据企业的需要，可用于弥补亏损或转增资本，但企业用盈余公积金转增资本后，法定盈余公积金的余额不得低于转增前公司注册资本的25%。提取法定盈余公积金的目的是为了增加企业内部积累，以利于企业扩大再生产。

3. 提取任意公积金

根据《公司法》的规定，公司从税后利润中提取法定公积金后，经股东会或股东大会决议，还可以从税后利润中提取任意盈余公积。这是为了满足企业经营管理的需要，控制向投资者分配利润的水平，以及调整各年度利润分配的波动。

4. 向股东（投资者）分配股利（利润）

根据《公司法》的规定，公司弥补亏损和提取公积金后所余税后利润，可以向股东（投资者）分配股利（利润）。其中，有限责任公司股东按照实缴的出资比例分取红利，全体股东约定不按照出资比例分取红利的除外；股份有限公司按照股东持有的股份比例分配，但股份有限公司章程规定不按照持股比例分配的除外。此外，近年来流行的股权激励，从本质上来说是企业对管理层或者员工进行的一种经济利益分配。

第二节　收入管理

广义的企业收入是指企业因销售商品、提供劳务、转让资产使用权所取得的各种收入的总称。由于销售收入应当是企业收入的主体，故本节所指收入主要是指销售收入，即企业在日常经营活动中，由于销售产品、提供劳务等所形成的收入。

企业销售收入是企业的主要财务指标，在资金运动过程中处于起点和终点的地位，具有重要的经济意义。它是企业简单再生产和扩大再生产的资金来源，是加速资金周转的前提。由于销售收入具有重要的经济意义，所以必须加强企业销售收入的管理。销售收入大小的制约因素主要是产品的销售数量和销售价格，因此，企业在经营管理过程中一定要做好销售预测分析以及销售定价管理。

一、销售预测分析

销售预测分析是指通过市场调查，以有关的历史资料和各种信息为基础，运用科学的预测方法或管理人员的实际经验，对企业产品在计划期间的销售量或销售额作出预计或估量的过程。企业在进行销售预测时，应充分研究和分析企业产品销售的相关资料，如产品价格、产品质量、售后服务、推销方法等。此外，对企业所处的市场环境、物价指数、市场占用率及经济发展趋势等情况也应进行研究分析。

销售预测的方法有很多种，主要包括定性分析法和定量分析法。

（一）销售预测的定性分析法

定性分析法，即非数量分析法，是指由专业人员根据实际经验，对预测对象的未来情况及发展趋势作出预测的一种分析方法。它一般适用于预测对象的历史资料不完备或无法进行定量分析时，主要包括营销员判断法、专家判断法和产品寿命周期分析法。

1. 营销员判断法

营销员判断法又称意见汇集法，是由企业熟悉市场情况及相关变化信息的经营管理人员对由营销员调查得来的结果进行综合分析，从而作出较为正确预测的方法。这种方法的优点在于用时短、成本低、比较实用。但是这种方法单纯靠营销人员的主观判断，具有较多的主观因素和较大的片面性。

2. 专家判断法

专家判断法，是由专家根据他们的经验和判断能力对特定产品的未来销售量进行判断和预测的方法，主要有以下三种不同形式：

(1)个别专家意见汇集法，即分别向每位专家征求对本企业产品未来销售情况的个人意见，然后将这些意见再加以综合分析，确定预测值。

(2)专家小组法，即将专家分成小组，运用专家们的集体智慧进行判断预测的方法。此方法的缺陷是预测小组中的专家意见可能受权威专家的影响，客观性较德尔菲法差。

(3)德尔菲法，又称函询调查法，它采用函询的方式，征求各方面专家的意见，各专家在互不通气的情况下，根据自己的观点和方法进行预测，然后由企业把各个专家的意见汇集在一起，通过不记名方式反馈给各位专家，请他们参考别人的意见修正本人原来的判断，如此反复数次，最终确定预测结果。

3. 产品寿命周期分析法

产品寿命周期分析法就是利用产品销售量在不同寿命周期阶段上的变化趋势，进行销售预测的一种定性分析方法，它是对其他预测分析方法的补充。产品寿命周期是指产品从投入市场到退出市场所经历的时间，一般要经过萌芽期、成长期、成熟期和衰退期四个阶段。在这一发展过程中，产品销售量的变化呈一条曲线，称为产品寿命周期曲线。

判断产品所处的寿命周期阶段，可根据销售增长率指标进行。一般来说，萌芽期增长率不稳定，成长期增长率最大，成熟期增长率稳定，衰退期增长率为负数。萌芽期历史资料缺乏，可以运用定性分析法进行预测；成长期可运用回归分析法进行预测；成熟期销售量比较稳定，适用趋势预测分析法。

(二)销售预测的定量分析法

定量分析法，也称数量分析法，是指在预测对象有关资料完备的基础上，运用一定的数学方法，建立预测模型作出预测。它一般包括趋势预测分析法和因果预测分析法两大类。

1. 趋势预测分析法

趋势预测分析法主要包括算术平均法、加权平均法、移动平均法和指数平滑法等。

(1)算术平均法，即将若干历史时期的实际销售量或销售额作为样本值，求出其算术平均数，并将该平均数作为下期销售量的预测值。其计算公式为：

$$y=\frac{\sum x_i}{n}$$

式中：y 为预测值；x_i 为第 i 期的实际销售量；n 为期数。

算术平均法适用于每月销售量波动不大的产品的销售预测。

【例 9—1】 某公司 2007～2014 年的产品销售量资料如表 9—1 所示。

表 9—1　　某公司 2007～2014 年的产品销售量

年　度	2007	2008	2009	2010	2011	2012	2013	2014
销售量(吨)	3 250	3 300	3 150	3 350	3 450	3 500	3 400	3 600

根据算术平均法的计算公式，公司 2015 年的预测销售量为：

$$\text{预测销售量}(y)=\frac{\sum x_i}{n}$$

$$=\frac{3\,250+3\,300+\cdots+3\,400+3\,600}{8}$$

=3 375(吨)

(2)加权平均法,同样是将若干历史时期的实际销售量或销售额作为样本值,将各个样本值按照一定的权数计算得出加权平均数,并将该平均数作为下期销售量的预测值。一般来说,由于市场变化较大,离预测期越近的样本值对其影响越大,而离预测期越远的则影响越小,所以权数的选取应遵循“近大远小”的原则。其计算公式为:

$$y=\sum_{1}^{n} w_i x_i$$

式中:y 为预测值;w_i 为第 i 期的权数;x_i 为第 i 期的实际销售量;n 为期数。

加权平均法较算术平均法更为合理,计算也较方便,因而在实践中应用较多。

【例 9-2】 沿用【例 9-1】的资料,假设 2007～2014 年各期数据的权数如表 9-2 所示。

表 9-2　**2007～2014 年各期数据的权数**

年　度	2007	2008	2009	2010	2011	2012	2013	2014
销售量(吨)	3 250	3 300	3 150	3 350	3 450	3 500	3 400	3 600
权　数	0.04	0.06	0.08	0.12	0.14	0.16	0.18	0.22

根据加权平均法的计算公式,公司 2015 年的预测销售量为:

预测销售量 $y=\sum_{1}^{n} w_i x_i$

$=3\ 250\times0.04+3\ 300\times0.06+\cdots+3\ 400\times0.18+3\ 600\times0.22$

$=3\ 429$(吨)

(3)移动平均法,是从 n 期的时间数列销售量中选取 m 期(m 数值固定,且 $m<n/2$)数据作为样本值,求其 m 期的算术平均数,并不断向后移动计算观测期平均值,以最后一个 m 期的平均数作为未来第 $n+1$ 期销售预测值的一种方法。这种方法假设预测值主要受最近 m 期销售量的影响。其计算公式为:

$$y_{n+1}=\frac{x_{n-(m-1)}+x_{n-(m-2)}+\cdots+x_{n-1}+x_n}{m}$$

为了使预测值更能反映销售量变化的趋势,可以对上述结果按趋势值进行修正,其计算公式为:

$$\overline{y}_{n+1}=y_{n+1}+(y_{n+1}-y_n)$$

由于移动平均法只选用了 n 期数据中的最后 m 期作为计算依据,故代表性较差。此法适用于销售量略有波动的产品预测。

【例 9-3】 沿用【例 9-1】的资料,假定公司预测前期(即 2014 年)的预测销售量为 3 475 吨,要求分别用移动平均法和修正的移动平均法预测公司 2015 年的销售量(假设样本期为 3 期)。

根据有关资料,分析计算如下:

①根据移动平均法的计算公式,公司 2015 年的预测销售量为:

预测销售量 $y_{n+1}=\frac{3\ 500+3\ 400+3\ 600}{3}=3\ 500$(吨)

②根据修正的移动平均法计算公式,公司 2015 年的预测销售量为:

修正后的预测销售量 $\overline{y}_{n+1}=3\ 500+(3\ 500-3\ 475)=3\ 525$(吨)

(4)指数平滑法，实质上是一种加权平均法，是以事先确定的平滑指数 α 及 $(1-\alpha)$ 作为权数进行加权计算，预测销售量的一种方法。其计算公式为：

$$y_{n+1}=\alpha x_n+(1-\alpha)y_n$$

式中：y_{n+1} 为未来第 $n+1$ 期的预测值；y_n 为第 n 期预测值，即预测前期的预测值；x_n 为第 n 期的实际销售量，即预测前期的实际销售量；α 为平滑指数；n 为期数。

一般地，平滑指数的取值通常在 0.3～0.7 之间，其取值大小决定了前期实际值与预测值对本期预测值的影响。采用较大的平滑指数，预测值可以反映样本值新近的变化趋势；采用较小的平滑指数，则反映了样本值变动的长期趋势。因此，在销售量波动较大或进行短期预测时，可选择较大的平滑指数；在销售量波动较小或进行长期预测时，可选择较小的平滑指数。

该方法运用比较灵活，适用范围较广，但在平滑指数的选择上具有一定的主观随意性。

【例 9—4】 沿用【例 9—1】的资料，2014 年实际销售量为 3 600 吨，原预测销售量为 3 475 吨，平滑指数 $\alpha=0.5$。要求用指数平滑法预测公司 2015 年的销售量。

根据指数平滑法的计算公式，公司 2015 年的预测销售量为：

预测销售量 $y_{n+1}=0.5\times3\ 600+(1-0.5)\times3\ 475=3\ 537.5$(吨)

2. 因果预测分析法

因果预测分析法是指通过影响产品销售量(因变量)的相关因素(自变量)以及它们之间的函数关系，并利用这种函数关系进行产品销售预测的方法。因果预测分析法最常用的是回归分析法，本章主要介绍回归直线法。

回归直线法，也称一元回归分析法。它假定影响预测对象销售量的因素只有一个，根据直线方程 $y=a+bx$，按照最小二乘法原理，来确定一条误差最小的、能正确反映自变量 x 和因变量 y 之间关系的直线，其常数项 a 和系数 b 的计算公式为：

$$\begin{cases} b=\dfrac{n\sum xy-\sum x\cdot\sum y}{n\sum x^2-(\sum x)^2} \\ a=\dfrac{\sum y-b\sum x}{n} \end{cases}$$

待求出 a、b 的值后，代入 $y=a+bx$，结合自变量 x 的取值，即可求得预测对象 y 的预测销售量或销售额。

【例 9—5】 沿用【例 9—1】的资料，假定产品销售量只受广告费支出大小的影响，2015 年度预计广告费支出为 155 万元，以往年度的广告费支出资料如表 9—3 所示。

表 9—3　　2007～2014 年的广告费支出

年　度	2007	2008	2009	2010	2011	2012	2013	2014
销售量(吨)	3 250	3 300	3 150	3 350	3 450	3 500	3 400	3 600
广告费(万元)	100	105	0.08	90	125	140	140	150

根据上述资料，用回归直线法预测公司 2015 年的产品销售量，如表 9—4 所示。

表 9—4　　　　2015 年的产品销售量预测

年　度	广告费支出 x（万元）	销售量 y（吨）	xy	x^2	y^2
2007	100	3 250	325 000	10 000	10 562 500
2008	105	3 300	346 500	11 025	10 890 000
2009	90	3 150	283 500	8 100	9 922 500
2010	125	3 350	418 750	15 625	11 222 500
2011	135	3 450	465 750	18 225	11 902 500
2012	140	3 500	490 000	19 600	12 250 000
2007	140	3 400	476 000	19 600	11 560 000
2013	150	3 600	540 000	22 500	12 960 000
合　计	985	27 000	3 345 500	124 675	91 270 000

$n=8$，根据公式，有：

$$\begin{cases} b=\dfrac{n\sum xy-\sum x\cdot\sum y}{n\sum x^2-(\sum x)^2}=\dfrac{8\times 3\ 345\ 500-985\times 27\ 000}{8\times 124\ 675-(985)^2}=6.22 \\ a=\dfrac{\sum y-b\sum x}{n}=\dfrac{27\ 000-6.22\times 985}{8}=2\ 609.16 \end{cases}$$

将 a、b 代入公式，得出结果，即 2015 年的产品预测销售量为：

$y=a+bx=2\ 609.16+6.22x=2\ 609.16+6.22\times 155=3\ 573.26$（吨）

二、销售定价管理

销售定价不仅影响产品的边际贡献，而且影响产品的销售数量与市场地位，从而对企业收入产生复杂而直接的影响。正确制定销售定价策略，直接关系到企业的生存和发展，加强销售定价管理是企业财务管理的重要内容。

（一）销售定价管理的含义

销售定价管理是指在调查分析的基础上，选用合适的产品定价方法，为销售的产品制定最为恰当的售价，并根据具体情况运用不同价格策略，以实现经济效益最大化的过程。

企业销售各种产品都必须确定合理的产品销售价格。产品价格的高低直接影响到销售量的大小，进而影响到企业的盈利水平。单价水平过高，导致销售量降低，如果达不到保本点，企业就会亏损；单价水平过低，虽然会起到促销作用，但单位毛利降低，使企业的盈利水平下降。因此，产品销售价格的高低，价格策略运用的恰当与否，都会影响到企业正常的生产经营活动，甚至影响到企业的生存和发展。进行良好的销售定价管理，可以使企业的产品更富有吸引力，扩大市场占用率，改善企业的相对竞争地位。

（二）影响产品价格的因素

影响产品价格的因素非常复杂，主要包括以下几个方面：

1. 价值因素

价格是价值的货币体现，价值的大小决定着价格的高低，而价值量的大小又是由生产产品的社会必要劳动时间决定的。因此，提高社会劳动生产率，缩短生产产品的社会必要劳动时间，可以相对地降低产品价格。

2. 成本因素

成本是影响定价的基本因素。企业必须获得可以弥补已发生成本费用的足够多的收入，才能长期生存发展下去。虽然短期内的产品价格有可能会低于其成本，但从长期来看，产品价格应等于总成本加上合理的利润，否则企业将无利可图，难以长久生存。

3. 市场供求因素

市场供求变动对价格的变动具有重大影响。当一种产品的市场供应大于需求时，就会对其价格产生向下的压力；而当其供应小于需求时，则会推动价格的提升。市场供求关系是永远矛盾着的两个方面，因此，产品价格也会不断地波动。

4. 竞争因素

产品竞争程度不同，对定价的影响也不同。竞争越激烈，对价格的影响也越大。在完全竞争的市场，企业几乎没有定价的主动权；在不完全竞争的市场，竞争的强度主要取决于产品生产的难易和供求形势。为了做好定价决策，企业必须充分了解竞争者的情况，最重要的是竞争对手的定价策略。

5. 政策法规因素

各个国家对市场物价的高低和变动都有限制和法律规定，同时国家会通过生产市场、货币金融等手段间接调节价格。企业在制定定价策略时，一定要很好地了解本国及所在国有关方面的政策和法规。

(三)企业的定价目标

定价目标是指企业在一定的经营环境中，制定产品价格，通过价格效用实现企业预期的经营目标。企业自身的实际情况及所面临的外部环境不同，企业的定价目标也多种多样，主要有以下几种：

1. 实现利润最大化

这种目标通常是通过为产品制定一个较高的价格，从而提高产品单位利润率，最终实现企业利润最大化。它适用于在市场中处于领先或垄断地位的企业，或者在行业竞争中具有很强的竞争优势，并能长时间保持这种优势的企业。

2. 保持或提高市场占有率

企业为了实现这一目标，其产品价格往往需要低于同类产品价格，以较低的价格吸引客户，逐步扩大市场份额，但在短期内可能要牺牲一定的利润空间。因此，这种定价目标要求企业具有潜在的生产经营能力，总成本的增长速度低于总销量的增长速度，商品的需求价格弹性较大，即适用于能够薄利多销的企业。

3. 稳定价格

通常做法是由行业中的领导企业制定一个价格，其他企业的价格则与之保持一定的比例关系，无论是大企业还是中小企业都不会随便降价。这种定价通常适用于产品标准化的行业，如钢铁制造业等。

4. 应对和避免竞争

当竞争对手维持原价时，企业也保持原价；竞争对手改变价格时，企业也相应地调整价格，但是企业不会主动调整价格。这种定价方法主要适用于中小型企业。

5. 树立企业形象及产品品牌

以树立企业形象及产品品牌为定价目标主要有两种情况：一是树立优质高价形象。企业在定价时，可以不拘泥于实际成本，而是制定一个较高的价格，产生一种品牌的增值效应。采用这种策略，不但可以使企业获得高额利润，而且还能够满足消费者的心理需求。二是树立大众化评价形象。通过大众化的评价定位树立企业形象，吸引大量的普通消费者，以扩大销量，获得利润。

(四)产品定价方法

产品定价方法主要包括以成本为基础的定价方法和以市场需求为基础的定价方法两大类。

1. 以成本为基础的定价方法

企业成本范畴基本上有三种成本可以作为定价基础，即变动成本、制造成本和完全成本。

变动成本是指其总额会随业务量的变动而变动的成本。变动成本可以作为增量产量的定价依据，但不能作为一般产品的定价依据。

制造成本是指企业为生产产品或提供劳务等发生的直接费用支出，一般包括直接材料、直接人工和制造费用。由于它不包括各种期间费用，因此不能正确反映企业产品的真实价值消耗和转移。利用制造成本定价不利于企业简单再生产的继续进行。

完全成本是指企业为生产、销售一定种类和数量的产品所发生的费用总额，包括制造成本和管理费用、销售费用及财务费用等各种期间费用。在完全成本基础上制定价格，既可以保证企业简单再生产的正常进行，又可以使劳动者为社会劳动所创造的价值得以全部实现。因此，当前产品定价的基础，仍然是产品的完全成本。

(1)完全成本加成定价法，是在完全成本的基础上，加合理利润来定价。合理利润的确定，在工业企业一般是根据成本利润率，而在商业企业一般是根据销售利润率。在考虑税金的情况下，有关的计算公式为：

①根据成本利润率定价：

$$\text{单位产品价格}=\frac{\text{单位成本}\times(1+\text{成本利润率})}{1-\text{适用税率}}$$

②根据销售利润率定价：

$$\text{单位产品价格}=\frac{\text{单位成本}}{1-\text{销售利润率}-\text{适用税率}}$$

上述公式中，单位成本是指单位完全成本，可以用单位制造成本加上单位产品负担的期间费用来确定。

【例9－6】 某企业生产甲产品，预计单位产品的制造成本为100元，计划销售10 000件，计划期的期间费用总额为900 000元，该产品适用的消费税税率为5%，成本利润率必须达到20%。根据上述资料，运用完全成本加成定价法测算的单位甲产品的价格应为：

$$\text{单位甲产品价格}=\frac{\left(100+\frac{90\,000}{10\,000}\right)\times(1+20\%)}{1-5\%}=240(\text{元})$$

完全成本加成定价法可以保证全部生产耗费得到补偿，但它很难适应市场需求的变化，往往导致定价过高或过低。并且，当企业生产多种产品时，间接费用难以准确分摊，从而会导致定价不准确。

(2)保本点定价法。保本点又称盈亏平衡点，是指企业在经营活动中既不盈利也不亏损的销售水平，在此水平上利润等于零。在这种方法下，成本需按其性态，即随产量变动而变动的关系，分为固定成本和变动成本。保本点定价法的基本原理就是根据产品销售量计划数和一定时期的成本水平、适用税率来确定产品的销售价格。采用这一方法确定的价格就是销售价格。其计算公式为：

$$单位产品价格=\frac{单位固定成本+单位变动成本}{1-适用税率}=\frac{单位完全成本}{1-适用税率}$$

【例9—7】 某企业生产乙产品，本期计划销售量为10 000件，应负担的固定成本总额为250 000元，单位产品变动成本为70元，适用的消费税税率为5%。根据上述资料，运用保本点定价法测算的单位乙产品的价格应为：

$$单位乙产品价格=\frac{\frac{250\ 000}{10\ 000}+70}{1-5\%}=100(元)$$

(3)目标利润定价法。目标利润是指企业在预定时期内应实现的利润水平。目标利润定价法是根据预期目标利润和产品销售量、产品成本、适用税率等因素来确定产品销售价格的方法。其计算公式为：

$$单位产品价格=\frac{目标利润总额+完全成本总额}{产品销量\times(1-适用税率)}$$

或：

$$单位产品价格=\frac{单位目标利润+单位完全成本}{1-适用税率}$$

【例9—8】 某企业生产丙产品，本期计划销售量为10 000件，目标利润总额为240 000元，完全成本总额为520 000元，适用的消费税税率为5%。根据上述资料，运用目标利润定价法测算的单位丙产品的价格应为：

$$单位丙产品价格=\frac{240\ 000+520\ 000}{10\ 000\times(1-5\%)}=80(元)$$

(4)变动成本定价法，是指企业在生产能力有剩余的情况下增加生产一定数量的产品所应分担的成本。这些增加的产品可以不负担企业的固定成本，只负担变动成本。在确定价格时产品成本仅以变动成本计算。此处所指的变动成本是指完全变动成本，包括变动制造成本和变动期间费用。其计算公式为：

$$单位产品价格=\frac{单位变动成本\times(1+成本利润率)}{(1-适用税率)}$$

【例9—9】 某企业生产丁产品，设计生产能力为12 000件，计划生产10 000件，预计单位产品的变动成本为190元，计划期的固定成本费用总额为950 000元，该产品适用的消费税税率为5%，成本利润率必须达到20%。假定本年度接到一额外订单，订购1 000件丁产品，单价300元。请问：该企业计划内产品单位价格是多少？是否应接受这一额外订单？

$$计划内单位丁产品价格=\frac{\left(\frac{950\ 000}{10\ 000}+190\right)\times(1+20\%)}{1-5\%}=360(元)$$

追加生产1 000件的单位变动成本为190元，则：

$$计划外单位丁产品价格=\frac{190\times(1+20\%)}{1-5\%}=240(元)$$

因为额外订单单价高于其按变动成本计算的价格，故应接受这一额外订单。

2. 以市场需求为基础的定价方法

以成本为基础的定价方法，主要关注企业的成本状况而不考虑市场需求状况，因而采用这种方法制定的产品价格不一定满足企业销售收入或利润最大化的要求。最优价格应是企业取得最大销售收入或利润时的价格。以市场需求为基础的定价方法可以契合这一要求，主要有需求价格弹性系数定价法和边际分析定价法等。

(1)需求价格弹性系数定价法。产品在市场上的供求变动关系，实质上体现在价格的刺激和制约作用上。需求增大导致价格上升，刺激企业生产；而需求减小，则会引起价格下降，从而制约了企业的生产规模。从另一个角度看，企业也可以根据这种关系，通过价格的升降来作用于市场需求。在其他条件不变的情况下，某种产品的需求量随其价格的升降而变动的程度，就是需求价格弹性系数。其计算公式为：

$$E=\frac{\Delta Q/Q_0}{\Delta P/P_0}$$

式中：E 为某种产品的需求价格弹性系数；ΔP 为价格变动量；ΔQ 为需求变动量；P_0为基期单位产品价格；Q_0为基期需求量。

运用需求价格弹性系数确定产品的销售价格时，其基本计算公式为：

$$P=\frac{P_0Q_0^{\alpha}}{Q^{\alpha}}$$

式中：P_0为基期单位产品价格；Q_0为基期销售数量；E 为需求价格弹性系数；P 为单位产品价格；Q 为预计销售数量；α 为需求价格弹性系数 E 的绝对值的倒数。

【例 9－10】 某企业生产销售戊产品，2014 年前三个季度中，实际销售价格和销售数量如表 9－5 所示。若企业在第四季度要完成4 000件的销售任务，那么销售价格应为多少？

表 9－5　　2014 年前三季度的实际销售价格和销售数量

项　目	第一季度	第二季度	第三季度
销售价格(元)	750	800	780
销售数量(件)	3 859	3 378	3 558

根据上述资料，戊产品的销售价格的计算过程为：

$$E_1=\frac{(3\,378-3\,859)/3\,859}{(800-750)/750}=\frac{-0.124\,6}{0.066\,7}=-1.87$$

$$E_2=\frac{(3\,558-3\,378)/3\,378}{(780-800)/800}=\frac{0.053\,3}{-0.025}=-2.13$$

$$E=\frac{E_1+E_2}{2}=\frac{-1.87-2.13}{2}=-2$$

$$|E|=2$$

$$\alpha=\frac{1}{2}$$

$$P=\frac{P_0Q_0^{\alpha}}{Q^{\alpha}}=\frac{780\times 3\,558^{(\frac{1}{2})}}{4\,000^{(\frac{1}{2})}}=735.64(\text{元})$$

即第四季度要完成 4 000 件的销售任务，其单位产品的销售价格为 735.64 元。

(2)边际分析定价法，是指基于微分极值原理，通过分析不同价格与销售量组合下的产品边际收入、边际成本和边际利润之间的关系，进行定价决策的一种定量分析方法。

边际是指每增加或减少一单位所带来的差异。那么，产品边际收入、边际成本和边际利润就是指销售量每增加或减少一单位所形成的收入、成本和利润的差额。按照微分极值原理，如果利润函数的一阶导数等于零，即边际利润等于零，边际收入等于边际成本，那么，利润将达到最大值。此时的价格就是最优销售价格。

当收入函数和成本函数均可微时，直接对利润函数求一阶导数，即可得到最优售价；当收入函数或成本函数为离散型函数时，可以通过列表法，分别计算各种价格与销售量组合下的边际利润，那么，在边际利润大于或等于零的组合中，边际利润最小时的价格就是最优售价。

（五）价格运用策略

企业之间的竞争在很大程度上表现为企业产品在市场上的竞争。市场占有率的大小是衡量产品市场竞争能力的主要指标。除了提升产品质量之外，根据具体情况合理运用不同的价格策略，可以有效地提高产品的市场占有率和企业的竞争能力。其中，主要的价格运用策略有以下几种：

1. 折让定价策略

折让定价策略是指在一定条件下，以降低产品的销售价格来刺激购买者，从而达到扩大产品销售量的目的。价格的折让主要表现是折扣，一般表现为单位折扣、数量折扣、现金折扣、推广折扣和季节性折扣等形式。

单价折扣，是指给予所有购买者以价格折扣，而不管其购买数量的多少。

数量折扣，即按照购买者购买数量的多少所给予的价格折扣。购买数量越多，则折扣越大；反之，则越小。

现金折扣，即按照购买者付款期限长短所给予的价格折扣，其目的是鼓励购买者尽早偿还货款，以加速资金周转。

推广折扣，是指企业为了鼓励中间商帮助推销本企业产品而给予的价格优惠。

季节性折扣，即企业为鼓励购买者购买季节性商品所给予的价格优惠。这样可以鼓励购买者提早采购，减轻企业的仓储压力，加速资金周转。

2. 心理定价策略

心理定价策略是指针对购买者的心理特点而采取的一种定价策略，主要有声望定价、尾数定价、双位定价和高位定价等。

声望定价，是指企业按照其产品在市场上的知名度和消费者中的信任程度来制定产品价格的一种方法。一般来说，声望越高，价格越高，这就是产品的“名牌效应”。

尾数定价，即在制定产品价格时，价格的尾数取接近整数的小数（如 199.9 元）或带有一定谐音的数（158 元）等。它一般只适用于价值较小的中低档日用消费品定价。

双位定价，是指在向市场以挂牌价格销售时，采用两种不同的标价来促销的一种定价方法。比如，某产品标明“原价 158 元，现促销价 99 元”。这种策略适用于市场接受程度较低或销路不太好的产品。

高位定价，即根据消费者“价高质优”的心理特点实行高标价促销的方法。但高位定价必须是优质产品，不能弄虚作假。

3. 组合定价策略

组合定价策略是针对相关产品组合所采取的一种方法。它根据相关产品在市场竞争中的不同情况，使互补产品价格有高有低，或使组合售价优惠。对于具有互补关系的相关产品，可以采取降低部分产品价格而提高互补产品价格，以促进销售，提高整体利润，如便宜的整车与高价的配件等。对于具有配套关系的相关产品，可以对组合购买进行优惠，如西服套装中的上衣和裤子等。组合定价策略可以扩大销售量、节约流通费用，有利于企业整体效益的提高。

4. 寿命周期定价策略

寿命周期定价策略是根据产品从进入市场到退出市场的生命周期，分阶段确定不同价格的定价策略。产品在市场中的寿命周期一般分为推广期、成长期、成熟期和衰退期。推广期的产品需要获得消费者的认同，进一步占有市场，应采取低价促销策略；成长期的产品有了一定的知名度，销售量稳步上升，可以采用中等价格；成熟期的产品市场知名度处于最佳状态，可以采用高价促销，但由于市场需求接近饱和，竞争激烈，定价时必须考虑竞争者的情况，以保持现有市场销售量；衰退期的产品市场竞争力下降，销售量下滑，应该降价促销或维持现价并辅之以折扣等其他手段，同时，积极开发新产品，保持企业的市场竞争优势。

第三节　利润分配管理

一、股利政策与企业价值

股利政策是指在法律允许的范围内，企业是否发放股利、发放多少股利以及何时发放股利的方针及对策。

股利政策的最终目标是使公司价值最大化。股利往往可以向市场传递一些信息，股利的发放多寡、是否稳定、是否增长等，往往是大多数投资者推测公司经营状况、发展前景优劣的依据。因此，股利政策关系到公司在市场上、在投资者中间的形象，成功的股利政策有利于提高公司的市场价值。

（一）股利分配理论

企业的股利分配方案既取决于企业的股利政策，又取决于决策者对股利分配的理解与认识，即股利分配理论。股利分配理论是指人们对股利分配的客观规律的科学认识与总结，其核心问题是股利政策与公司价值的关系问题。市场经济条件下，股利分配要符合财务管理目标。人们对股利分配与财务目标之间关系的认识存在不同的流派与观念，还没有一种被大多数人所接受的权威观点和结论。但主要有以下两种较流行的观点：

1. 股利无关论

股利无关论认为，在一定的假设条件限制下，股利政策不会对公司的价值或股票的价格产生任何影响，投资者不关心公司股利的分配。公司市场价值的高低，是由公司所选择的投资决策的获利能力和风险组合所决定，而与公司的利润分配政策无关。

由于公司对股东的分红只是盈利减去投资之后的差额部分，且分红只能采取派现或股票回购等方式，因此，一旦投资政策已定，那么，在完全的资本市场上，股利政策的改变就仅仅意味着收益在现金股利与资本利得之间分配上的变化。如果投资者按理性行事的话，这种改变不会影响公司的市场价值以及股东的财富。该理论是建立在完全资本市场理论之上的，假定条件包括：第一，市场具有强式效率；第二，不存在任何公司或个人所得税；第三，不存在任何筹资费用；第四，公司的投资决策与股利决策彼此独立。

2. 股利相关论

与股利无关论相反，股利相关论认为，企业的股利政策会影响股票价格和公司价值。主要观点有以下几种：

(1)“手中鸟”理论。该理论认为，用留存收益再投资给投资者带来的收益具有较大的不确定性，并且投资的风险随着时间的推移会进一步加大，因此，厌恶风险的投资者会偏好确定的股利收益，而不愿将收益留存在公司内部，去承担未来的投资风险。该理论认为，公司的股利政策与公司的股票价格是密切相关的，即当公司支付较高的股利时，公司的股票价格会随之上升，公司价值将得到提高。

(2)信号传递理论。该理论认为，在信息不对称的情况下，公司可以通过股利政策向市场传递有关公司未来获利能力的信息，从而会影响公司的股价。一般来讲，预期未来获利能力强的公司，往往愿意通过相对较高的股利支付水平吸引更多的投资者。对于市场上的投资者来讲，股利政策的差异或许是反映公司预期获利能力的有价值的信号。如果公司连续保持较为稳定的股利支付水平，那么投资者会对公司未来的盈利能力与现金流量抱有乐观的预期。如果公司的股利支付水平突然发生变动，那么股票市价也会对这种变动作出反应。

(3)所得税差异理论。该理论认为，由于普遍存在的税率和纳税时间的差异，资本利得收入比股利收入更有助于实现收益最大化目标，公司应当采用低股利政策。一般来说，对资本利得收入征收的税率低于对股利收入征收的税率；再者，即使两者没有税率上的差异，由于投资者对资本利得收入的纳税时间选择更具有弹性，投资者仍可以享受延迟纳税带来的收益差异。

(4)代理理论。该理论认为，股利政策有助于减缓管理者与股东之间的代理冲突，即股利政策是协调股东与管理者之间代理关系的一种约束机制。该理论认为，股利的支付能够有效地降低代理成本。首先，股利的支付减少了管理者对自由现金流量的支配权，这在一定程度上可以抑制公司管理者的过度投资或在职消费行为，从而保护外部投资者的利益；其次，较多的现金股利发放，减少了内部融资，导致公司进入资本市场寻求外部融资，从而公司将接受资本市场上更多的、更严格的监督，这样便通过资本市场的监督减少了代理成本。因此，高水平的股利政策降低了企业的代理成本，但同时增加了外部融资成本，理想的股利政策应当使两种成本之和最小。

(二)股利政策

股利政策由企业在不违反国家有关法律、法规的前提下，根据本企业具体情况制定。股利政策既要保持相对稳定，又要符合公司财务目标和发展目标。在实际工作中，通常有以下几种股利政策可供选择：

1. 剩余股利政策

剩余股利政策是指公司在有良好的投资机会时，根据目标资本结构，测算出投资所需的权益资本额，先从盈余中留用，然后将剩余的盈余作为股利来分配，即净利润首先满足公司的资金需求，如果还有剩余，就派发股利；如果没有，则不派发股利。剩余股利政策的理论依据是MM股利无关理论。根据MM股利无关理论，在完全理想状态下的资本市场中，公司的股利政策与普通股每股市价无关，故而股利政策只需随着公司投资、融资方案的制定而自然确定。因此，采用剩余股利政策时，公司应遵循如下四个步骤：

(1)设定目标资本结构，在此资本结构下，公司的加权平均资本将达到最低水平；

(2)确定公司的最佳资本预算，并根据公司的目标资本结构预计资金需求中所需增加的权益资本数额；

(3)最大限度地使用留存收益来满足资金需求中所需增加的权益资本数额；

(4)留存收益在满足公司权益资本增加需求后，若还有剩余，再用来发放股利。

【例 9－11】 某公司 2014 年税后净利润为 1 000 万元，2015 年的投资计划需要资金1 200 万元，公司的目标资本结构为权益资本占 60%，债务资本占 40%。

按照目标资本结构的要求，公司投资方案所需的权益资本数额为：

1 200×60%＝720(万元)

公司当年全部可用于分派的盈利为 1 000 万元，除了满足上述投资方案所需的权益资本数额外，还有剩余可用于发放股利。2014 年，公司可以发放的股利额为：

1 000－720＝280(万元)

假设该公司当年流通在外的普通股为 1 000 万股，那么，每股股利为：

280÷1 000＝0.28(元/股)

剩余股利政策的优点是：留存收益优先保证再投资的需要，有助于降低再投资的资金成本，保持最佳的资本结构，实现企业价值的长期最大化。

剩余股利政策的缺陷是：若完全遵照执行剩余股利政策，股利发放额就会每年随着投资机会和盈利水平的波动而波动。在盈利水平不变的前提下，股利发放额与投资机会的多寡呈反方向变动；而在投资机会维持不变的情况下，股利发放额将与公司盈利呈同方向波动。剩余股利政策不利于投资者安排收入与支出，也不利于公司树立良好的形象，一般适用于公司初创阶段。

2. 固定或稳定增长的股利政策

固定或稳定增长的股利政策是指公司将每年派发的股利额固定在某一特定水平或是在此基础上维持某一固定比率逐年稳定增长。公司只有在确信未来盈余不会发生逆转时才会宣布实施固定或稳定增长的股利政策。在这一政策下，应首先确定股利分配额，而且该分配额一般不随资金需求的波动而波动。

固定或稳定增长股利政策的优点：(1)由于股利政策本身的信息含量，稳定的股利向市场传递着公司正常发展的信息，有利于树立公司的良好形象，增强投资者对公司的信心，稳定股票的价格。(2)稳定的股利额有助于投资者安排股利收入和支出，有利于吸引那些打算进行长期投资并对股利有很高依赖性的股东。(3)稳定的股利政策可能会不符合剩余股利理论，但考虑到股票市场会受多种因素影响(包括股东的心理状态和其他要求)，为了将股利维持在稳定的水平上，即使推迟某些投资方案或暂时偏离目标资本结构，也可能比降低股利或股利增长率更为有利。

固定或稳定增长股利政策的缺点：股利的支付与企业的盈利相脱节，即不论公司盈利多少，均要支付固定的或按固定比率增长的股利，这可能会导致企业资金紧缺，财务状况恶化。此外，在企业无利可分的情况下，若依然实施固定或稳定增长的股利政策，也是违反《公司法》的行为。

因此，采用固定或稳定增长的股利政策，要求公司对未来的盈利和支付能力能作出准确的判断。一般来说，公司确定的固定股利额不宜太高，以免陷入无力支付的被动局面。固定或稳定增长的股利政策通常适用于经营比较稳定或正处于成长期的企业，且很难被长期采用。

3. 固定股利支付率政策

固定股利支付率政策是指公司将每年净利润的某一固定百分比作为股利分派给股东。这一百分比通常称为股利支付率，股利支付率一经确定，一般不得随意变更。在这一股利政策下，只要公司的税后利润一经计算确定，所派发的股利也就相应确定了。固定股利支付率越高，公司留存的净利润就越少。

固定股利支付率的优点:(1)采用固定股利支付率政策,股利与公司盈余紧密地配合,体现了“多盈多分、少盈少分、无盈不分”的股利分配原则。(2)由于公司的获利能力在年度间是经常变动的,因此,每年的股利也应当随着公司收益的变动而变动。采用固定股利支付率政策,公司每年按固定的比例从税后利润中支付现金股利,从企业的支付能力角度看,这是一种稳定的股利政策。

固定股利支付率的缺点:(1)大多数公司每年的收益很难保持稳定不变,导致年度间的股利额波动较大,由于股利的信号传递作用,波动的股利很容易给投资者带来经营状况不稳定、投资风险较大的不良印象,称为公司的不利因素。(2)容易使公司面临较大的财务压力。这是因为公司实现的盈利多,并不能代表公司有足够的现金流用来支付较多的股利额。(3)合适的固定股利支付率的确定难度比较大。

由于公司每年面临的投资机会、筹资渠道不同,而这些可以影响到公司的股利分派,所以,一成不变地奉行固定股利支付率政策的公司在实际中并不多见,固定股利支付率政策只是比较适用于那些处于稳定发展且财务状况也较稳定的公司。

【例 9－12】 某公司长期以来用固定股利支付率政策进行股利分配,确定的股利支付率为 30%。2012 年税后净利润为 1 500 万元,如果仍然继续执行固定股利支付率政策,公司 2012 年度将要支付的股利为:

1 500×30%＝450(万元)

但公司 2013 年度有较大的投资需求,因此,准备 2014 年度采用剩余股利政策。如果公司 2015 年度的投资预算为 2 000 万元,目标资本结构为权益资本占 60%。按照目标资本结构的要求,公司投资方案所需的权益资本额为:

2 000×60%＝1 200(万元)

公司 2014 年度可以发放的股利为:

1 500－1 200＝300(万元)

4. 低正常股利加额外股利政策

低正常股利加额外股利政策,是指公司事先设定一个较低的正常股利额,每年除了按正常股利额向股东发放股利外,还在公司盈余较多、资金较为充裕的年份向股东发放额外股利。但是,额外股利并不固定化,不意味着公司永久地提高了股利支付率。可以用以下公式表示:

$$Y=a+bX$$

式中:Y 为每股股利;X 为每股收益;a 为低正常股利;b 为股利支付比率。

低正常股利加额外股利政策的优点:(1)赋予公司较大的灵活性,使公司在股利发放上留有余地,并具有较大的财务弹性。公司可根据每年的具体情况,选择不同的股利发放水平,以稳定和提高股价,进而实现公司价值的最大化。(2)使那些依靠股利度日的股东每年至少可以得到虽然较低但比较稳定的股利收入,从而吸引住这部分股东。

低正常股利加额外股利政策的缺点:(1)由于年份之间公司盈利的波动使得额外股利不断变化,造成分派的股利不同,容易给投资者收益不稳定的感觉。(2)当公司在较长时间持续发放额外股利后,可能会被股东误认为“正常股利”,一旦取消,传递出的信号可能会使股东认为这是公司财务状况恶化的表现,进而导致股价下跌。

相对来说,对那些盈利随着经济周期而波动较大的公司或者盈利与现金流量很不稳定时,低正常股利加额外股利政策也许是一种不错的选择。

二、利润分配制约因素

企业的利润分配涉及企业相关各方的切身利益，受众多不确定因素的影响，在确定分配政策时，应当考虑各种相关因素的影响，主要包括法律、公司、股东及其他因素。

（一）法律因素

为了保护债权人和股东的利益，法律规定就公司的利润分配作出如下规定：

(1)资本保全约束。规定公司不能用资本（包括实收资本或股本和资本公积）发放股利，目的在于维持企业资本的完整性，保护企业完整的产权基础，保障债权人的利益。

(2)资本积累约束。规定公司必须按照一定的比例和基数提取各种公积金，股利只能从企业的可供分配利润中支付。此处可供分配利润包含公司当期的净利润按照规定提取各种公积金后的余额和以前累积的未分配利润。另外，在进行利润分配时，一般应当贯彻"无利不分"的原则，即当企业出现年度亏损时，一般不进行利润分配。

(3)超额累积利润约束。由于资本利得与股利收入的税率不一致，如果公司为了避税而使得盈余的保留大大超过了公司目前及未来的投资需要时，将被加征额外的税款。

(4)偿债能力约束。要求公司考虑现金股利分配对偿债能力的影响，确定在分配后仍能保持较强的偿债能力，以维持公司的信誉和借贷能力，从而保证公司的正常资金周转。

（二）公司因素

公司基于短期经营和长期发展的考虑，在确定利润分配政策时，需要关注以下因素：

(1)现金流量。由于会计规范的要求和核算方法的选择，公司盈余与现金流量并非完全同步，净收益的增加不一定意味着可供分配的现金流量的增加。公司在进行利润分配时，要保证正常的经营活动对现金的需求，以维持资金的正常周转，使生产经营得以有序进行。

(2)资产的流动性。企业现金股利的支付会减少其现金持有量，降低资产的流动性，而保持一定的资产流动性是企业正常运转的必备条件。

(3)盈余的稳定性。一般来说，公司的盈余越稳定，其股利支付水平也就越高。

(4)投资机会。如果公司的投资机会多，对资金的需求量大，那么它就很可能会考虑采用低股利支付水平的分配政策；相反，如果公司的投资机会少，对资金的需求量小，那么它就很可能倾向于采用较高的股利支付水平。此外，如果公司将留存收益用于再投资所得报酬低于股东个人单独将股利收入投资于其他投资机会所得的报酬时，公司就不应多留存收益，而应多发股利，这样有利于股东价值的最大化。

(5)筹资因素。如果公司具有较强的筹资能力，随时能筹集到所需资金，那么它会具有较强的股利支付能力。另外，留存收益是企业内部筹资的一种重要方式，它同发行新股或举债相比，不需花费筹资费用，同时增加了公司权益资本的比重，降低了财务风险，便于低成本取得债务资本。

(6)其他因素。由于股利的信号传递作用，公司不宜经常改变其利润分配政策，应保持一定的连续性和稳定性。此外，利润分配政策还会受到其他公司的影响，如不同发展阶段、不同行业的公司股利支付比例会有差异，这就要求公司在进行政策选择时要考虑发展阶段以及所处行业状况。

（三）股东因素

股东在控制权、收入和税赋方面的考虑也会对公司的利润分配政策产生影响。

(1)控制权。现有股东往往将股利政策作为维持其控制地位的工具。企业支付较高的股利导致留存收益的减少，当企业为有利可图的投资机会筹集所需资金时，发行新股的可能性增大，新股东的加入必然稀释公司的控制权。所以，股东会倾向于较低的股利支付水平，以便从内部的留存收益中取得所需资金。

(2)稳定的收入。如果股东依赖现金股利维持生活，他们往往要求企业能够支付稳定的股利，而反对过多的留存。

(3)避税。由于股利收入的税率要高于资本利得的税率，一些高股利收入的股东处于避税的考虑而往往倾向于较低的股利支付水平。

(四)其他因素

(1)债务契约。一般来说，股利支付水平越高，留存收益越少，企业的破产风险加大，就越有可能损害到债权人的利益。因此，为了保证自己的利益不受侵害，债权人通常都会在债务契约、租赁合同中加入关于借款企业股利政策的限制条款。

(2)通货膨胀。通货膨胀会带来货币购买力水平下降，导致固定资产重置资金不足，此时，企业往往不得不考虑留用一定的利润，以便弥补由于购买力下降而造成的固定资产重置资金缺口。因此，在通货膨胀时期，企业一般会采取偏紧的利润分配政策。

三、股利支付形式与程序

(一)股利支付形式

股利支付形式可以分为不同的种类，主要有以下四种：

1. 现金股利

现金股利是以现金支付的股利，它是股利支付最常见的方式。公司选择发放现金股利除了要有足够的留存收益外，还要有足够的现金，而现金充足与否往往会成为公司发放现金股利的主要制约因素。

2. 财产股利

财产股利是以现金以外的其他资产支付的股利，主要是以公司所拥有的其他公司的有价证券，如债券、股票等，作为股利支付给股东。

3. 负债股利

负债股利是以负债方式支付的股利，通常以公司的应付票据支付给股东，有时也以发放公司债券的方式支付股利。

财产股利和负债股利实际上是现金股利的替代，但这两种股利支付形式在我国公司实务中很少使用。

4. 股票权利

股票权利是公司以增发股票的方式所支付的股利，我国实务中通常也称其为“红股”。股票股利对公司来说，并没有现金流出企业，也不会导致公司的财产减少，而只是将公司的留存收益转化为股本。但股票权利会增加流通在外的股票数量，同时降低股票的每股价值。它不改变公司股东权益总额，但会改变股东权益的构成。

【例 9－13】 甲公司在 2014 年发放股票股利前，其资产负债表上的股东权益情况如表 9－6所示。

表 9—6　　甲公司股东权益情况表(发放股票股利前)　　单位:万元

普通股(面值 1 元,发行在外 2 000 万股)	2 000
资本公积	3 000
盈余公积	2 000
未分配利润	3 000
股东权益合计	10 000

假设该公司宣布发放 10% 的股票股利,即现有股东每持有 10 股即可获赠 1 股普通股。若该股票当时市价为 5 元,那么随着股票股利的发放,需从“未分配利润”项目划转出的资金为:

$2\,000 \times 10\% \times 5 = 1\,000$(万元)

由于股票面值(1 元)不变,发放 200 万股,所以,“股本”项目应增加 200 万元,其余的 800 万元(1 000—200)应作为股票溢价转至“资本公积”项目,而公司的股东权益总额并未发生改变,仍是 10 000 万元,股票股利发放后的资产负债表上的股东权益情况如表 9—7 所示。

表 9—7　　甲公司股东权益情况表(发放股票股利后)　　单位:万元

普通股(面值 1 元,发行在外 2 200 万股)	2 200
资本公积	3 800
盈余公积	2 000
未分配利润	2 000
股东权益合计	10 000

假设一位股东派发股票股利之前持有公司的普通股 10 万股,那么,他所拥有的股权比例为:

$$\frac{10}{2\,000} \times 100\% = 0.5\%$$

派发股利之后,他所拥有的股票数量和股份比例为:

$10 \times (1 + 10\%) = 11$(万股)

$$\frac{11}{2\,200} \times 100\% = 0.5\%$$

可见,发放股票股利,不会对公司股东权益总额产生影响,但会引起资金在各股东权益项目间的再分配。而股票股利派发前后每一位股东的持股比例也不会发生变化。需要说明的是,例题中股票股利以市价计算价格的做法,是很多西方国家所通行的,但在我国,股票股利价格则是按照股票面值来计算的。

发放股票股利虽然不直接增加股东的财富,也不增加公司的价值,但对股东和公司都有特殊意义。

对股东来讲,股票股利的优点主要有:

(1)派发股票股利后,理论上每股市价会呈比例下降,但实务中这并非必然结果。因为市场和投资者普遍认为,发放股票股利往往预示着公司会有较大的发展和成长,这样的信息传递会稳定股价或使股价下降比例减少甚至不降反升,股东便可以获得股票价值相对上升的好处。

(2)由于股利收入和资本利得税率的差异，如果股东把股票股利出售，还会给他带来资本利得纳税上的好处。

对公司来讲，股票股利的优点主要有：

(1)发放股票股利不需要向股东支付现金，在再投资机会较多的情况下，公司就可以为再投资提供成本较低的资金，从而有助于公司的发展。

(2)发放股票股利可以降低公司股票的市场价格，既有利于促进股票的交易和流通，又有利于吸引更多的投资者成为公司股东，进而使股权更为分散，有效地防止公司被恶意控制。

(3)股票股利的发放可以传递公司未来发展前景良好的信息，从而增强投资者的信心，在一定程度上稳定股票价格。

(二)股利支付程序

公司股利的发放必须遵守相关的要求，按照日程安排来进行。一般情况下，先由董事会提出分配预案，然后提交股东大会决议通过才能进行分配。股东大会决议通过分配预案后，要向股东宣布发放股利的方案，并确定股权登记日、除息日和股利发放日。

(1)股利宣告日，即股东大会决议通过并由董事会将股利支付情况予以公告的日期。公告中将宣布每股应支付的股利、股权登记日、除息日以及股利支付日。

(2)股权登记日，即有权领取本期股利的股东资格登记截止日期。凡是在此指定日期收盘之前取得公司股票，成为公司在册股东的投资者都可以作为股东享受公司分派的股利。在这一天之后取得股票的股东则无权领取本次分派的股利。

(3)除息日，即领取股利的权利与股票分离的日期。在除息日之前购买的股票才能领取本次股利，而在除息日当天或是以后购买的股票，则不能领取本次股利。由于失去了“付息”的权利，除息日的股票价格会下跌。

(4)股利发放日，即公司按照公布的分红方案向股权登记日在册的股东实际支付股利的日期。

【例 9—14】 某上市公司于 2015 年 4 月 10 日公布 2014 年度的最后分红方案，其公告如下：“2015 年 4 月 9 日在北京召开的股东大会，通过了董事会关于每股分派 0.15 元的 2014 年股息分配方案。股权登记日为 4 月 25 日，除息日为 4 月 26 日，股东可在 5 月 10 日至 25 日之间通过深圳交易所按交易方式领取股息。特此公告。”

那么，该公司的股利支付程序如图 9—1 所示。

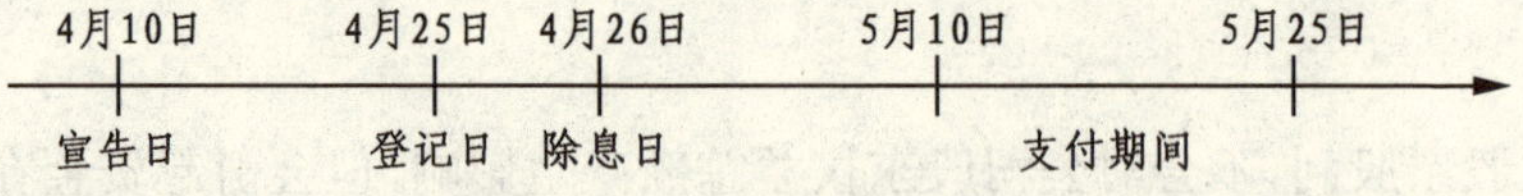

图 9—1 股利支付程序

四、股票分割与股票回购

(一)股票分割

股票分割又称拆股，即将一股股票拆分成多股股票的行为。股票分割一般只会增加发行在外的股票总数，但不会对公司的资本结构产生任何影响。股票分割与股票股利非常相似，都是在不增加股东权益的情况下增加了股份的数量，所不同的是，股票股利虽不会引起股东权益总额的改变，但股东权益的内部结构会发生变化，而股票分割之后，股东权益总额及其内部结构都不会发生任何变化，变化的只是股票面值。

股票分割的作用如下：

(1)降低股票价格。股票分割会使每股市价降低，买卖该股票所需资金量减少，从而可以促进股票的流通和交易。流通性的提高和股东数量的增加，会在一定程度上加大对公司股票恶意收购的难度。此外，降低股票价格还可以为公司发行新股做准备，因为股价太高会使许多潜在投资者力不从心而不敢轻易对公司股票进行投资。

(2)向市场和投资者传递“公司发展前景良好”的信号，有助于提高投资者对公司股票的信心。

与股票分割相反，如果公司认为其股票价格过低，不利于其在市场上的声誉和未来的再筹资时，为提高股票的价格，会采取反分割措施。反分割又称股票合并或逆向分割，是指将多股股票合并为一股股票的行为。反分割显然会降低股票的流通性，提高公司股票投资的门槛，它向市场传递的信息通常都是不利的。

【例 9－15】 A 公司是美国上市公司，2014 年年末资产负债表上的股东权益情况如表 9－8 所示。

表 9－8　　A 公司 2014 年年末的股东权益情况(发放股票股利前)　　单位：万元

普通股(面值 10 元，发行在外 1 000 万股)	10 000
资本公积	10 000
盈余公积	5 000
未分配利润	8 000
股东权益合计	33 000

(1)假设股票市价为 20 元，该公司宣布发放 10％的股票股利，即现有股东每持有 10 股即可获赠 1 股普通股。发放股票股利后，股东权益有何变化？每股净资产是多少？

(2)假设该公司按照 1∶2 的比例进行股票分割。股票分割后，股东权益有何变化？每股净资产是多少？

根据上述资料，分析计算如下：

(1)发放股票股利后的股东权益情况如表 9－9 所示。

表 9－9　　A 公司 2014 年年末的股东权益情况(发放股票股利后)　　单位：万元

普通股(面值 10 元，发行在外 1 100 万股)	11 000
资本公积	11 000
盈余公积	5 000
未分配利润	6 000
股东权益合计	33 000

每股净资产＝33 000÷(1 000＋100)＝30(元/股)

(2)股票分割后的股东权益情况如表 9－10 所示。

表 9—10　　A 公司 2014 年年末的股东权益情况(股票分割后)　　单位:万元

普通股(面值 5 元,发行在外 2 000 万股)	10 000
资本公积	10 000
盈余公积	5 000
未分配利润	8 000
股东权益合计	33 000

每股净资产＝33 000÷(1 000×2)＝16.5(元/股)

(二)股票回购

1. 股票回购的含义及方式

股票回购是指上市公司出资将其发行在外的普通股以一定价格购买回来予以注销或作为库存股的一种资本运作方式。公司不得随意收购本公司的股份。只有满足相关法律规定的情形才允许股票回购。

股票回购的方式主要包括公开市场回购、要约回购和协议回购三种。其中,公开市场回购,是指公司在公开交易市场上以当前市价回购股票;要约回购,是指公司在特定期间向股东发出的以高出当前市价回购股票;要约回购,是指公司在特定期间向股东发出的以高于当前市价的某一价格回购既定数量股票的要约;协议回购,是指公司以协议价格直接向一个或几个主要股东回购股票。

2. 股票回购的动机

在证券市场上,股票回购的动机多种多样,主要有以下几点:

(1)现金股利的替代。现金股利政策会对公司产生未来的派现压力,而股票回购不会。当公司有富余资金时,通过回购股东所持股票将现金分配给股东,这样,股东就可以根据自己的需要选择继续持有股票或出售获得现金。

(2)改变公司的资本结构。无论是现金回购还是举债回购股份,都会提高公司的财务杠杆水平,改变公司的资本结构。公司认为权益资本在资本结构中所占比例较大时,为了调整资本结构而进行股票回购,可以在一定程度上降低整体资金成本。

(3)传递公司信息。由于信息不对称和预期差异,证券市场上的公司股票价格可能被低估,而过低的股价将会对公司产生负面影响。一般情况下,投资者会认为股票回购意味着公司认为其股票价值被低估而采取的应对措施。

(4)基于控制权的考虑。控股股东为了保证其控制权,往往采取直接或间接的方式回购股票,从而巩固既有的控制权。另外,股票回购使流通在外的股份数变少,股价上升,从而可以有效地防止敌意收购。

3. 股票回购的影响

股票回购对上市公司的影响主要表现在以下几个方面:

(1)股票回购需要大量资金支付回购成本,容易造成资金紧张,降低资产流动性,影响公司的后续发展。

(2)股票回购无异于股东退股和公司资本的减少,也可能会使公司的发起人股东更注重创业利润的实现,从而不仅在一定程度上削弱了对债权人利益的保护,而且忽视了公司的长远发展,损害了公司的根本利益。

(3)股票回购容易导致公司操纵股价。公司回购自己的股票容易导致其利用内幕消息进行炒作,加剧公司行为的非规范化,损害投资者的利益。

同步测试题

一、单项选择题

1. 法律对利润分配进行超额累积利润限制的主要原因是(　　)。

A. 避免损害少数股东权益　　B. 避免资本结构失调

C. 避免股东避税　　D. 避免经营者从中牟利

2. 采用剩余股利政策分配股利的根本目的是为了(　　)。

A. 降低企业筹资成本　　B. 稳定公司股票价格

C. 合理安排现金流量　　D. 体现风险投资与风险收益的对等关系

3. (　　)之后的股票交易,其交易价格可能下降。

A. 股利宣告日　　B. 股权登记日　　C. 除息日　　D. 股利支付日

4. 下列项目中,在利润分配中优先的是(　　)。

A. 法定盈余公积金　　B. 普通股股利　　C. 任意盈余公积金　　D. 优先股股利

5. 股利支付与公司盈利能力相脱节的股利分配政策是(　　)。

A. 剩余股利政策　　B. 额外股利政策　　C. 固定股利政策　　D. 固定股利比例政策

6. 制定股利政策时,应考虑的股东因素是(　　)。

A. 资本保全　　B. 筹资成本　　C. 通货膨胀　　D. 股权稀释

7. 若要保持目标资本结构,应采用的股利政策是(　　)。

A. 剩余股利政策　　B. 固定股利政策

C. 固定股利支付率政策　　D. 低正常股利加额外股利政策

8. (　　)是一种企业最常见也是投资者最容易接受的股利支付形式。

A. 现金股利　　B. 股票股利　　C. 财产股利　　D. 负债股利

9. 只有在(　　)这一天登记在册的股东,才有资格领取本期股利。

A. 股利宣告日　　B. 股权登记日　　C. 除息日　　D. 股利发放日

10. 某企业生产B产品,本期计划销售量为5 000件,目标利润总额为120 000元,完全成本总额为200 000元,适用的消费税税率为5%,根据以上资料,运用目标利润法预测单位B产品的价格为(　　)元。

A. 24　　B. 45.11　　C. 64　　D. 67.37

11. 某企业生产A产品,预计单位产品的制造成本为200元,单位产品的期间费用为50元,销售利润率不能低于15%,该产品适用的消费税税率为5%,那么,运用销售利润率定价法,该企业的单位产品价格为(　　)元。

A. 250　　B. 312.5　　C. 62.5　　D. 302.6

12. 下列销售预测方法中,不属于定性分析法的是(　　)。

A. 德尔菲法　　B. 营销员判断法

C. 因果预测分析法　　D. 产品寿命周期分析法

13. 某企业2014年实际销售量为3 600件,原预测销售量为3 475件,平滑指数$\alpha=0.6$。则用指数平滑法预测公司2015年的销售量为(　　)件。

A. 3 525　　B. 3 550　　C. 3 552　　D. 3 505

二、多项选择题

1. 主要依靠股利维持生活的股东和养老基金管理人赞成的公司股利政策是(　　)。

A. 剩余股利政策　　B. 固定股利政策

C. 低正常股利加额外股利政策　　D. 固定股利支付率政策

2. 影响股利政策的法律约束因素包括（　　）。

A. 资本保全约束　　B. 资本确定约束　　C. 资本积累约束　　D. 超额累积利润约束

3. 从公司的角度看，制约股利分配的因素有（　　）。

A. 控制权的稀释　　B. 举债能力的强弱　　C. 盈余的变化　　D. 潜在的投资机会

4. 采用低正常股利加额外股利政策的理由是（　　）。

A. 有利于保持最优资本结构

B. 使公司具有较大的灵活性

C. 保持理想的资本结构，使综合成本最低

D. 使依靠股利度日的股东有比较稳定的收入，从而吸引住这部分股东

5. 影响股利政策的因素有（　　）。

A. 法律因素　　B. 合同限制因素　　C. 筹资能力　　D. 投资机会

6. 目前我国上市公司的股利支付方式主要有（　　）。

A. 现金股利　　B. 负债股利　　C. 财产股利　　D. 股票股利

7. 下列各项中，属于税后利润分配项目的有（　　）。

A. 法定盈余公积金　　B. 任意盈余公积金　　C. 资本公积金　　D. 股利支出

8. 发放股票股利后，不会（　　）。

A. 改变股东的股权比例　　B. 增加企业的资产

C. 引起每股盈余和每股市价发生变化　　D. 引起股东权益各项目的结构发生变化

9. 趋势预测分析法包括（　　）。

A. 算术平均法　　B. 加权平均法　　C. 指数平滑法　　D. 回归直接法

10. 下列关于价格运用策略的说法中，不正确的有（　　）。

A. 单价折扣是按照购买数量的多少给予的价格折扣，目的是鼓励购买者多购买商品

B. 尾数定价适用于高价的优质产品

C. 推广期一般应采用高价促销策略

D. 对于具有互补关系的相关产品，可以降低部分产品价格而提高互补产品价格

三、判断题

1. 派发股票股利有可能会导致公司资产的流出或负债的增加。（　　）

2. 低正常股利加额外股利政策，能使股利与公司盈余紧密配合，以体现"多盈多分、少盈少分"的原则。（　　）

3. 正确处理投资者利益关系的关键是坚持投资与受益对等原则。（　　）

4. 企业发生的年度经营亏损，依法用以后年度实现的利润弥补。连续5年不足弥补的，用税后利润弥补，或者经企业董事会或经理办公会审议后，依次用企业资本公积、盈余公积弥补。（　　）

5. 股份有限公司的股利分配遵循"无利不分"的原则，即公司的盈余公积抵补亏损后有剩余也不能用来支付股利。（　　）

6. 如果发放股票股利的比例大于股价下降的比例，股东就可得到收益。（　　）

7. 企业发放股票股利将使同期每股盈余下降。（　　）

8. 股份有限公司利润分配的一个主要特点是，提取任意盈余公积在支付优先股股利之后，但在分配普通股股利之前。（　　）

9. 股东为防止控制权稀释，往往希望公司提高股利支付率。（　　）

10. 企业不能用资本发放股利，但可以在没有累计盈余的情况下提取盈余公积金。（　　）

11. 销售预测中的指数平滑法运用比较灵活，适用范围较广，但是在平滑指数的选择上具有一定的主观

随意性。 ( )

四、计算分析题

1. 正大公司生产丁产品，设计的生产能力为14 000件，计划生产12 000件，预计单位产品的变动成本为180元，计划期的固定成本费用总额为980 000元，该产品适用的消费税税率为5%，成本利润率必须达到20%。假定本年度接到一额外订单，订购1 000件丁产品，单价为250元。

要求：计算该企业计划内产品的单位价格，判断是否应该接受这一额外订单？(计算结果保留小数点后两位)

2. 某公司历年销售量和相关费用支出的关系如下表所示，假设该产品的销量不受其他费用的影响。

年 度	2007	2008	2009	2010	2011	2012	2013	2014
销售量(吨)	3 500	3 750	3 600	3 900	3 950	4 000	4 050	4 100
相关费用(万元)	100	105	106	108	110	112	120	125

预计2015年的相关费用为150万元。

要求：回答下列互不关联的问题：

(1)用算术平均法预测2015年的销售量。

(2)假设2014年预测销售量为4 080吨，用修正的移动平均法预测2015年的销售量(假设样本量为3期)。

(3)假设2014年预测销售量为4 080吨，平滑指数为0.4，用指数平滑法预测2015年的销售量。

(4)用回归直线法预测公司2015年的产品销售量。

第十章　预算管理

学习目标

通过本章学习，了解财务预算的含义与功能，以及财务预算在财务管理和全面预算体系中的地位；熟悉固定预算、增量预算及定期预算的编制方法与优缺点；掌握弹性预算、零基预算、滚动预算的编制方法和优缺点；掌握现金预算编制依据、编制流程和编制方法；掌握预计利润表和预计资产负债表的编制方法。

案例导读

宝钢成功的秘诀

宝钢集团公司(简称“宝钢”，证券代码:600019)是中国最大、最现代化的钢铁联合企业，成立于1978年12月23日，位于上海宝山区。经过30多年发展，宝钢已成为中国钢铁生产企业的排头兵。《世界钢铁业指南》评定宝钢股份在世界钢铁行业的综合竞争力为前三名，认为也是未来最具发展潜力的钢铁企业。

宝钢立足钢铁主业，坚持精品战略，发展拳头产品和著名品牌，在汽车、石油钢管、造船钢板、不锈钢、民用建筑用钢和电磁钢六大类产品上形成大规模、高产品档次的基地，成为我国钢铁行业新工艺、新技术及新材料开发的重要基地。

宝钢一、二期工程全面建成后，为适应计划经济向市场经济的转轨、提升企业市场竞争能力，迫切需要建立与市场经济相适应的经营管理体制。宝钢于1993年开始进行全面预算管理这一全新经营管理体制的探索。

公司从全面预算推行至今经历了三个阶段:1993～1994年是宝钢预算管理体系的初步形成阶段。公司设置了经营预算管理部门，并编制了第一本年度预算。1994～2002年为预算管理的规范完善阶段，这一阶段通过完善相关预算管理制度和预算管理技术，推出了月度执行预算，形成了规范的预算管理模式。2002年以后，公司预算管理在原有基础上进一步深化发展，以六年经营规划为指导，进行季度滚动预算，以每股盈余作为预算编制起点，强调资本预算管理，逐步完善预算信息化平台。至此，宝钢形成了以战略目标、经营规划为导向，年度预算为控制目标，滚动执行预算为控制手段，覆盖宝钢生产、销售、投资、研发的全面预算管理体系。

(一)预算管理制度

宝钢的预算管理制度主要有《上海宝钢集团公司预算管理制度》和《上海宝钢集团公司预算管理实施细则》。预算管理制度对预算的定义、预算的分类、预算管理的组织体系、预算管理流程、预算监督、预算执行情况报告制度以及预算考核等理论性和操作性问题进行了明确规定。

预算管理实施细则对预算的编制、预算执行和控制、预算调整和追加、预算考核等进行了详细的规定，是预算管理的重要操作规程。为了保证公司预算的顺利实施、促进预算管理的不断完善，在预算管理制度及预算管理实施细则的基础上，公司又根据各不相同的专业预算性质制定了相关的操作办法和管理办法。

(二)预算管理的组织体系

1. 预算管理决策层

(1)机构：公司预算委员会。

(2)成员：由各分公司管理业务的总经理、副总经理组成，由总经理直接领导。

(3)职能：审定、签发预算管理制度；审批公司年度预算；提出公司预算管理发展方向及改进要求；确定年度预算编制的重大前提条件和年度生产经营目标；听取预算执行情况和预算管理工作进展的汇报，做出预算管理改进和完善等决定。

2. 预算管理职能部门

(1)机构：公司预算办公室（与计财部成本处一个机构，两块牌子）及预算归口管理部门。

(2)成员：对预算负有专业管理职责的部门。

(3)职能：根据公司确定的预算期生产经营目标、预算编制原则，全面分析、研究预算期公司面临的生产经营环境、市场状况、内部生产经营条件，向预算委员会提交《年度预算计划大纲》；组织预算的编制工作，并根据公司批准的预算，组织各预算责任部门执行；负责预算日常事务的协调以及跟踪、监督预算的执行过程，定期报告预算执行情况，实施预算考核；对预算执行过程中出现的问题和偏差及时进行修正和调整，并为公司决策提供有效信息。

3. 预算管理责任部门

(1)成员：是预算管理的执行层，由公司各业务单位和职能部门组成。

(2)职能：将预算指标具体落实到生产经营和管理中，实现预算管理与其他基础管理的有机结合；提供预算管理所需的各种实绩的反馈，为预算管理职能部门编制预算、跟踪预算提供基础数据。

(三)预算管理流程

上海宝钢集团全面预算管理流程是由预算编制、预算执行、预算考核与分析，以及预算修正和改进四个阶段构成的预算管理循环。

(1)预算编制。宝钢预算编制通过“自上而下”和“自下而上”两种方式实时互动来完成。“自上而下”的过程，可将公司经营思想、经营目标层层贯彻落实。“自下而上”的过程，使各个预算责任单位制定落实公司目标的具体措施，以确保公司经营目标得以实现。预算编制属于预算管理的“事前控制”。

(2)预算执行。预算管理注重过程控制，预算目标的分解、落实、考核等一系列活动都纳入到公司各种管理活动中，通过各种管理活动自身的管理控制，实现预算总体目标。预算执行属于预算管理的“事中控制”。

(3)预算考核与分析。宝钢建立了完整的预算考评体系，以保证预算得到有效的实施和完成。2001 年宝钢预算考核引入价值化管理思路，改变了以前考核激励机制复杂、考核力度弱的弊端，公司对主体生产单元的考核强调以价值贡献为主，包括三方面内容：一是产品成本完成情况，二是产品边际贡献完成情况，三是部门占用的资本成本。

预算管理循环强调预算分析的作用，通过各类预算分析，反馈以前预算的执行结果，分析预算管理运行中存在的问题，提出下一步的解决对策。预算分析的对象除资产负债、损益外，更侧重对作业进行分析，以挖掘和提升企业价值。预算分析方法基本为因素分析法。预算考核与分析属于预算管理的“事后控制”。

(4)预算修正和改进。为引导管理行为长期化，追求公司战略目标的实现，公司建立了预算调整制度。宝钢的预算调整是通过编制季度滚动预算来实现的。季度滚动预算不仅是年度损益调整的工具，而且是公司各部门经营控制和考核评价的基础。

通过几年的推进，上海宝钢集团全面预算管理体系得以建立和完善，集团化预算管理的内容和方式基本确立，并形成了有效的管理网络。建立了以战略为目标、经营规划为导向，年度预算为控制目标，滚动执行预算为控制手段，覆盖宝钢生产、销售、投资、研发的全面预算管理体系。上海宝钢公司成功地推行了全面预算管理，创新性地提出了大型企业集团的预算管理模式，为提高企业生产经营效益发挥了重要作用，成为大中型企业推行全面预算管理的成功典范，具有非常重要的借鉴意义。

[资料来源] http://wenku.baidu.com/view/2d383834be1e650e52ea99ab.html。

【案例探索思考】

通过阅读上面的资料，归纳一下什么是预算管理？你认为上海宝钢集团的预算管理有什么特点？宝钢集团预算编制流程是否还存在不足？如果存在，该如何完善？通过学习本章内容，你就会得到这些问题的答案。

第一节　预算管理概述

一、全面预算的含义与内容

全面预算是以货币及其他数量形式反映的有关企业未来一定时期内全部经营活动各项目标的行动计划与相应措施的数量说明，是根据企业目标所编制的经营、资本、财务等年度收支计划。具体包括特种决策预算、日常业务预算和财务预算。

特种决策预算是指企业不经常发生的、需要根据特定决策临时编制的一次性专门预算。特种决策预算包括经营决策预算和投资决策预算两种类型。经营决策预算是针对所选中的经营方案所作的进一步规划；而投资决策预算是针对特定的所选中的投资方案所作的进一步规划。

日常业务预算是指与企业日常经营活动直接相关的经营业务的各种预算。具体包括销售预算、生产预算、直接材料消耗及采购预算、直接人工预算、制造费用预算、产品生产成本预算、应交增值税、销售税金及附加预算、销售费用预算、管理费用预算、期末存货预算等，这些预算前后衔接，相互勾稽，既有实物量指标，也有价值量指标。

财务预算是企业全面预算的一个重要组成部分，它和其他预算紧密联系在一起，构成了一个数字相互衔接的、完整的企业全面预算体系。

二、财务预算的含义与功能

财务预算是一系列专门反映企业未来一定预算期内预计财务状况和经营成果，以及现金收支等价值指标的各种预算的总称，具体包括现金预算、财务费用预算、预计利润表、预计利润分配表和预计资产负债表等内容。

财务预算有其特定的功能，因此，编制财务预算是企业财务管理的一项重要工作。财务预算的功能具体表现在以下几个方面：

（一）规划的功能

预算是目标的具体化，它能够使各管理层、各部门更清楚地了解本部门的职责，从而指导和控制日常工作。

（二）沟通和协调功能

预算中纳入了企业内部协作单位的配合关系，使整个企业各方面的工作严密组织，从而实现协调、平衡。

（三）资源分配功能

由于企业资源有限，按照经济原则，通过财务预算可将有限资源分配给获利能力相对较高的相关部门或项目、产品，实现资源的最有效利用。

（四）营运控制功能

预算也可视为一种控制标准，若将实际经营成果与预算相比较，可让管理者找出差距，分析原因，不断改善企业经营。

（五）绩效评估功能

通过预算建立绩效评估体系，通过预算的执行情况与预算的对比，可帮助各部门管理者分析比较，评价业绩，做好绩效评估工作。

财务预算的编制需要以财务预测的结果为根据，并受到财务预测质量的制约；财务预算必须服从决策目标的要求，使决策目标具体化、系统化、定量化。

三、财务预算的地位与作用

财务预算是企业全面预算体系中的最后环节，各种日常业务预算和特种决策预算最终大多可以综合反映在财务预算中，可以说它是从价值方面总括地反映日常业务预算和特种决策预算的结果，这样，财务预算就成为各项经营业务和专门决策的整体计划，故也称为总预算，而其他预算相应称为辅助预算或分预算。因此，它在全面预算体系中占有举足轻重的地位。

财务预算在企业经营管理和实现目标利润中发挥着重大作用，概括起来有以下四点：

（一）财务预算能够为企业各级各部门明确自己的奋斗目标

财务预算是以各项业务预算和专门决策预算为基础，以价值尺度为指标编制的综合性预算，规定了企业一定时期的总目标以及各级各部门的具体财务目标。各级各部门根据自身的具体目标安排各自的经济活动，设想达到各目标拟采取的办法和措施，从而也就明确了自己的职责和努力的方向，同时也了解了本单位的经济活动与整个企业经营目标之间的关系。各级各部门如果都完成了自己的具体目标，企业的总体目标也就自然得以实现。

（二）财务预算可以协调企业各级各部门之间的关系

企业内部各级各部门因其职责不同，对各自经济活动的考虑可能会带有片面性，甚至会出现相互冲突的现象。例如，销售部门根据市场预测提出了一个很可观的销售计划，生产部门可能没有那么大的生产能力；生产部门根据自己的条件编制了一个充分发挥生产能力的计划，但销售部门却可能无法将这些产品推销出去。克服片面、避免冲突的最佳办法是进行经济活动的综合平衡。财务预算具有高度的综合能力，编制财务预算的过程也是企业内部各级各部门的经济活动密切配合、相互协调、统筹兼顾、全面安排、搞好综合平衡的过程。例如，编制生产预算必须要以销售预算为依据，编制材料、人工、费用预算必须与生产预算相衔接，各指标之间应保持必需的平衡等，而这一切最终都体现为企业现金的收支，这也正是财务预算的优势所在。

（三）财务预算是企业各级各部门日常工作控制的标准

财务预算在使企业各级各部门明确奋斗目标的同时，也为其日常工作提供了控制依据。预算进入实施阶段以后，各级各部门管理工作的重心也自然转入了日常控制，即设法使经济活动按预算进行。这就要求各级各部门应以各项预算为标准，通过计量对比，及时提供实际偏离预算的差异数，并分析原因，以便采取有效措施，挖掘潜力，巩固成绩，纠正缺点，保证既定目标的实现。

（四）财务预算是考核企业各级各部门工作业绩的标准

现代企业管理的有效手段就是实行责任制度，而有效的责任制度离不开公开、公平、公正的业绩考核。企业财务预算的编制是企业内部公开的、全面的、总体的目标规划过程，它不仅明确了各级各部门的具体工作目标，也明确了各具体目标与总体目标之间的关系，只有各具体目标得以实现，才能保证总体目标的实现。从另一个角度说，各具体部门只有保质保量地完成了自己的预算目标，才能真正体现出具体部门对企业整体的贡献。所以，在评定各级各部门工作业绩时，要根据其预算完成情况，分析偏离预算的程度和原因，划清责任，奖罚分明，以促使各级各部门为完成预算规定的目标努力工作。

第二节　预算的编制方法与程序

财务预算是一项专业性、技术性和操作性很强的工作，有着自己专门的方法。从实际工作来看，其采用的方法主要有以下几种：

一、固定预算方法和弹性预算方法

编制预算的方法按其业务量基础的数量特征不同，可分为固定预算方法和弹性预算方法两大类。

（一）固定预算方法

固定预算方法简称固定预算，又称静态预算，是一种传统的预算编制方法，它是把企业预算期的业务量固定在某一预计水平上，并以此作为唯一的基础来编制预算的一种方法。也就是说，预算期内编制财务预算所依据的成本费用和利润等信息都只是在一个固定的业务量水平基础上确定的。很显然，这种以未来固定不变的业务量水平所编制的预算，其赖以存在的前提是预计业务量与实际业务量相一致或差异不大才合适。但这样的前提条件在当今复杂的市场环境条件下很难达到，在实际工作中，如果预计业务量与实际业务量相差过大时，必然导致有关成本费用及利润的实际水平与预算水平因基础不同而失去可比性，不利于开展控制与考核，甚至会引起人们的误解。例如，编制预算时，预计产量为1 000件，其成本预算总额为10 000元；而实际业务量为1 400件，其成本总额为14 000元，实际成本与预算相比超支很大，但是，实际成本脱离预算成本的差异既有单位用量和单价的差异，也有业务量增长的差异，而业务量差异对成本分析来讲是无意义的。也正因为如此，该方法在目前实际工作中应用得很少。

（二）弹性预算方法

弹性预算方法简称弹性预算，又称变动预算或滑动预算，是为克服固定预算的缺点而设计的一种预算方法。该方法以成本习性分析为基础，分别按一系列可能达到的预计业务量水平编制能适应多种情况的预算。由于它能规定不同业务量条件下的预算收支，适用面宽，机动性强，具有弹性，所以称作弹性预算。

由于未来业务量的变动会影响到成本费用和利润等各个方面，因此，弹性预算从理论上讲适用于全面预算中与业务量有关的各种预算，但从实用性角度看，主要用于编制弹性成本费用预算和弹性利润预算等。在实务中，由于收入、利润可按概率的方法进行风险分析预算，直接材料、直接人工可按标准成本制度进行标准预算，只有制造费用、销售费用及管理费用等间接费用应用弹性预算的频率较高，以至于有人将弹性预算方法误认为只是编制费用预算的一种方法，其实并非如此，方法的选择在于能否更有利于反映对象的本质和达到我们的目的。从这一角度而言，该方法主要用于编制弹性成本费用预算和弹性利润预算。

编制弹性预算所依据的业务量可以是产量、销售量、直接人工工时、机器工时、材料消耗量，也可以是直接人工工资等。

1. 弹性成本预算的编制

(1)弹性成本预算的基本公式。

编制弹性成本预算，首先是要按成本习性将全部成本最终区分为固定成本和变动成本两大类。固定成本其总额在一定时期、一定业务量范围内固定不变，因此按总额控制；变动成本其总额在一定时期、一定业务量范围内随业务量的变动而变动，因此根据业务量来控制。其成本的预算公式如下：

成本的弹性预算＝固定成本预算数＋Σ(单位变动成本预算数×预计业务量)

在此基础上，按事先选择的业务量计算单位和确定的有效变动范围，根据业务量与有关成本费用项目之间的内在关系即可编制弹性成本预算。

(2)业务量的选择。

选择业务量包括选择业务量计量单位和业务量变动范围两部分。业务量计量单位应根据企业具体情况进行选择。一般来讲，生产单一产品的部门，可以选择产品的实物量为计量单位；生产多种产品的部门，可以选用人工工时、机器工时等；修理部门可以选用修理工时等。以手工操作为主的企业应选用人工工时；机械化程度较高的企业选用机器工时更为适宜。业务量变动范围是指弹性预算所适用的业务量变动区间。业务量变动范围的选择应根据企业的具体情况而定，一般来说，可定在正常生产能力的70％～120％之间，或以历史上最高或最低业务量为其上、下限。

(3)弹性成本预算的具体编制方法。

弹性成本预算的编制方法可以选择公式法和列表法两种具体方法。

第一，公式法。在成本习性分析的基础上，可将任何成本费用近似地表示为$Y=a+bx$(a为固定成本总额，b为单位变动成本，x为多种业务量，Y为成本总额)，公式法只需要列出各项成本费用的a和b，即可推算出业务量在允许范围内任何水平上的各项预算成本。

①当$b=0$时，Y为固定成本项目，则$a=Y$。

②当$a=0$时，Y为变动成本项目，则$b=Y/x$。

③当a和b均不为零时，Y为混合成本项目，可采用适当的数学方法将Y加以分解，分别确定a和b。

【例10－1】 北方公司2015年制造费用弹性预算指标如表10－1所示。其中较大的混合成本项目已经被分解。直接人工工时的有效变动范围为105 000～180 000小时。若直接人工工时为120 000小时，请计算该公司2015年制造费用预算数额。

表 10—1　　**北方公司 2015 年制造费用弹性预算(公式法)**

直接人工工时变动范围:105 000～180 000 小时　　单位:元

项　目	a	b
管理人员工资	300 000	—
保险费用	120 000	—
设备租金	96 000	—
维修费用	30 000	0.30
水电费用	90 000	0.18
辅助材料	120 000	0.35
辅助工工资		0.50
检验员工资	12 000	0.40
合　计	768 000	1.73

当企业直接人工工时为 120 000 小时时,该公司 2015 年的制造费用预算数额为:

$Y=768\ 000+1.73\times120\ 000=975\ 600$(元)

公式法的优点是在一定范围内不受业务量波动影响,编制预算的工作量比较小;缺点是在进行预算控制和考核时,不能直接查出特定业务量下的总成本预算额,而且按细目分解成本也比较麻烦,同时也存在一定误差。

第二,列表法。即通过列表的方式,在相关范围内每隔一定业务量范围计算相关数值预算,来编制弹性成本预算的方法。该方法在一定程度上克服了公式法查不到不同业务量下总成本预算数额的弱点,所以在实际工作中往往是把公式法和列表法结合起来应用。

【例 10—2】 表 10—2 是按列表法编制的北方公司制造费用弹性预算。

表 10—2　　**北方公司预算期制造费用弹性预算(列表法)**　　单位:元

直接人工小时	84 000	96 000	108 000	120 000	132 000	144 000
生产能力利用	70%	80%	90%	100%	110%	120%
1. 变动成本项目	42 000	48 000	54 000	60 000	66 000	72 000
辅助工人工资	42 000	48 000	54 000	60 000	66 000	72 000
2. 混合成本项目	355 320	370 080	384 840	399 600	414 360	429 120
维修费	55 200	58 800	62 400	66 000	69 600	73 200
水电费	105 120	107 280	109 440	111 600	113 760	115 920
辅助材料	149 400	153 600	157 800	162 000	166 200	170 400
检验员工资	45 600	50 400	55 200	60 000	64 800	69 600
3. 固定成本项目	516 000	516 000	516 000	516 000	516 000	516 000
管理人员工资	300 000	300 000	300 000	300 000	300 000	300 000
保险费	120 000	120 000	120 000	120 000	120 000	120 000
设备租金	96 000	96 000	96 000	96 000	96 000	96 000
制造费用预算	913 320	934 080	954 840	975 600	996 360	1 017 120

表 10－2 中的业务量间距为 10%，在实际工作中可选择更小的间距。显然，业务量的间距越小，实际业务量水平出现在预算表中的可能性就越大，但工作量也就越大。

列表法的优点主要是可以直接从表中查得各种业务量下成本预算，便于预算的控制和考核，可以在一定程度上弥补公式法的不足。但这种方法工作量较大，且不能包括所有业务量条件下的费用预算，故适用面较窄。

2. 弹性利润预算的编制

弹性利润预算是根据成本、业务量和利润之间的依存关系，为适应多种业务量变化而编制的利润预算。弹性利润预算是以弹性成本预算为基础编制的，其主要内容包括销售量、价格、单位变动成本、边际贡献和固定成本。常见的编制方法有以下两种：

(1)因素法。该方法是根据影响利润的有关因素与收入、成本的关系，列表反映这些因素分别变动时相应的预算利润水平。

【例 10－3】　预计北方公司预算年度 A 产品的销售量有效变动范围为7 000～12 000件，同一销售业务量下其单价分别为 120 元和 130 元，单位变动成本为 80 元；固定成本总额为80 000元。根据以上资料编制北方公司弹性利润预算表如表 10－3 所示。

表 10－3　　**北方公司弹性利润预算**　　单位：元

销售量(件)	7 000		…	…	10 000		…	12 000	
单价	120	130	…	…	120	130	…	120	130
单位变动成本	80	80	…	…	80	80	…	80	80
销售收入	840 000	910 000	…	…	1 200 000	1 300 000	…	1 440 000	1 560 000
减：变动成本	560 000	560 000	…	…	800 000	800 000	…	960 000	960 000
边际贡献	280 000	350 000	…	…	400 000	500 000	…	480 000	600 000
减：固定成本	80 000	80 000	…	…	80 000	80 000	…	80 000	80 000
营业利润	200 000	270 000	…	…	320 000	420 000	…	400 000	520 000

如果单位变动成本、固定成本发生变动，也可参照此法，分别编制在不同单位变动成本、不同固定成本水平下的弹性利润预算，从而形成一个完整的弹性利润预算体系。

该方法适用于单一品种经营或采用分算法处理固定成本的多品种经营的企业。

(2)百分比法。也称销售百分比法，是指按不同项目占销售额的百分比，列表反映在销售业务量的有效变动范围内，不同销售收入百分比相应的预算利润水平的一种方法。百分比法必须假定固定成本不变，变动成本随着销售收入变动百分比而同比例变动。

【例 10－4】　北方公司预算年度的销售业务量达到 100%时的销售收入为1 200 000元，变动成本为800 000元，固定成本为80 000元。根据以上资料，按 10%的间隔编制北方公司弹性利润预算，如表 10－4 所示。

表 10－4　　**北方公司弹性利润预算(百分比法)**　　单位：元

销售收入百分比(%)(1)	80	90	100	110	120
销售收入(2)＝1 200 000×(1)	960 000	1 080 000	1 200 000	1 320 000	1 440 000
变动成本(3)＝800 000×(1)	640 000	720 000	800 000	880 000	960 000

续表

边际贡献(4)=(2)-(3)	320 000	360 000	400 000	440 000	480 000
固定成本(5)	80 000	80 000	80 000	80 000	80 000
利润总额(6)=(4)-(5)	240 000	280 000	320 000	360 000	400 000

一般来说,许多企业都经营很多品种,在实际工作中,分别按品种逐一编制弹性利润预算是不现实的,这就要求有一种能综合编制各品种弹性利润的预算方法。百分比法恰好解决了这一问题,这也正是百分比法的优点。

二、增量预算方法与零基预算方法

编制成本费用预算的方法按其出发点的特征不同,可分为增量预算方法和零基预算方法两大类。

(一)增量预算方法

增量预算方法,简称增量预算或调整预算,是在基期成本费用水平基础上,结合预算期业务量水平及有关降低成本费用的措施,通过调整有关原有成本费用项目而编制的预算。

该预算方法源于一定的假设:第一,假设现有的业务活动是企业所必需的,只有全部保留,才能使企业的经营过程得到正常发展;第二,假设原有的各项开支都是合理的;第三,假设未来预算期的成本费用都是在现有成本费用的基础上调整的结果。这种预算往往不加分析地保留或接受原有成本费用项目,造成各种成本费用项目水平普遍地不断上升。所以其缺点是:(1)受原有成本费用项目限制,可能导致保护落后;(2)容易滋长预算中的“平均主义”和“简单化”;(3)不利于企业未来的发展。

(二)零基预算方法

零基预算方法简称零基预算或零底预算,是指在编制成本费用预算时,不考虑以往会计期间所发生的成本费用项目和数额,而是将所有的预算支出均以零为出发点,一切从实际需要与可能出发,逐项审议预算期内各项成本费用开支的内容和开支标准是否必要合理,在综合平衡的基础上编制成本费用预算的一种方法。

零基预算的编制程序如下:

(1)确定基本预算单位。基本预算单位是指主要的基本建设项目、专项工作任务,或者是主要项目。实践中,通常由高层主管来确定哪一级机构部门或项目为预算单位。

(2)提出相应的费用预算方案。预算单位针对企业预算期的总体目标以及由此确定的各预算单位的具体目标和业务活动水平,提出相应的费用预算方案,并说明每一项费用开支的理由与数额。

(3)进行成本和效益分析。按“成本—效益分析”方法比较每一项费用及相应的效益,评价每项费用开支计划的重要程度,区分不可避免成本与可延缓成本。

(4)决定预算项目资金分配方案。将预算期可动用资金在预算单位内各项目之间进行分配,对不可避免成本项目优先安排资金,对可延缓成本项目根据可动用资金情况,按轻重缓急、收益大小分配资金。

(5)编制明细费用预算。预算单位经协商后具体规定有关指标,逐项下达费用预算。

【例10-5】 北方公司采用零基预算编制2015年销售及管理费用预算。第一,由销售及管理部门的全体职工,根据预算期全公司的总体目标和本部门的具体目标,进行反复讨论,提出预算期可能发生的一些费用项目及金额，如表 10—5 所示。

表 10—5　　**2015 年北方公司可能发生的费用项目及金额**　　单位：元

项　目	金　额	项　目	金　额
广告费	500 000	业务招待费	200 000
差旅费	200 000	保险费	140 000
培训费	60 000	办公费	120 000

第二，经过充分论证，得出以下结论：上述费用项目中除了业务招待费和广告费以外都不能再压缩了，必须得到全额保证。根据历史资料，对业务招待费和广告费进行成本—效益分析，得到以下结论：广告费：投入成本 1 元，可获收益 7 元；业务招待费：投入成本 1 元，可获收益 5 元。

第三，权衡上述各项成本费用开支的轻重缓急，排出层次和顺序：由于差旅费、保险费、培训费和办公费在预算期必不可少，需要得到全额保证，属于不可避免的约束性固定成本，所以列为第一层次；因为业务招待费和广告费可根据预算期间企业财力情况酌情增减，属于可避免项目，而其中广告费用的成本—效益较大，应列为第二层次；业务招待费的成本—效益相对较小，因此列为第三层次。

假定北方公司预算年度对上述各项费用可动用的资金只有1 000 000元，根据以上排序分配资金，最终落实的预算金额如下：

(1)确定不可避免项目的预算资金：

200 000＋60 000＋140 000＋120 000＝520 000(元)

(2)确定可分配的资金数额：

1 000 000－520 000＝480 000(元)

(3)按成本—效益比重将可分配资金数额在广告费和业务招待费之间进行分配：

$$业务招待费可分配资金=\frac{480\ 000\times5}{5+7}=200\ 000(元)$$

$$广告费可分配资金=\frac{480\ 000\times7}{5+7}=280\ 000(元)$$

第四，编制零基预算表，如表 10—6 所示。

表 10—6　　**2015 年北方公司销售及管理费用零基预算**　　单位：元

项　目	差旅费	培训费	保险费	办公费	广告费	业务招待费	合　计
预算额	200 000	60 000	140 000	120 000	280 000	200 000	1 000 000

零基预算的优缺点：零基预算不受现有费用开支水平限制，不仅能使预算单位负责人重视预算的编制工作，而且能充分发挥预算单位全体职工的工作积极性，挖掘内在潜力，增强预算的应用能力；同时，零基预算也有利于有效地分配资源。但是零基预算工作量大，所需时间和所付代价较高；同时零基预算重点不突出，费用项目成本—效益分析也缺乏客观依据。

三、定期预算方法和滚动预算方法

编制预算的方法按其预算期的时间特征不同，可分为定期预算方法和滚动预算方法两大类。

(一)定期预算方法

定期预算方法简称定期预算,是一种传统的预算方法,是指在编制预算时以不变的会计期间(如日历年度)作为预算期的一种编制预算的方法。这种预算往往都是在会计年度的最后一个季度开始,就着手编制下年度的预算,其缺点主要有三个:(1)预算指导性差。由于预算期较长,因此编制预算时,难以预测未来预算期的某些活动,特别是对预算期的后半阶段,往往只能提出一个比较笼统的预算,从而给预算的执行带来种种困难。(2)预算的灵活性差。事先预见到的某些活动,在预算执行过程中往往会有所变动,而原有预算却未能及时调整,从而使原有预算显得不相适应。(3)预算的连续性差。预算执行过程中,由于受预算期的限制,使管理人员的决策视野局限于剩余预算期间的活动,缺乏长远的打算,不利于企业的长期稳定与有序发展。

(二)滚动预算方法

滚动预算方法简称滚动预算,又称连续预算或永续预算,是指在编制预算时,将预算期与会计年度脱离,随着预算的执行不断延伸补充预算,逐期向后滚动,使预算期永远保持为一个固定期间的一种预算编制方法。

滚动预算按其预算编制和滚动的时间单位不同可分为逐月滚动、逐季滚动和混合滚动三种形式。

1. 逐月滚动方式

逐月滚动方式是指在预算编制过程中,以月份为预算的编制和滚动单位,每个月调整一次预算的方法。如在 2015 年 1 月至 12 月的预算执行过程中,需要在 1 月末根据当月预算的执行情况,修订 2 月至 12 月的预算,同时补充 2016 年 1 月份的预算;到 2 月末可根据当月预算执行情况,修订 3 月至 2016 年 1 月的预算,同时补充 2016 年 2 月份的预算;……;以此类推。

逐月滚动预算方式示意图如图 10—1 所示。

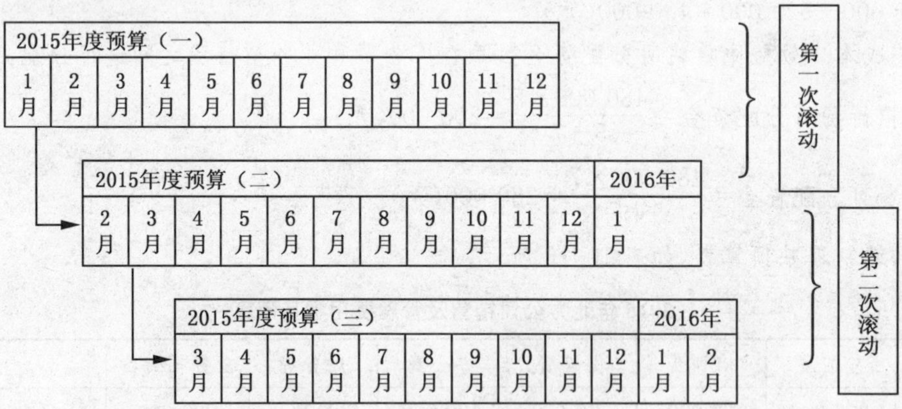

图 10—1　逐月滚动预算方式示意图

逐月滚动方式编制的预算比较精确,但工作量太大。

2. 逐季滚动方式

逐季滚动方式是指在预算编制过程中,以季度为预算的编制和滚动单位,每个季度调整一次预算的方法。如在 2015 年第一季度至第四季度的预算执行过程中,需要在第一季度末根据当季预算执行情况,修订第二季度至第四季度的预算;同时补充 2016 年第一季度的预算;第二季度末根据当季预算执行情况,修订第三季度至 2016 年第一季度的预算,同时补充 2017 年第二季度的预算；……；以此类推。

逐季滚动编制的预算比逐月滚动的工作量小，但预算的精确度较差。

3. 混合滚动方式

混合滚动方式是指在预算编制过程中，同时使用月份和季度作为预算的编制和滚动单位的方法。它是滚动预算的一种变通方式。这种预算方法的理论依据是：人们对未来的了解程度具有对近期把握较大、对远期把握较小的特征。为了做到长计划短安排，远略近详，在预算编制过程中，可以对近期预算提出较高的精度要求，使预算的内容相对详细；对远期预算提出较低的精度要求，使预算的内容相对简单，这样可以减少预算工作。

如对 2015 年 1 月至 3 月份的头三个月逐月编制详细预算，其余 4 月份至 12 月份分别按季度编制粗略预算；3 月末根据第一季度预算执行情况，编制 4 月份至 6 月份的详细预算，并修订第三季度至第四季度的预算，同时补充 2016 年第一季度的预算；以此类推。混合滚动预算示意图如图 10－2 所示。

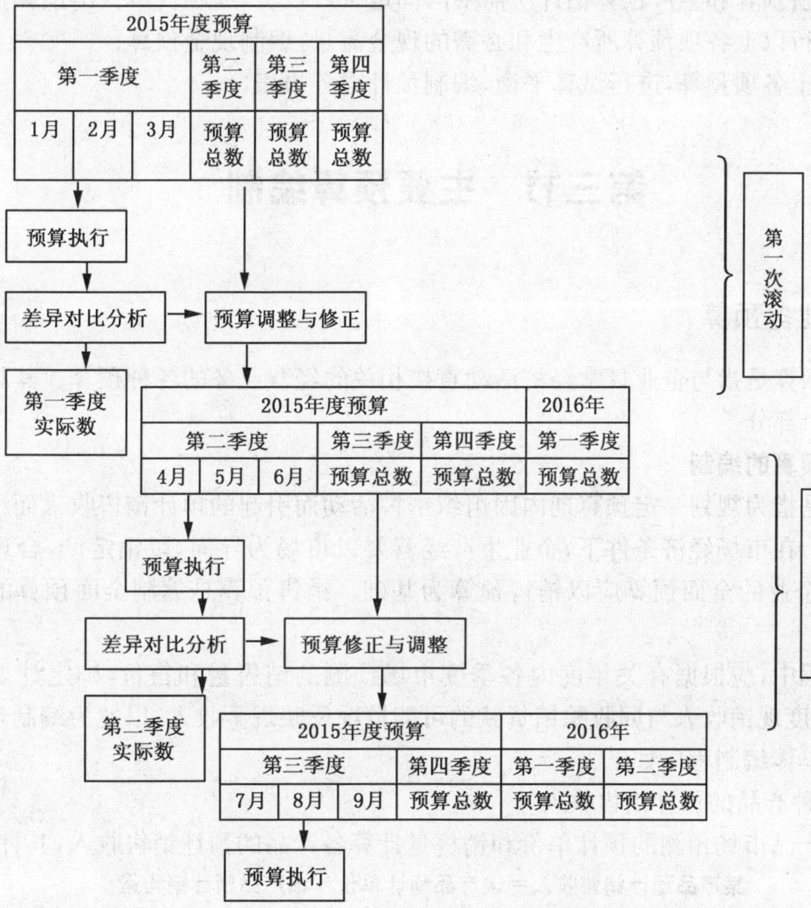

图 10－2　混合滚动预算方式示意图

实际工作中，各企业具体情况不同，应采取怎样的预算方法，各企业还需要结合自己的情况加以选择。

四、预算编制的程序

企业预算是以利润为最终目标，并把确定下来的目标利润作为编制预算的前提条件。根据已确定的目标利润，通过市场调查，进行销售预测，编制销售预算。在销售预算的基础上，做出不同层次不同项目的预算，最后汇总为综合性的现金预算和预计财务报表。预算编制的过程可以归结为以下几个主要步骤：

(1)根据销售预测编制销售预算；

(2)根据销售预算确定的预计销售量，结合产成品的期初结存量和预计期末结存量编制生产预算；

(3)根据生产预算确定的预计生产量，先分别编制直接材料消耗及采购预算、直接人工预算和制造费用预算，然后汇总编制产品生产成本预算；

(4)根据销售预算等编制销售及管理费用预算；

(5)根据销售预算和生产预算估计所需要的固定资产投资，编制资本支出预算；

(6)根据执行以上各项预算所产生和必需的现金流量，编制现金预算；

(7)综合以上各项预算，进行试算平衡，编制预计财务报表。

第三节　主要预算编制

一、日常业务预算

日常业务预算是指与企业日常经济活动直接相关的经营业务的各种预算。其具体内容的编制有以下几个部分：

(一)销售预算的编制

销售预算是指为规划一定预算期内因组织销售活动而引起的预计销售收入而编制的一种日常业务预算。在市场经济条件下，企业生产经营要以市场为导向，以销定产，合理有效地运用资源，所以，企业的全面预算应以销售预算为基础。销售预算是编制全面预算的关键和起点。

在编制过程中，应根据有关年度内各季度市场预测的销售量和售价，确定计划期销售收入，并根据各季度现销收入与回收赊销货款的可能情况反映现金收入，以便为编制现金收支预算提供信息。具体编制程序如下：

1. 计算各种产品的预计销售收入

按照各种产品市场预测的预计单价和销售量计算各产品的预计销售收入，其计算公式为：

$$\text{某产品预计销售收入}=\text{该产品预计单价}\times\text{该产品预计销售量}$$

其中：单价可根据历史及未来市场供求关系的可能，通过价格决策来确定；预计销售量则需要根据市场预测或销售合同并结合本企业生产能力来确定。

2. 预计预算期所有产品的销售收入总额

计算公式为：

$$\text{销售收入总额}=\Sigma\,\text{某种产品的预计销售收入}$$

3. 预计预算期发生的与销售收入有关的增值税销项税额

计算公式为：

某期增值税的销项税额＝该期预计销售收入总额×该期适用的增值税税率

4. 预计预算期含税销售收入

计算公式为：

某期含税销售收入＝该期预计销售收入＋该期预计销项税额

为便于编制财务预算，应在编制销售预算的同时，编制与其有关的经营现金收入预算表，以反映全年各季度销售所得的现销含税收入和回收以前应收账款的现金收入。

某预算期的经营现金收入的计算公式为：

某预算期经营现金收入＝该期现销含税收入＋该期回收以前各期的应收账款

其中：现销含税收入和回收以前各期应收账款的计算公式为：

某期现销含税收入＝该期含税销售收入×该期预计现销率

某期回收以前各期应收账款＝本期期初应收账款×该期预计应收账款回收率

其中，现销率是指一定期间现销含税收入占该期含税销售收入的百分比；应收账款回收率为以前各期应收账款在本期回收的现金额占相关的应收账款的百分比。在全面预算中，这两个指标通常为已知的经验数据。

5. 计算预算期末的应收账款余额

计算公式为：

预算期末应收账款余额＝预算期初应收账款余额＋该期含税销售收入－本期经营现金收入

【例 10－6】 北方公司生产 A、B 两种产品，2015 年度年初应收账款和各季度预测的销售价格和销售量等资料如表 10－7 所示。

表 10－7　　2015 年度北方公司预计销售单价、销量和其他资料

季度		第一季度	第二季度	第三季度	第四季度	年初应收账款	增值税率	收现率	
								首期	二期
A 产品	单价(元/件)	100	100	100	100	200 000	17%	60%	40%
	销售量(件)	800	900	1 200	1 000				
B 产品	单价(元/件)	120	120	120	110	150 000			
	销售量(件)	600	700	1 000	1 200				

根据上述资料编制该公司的销售预算和经营现金收入预算表，分别如表 10－8 和表 10－9所示。

表 10－8　　2015 年度北方公司的销售预算

季度		第一季度	第二季度	第三季度	第四季度	全年
销售单价(元/件)	A 产品	100	100	110	100	102.50
	B 产品	120	120	120	110	117.50
预计销售量(件)	A 产品	800	900	1 200	1 000	3 900
	B 产品	600	700	1 000	1 200	3 500
预计销售收入(元)	A 产品	80 000	90 000	132 000	100 000	402 000
	B 产品	72 000	84 000	120 000	132 000	408 000
	合计	152 000	174 000	252 000	232 000	810 000
增值税销项税额(元)		25 840	29 580	42 840	39 440	137 700
含税销售收入(元)		177 840	203 580	294 840	271 440	947 700

表 10—9　　**2015 年度北方公司经营现金预算**　　单位:元

季　度	第一季度	第二季度	第三季度	第四季度	全　年	年末应收账款余额
含税销售收入	177 840	203 580	294 840	271 440	947 700	
期初应收账款	350 000				350 000	
第一季度经营现金收入	106 704	71 136			177 840	
第二季度经营现金收入		122 148	81 432		203 580	108 576
第三季度经营现金收入			176 904	117 936	294 840	
第四季度经营现金收入				162 864	162 864	
经营现金收入合计	456 704	193 284	258 336	280 800	1 189 124	

表 10—8、表 10—9 中含税销售收入分两期收到现金,其结果按下列公式计算:

某期经营现金收入=当期含税销售收入×首期收现率+前期含税销售收入×二期收现率

(二)生产预算的编制

生产预算,是指为规划一定预算期内预计生产量水平而编制的一种日常业务预算。该预算是所有日常业务预算中唯一只使用实物量计量单位的预算,它虽然不直接涉及现金预算,但与其他预算密切相关,特别是成本和费用预算需要以此为依据。

生产预算的编制需要根据预计的销售量按品种分别编制。市场经济条件下,我们强调企业以市场为导向,以销定产,但不可能完全做到"同步同量",为保证企业市场供应不会中断,必须设置一定的存货,以保证均衡生产。因此,预算期间除必须具备有充足的产品供应外,还需考虑预计期初和期末存货等因素。预算期产品生产量的计算公式为:

某种产品预计生产量=预计销售量+预计期末存货量-预计期初存货量

式中:预计销售量根据销售预算确定;预计期初存货量根据上期末存货量确定;预计期末存货量应根据长期销售趋势来确定,实践中,一般是按事先估计的期末存货量占下期销售量的比例进行估算。编制预算时,必须注意生产量、销售量、存货量之间合理的比例关系,以避免储备不足、产销脱节或超储积压的问题。

【例 10—7】 北方公司 2015 年年初有关资料如下:A 产品年初产成品存货量为 80 件,年末产成品存货量为 110 件,年初产成品单位成本为 93 元,预计期末产成品占下期销量的百分比为 10%;B 产品年初产成品存货为 60 件,年末产成品存货为 130 件,年初产成品单位成本为 105 元,预计期末产成品占下期销量的百分比为 10%。根据以上资料编制北方公司 2015 年生产预算,如表 10—10 所示。

表 10—10　　**2015 年度北方公司的生产预算**　　单位:件

品　种	季　度	第一季度	第二季度	第三季度	第四季度	全　年
A 产品	预计销售量	800	900	1 200	1 000	3 900
	加:预计期末存货量	90	120	100	110	420
	减:预计期初存货量	80	90	120	100	390
	预计生产量	810	930	1 180	1 010	3 930

续表

品 种	季 度	第一季度	第二季度	第三季度	第四季度	全 年
B产品	预计销售量	600	700	1 000	1 200	3 500
	加:预计期末存货量	70	100	120	130	420
	减:预计期初存货量	60	70	100	120	350
	预计生产量	610	730	1 020	1 210	3 570

(三)直接材料预算的编制

直接材料预算,是指为规划一定预算期内因组织生产活动和材料采购活动预计发生的直接材料需要量、采购数量和采购成本而编制的一种经营预算。

该预算是以生产预算、材料消耗定额和预计材料采购单价等信息为基础,并考虑期初、期末材料存货水平编制的。整个直接材料预算包括两部分:直接材料需用量预算和直接材料采购预算。具体编制方法如下:

1. 直接材料需用量预算的编制

首先,按照各种产品的材料消耗定额和生产量计算预算期某种直接材料的需用量。计算公式如下:

$$\begin{array}{c}\textbf{某产品消耗某种直接}\\ \textbf{材料预计需用量}\end{array}=\begin{array}{c}\textbf{某种产品耗用}\\ \textbf{该材料的消耗定额}\end{array}\times\begin{array}{c}\textbf{该产品预算期}\\ \textbf{的预计生产量}\end{array}$$

其次,预计预算期某种直接材料的全部需用量。计算公式如下:

预算期某种直接材料全部需用量=Σ某种产品消耗该种直接材料预计需用量

2. 直接材料采购预算的编制

第一,预计预算期某种直接材料的全部采购量。计算公式如下:

$$\begin{array}{c}\textbf{某种直接材料}\\ \textbf{的预计采购量}\end{array}=\begin{array}{c}\textbf{该种材料的}\\ \textbf{预计需用量}\end{array}+\begin{array}{c}\textbf{该种材料的预}\\ \textbf{计期末库存量}\end{array}-\begin{array}{c}\textbf{该种材料的预}\\ \textbf{计期初库存量}\end{array}$$

式中:预计期末库存量通常按下期需要的经验数据确定,实践中,可按下期预计需用量的一定比例估算;预计期初库存量等于上期末库存量。

第二,预计预算期某种直接材料的采购成本。计算公式为:

某种直接材料预计采购成本=该种材料单价×该种材料预计采购量

第三,确定预算期企业直接材料采购总成本。计算公式如下:

预算期企业直接材料采购总成本=Σ某种材料预计采购成本

第四,计算在预算期发生的与直接材料采购成本相关的增值税进项税额。计算公式如下:

某期增值税的进项税额=预算期企业直接材料采购总成本×该期适用的增值税税率

第五,计算预算期预计采购金额。计算公式如下:

某期预计采购金额=预算期企业直接材料采购总成本+该期预计进项税额

同编制生产预算一样,编制直接材料采购预算应注意材料的采购量、耗用量和库存量保持合理的比例关系,以避免材料供应不足或超储积压。

为了便于以后现金预算的编制,在编制直接材料采购预算的同时,还要编制与之有关的各季度预计材料采购现金支出预算。计算公式如下:

某预算期采购现金支出=该期现购材料现金支出+该期支付以前各期的应付账款

式中:现购材料现金支出和支付以前各期应付账款的计算公式如下:

某期现购材料现金支出=某期预计采购金额×该期预计付现率

某期支付以前各期的应付账款=本期期初应付账款×该期预计应付账款支付率

其中的付现率和支付率通常为已知的经验数据。

此外，根据下列公式还可以计算出企业预算期末的应付账款余额：

预算期末应付账款余额＝预算期初应付账款余额＋该期预计采购金额－某预算期采购现金支出

【例 10－8】 北方公司 A、B 两种产品 2015 年度需要的各种材料消耗定额及采购单价资料如表 10－11 所示；各种材料年初、年末的存货量以及有关账户余额等资料如表 10－12 所示。

表 10－11　　2015 年度北方公司的材料消耗定额及采购单价资料

产品品种	季度	第一季度	第二季度	第三季度	第四季度
A 产品材料消耗定额（件）	甲材料	5	5	5	5
	乙材料	3	3	3	3
B 产品材料消耗定额（件）	甲材料	6	6	6	6
	丙材料	4	4	4	4
材料采购单价（元）	甲材料	10	10	12	12
	乙材料	8	8	8	8
	丙材料	5	5	5	5

表 10－12　　2015 年度北方公司材料存货量与其他资料

材料名称	年初存货量（件）	年末存货量（件）	预计期末存货量占下期需用量的百分比	增值税税率	年初余额（元）		付现率（%）	
					应付账款	库存材料	首期	二期
甲材料	1 550	2 660	20%	17%	175 000	25 015	60%	40%
乙材料	730	990	30%					
丙材料	735	1 560	30%					

编制北方公司 2015 年度直接材料需用量预算，如表 10－13 所示。

表 10－13　　2015 年度北方公司直接材料需用量预算

产品品种	项　目	季　度	第一季度	第二季度	第三季度	第四季度	全　年
A 产品	材料单耗（千克/件）	甲材料	5	5	5	5	5
		乙材料	3	3	3	3	3
	预计生产量（件）		810	930	1 180	1 010	3 930
	预计生产需用量（千克）	甲材料	4 050	4 650	5 900	5 050	19 650
		乙材料	2 430	2 790	3 540	3 030	11 790
B 产品	材料单耗（千克/件）	甲材料	6	6	6	6	6
		丙材料	4	4	4	4	4
	预计生产量（件）		610	730	1 020	1 210	3 570
	预计生产需用量（千克）	甲材料	3 660	4 380	6 120	7 260	21 420
		丙材料	2 440	2 920	4 080	4 840	14 280

编制北方公司 2015 年度直接材料采购预算，如表 10－14 所示。

表 10—14　　　　**2015 年度北方公司直接材料采购预算**

材料品种	季　度	第一季度	第二季度	第三季度	第四季度	全　年
甲材料	材料采购单价(件/元)	10	10	12	12	11
	A 产品需用量(件)	4 050	4 650	5 900	5 050	19 650
	B 产品需用量(件)	3 660	4 380	6 120	7 260	21 420
	材料总需用量(件)	7 710	9 030	12 020	12 310	41 070
	加:期末材料存量(件)	1 806	2 404	2 462	2 660	2 660
	减:期初材料存量(件)	1 550	1 806	2 404	2 462	1 550
	本期采购量(件)	7 966	9 628	12 078	12 508	42 180
	材料采购成本(元)	79 660	96 280	144 936	150 096	470 972
乙材料	材料采购单价(元/件)	8	8	8	8	8
	A 产品需用量(件)	2 430	2 790	3 540	3 030	11 790
	材料总需用量(件)	2 430	2 790	3 540	3 030	11 790
	加:期末材料存量(件)	837	1 062	909	990	990
	减:期初材料存量(件)	730	837	1 062	909	730
	本期采购量(件)	2 537	3 015	3 387	3 111	12 050
	材料采购成本(元)	20 296	24 120	27 096	24 888	96 400
丙材料	材料采购单价(元/件)	5	5	5	5	5
	B 产品需用量(件)	2 440	2 920	4 080	4 840	14 280
	材料总需用量(件)	2 440	2 920	4 080	4 840	14 280
	加:期末材料存量(件)	876	1 224	1 452	1 560	1 560
	减:期初材料存量(件)	735	876	1 224	1 452	735
	本期采购量(件)	2 581	3 268	4 308	4 948	15 105
	材料采购成本(元)	12 905	16 340	21 540	24 740	75 525
预计材料采购成本合计(元)		112 861	136 740	193 572	199 724	642 897
增值税进项税(元)		19 186	23 246	32 907	33 953	109 292
预计采购金额合计(元)		132 047	159 986	226 479	233 677	752 189

编制 2015 年度北方公司直接材料采购现金支出预算,如表 10—15 所示。

表 10—15　　　　**2015 年度北方公司直接材料采购现金支出预算**　　　　单位:元

季　度	第一季度	第二季度	第三季度	第四季度	全　年	年末应付账款
预计采购金额合计	132 047	159 986	226 479	233 677	752 189	
期初应付账款	175 000				175 000	
第一季度采购现金支出	79 228	52 819			132 047	
第二季度采购现金支出		95 992	63 994		159 986	93 471
第三季度采购现金支出			135 887	90 592	226 479	
第四季度采购现金支出				140 206	140 206	
现金支出合计	254 228	148 811	199 881	230 798	833 718	

(四)应交税费及附加预算的编制

应交税费及附加预算是指为规划一定预算期内预计发生的应交增值税、营业税、消费税、资源税、城市维护建设税和教育费附加金额而编制的一种经营预算。本预算不含预交所得税和直接计入管理费用的印花税。因为税金需要及时清缴，为简化预算方法，假定预算期发生的各项应交税费及附加均于当期以现金形式支付。

【例 10—9】 北方公司 2015 年度各季度预计的增值税销项税和进项税资料如表 10—8 和表 10—14 所示；该企业流通环节只缴纳增值税，并于实现销售的当期(每季度)用现金完税；附加税费率为 10%。编制该企业应交税费及附加预算，如表 10—16 所示。

表 10—16 **2015 年度北方公司应交税费及附加预算** 单位：元

季 度	第一季度	第二季度	第三季度	第四季度	全 年
增值税销项税额	25 840	29 580	42 840	39 440	137 700
增值税进项税额	19 186	23 246	32 907	33 953	109 292
应交增值税	6 654	6 334	9 933	5 487	28 408
销售税金及附加	665.40	633.40	993.30	548.70	2 840.80
现金支出合计	7 319.40	6 967.40	10 926.30	6 035.70	31 248.80

(五)直接人工预算的编制

直接人工预算是指为规划一定预算期内人工工时的消耗水平和人工成本水平而编制的一种经营预算，包括直接工资和按直接工资的一定比例计算的其他直接费用(应付福利费)。

编制直接人工预算的主要依据是已知的标准工资率、标准单位直接人工工时、其他直接费用计提标准和生产预算中的预计生产量等资料。直接人工预算的编制程序如下：

1. 预计每种产品的直接人工工时总数

$$\text{某种产品直接人工工时总数}=\text{单位产品工时定额}\times\text{预计该产品生产量}$$

式中：单位产品工时定额与特定产品的生产流程有关，要根据企业以往的经验数据事先分析确定，产品不同，工时定额不同；预计生产量可以从生产预算中获得数据。

2. 预计每种产品耗用的直接工资

$$\text{预计某种产品耗用直接工资}=\text{单位工时工资率}\times\text{该种产品直接人工工时总数}$$

式中：单位工时工资率也称标准小时工资率，该指标是企业根据一定时期全厂直接工资总额和同期全厂直接人工工时总数确定的，各种产品的单位工时工资率完全相同。

3. 预计每种产品计提的其他直接费用

$$\begin{matrix}\text{预计某种产品}\\\text{计提其他直接费用}\end{matrix}=\begin{matrix}\text{预计某种产品}\\\text{耗用直接工资}\end{matrix}\times\begin{matrix}\text{其他直接}\\\text{费用计提标准}\end{matrix}$$

式中：其他直接费用计提标准，按我国现行制度规定为应付福利费的计提率为 14%。

4. 计算预算期每种产品的预计直接人工成本

$$\begin{matrix}\text{预计某种产品}\\\text{直接人工成本}\end{matrix}=\begin{matrix}\text{预计该产品}\\\text{耗用直接工资}\end{matrix}+\begin{matrix}\text{预计该产品计提}\\\text{其他直接费用}\end{matrix}$$

5. 预计预算期企业的直接人工成本合计

$$\text{预计企业直接人工成本合计}=\Sigma\,\text{预计某种产品直接人工成本}$$

需要说明的是，在西方，由于各期直接人工成本中的直接工资一般均由现金开支，通常不单独编制列示与此相关的预计现金支出预算。而在我国企业中，由其他直接费用形成的应付福利费则不一定在提取的当期用现金开支，应当进行适当的调整，以反映预计的福利费开支情况，所以，预计某期直接人工成本的现金支出可按下列公式计算：

$$\text{预计某期直接人工成本现金支出}=\text{该期预计直接工资总额}+\text{该期预计福利费现金支出}$$

式中:福利费现金支出按一定的经验比率来确定。

【例 10—10】　北方公司 2015 年单位工时工资率和工时定额资料如表 10—17 所示。

表 10—17　　2015 年度北方公司的单位工时工资率和工时定额资料

季　度		第一季度	第二季度	第三季度	第四季度	其他直接费用计提标准	预计应付福利费支用率
单位工时工资率		3	3	3	4	14%	85%
单位产品工时定额	A 产品	3	3	3	2.6		
	B 产品	4	4	4	3.5		

要求:为北方公司编制 2015 年度的直接人工预算(平均工资率和平均人工成本保留两位小数,其他计算结果保留整数)。

编制该公司的直接人工预算,如表 10—18 所示。

表 10—18　　2015 年度北方公司的直接人工预算　　单位:元

品种	季　度	第一季度	第二季度	第三季度	第四季度	全　年
公司单位工时工资率		3	3	3	4	
A 产品	单位产品工时定额	3	3	3	2.6	2.9
	预计生产量(件)	810	930	1 180	1 010	3 930
	直接人工工时总数(小时)	2 430	2 790	3 540	2 626	11 386
	预计直接工资	7 290	8 370	10 620	10 504	36 784
	其他直接费用	1 021	1 172	1 487	1 471	5 151
	直接人工成本合计	8 311	9 542	12 107	11 975	41 935
	单位工时直接人工成本	3.42	3.42	3.42	4.56	3.68
B 产品	单位产品工时定额	4	4	4	3.5	3.875
	预计生产量(件)	610	730	1 020	1 210	3 570
	直接人工工时总数(小时)	2 440	2 920	4 080	4 235	13 675
	预计直接工资	7 320	8 760	12 240	16 940	45 260
	其他直接费用	1 025	1 226	1 714	2 372	6 337
	直接人工成本合计	8 345	9 986	13 954	19 312	51 597
	单位工时直接人工成本	3.42	3.42	3.42	4.56	3.77
合计	直接工资总额	14 610	17 130	22 860	27 444	82 044
	其他直接费用	2 046	2 398	3 201	3 843	11 488
	直接人工成本合计	16 656	19 528	26 061	31 287	93 532
预计福利费现金支出		1 739	2 038	2 721	3 267	9 765
直接人工成本现金支出合计		16 349	19 168	25 581	30 711	91 809

(六)制造费用预算的编制

制造费用预算是指为规划一定预算期内除直接材料和直接人工预算以外预计发生的其他生产费用水平而编制的一种日常业务预算。

日常工作中该预算一般是以变动成本法为基础编制的,编制时首先需要按成本习性把制造费用分为变动性制造费用和固定性制造费用两部分，分别进行编制。

变动性制造费用根据单位产品预定分配率乘以预计的生产量进行预计，其中，变动性制造费用预算分配率的计算公式为：

$$\text{变动性制造费用预算分配率}=\frac{\text{变动性制造费用预算总额}}{\text{相关分配标准预算总数}}$$

其中，相关分配标准可以选择预算生产量或预算直接人工工时总数。

固定性制造费用可在上年的基础上根据预期变动情况加以适当修正进行预计，并作为期间成本直接列入利润表作为收入的抵减项目予以扣除。

制造费用预算也包括一个预算现金支出部分，以便于为编制现金预算提供必要的资料。由于固定资产折旧是非付现成本项目，计算时应予以剔除。有关公式为：

$$\begin{matrix}\text{某季度预计制造}\\\text{费用现金支出}\end{matrix}=\begin{matrix}\text{该季度预计变动性}\\\text{制造费用现金支出}\end{matrix}+\begin{matrix}\text{该季度预计固定性}\\\text{制造费用现金支出}\end{matrix}$$

式中：

$$\begin{matrix}\text{某季度预计变动性}\\\text{制造费用现金支出}\end{matrix}=\Sigma\left(\begin{matrix}\text{变动性制造费用}\\\text{预算分配率}\end{matrix}\times\begin{matrix}\text{该季度某种产品}\\\text{预计直接人工工时}\end{matrix}\right)$$

$$\begin{matrix}\text{某季度预计固定性}\\\text{制造费用现金支出}\end{matrix}=\frac{\text{该年度预计固定性制造费用}-\text{预计年折旧费}}{4}$$

【例 10—11】 北方公司采用变动成本法编制预算，变动性制造费用按各种产品直接人工工时比例分配，直接人工工时见【例 10—11】，制造费用预算如表 10—19 所示，除折旧外的各项制造费用均以现金支付。

表 10—19　　**2015 年度北方公司制造费用预算**　　单位：元

变动性制造费用		固定性制造费用	
间接材料	8 000	管理人员工资	7 200
间接人工成本	6 000	折旧费	9 500
维修费	4 000	办公费	4 500
水电费	5 000	保险费	2 500
其　他	3 000	租赁费	3 000
合　计	26 000	其　他	1 000
		合　计	27 700
直接人工工时总数(小时)	25 061	减：折旧费	9 500
预算分配率＝26 000÷25 061＝1.04		现金支出合计	18 200
		各季支出数	4 550

表 10—20　　**2015 年度北方公司制造费用现金支出预算**　　单位：元

季　度		第一季度	第二季度	第三季度	第四季度	全　年
变动性制造费用分配率		1.04	1.04	1.04	1.04	1.04
直接人工工时(小时)	A 产品	2 430	2 790	3 540	2 626	11 386
	B 产品	2 440	2 920	4 080	4 235	13 675
	小　计	4 870	5 710	7 620	6 861	25 061

续表

季　度		第一季度	第二季度	第三季度	第四季度	全　年
变动性制造费用	A产品	2 527	2 902	3 682	2 731	11 842
	B产品	2 538	3 037	4 243	4 404	14 222
	小　计	5 065	5 939	7 925	7 135	26 064
固定性制造费用		4 550	4 550	4 550	4 550	18 200
现金支出合计		9 615	10 489	12 475	11 685	44 264

(七)产品成本预算的编制

产品成本预算是为规划一定预算期内每种产品的单位产品成本、生产成本、销售成本等内容而编制的一种日常业务预算。该预算是在生产预算、直接材料预算、直接人工预算和制造费用预算的基础上编制的；同时，它也是编制预计利润表和预计资产负债表的依据。该预算必须按照各种产品进行预算编制，其程序与存活的计价方法密切相关，此外，不同的成本计算模式也会对其产生不同的影响。在这里，我们以实际工作中最常见的变动成本法为例，如果企业存货采用先进先出法计价，则产品成本预算编制主要指标计算应用的公式主要如下：

1. 每种产品预算期预计发生的单位成本

某种产品某期预计发生单位生产成本＝该产品同期单位直接材料成本＋该产品同期单位直接人工成本－该产品同期单位变动性制造费用

2. 每种产品预算期预计发生的生产成本

某种产品某期预计发生的产品生产成本＝该产品同期预计耗用全部直接材料成本＋该产品同期预计耗用直接人工成本＋该产品同期预计耗用变动性制造费用

3. 每种产品预算期的预计产品生产成本

某种产品某期预计产品生产成本＝该产品同期预计发生产品生产成本＋该产品在产品成本期初余额－该产品在产品成本期末余额

4. 每种产品预算期预计的产品销售成本

本期预计产品销售成本＝本期预计产品生产成本＋产成品成本期初余额－产成品成本期末余额

【例10－12】　北方公司2015年度的年初产成品资料、生产预算、直接材料采购预算、直接人工预算和制造费用预算见以前各例，编制该企业产品成本预算，如表10－21、表10－22所示。

表10－21　　**2015年度北方公司A产品成本预算**

计划产量：3 930件　　单位：元

成本项目	单价	单位用量	单位成本	总成本
直接材料				
甲材料	11.00	5	55.00	216 150
乙材料	8.00	3	24.00	94 320
小　计			79.00	310 470
直接人工	3.68	2.9	10.67	41 935
变动性制造费用	1.04	2.9	3.02	11 842
合　计			92.69	364 247

续表

成本项目	单价	单位用量	单位成本	总成本
加:在产品及自制半成品期初余额		0	0	
减:在产品及自制半成品期末余额		0	0	
预计产品生产成本			92.69	364 247
加:产成品期初余额			93.00	7 440
减:产成品期末余额			92.69	10 196
预计产品销售成本			92.69	361 491

表 10—22　　2015 年度北方公司 B 产品成本预算

计划产量:3 570 件　　单位:元

成本项目	单价	单位用量	单位成本	总成本
直接材料				
甲材料	11.00	6	66.00	235 620
丙材料	5.00	4	20.00	71 400
小　计			86.00	307 020
直接人工	3.77	3.875	14.61	51 597
变动性制造费用	1.04	3.875	4.03	14 222
合　计			104.64	372 839
加:在产品及自制半成品期初余额		0	0	
减:在产品及自制半成品期末余额		0	0	
预计产品生产成本			104.64	372 839
加:产成品期初余额			105.00	6 300
减:产成品期末余额			104.64	13 603
预计产品销售成本			104.64	365 536

(八)期末存货预算的编制

期末存货预算是为规划一定预算期末的在产品、产成品和原材料预计成本水平而编制的一种日常业务预算。该预算与产品成本预算密切相关,所以,同样也受到存货计价方法的影响。该预算通常也只编制年末预算,不编制分季度预算。编制的依据也同样是上述各种日常业务预算。

【例 10—13】 北方公司按变动成本法编制 2015 年度年末存货预算,如表 10—23 所示。

表 10—23　　2015 年度北方公司期末存货预算　　单位:元

项　目		单位成本	期末存货量	期末存货成本
产成品存货	A 产品	92.69	110	10 196
	B 产品	104.64	130	13 603
	小　计			23 799

续表

材料存货	年初材料成本	本年材料采购成本	本期耗用材料成本		期末存货成本
			A产品	B产品	
甲材料	15 500	470 972	216 150	235 620	34 702
乙材料	5 840	96 400	94 320		7 920
丙材料	3 675	75 525		71 400	7 800
小　计	25 015	642 897	310 470	307 020	50 422
期末存货合计	74 221		年初存货成本		38 755

(九)销售费用预算的编制

销售费用预算是为规划一定预算期内企业在销售阶段组织产品销售预计发生各项费用水平而编制的一种日常业务预算。销售费用预算的编制方法与制造费用编制方法基本接近，也需要按成本习性将其内容划分为变动性和固定性两部分费用。但对随销售量呈正比例变动的那部分变动性销售费用，只需要反映各个项目的单位产品费用分配额即可；对于固定性销售费用，只需要按项目反映全年预计水平。同时，销售费用预算也要编制相应的现金支出预算。

【例 10—14】 北方公司 2015 年度的销售费用预算如表 10—24 所示，销售费用现金支出预算如表 10—25 所示。

表 10—24　　2015 年度北方公司销售费用预算　　单位：元

变动性销售费用			固定性销售费用	
项　目	单位产品标准费用额		项　目	全年费用
			管理人员工资	3 000
			专设销售机构办公费	5 000
	A产品	B产品	宣传广告费用	3 000
销售佣金	1.5	2	保险费用	1 500
销售运杂费	1	1.2	其他	1 000
其　他	0.2	0.4	合　计	13 500
合　计	2.7	3.6	平均各季度 13 500÷4＝3 375	

表 10—25　　2015 年度北方公司销售费用现金支出预算　　单位：元

季　度		第一季度	第二季度	第三季度	第四季度	全　年
单位产品标准费用额	A产品	2.7	2.7	2.7	2.7	2.7
	B产品	3.6	3.6	3.6	3.6	3.6
预计销售量(件)	A产品	800	900	1 200	1 000	3 900
	B产品	600	700	1 000	1 200	3 500
变动性销售费用	A产品	2 160	2 430	3 240	2 700	10 530
	B产品	2 160	2 520	3 600	4 320	12 600
	小　计	4 320	4 950	6 840	7 020	23 130
固定性销售费用		3 375	3 375	3 375	3 375	13 500
现金支出合计		7 695	8 325	10 215	10 395	36 630

(十)管理费用预算的编制

管理费用预算是为规划一定预算期内因管理企业预计发生的各项费用水平而编制的一种日常业务预算。该预算编制可采用两种方法:第一种方法是按项目反映全年预计水平。因为管理费用大多是固定费用,直接按上年实际水平为基础,考虑预计年度的变化调整计算全年总数,然后再计算出各季度数即可。第二种方法类似于制造费用预算或销售费用预算的编制方法,把管理费用按成本习性分成固定性和变动性两部分,对变动性管理费用按预算期的分配率和预计的业务量进行测算。这里为简化预算编制,我们举例采用第一种方法。另外,管理费用总额预算及其现金支出预算可以合并编制。

【例 10—15】 根据有关资料编制北方公司 2015 年度的管理费用及其现金支出预算,如表 10—26 所示。

表 10—26　　2015 年度北方公司管理费用及其现金支出预算　　单位:元

费用项目	金　额
公司经费	3 000
工会经费	1 200
办公费	2 000
董事会费	1 000
折旧费	1 500
无形资产摊销	600
职工培训费	800
其他	1 000
合计	11 100
减:折旧费	1 500
无形资产摊销	600
现金支出	9 000
平均每季支付数	2 250

(十一)财务费用预算的编制

财务费用预算是反映预算期内因筹措和使用资金而发生财务费用水平的一种预算。从本质上讲,该预算属于日常业务预算,但由于该预算必须根据现金预算中的资金筹措及运用的相关数据来编制,故将其纳入财务预算的编制范畴。这里不再举例。

(十二)经营决策预算的编制

经营决策预算是指与短期经营决策密切相关的特种决策预算。该类预算的主要目标是通过制定最优生产经营决策和存货控制决策来合理地利用或调配企业经营活动所需要的各种资源。该预算是根据短期经营决策确定的最优方案来编制的,因而需要直接纳入日常业务预算体系,同时它也将影响现金等财务预算。例如,企业预算年度需要一台设备,有以下三种方案可供选择:A 方案:用现金50 000元从市场购置,预计可用 5 年;B 方案:自行研制,需要 3 个月时间,预计研制成本为35 000元;C 方案:采用经营租赁方式,以3 000元的年租金向租赁公司租借。经公司决策,决定采用 C 方案。于是该项决策预算被纳入当年的制造费用预算。

二、特种决策预算

特种决策预算，又称资本支出预算，通常是指与项目投资决策有关的投资决策预算。由于该类预算涉及长期建设项目的资金投放与筹措等，并经常跨年度，因此，除个别项目外一般不纳入日常业务预算，但需要计入与此相关的现金预算与预计资产负债表。关于项目投资决策相关章节已有介绍，这里我们不再赘述。

三、现金预算与预计资产负债表的编制

(一)现金预算和财务费用预算的编制

1. 现金预算编制的依据

现金预算也称现金收支预算，是以日常业务预算和特种决策预算为基础所编制的反映预算期现金收支情况的预算。这里的现金是指企业的库存现金和银行存款等货币资金。编制现金预算的目的在于合理地处理现金收支业务，正确地调度货币资金，保证企业的资金正常流转。

现金收支差额与期末余额均需要通过协调资金筹措及运用来调整。企业应当在保证各项支出所需资金供应的前提下，注意保持期末现金余额在合理的上下限度内波动。因为现金属于非营利性资产，储备过多会造成浪费，储备过少又会影响使用，所以现金余额既不是越大越好，也不是越少越好，它有一个合理的量。所以，企业不仅要定期筹措到抵补收支差额的现金，还必须保证有一定现金储备。当现金收支差额为正值(现金结余)，在偿还了利息和借款本金之后仍超过现金余额上限时，就应拿出一部分用于有价证券投资；但一旦发现还本付息之后的收支差额低于现金余额下限，就应抛出一部分有价证券来弥补现金短缺；如果现金收支差额为负值(现金短缺)，可采取暂缓还本付息、抛售有价证券或向银行借款等措施，弥补现金缺口。

2. 现金预算编制

现金预算需要根据经营现金收入预算表、直接材料采购现金支出预算表、应交税金及附加预算表、直接人工现金支出预算表、制造费用现金支出预算表、销售费用现金支出预算表和管理费用现金支出预算表等相关数据进行编制。需要熟练掌握以下两个重要的关系式：

某期现金余缺＝该期现金收入－该期现金支出

期末现金余额＝现金余缺－现金的筹集与运用

【例 10－16】 沿用前面各例，编制北方公司 2015 年度现金预算如表 10－27 所示。每季末现金余额的规定范围在30 000～50 000元。企业本年年初现金余额为6 500元。

表 10－27　　2015 年度北方公司现金预算　　单位：元

季　度	第一季度	第二季度	第三季度	第四季度	全　年	资料来源及计算依据
期初现金余额	30 000	50 247.60	38 371.20	35 928.90	30 000	
经营现金收入	456 704	193 284	258 336	280 800	1 189 124	
可运用现金合计	486 704	243 531.60	296 707.20	316 728.90	1 219 124	
经营现金支出	306 456.40	205 010.40	270 328.30	300 874.70	1 082 669.80	
采购直接材料	254 228	148 811	199 881	230 798	833 718	
支付直接人工	16 349	19 168	25 581	30 711	91 809	

续表

季　度	第一季度	第二季度	第三季度	第四季度	全　年	资料来源及计算依据
支付制造费用	9 615	10 489	12 475	11 685	44 264	
支付销售费用	7 695	8 325	10 215	10 395	36 630	
支付管理费用	2 250	2 250	2 250	2 250	9 000	
支付增值税、销售税金及附加	7 319.40	6 967.40	10 926.30	6 035.70	31 248.80	
预交所得税	5 000	5 000	5 000	5 000	20 000	
预分股利	4 000	4 000	4 000	4 000	16 000	
资本性现金支出	20 000	30 000	50 000	10 000	110 000	
购置固定资产	20 000	30 000	50 000	10 000	110 000	
现金支出合计	326 456.40	235 010.40	320 328.30	310 874.70	1 192 669.80	
现金余缺	160 247.60	8 521.20	−23 621.10	5 854.20	26 454.20	
资金筹措及运用	−110 000	29 850	59 550	49 550	28 950	
加:短期借款		30 000	60 000		90 000	
发行普通股				50 000	50 000	
发行公司债券						
减:支付短期借款利息		150	450	450	1 050	
支付长期借款利息						
支付公司债券利息						
归还借款本金	100 000				100 000	
购买有价证券	10 000				10 000	
期末现金余额	50 247.60	38 371.20	35 928.90	55 404.20	55 404.20	

(二)预计财务报表的编制

财务预算中的预计财务报表包括预计利润表和预计资产负债表。

1. 预计利润表的编制

预计利润表是以货币形式全面综合地反映预算期内经营成果计划水平的一种财务预算。它是在上述各项日常经营业务预算的基础上,根据权责发生制原则编制的。该表既可以分季编制,也可以按年编制。

【例 10—17】 按年来简化编制北方公司 2015 年度的预计利润表,如表 10—28 所示。

表 10—28　　2015 年度北方公司预计利润表　　单位:元

项　目	金　额
销售收入	810 000
减:变动成本	727 027

续表

项　目	金　额
销售税金及附加	2 840.80
边际贡献(生产阶段)	80 132.20
减:变动性销售费用	23 130
边际贡献(销售阶段)	57 002.20
减:固定性制造费用	27 700
固定性销售费用	13 500
管理费用	11 100
财务费用	1 050
利润总额	3 652.20
减:所得税(25%)	913.05
净利润	2 739.15

2. 预计资产负债表的编制

预计资产负债表是指用于总括反映企业预算期末财务状况的一种财务预算。预计资产负债表中除上年期末数已知外,其余项目均需在前述各项日常业务预算和专门决策预算的基础上分析填列。

【例 10－18】 根据已知内容和前述各项预算有关内容,编制北方公司 2015 年度预计资产负债表,如表 10－29 所示。

表 10－29　　2015 年度北方公司预计资产负债表　　单位:元

资　产	年初数	年末数
流动资产:		
货币资金	30 000	55 404.20
交易性金融资产		10 000
应收账款	35 000	108 576
预付账款	38 000	38 000
存货	43 045	74 221
流动资产合计	146 045	286 201.20
固定资产:		
固定资产原值	500 000	610 000
减:累计折旧	22 000	33 000
固定资产净值	478 000	577 000
固定资产合计	478 000	577 000
无形及其他非流动资产:		
无形资产	1 600	1 000
无形及其他非流动资产合计	1 600	1 000

续表

资　产	年初数	年末数
长期资产合计	479 600	578 000
资产总计	297 645	864 201.20
负债及所有者权益		
流动负债：		
短期借款		90 000
未交所得税		
应付账款	175 000	93 471
应付股利		
应付职工薪酬	5 000	6 723
流动负债合计	180 000	190 194
长期负债：		
长期借款	100 000	
应付债券		
长期负债合计	100 000	
负债合计	280 000	190 194
所有者权益：		
实收资本	300 000	350 000
资本公积	10 000	285 916
盈余公积	20 000	20 000
未分配利润	15 645	18 091.20
所有者权益合计	345 645	674 007.20
负债及所有者权益总计	625 645	864 201.20

同步测试题

一、单项选择题

1. 相对于固定预算而言，弹性预算的优点在于(　　)。

A. 机动性强　B. 稳定性强　C. 连续性强　D. 远期指导性强

2. 不受现有费用项目和开支水平限制，并能克服增量预算方法缺点的预算方法是(　　)。

A. 弹性预算　B. 固定预算　C. 零基预算　D. 滚动预算

3. 特种决策预算中往往被纳入业务预算体系的是(　　)。

A. 短期决策预算　B. 长期决策预算　C. 资本支出预算　D. 制造费用预算

4. (　　)是唯一只使用实物量计量单位的预算。

A. 制造费用预算　B. 产品生产成本预算　C. 生产预算　D. 直接材料采购预算

5. 下列预算中，其预算期不与会计年度挂钩的预算方法是(　　)。

A. 弹性预算　B. 零基预算　C. 滚动预算　D. 固定预算

6. 需要按照成本习性分析的方法将企业成本划分为固定成本和变动成本的预算编制方法是(　　)。

A. 固定预算　B. 零基预算　C. 滚动预算　D. 弹性预算

7. 某企业年度各种产品销售业务量为100%时的销售收入为7 500万元，变动成本为4 500万元，企业年固定成本总额为1 800万元，利润为1 200万元，则当预计业务量为70%时的利润为(　　)万元。

A. 840　　B. 300　　C. 1 000　　D. 750

8. 下列各项中，能够同时以实物量指标和价值量指标分别反映企业经营收入和相关现金收支的预算是(　　)。

A. 现金预算　　B. 销售预算　　C. 生产预算　　D. 产品成本预算

9. 财务预算管理中，不属于总预算内容的是(　　)。

A. 现金预算　　B. 生产预算　　C. 预计利润表　　D. 预计资产负债表

10. 下列各项中，全面预算的最后环节是(　　)。

A. 日常业务预算　　B. 特种决策预算　　C. 弹性利润预算　　D. 财务预算

二、多项选择题

1. 相对于固定预算而言，弹性预算的优点有(　　)。

A. 预算成本低　　B. 预算工作量小　　C. 预算可比性强　　D. 预算适用范围宽

2. 相对于定期预算而言，滚动预算的优点有(　　)。

A. 透明度高　　B. 及时性强

C. 预算工作量小　　D. 连续性、完整性和稳定性突出

3. 在编制现金预算过程中，可作为其编制依据的有(　　)。

A. 日常业务预算　　B. 预计利润表　　C. 预计资产负债表　　D. 特种决策预算

4. 下列各项预算中，属于财务预算内容的有(　　)。

A. 销售预算　　B. 生产预算　　C. 现金预算　　D. 预计利润表

5. 滚动预算按其预算编制和滚动的时间单位不同可分为(　　)。

A. 逐月滚动　　B. 逐季滚动　　C. 混合滚动　　D. 增量滚动

6. 与生产预算有直接联系的预算有(　　)。

A. 直接材料预算　　B. 变动制造费用预算

C. 销售及管理费用预算　　D. 直接人工预算

7. 从实用角度看，弹性预算主要用于编制(　　)。

A. 特种预算　　B. 推销及行政管理费用预算

C. 制造费用预算　　D. 利润预算

8. 编制预计财务报表的依据包括(　　)。

A. 现金预算　　B. 特种决策预算　　C. 业务预算　　D. 弹性利润预算

9. 下列各项中，被纳入现金预算的有(　　)。

A. 缴纳税金　　B. 经营性现金支出　　C. 资本性现金支出　　D. 股利与利息支出

10. 与增量预算相比，零基预算的优点是(　　)。

A. 不受现有费用开支水平影响　　B. 能够调动各方面降低费用的积极性

C. 有利于企业未来发展　　D. 编制内容面面俱到

三、判断题

1. 为了编制滚动预算，应将纳入预算的各项费用进一步划分为不可延缓项目和可延缓项目。(　　)

2. 管理费用多属于固定成本，所以，一般是以过去的实际开支为基础，按预算期的可预见变化来调整。(　　)

3. 企业在编制零基预算时，需要以现有的费用项目为依据，但不以现有的费用水平为基础。(　　)

4. 永续预算能够使预算期间与会计年度相配合，便于考核预算的执行结果。(　　)

5. 特种决策预算包括经营决策预算和投资决策预算，一般情况下，特种决策预算的数据要纳入日常业务

预算和现金预算。（　　）

6. 在编制预计资产负债表时，对表中的年初项目和年末项目均需根据各种日常业务预算和专门决策预算的预计数分析填列。（　　）

7. 属于编制全面预算的出发点和日常业务预算的基础的是销售预算。（　　）

8. 生产预算是日常业务预算中唯一仅以实物量作为计量单位的预算，不直接涉及现金收支。（　　）

9. 现金预算中的现金支出，仅包括经营现金支出，而不包括购买设备、建造厂房等资本性支出。（　　）

10. 生产预算是规定预算期内有关产品生产数量、产值和品种结构的一种预算。（　　）

四、计算分析题

1. 某企业预算年度A产品的销售量在30万件到70万件之间波动，销售单价为80元/件，单位变动成本为56元/件，A产品应分担的年固定成本为600万元。

要求：以10万件为销售量的间隔单位，按因素法编制A产品弹性利润预算。

销售量（万件）	30	40	50	60	70
单价（元/件）					
单位变动成本（元/件）					
销售收入（万元）					
减：变动成本（万元）					
边际贡献（万元）					
减：固定成本（万元）					
营业利润（万元）					

2. 某企业生产和销售A类产品，计划期2015年四个季度预计销售量分别为1 000件、1 500件、2 000件、1 800件；A类产品预计单位售价为100元。假设每季度销售收入中，本季度收到现金60%，另外40%要到下季度才能收回，上年末应收账款余额为62 000元，该企业适用的增值税税率为17%，城市维护建设税税率为7%，教育费附加征收率为3%。

要求：

(1)编制2015年销售预算表。

(2)编制2015年预计现金收入表。

(3)确定2015年年末应收账款余额。

销售预算表

单位：元

季　度	1	2	3	4	全　年
预计销售量（件）					
预计单位售价					
销售收入					
增值税销项税额					
含税收入					

预计现金收入表

单位:元

季　度	1	2	3	4	全　年
上年末应收账款					
第一季度					
第二季度					
第三季度					
第四季度					
现金收入合计					

3. 宏利公司根据销售预测,对某产品预算年度的销售量做了如下预计:第一季度为5 000件,第二季度为6 000件,第三季度为8 000件,第四季度7 000件。每个季度的期末存货量应为下一季度预计销售量的10%,若年初存货量为750件,年末存货量为600件,单位产品材料消耗定额为2千克/件,单位产品工时定额为5小时/件,单位工时的工资额为0.6元。

要求:根据上述资料,编制该公司生产预算、材料消耗预算和直接人工预算。

宏利公司生产预算和材料消耗预算

项　目	第一季度	第二季度	第三季度	第四季度	全年合计
预计销售量(件)					
加:预计期末存货(件)					
减:期初存货量(件)					
预计生产量(件)					
单位产品材料消耗定额(千克/件)					
预计直接材料消耗量(千克)					
单位产品工时定额(小时)					
预计生产需要定额工时总量(小时)					

宏利公司直接人工预算

项　目	第一季度	第二季度	第三季度	第四季度	全年合计
预计生产量(件)					
单位产品工时定额(小时/件)					
预计生产需要定额总工时(小时)					
单位工时工资额(元)					
预计直接人工成本(元)					

4. 宏利公司每季度的期末存料量为下一季度预计消耗量的10%,年初存料量为900千克,年末为1 000千克,计划单价为10元。材料款当季支付70%,余款下季度支付,期初应付账款为40 000元,增值税税率为17%。

要求:根据上述资料和计算题3的有关资料,编制直接材料预算。

直接材料预算

项　目		第一季度	第二季度	第三季度	第四季度	全年合计
直接材料采购预算	预计材料消耗量(千克)					
	加:期末存料量(千克)					
	减:期初存料量(千克)					
	预计材料采购量(千克)					
	材料计划单价(元/千克)					
	预计采购成本(元)					
	增值税进项税额(元)					
	预计采购金额合计(元)					
预计现金支出	期初应付账款(元)					
	第一季度购料款(元)					
	第二季度购料款(元)					
	第三季度购料款(元)					
	第四季度购料款(元)					
	现金支出合计(元)					

第十一章 财务控制

学习目标

通过本章学习，要求掌握成本中心、利润中心和投资中心基本内容和考核指标；理解财务控制、责任中心和内部转移价格的含义；了解财务控制特征、财务控制应具备的条件及内部转移价格的几种类型。

案例导读

国航公款贪污案警示财务风险

2001年10月，原国航财务处成本二科副科长杨宁涉嫌贪污公款人民币2 500多万元的特大贪污、挪用公款案已经检查机关侦查终结。据检察机关介绍，1996年7月14日，中国国际航空公司纪委开始调查杨宁私自挪用国航处理废旧飞机器材款购置富康轿车一事，并要求他接受审查。然而杨宁自此以后不见踪影。国航纪委以杨宁涉嫌侵吞公款7.5万元向北京市朝阳区人民检察院报案。朝阳区检察院反贪局经过进一步调查，认为杨宁涉嫌贪污公款，于1997年1月立案侦查，同时追捕已经外逃的杨宁。反贪部门经过对杨宁经手的全部账目进行清查，发现从1993年10月中旬到12月下旬短短两个多月时间内，杨宁在收取他人好处后，先后8次从国航账上支取1 400万元公款给他人。年底结账时，杨宁又用国航购置航空器材的发票冲抵亏空。当他发现发票金额比亏空多出691万元后，再次在以后的几个月内，又将这笔钱通过朋友转移，这样，近2 100万元巨款经杨宁之手流出国航账户。承办人发现，杨宁利用职务之便私自以国航机务处名义在天津某银行开设账户，存入490万元，帮助其同学开展高息揽存业务，并收取好处费。杨宁作案6年来，累积涉嫌贪污公款达2 500余万元，挪用200万元。

[资料来源] 新华网，2001年10月。

【案例探索思考】

从案例可以看出，国航的内部控制制度至少存在三方面的问题：一是成本科科长多次从账上支取巨款易如反掌，程序太简单，不需要合同证明或申请审批，只是在事后用发票抵冲，这反映了国航没有在职务的权限上设置贪污的障碍，没有任何牵制。从业务方面来讲，没有合同、没有任何手续就可以直接从银行账上支取巨款，这说明国航对职位的授权过大。二是开设账户的问题，国航对银行账户管理不严谨，没有相关的管理措施或监督机制，单位在银行的账户数量在需要的前提下应该尽量少，以方便管理以及与银行经常沟通，而该科长轻而易举地开了账户。三是国航对单位的财务公章使用管理不严格，应设专人保管，限制使用权限。总之，国航如果从这些方面加强了内部控制，就不会发生该起贪污案。但是，只要制度有漏洞就会有可乘之机，所以要杜绝内部犯罪，就要全面地建立完善的内部控制制度，并不断地改进它。

第一节　财务控制概述

一、财务控制的意义

财务控制是指对企业财务活动的控制，是按照一定的程序和方式确保企业及其内部机构和人员全面落实、实现对企业资金的取得、投放、使用和分配过程的控制。

财务控制与财务预测、决策、预算和分析等环节构成财务管理的循环。其中，财务控制是财务管理循环的关键环节。

二、财务控制的特征

(一)财务控制是一种价值控制

财务预算所包含的现金预算、预计利润表和预计资产负债表，都是以价值形式予以反映的；财务控制所借助的手段，如责任预算、责任报告、业绩考核、内部转移价格等都是通过价值指标实现的。

(二)财务控制是一种全面控制

由于财务控制用价值手段来实施其控制过程，因此，它不仅可以将各种不同性质的业务综合起来进行控制，而且可以将不同层次、不同部门的业务综合起来进行控制，从而体现出财务控制的全面性。

(三)财务控制以现金流量为控制目的

企业的财务活动归根结底反映的是企业的资金运动。企业日常的财务活动表现为组织现金流量的过程，为此，财务控制法重点应放在对现金流量状况的控制上，通过现金预算、现金流量表等保证企业资金活动的顺利进行。

三、财务控制的种类

(一)按控制的主体分类

财务控制按控制主体分为出资者财务控制、经营者财务控制和财务部门的财务控制。

出资者财务控制是资本所有者为了实现其资本保全和增值目的而对经营者的财务收支活动进行的控制，如对成本开支范围和标准的规定等。经营者财务控制是管理者为了实现财务预算目标而对企业的财务收支活动所进行的控制，这种控制是通过管理者制定财务决策目标，并促使这些目标被贯彻执行而实现的，如企业的筹资、投资、资产运用、成本支出决策及其执行等。财务部门的财务控制是财务部门为了有效地保证现金供给，通过编制现金预算，对企业日常财务活动所进行的控制。一般来说，出资者财务控制是一种外部控制，而经营者和财务部门的财务控制是内部控制，更能反映出财务控制的作用和效果。

(二)按控制的时间分类

财务控制按控制的时间分为事前财务控制、事中财务控制和事后财务控制。

事前财务控制是指财务收支活动尚未发生之前所进行的控制，如财务收支活动发生之前的申报审批制度等。事中财务控制是指财务收支活动发生过程中所进行的控制，如按财务预算要求监督预算的执行过程、对各项收入的去向和支出的用途进行监督等。事后财务控制是指对财务收支活动的结果所进行的考核及相应的奖罚，如按财务预算的要求对各责任中心的财务收支结果进行评价，并以此实施奖罚。

(三)按控制的依据分类

财务控制按控制的依据分为预算控制和制度控制。

预算控制是指以财务预算为依据，对预算执行主体的财务收支活动进行监督、调整的一种控制形式。预算表明了执行主体的责任和奋斗目标，规定了预算执行主体的行为。制度控制是指通过制定企业内部规章制度，并以此为依据约束企业和各责任中心财务收支活动的一种控制形式。制度控制通常规定能做什么、不能做什么，与预算控制相比较，制度控制具有防护性的特征，而预算控制则具有激励性的特征。

(四)按控制的对象分类

财务控制按控制的对象分为收支控制和现金控制。

收支控制是指对企业和各责任中心的财务收入活动和财务支出活动所进行的控制。通过收支控制，使企业收入达到既定目标，而成本开支尽量减少，以实现企业利润最大化。现金控制是对企业和各责任中心的现金流入和现金流出活动所进行的控制。目的是通过现金控制实现现金流入、流出的基本平衡，既要防止因短缺而可能出现的支付危机，也要防止因现金沉淀而可能出现的机会成本增加。

(五)按控制的手段分类

财务控制按控制的手段分为绝对控制和相对控制。

绝对控制是指对企业和责任中心的财务指标采用绝对额进行控制。一般而言，对激励性指标通过绝对数控制最低限度，对约束性指标通过绝对数控制最高限度。相对控制是指对企业和责任中心的财务指标采用相对比率进行控制。一般而言，相对控制具有反映投入与产出对比、开源与节流并重的特征。比较而言，绝对控制没有弹性，而相对控制具有弹性。

第二节　财务控制的要素与方式

一、财务控制的要素

财务控制是企业内部控制和风险管理的一个重要方面，依据内部控制和风险管理的基本原理，可将财务控制的基本要素划分为控制环境、目标设定、事件识别、风险评估、风险应对、控制活动、信息与沟通以及监控八个部分。

(一)控制环境

控制环境，是指对企业财务控制的建立和实施有重大影响的各种环境因素的统称，包括企业风险管理观念与文化、诚信与价值观、员工的胜任能力、董事会或审计委员会的组成、管理哲学和经营方式、企业组织结构、企业授予权利和责任的方式以及人力资源政策和实务等。控制环境是决定财务控制目标能否实现的关键因素。

(二)目标设定

每个企业都面临各种财务风险，进行有效的事件识别、风险评估及风险应对的一个前提是确定与不同水平和内部环境保持一致的财务目标。管理者在识别风险并采取必要的措施管理风险之前,必须首先确定目标。财务控制的目标主要有四个方面:一是合理配置和使用财务资源,提高财务资源的使用效率,实现企业价值最大化;二是保护资产的安全与完整;三是保证财务信息的可靠性;四是遵循有关财务会计法规和企业业已制定的财务会计政策。

(三)事件识别

事件是指可以影响企业财务战略执行或目标实现的事项,如银行信贷、利率、汇率等政策的调整,新的竞争对手的出现,市场价格水平的变化,企业组织结构和高层管理人员的变化等。事件可能形成积极的影响或消极的影响,或者同时具有两种影响。

(四)风险评估

风险评估是指管理层分析、评价和估计对企业目标有影响的内部或外部风险的过程。管理者应当从可能性和影响程度这两个角度,采用定性与定量相结合的方法来评估事项,并对整个企业中的事项以个别或分类的形式进行分析,指出潜在事项的有利影响和不利影响。对潜在不利事项以固有风险和剩余风险的形式进行评估。固有风险是指在管理者没有采取任何措施改变风险发生的可能性的情况下给企业带来的风险。剩余风险是指在管理者对风险作出反应后仍残存的风险。

(五)风险应对

风险应对包括规避风险、减少风险、转移风险和接受风险。在考虑如何进行风险应对的过程中,管理者要考虑成本和效益,并在期望的风险容忍度内选择风险应对方案。

(六)控制活动

控制活动是指确保管理层的指令得以执行的政策及程序,如核准、授权、验证、调节、复核营业绩效、保障资产安全及职务分工等。

(七)信息与沟通

信息主要是指会计系统所提供的内部与外部信息,它是公司为汇总、分析、分类、记录、报告业务处理的各种方法和记录,包括文件预先编号、业务复核、定期调节等。一个有效的会计信息系统应当做到:

(1)确认和记录所有有效交易;

(2)及时、详细地描述交易,以便在报告中对交易进行正确分类;

(3)以某种方式计量交易的价值,以便在报告中以适当的货币价值记录交易;

(4)确定交易发生的期间,以便将交易记录在恰当的期间;

(5)在财务报表中适当地表达交易事项和披露相关事项。

沟通是指企业的信息系统提供有效信息给适当的人员,通过沟通,使员工能够知悉其在财务控制中的责任。

(八)监控

监控是由适当的人员,在适当的时机来评估控制的设计和运作情况的过程。包括:

(1)持续的监督活动(如例行的管理和监督活动,以及其他员工为履行其职务所采取的行动)。

(2)个别评估(评估的范围和频率,视风险的大小及控制的重要性而定)。

(3)报告缺陷。内部控制的缺失应由下往上报告,某些缺失应报告给高层管理层及董事会。

二、财务控制的方式

(一)授权批准控制

授权是指授予对某一大类业务或某项具体业务的决策作出决定的权力。授权通常包括一般授权和特别授权两种方式。

一般授权主要是对日常业务活动的授权。这类授权通常以管理部门文件的形式,规定一般性交易办理的条件、范围和对该交易的责任关系。如企业对各职能部门权限范围和职责的规定属于一般授权。该层次的授权过大,则风险不易控制,过小则效率降低。一般授权适用于经常发生的数额较大的交易,如赊销时的价格表与信用额度。

特别授权适用于管理当局认为个别交易必须经批准的情况,如对于对外投资、资产处置、资金调度、资产重组、收购兼并、担保抵押、财务承诺、关联交易等重要经济业务事项的决策权,以及超过一般授权限制的常规交易,都需要特殊授权。这种授权只涉及特定的经济业务处理的具体条件及有关具体人员,且应保持在较高管理层手中。

批准是检查已确立的授权条件得到满足的实际步骤。

一个完整的授权批准体系包括以下几个方面:

(1)授权批准的范围,企业各项财务活动通常都应纳入;

(2)授权批准的层次,应根据经济活动的重要性和金额大小确定,以保证不同的管理层既有权也有责;

(3)授权批准的程序,应规定每一类经济业务的审批程序,以便按程序办理审批,避免越权审批、违规审批的情况发生;

(4)授权批准的责任,需明确授权批准人员所承担的责任。

一个企业的授权控制应做到以下两点:

(1)企业所有人员不经合法授权,不能行使相应权力。这是最起码的要求。不经合法授权,任何人不能审批;有权授权的人则应在规定的权限范围内行事,不得越权授权。

(2)企业的所有业务未经授权不能执行。

(二)职务分离控制

职务分离控制是指对处理某种经济业务所涉及的职责分派给不同的人员,使每个人的工作都是对其他有关人员的工作的一种自动检查。

职务分离的主要目的是预防和及时发现职工在履行职责过程中产生错误和舞弊行为。

从控制的观点看,如果一位负有多项责任的人员在其正常的工作过程中会发生错误或舞弊,并且财务控制制度又难以发现,那么就可以肯定他所兼任的职务是不相容的。对于不相容职务必须进行分离,包括在组织机构之间的分离和组织机构内部有关人员之间的分离。

财务分离控制要求做到:

(1)任何业务尤其是货币资金收支业务的全过程,不能由某一个岗位或某一个人包办;

(2)经济业务的责任转移环节不能由某一个岗位单独办理;

(3)某一岗位履行职责情况绝不能由其自己说了算;

(4)财务权力的行使必须接受定期独立审查。

常见的不相容职务包括:业务授权与执行职务相分离,业务执行与记录职务相分离,财产保管与记录职务相分离,记录总账与明细账职务相分离,经营责任与记账责任相分离,财产保管与财产核对职务相分离,对一项经济业务处理的全过程的各个步骤也要分派给不同的部门和人员来负责。

(三)全面预算控制

全面预算控制是以全面预算为手段,对企业财务收支和现金流量所进行的控制。全面预算应注意以下环节:

(1)建立预算体系,包括确定预算目标、标准和程序;

(2)预算的编制和审定;

(3)预算指标的下达及相关责任人或部门的落实;

(4)预算执行的授权;

(5)预算执行过程的监督;

(6)预算差异的分析与调整;

(7)预算业绩的考核。

(四)财产保全控制

财产保全控制是最传统的财务控制方法。具体包括如下几个方面的内容:

1. 限制接触财产

限制非授权人接触某项资产,建立必要的防护措施,确保资产的安全完整。通常纳入严格限制接触的资产有:现金和易变现资产(如股票、债券等有价证券、存货),以及重要的票据(如支票)、个人的印章等。

2. 定期盘点清查

定期盘点和账实核对不应由担任保管或担任记录事务的人员单独进行。企业可以采用全面清查,也可以局部清查。从控制效果上看,采用永续盘存制记录下的盘点比采用定期盘存制下的盘点效果更好。企业财务控制应当明确有处理盘点差异的权限,以及相应人员的责任。

3. 记录保护

即严格限制接近会计记录与业务记录的人员,对重要的数据资料应当备份。

4. 财产保险

通过对资产投保(如火灾险、盗窃险、责任险等),增加实物受损补偿机会。

5. 财产记录监控

建立资产个体档案,对资产增减变动及时全面予以记录。加强财产所有权证的管理,改革现有低值易耗品等核销模式,减少备查簿的形式,使其价值纳入财务报表体系,从而保证账实的一致性。

(五)独立检查控制

独立检查控制是指由业务执行者以外的人员对已执行的业务的正确性所进行的验证,又称内部稽核。

内部稽核包括凭证与凭证、凭证与账簿、账簿与账簿、账簿与报表、书面记录与实物之间的核对,也包括对一些计算表、汇总表、调节表、分析表的复核。

一个有效的独立检查控制应当满足三个条件:

(1)检查工作由一个和原业务活动、记录、保管相独立的人员来执行。

(2)不管采用全部复核或抽样复核,复核工作须经常进行。

(3)错误和例外须迅速地传达给有关人员以便更正。重复犯错或重大错误及所有不当行为必须向适当管理层报告。

(六)业绩评价控制

业绩评价，是指将实际业绩与其评价标准，如前期业绩、预算和外部基准尺度进行比较，对营运业绩等所进行的评价。

应当指出，财务控制的最终效率取决于是否有切实可行的奖罚制度，以及是否严格执行这一制度。否则，即使有符合实际的财务预算，也会因为财务控制的软化而得不到贯彻落实。奖罚制度及其执行包括以下内容：

(1)奖罚制度必须结合各责任中心的预算责任目标制定，体现公平、合理、有效的原则。

(2)要形成严格的考评机制。是否奖罚取决于考评的结果，考评是否正确直接影响奖罚制度的效力。严格的考评机制包括建立考评机构、确定考评程序、审查考评数据、依照制度进行考评和执行考评结果。

(3)要把过程考核与结果考核结合起来，把即时奖罚与期间奖罚结合起来。这一方面要求在财务控制过程中随时考核各责任中心的责任目标和执行情况，并根据考核结果当即奖罚；另一方面要求一定时期终了(一般为年度)，根据财务预算的执行结果，对各责任中心进行全面考评，并进行相应的奖罚。

第三节　责任中心

一、责任中心的含义

责任中心就是承担一定经济责任，并享有一定权力和利益的企业内部(责任)单位。它是一个责、权、利结合的实体，具有相对独立的经营业务和财务收支活动，进行责任会计核算或单独核算。

企业为了实行有效的内部协调与控制，通常都按照统一领导、分级管理的原则，在其内部合理划分责任单位，明确各责任单位应承担的经济责任、应有的权力和利益，促使各责任单位尽其责任协同配合。同时，为了保证预算的贯彻落实和最终实现，必须把总预算中确定的目标和任务，按照责任中心逐层进行指标分解，形成责任预算，使各个责任中心据以明确目标和任务。责任预算执行情况的揭示和考评可以通过责任会计来进行。责任会计围绕各个责任中心，把衡量工作成果的会计同企业生产经营的责任制度紧密结合起来，成为企业内部控制体系的重要组成部分。由此可见，建立责任中心是实行责任预算和责任会计的基础。

根据企业内部责任中心的权责范围及业务活动的特点不同，责任中心可以分为成本中心、利润中心、投资中心三大类。

二、成本中心

(一)成本中心的含义

成本中心是对成本或费用承担责任的责任中心。它不会形成可以用货币计量的收入，因而不对收入、利润或投资负责。成本中心一般包括负责产品生产的生产部门、劳务提供部门以及有一定费用控制指标的企业管理部门。

成本中心的应用范围最广，从一般意义出发，企业内部凡有成本发生，需要对成本负责，并能实施成本控制的单位，都可以成为成本中心。工业企业上至企业，下至车间、工段、班组，甚至个人都有可能成为成本中心。成本中心的规模不一,各个较小的成本中心共同组成一个较大的成本中心,各个较大的成本中心又共同构成一个更大的成本中心,从而在企业形成一个逐级控制,并层层负责的成本中心体系。

(二)成本中心的类型

成本中心分为技术性成本中心和酌量性成本中心。技术性成本是指发生的数额通过技术分析可以相对可靠地估算出来的成本,如产品生产过程中发生的直接材料、直接人工、间接制造费用等。其特点是这种成本的发生可以为企业提供一定的物质成果,在技术上投入量与产出量之间有着密切的联系。技术性成本可以通过弹性预算予以控制。

酌量性成本是否发生以及发生数额的多少是由管理人员的决策所决定的,主要包括各种管理费用和某些间接成本项目,如研究开发费用、广告宣传费用、职工培训费用等。这种费用的发生主要是为企业提供一定的专业服务,一般不能产生可以用货币计量的成果。在技术上,投入量与产出量之间没有直接关系。酌量性成本的控制应着重于预算总额的审批上。

(三)成本中心的特点

成本中心相对于利润中心和投资中心有自身的特点,主要表现在:

1. 成本中心只考评成本费用而不考评收益

成本中心一般不具备经营权和销售权,其经济活动的结果不会形成可以用货币计量的收入;有的成本中心可能有少量的收入,但从整体上讲,其产出与投入之间不存在密切的对应关系,因而,这些收入不作为主要的考核内容,也不必计算这些货币收入。概括地说,成本中心只以货币形式计量投入,不以货币形式计量产出。

2. 成本中心只对可控成本承担责任

成本费用依其责任主体是否能控制分为可控成本与不可控成本。凡是责任中心能控制其发生及其数量的成本称为可控成本;凡是责任中心不能控制其发生及其数量的成本称为不可控成本。具体来说,可控成本必须同时具备以下四个条件:

(1)可以预计。即成本中心能够事先知道将发生哪些成本以及在何时发生。

(2)可以计量。即成本中心能够对发生的成本进行计量。

(3)可以施加影响。即成本中心能够通过自身的行为来调节成本。

(4)可以落实责任。即成本中心能够将有关成本的控制责任分解落实,并进行考核评价。

凡不能同时具备上述四个条件的成本通常为不可控成本。属于某成本中心的各项可控成本之和即构成该成本中心的责任成本。从考评的角度看,成本中心工作成绩的好坏,应以可控成本作为主要依据,不可控成本核算只有参考意义。在确定责任中心成本责任时,应尽可能使责任中心发生的成本成为可控成本。

成本的可控与不可控是以一个特定的责任中心和一个特定的时期作为出发点的,这与责任中心所处管理层次的高低、管理权限及控制范围的大小和经营期间的长短有直接关系。首先,成本的可控与否,与责任中心的权力层次有关。某些成本对于较高层次的责任中心或高级领导来说是可控的,对于其下属的较低层次的责任中心或基层领导而言,就可能是不可控的。反之,较低层次责任中心或基层领导的不可控成本,则可能是其所属较高层次责任中心或高级领导的可控成本。对企业来说,几乎所有的成本都是可控的,而对于企业下属各层次、各部门乃至个人来说,则既有各自的可控成本,又有各自的不可控成本。其次,成本的可控与否,与责任中心的管辖范围有关。某项成本就某一责任中心看是不可控的,而对另一个责任中心可能是可控的,这不仅取决于该责任中心的业务内容,也取决于该责任中心所管辖的业务内容的范围。如产品试制费，从产品生产部门看是不可控的，而对新产品试制部门来说，就是可控的。但如果新产品试制也归口由生产部门进行，则试制费又成了生产部门可控成本。最后，某些从短期看属不可控的成本，从较长的期间看，又成了可控成本。现有生产设备的折旧，在设备原价和折旧方法既定的条件下，该设备继续使用时，就具体使用它的部门来说，折旧是不可控的；但当现有设备不能继续使用，要用新的设备来代替它时，新设备的折旧则取决于设备更新所选用设备的价格及正常使用寿命，从这时看，新设备的折旧又成为可控成本了。

另外，在责任控制中，应尽可能把各项成本落实到各成本中心，使之成为各成本中心的可控成本。而对那些一时难以确认作为某一特定成本中心的可控成本，则可以通过各种方式与有关成本中心协商，共同承担风险，借以克服由于风险责任或难以控制而产生的种种问题和避免出现相互推诿扯皮现象。对确实不能确认为某一成本中心的成本费用，则由企业控制或承担。

值得说明的是，成本不仅可按可控性分类，也可按其他标志分类。一般来说，成本中心的变动成本大多是可控成本，而固定成本大多是不可控成本。但也不完全如此，还应结合有关情况具体分析。如广告费、科研开发费、教育培训费等酌量性固定成本是可控的。某个成本中心所使用的固定资产的折旧费是直接成本，但不是可控成本。

3. 成本中心只对责任成本进行考核和控制

责任成本是各成本中心当期确定或发生的各项可控成本之和。它可分为预算责任成本和实际责任成本。前者是指由预算分解确定的各责任中心应承担的责任成本；后者是指各责任中心从事业务活动实际发生的责任成本。对成本费用进行控制，应以各成本中心的预算责任成本为依据，确保实际责任成本不会超过预算责任成本；对成本中心进行考核，应通过各成本中心的实际责任成本与预算责任成本进行比较，确定其成本控制的绩效，并采取相应的奖惩措施。

（四）成本中心考核指标

由于成本中心只对成本负责，对其评价和考核的主要内容是责任成本，即通过各责任成本中心的实际成本与预算责任成本的比较，以此评价各成本中心责任预算的执行情况。成本中心考核指标包括成本（费用）变动额和变动率两个指标，计算公式是：

$$\text{成本(费用)变动额}=\text{实际责任成本(或费用)}-\text{预算责任成本(或费用)}$$

$$\text{成本(费用)变动率}=\frac{\text{成本(费用)变动额}}{\text{预算责任成本(费用)}}\times 100\%$$

在进行成本中心指标考核时，如果预算产量与实际产量不一致，应按弹性预算的方法先行调整预算指标，然后再按上述指标进行计算。

【例 11－1】　某企业内部一车间为成本中心，生产甲产品，预算产量为 5 000 件，单位成本为 100 元；实际产量为 6 000 件，单位成本为 95 元。

要求：计算该成本中心的成本变动额和成本变动率。

$$\text{成本变动额}=95\times 6\,000-100\times 6\,000=-30\,000\text{(元)}$$

$$\text{成本变动率}=\frac{-30\,000}{100\times 5\,000}\times 100\%=-6\%$$

（五）成本中心责任报告

成本中心责任报告是以实际产量为基础，反映责任成本预算实际执行情况，揭示实际责任成本与预算责任成本差异的内部报告。成本中心通过编制责任报告，以反映、考核和评价责任中心责任成本预算的执行情况。

【例 11—2】 表 11—1 是某成本中心责任报告。

表 11—1 某成本中心责任报告 单位:元

项目	实际	预算	差异
下属责任中心转来的责任成本			
甲班组	15 155	11 000	+400
乙班组	13 700	14 000	−300
合计	25 100	25 000	+100
本成本中心的可控成本			
间接人工	1 580	1 500	+80
管理人员工资	2 750	2 800	−50
设备维修费	1 300	1 200	+100
合计	5 630	5 500	+130
本责任中心的责任成本合计	30 730	30 500	+230

由表 11—1 中计算可知,该成本中心实际责任成本较之预算责任成本增加 230 元,上升了 0.8%,主要在于本成本中心的可控成本增加 130 元和下属责任中心转来的责任成本增加 100 元所致,究其主要原因是设备维修费超支 100 元和甲班组责任成本超支 400 元,没有完成责任成本预算。乙班组责任成本减少 300 元,初步表明责任成本控制有成效。

三、利润中心

(一)利润中心的含义

利润中心是指既对成本负责又对收入和利润负责的区域,它有独立或相对独立的收入和生产经营决策权。

利润中心往往处于企业内部的较高层次,如分厂、分店、分公司,一般具有独立的收入来源或能视同为一个有独立收入的部门,一般还具有独立的经营权。利润中心与成本中心相比,其权力和责任都相对较大,它不仅要绝对地降低成本,而且更要寻求收入的增长,并使之超过成本的增长。换言之,利润中心对成本的控制是联系着收入进行的,它强调相对成本的节约。

(二)利润中心的类型

利润中心分为自然利润中心与人为利润中心两种。

1. 自然利润中心

自然利润中心是指可以直接对外销售产品并取得收入的利润中心。这种利润中心本身直接面向市场,具有产品销售权、价格制定权、材料采购权和生产决策权。它虽然是企业内的一个部门,但其功能同独立企业相近。最典型的形式就是公司内的事业部,每个事业部均有销售、生产、采购的机能,有很大的独立性,能独立的控制成本、取得收入。

2. 人为利润中心

人为利润中心是不能直接对外销售产品或提供劳务,只能在企业内部各责任中心之间按照内部转移价格相互提供产品或劳务而形成的利润中心。大多数成本中心都可以转化为人为利润中心。这类责任中心一般也具有相对独立的经营管理权，即能够自主决定本利润中心生产的产品品种、产品产量、作业方法、人员调配和资金使用等。但这些部门提供的产品或劳务主要在企业内部转移，很少对外销售。

(三)利润中心考核指标

由于利润中心既对其发生的成本负责，又对其发生的收入和实现的利润负责。所以，利润中心业绩评价和考核的重点是边际贡献和利润，但对于不同范围的利润中心来说，其指标的表现形式也不相同。如某公司采用事业部制，其考核指标可采用以下几种形式：

部门边际贡献＝部门销售收入总额－部门变动成本总额　　(指标一)

部门经理可控利润＝部门边际贡献－部门经理可控固定成本　　(指标二)

部门可控利润＝部门经理可控利润－部门经理不可控固定成本　　(指标三)

部门税前利润＝部门可控利润－分配的公司管理费用　　(指标四)

其中，指标一是利润中心考核指标中的一个中间指标。指标二反映了部门经理在其权限范围内有效使用资源的能力，部门经理可控制收入以及变动成本和部分固定成本，因而可以对可控利润承担责任，该指标主要用于评价部门经理的经营业绩。这里的主要问题是，要将各部门的固定成本进一步区分为可控成本和不可控成本，这是因为有些费用虽然可以追溯到有关部门，却不为部门经理所控制，如广告费、保险费等。因此在考核部门经理业绩时，应将其不可控成本从中剔除。指标三主要用于对部门的业绩评价和考核，用以反映该部门补偿共同性固定成本后对企业利润所作的贡献。如果要决定该部门的取舍，部门可控利润是有重要意义的信息。指标四用于计算部门提供的利润抵补总部的管理费用后的余额，其为负就说明企业作为一个整体就不会盈利。这样，部门经理可集中精力增加收入并降低可控成本，为企业实现预期的利润目标做出应有的贡献。

【例 11－3】 某企业的某部门是一个自然利润中心。本期实现部门销售收入 100 万元，部门销售产品的变动生产成本和变动性销售费用为 74 万元，部门可控固定成本为 6 万元，部门不可控固定成本为 8 万元，分配的公司管理费用为 5 万元。

则该部门的各级利润考核指标分别是：

部门边际贡献＝100－74＝26(万元)

部门经理可控利润＝26－6＝20(万元)

部门可控利润＝20－8＝12(万元)

部门税前利润＝12－5＝7(万元)

(四)利润中心责任报告

利润中心通过编制责任报告，可以集中反映利润预算的完成情况，并对其产生差异的原因进行具体分析。

【例 11－4】 表 11－2 是某利润中心责任报告。

表 11－2　　**某利润中心责任报告**　　单位：万元

项　目	实　际	预　算	差　异
销售收入	250	240	＋10
变动成本			
变动生产成本	154	148	＋6
变动销售成本	34	35	－1

续表

项　目	实　际	预　算	差　异
变动成本合计	188	183	+5
边际贡献	62	57	+5
固定成本			
直接发生的固定成本	16.4	16	+0.4
上级分配的固定成本	13	13.5	−0.5
固定成本合计	29.4	29.5	−0.1
营业利润	32.6	27.5	+5.1

由表11—2中计算可知，该利润中心的实际利润超额完成预算5.1万元，如果剔除上级分配来的固定成本这一因素，利润超额完成4.6万元。

四、投资中心

(一)投资中心的含义

投资中心是指既对成本、收入和利润负责，又对投资效果负责的责任中心。

投资中心与利润中心的区别主要有：

(1)权利不同。利润中心没有投资决策权，它只是在企业投资形成后进行具体的经营；而投资中心则不仅在产品生产和销售上享有较大的自主权，而且能相对独立地运用所掌握的资产，有权购建或处理固定资产，扩大或缩减现有的生产能力。

(2)考核办法不同。考核利润中心业绩时，不联系投资多少或占用资产的多少，即不进行投入产出的比较；相反，考核投资中心业绩时，必须将所获得的利润与所占用的资产进行比较。

投资中心是企业内部最高层次的责任中心，它在企业内部具有最大的决策权，也承担最大的责任。投资中心的管理特征是较高程度的分权管理。一般而言，大型集团所属的子公司、分公司、事业部往往都是投资中心。在组织形式上，成本中心一般不是独立法人，利润中心可以是也可以不是独立法人，而投资中心一般是独立法人。

由于投资中心独立性较高，它一般应向公司的总经理或董事会直接负责。对投资中心不应干预过多，应使其享有投资权和较为充分的经营权；投资中心在资产和权益方面应与其他责任中心划分清楚。

(二)投资中心考核指标

投资中心评价与考核的内容是利润及投资效果，反映投资效果的指标主要是投资报酬率和剩余收益。

1. 投资报酬率

投资报酬率是投资中心所获得的利润占投资额(或经营资产)的比率，可以反映投资中心的综合盈利能力。其计算公式为：

$$\text{投资报酬率}=\frac{\text{净利润(或营业利润)}}{\text{投资额(或经营资产)}}\times 100\%$$

上述公式中，投资额(或经营资产)应按平均投资额(或平均经营资产)计算。投资报酬率是个相对数正指标，数值越大越好。投资报酬率指标可分解为：

投资报酬率＝投资(或经营资产)周转率×销售利润率

投资报酬率作为评价投资中心业绩的指标，其优点是：投资报酬率能反映投资中心的综合盈利能力，且由于剔除了因投资额不同而导致的利润差异的不可比因素，因而具有横向可比性，有利于判断各投资中心经营业绩的优劣。此外，投资利润率可作为选择投资机会的依据，有利于优化资源配置。

这一评价指标的不足之处是缺乏全局观念。当一个投资项目的投资报酬率低于某投资中心的投资报酬率而高于整个企业的投资报酬率时，虽然企业希望接受这个投资项目，但该投资中心可能拒绝它；当一个投资项目的投资报酬率高于该投资中心的投资报酬率而低于整个企业的投资报酬率时，该投资中心可能只考虑自己的利益而接受它，而不顾企业整体利益是否受到损害。

【例 11－5】 某个部门现有资产 200 万元，年净利润为 44 万元，投资报酬率为 22%。部门经理目前面临一个投资报酬率为 17%的投资机会，投资额为 50 万元，每年净利 8.5 万元。企业投资报酬率为 15%。尽管对整个企业来说，由于该项目投资报酬率高于企业投资报酬率，应当利用这个投资机会，但是它却使这个部门的投资报酬率由过去的 22%下降到 21%。

$$投资报酬率=\frac{44+8.5}{200+50}\times100\%=21\%$$

同样道理，当情况与此相反，假设该部门现有一项资产价值 50 万元，每年获利 8.5 万元，投资报酬率为 17%，该部门经理却愿意放弃该项资产，以提高部门的投资报酬率。

$$投资报酬率=\frac{44-8.5}{200-50}\times100\%=23\%$$

当使用投资报酬率作为业绩评价标准时，部门经理可以通过加大公式的分子或减少公式的分母来提高这个比率。这样做，会失去不是最有利但可以扩大企业总净利的项目。从引导部门经理采取与企业总体利益一致的决策来看，投资报酬率并不是一个很好的指标。

从【例 11－5】可以看出，为了使投资中心的局部目标与企业的总体目标保持一致，弥补投资报酬率这一指标的不足，还可以采用剩余收益指标来评价、考核投资中心的业绩。

2. 剩余收益

剩余收益是指投资中心获得的利润扣减投资额按预期最低投资报酬率计算的投资报酬后的余额。其计算公式为：

剩余收益＝利润－投资额×预期最低投资报酬率

＝投资额×(投资利润率－预期最低投资报酬率)

以剩余收益作为投资中心经营业绩评价指标，各投资中心只要投资利润率大于预期最低投资报酬率，即剩余收益大于零，该项投资项目就是可行的。剩余收益是一个绝对数正指标，这个指标越大，说明投资效果越好。

【例 11－6】 某企业有若干个投资中心，平均投资报酬率为 15%，其中甲投资中心的投资报酬率为 20%，该中心的经营资产平均余额为 150 万元。预算期甲投资中心有一追加投资的机会，投资额为 100 万元，预计利润为 16 万元，投资报酬率为 16%。

要求：

(1)假定预算期甲投资中心接受了上述投资项目，分别用投资报酬率和剩余收益指标来评价考核甲投资中心追加投资后的工作业绩。

(2)分别从整个企业和甲投资中心的角度，说明是否应当接受这一追加投资项目。

(1)甲投资中心接受投资后的评价指标分别为：

$$\text{投资报酬率}=\frac{150\times20\%+16}{150+100}\times100\%=18.40\%$$

剩余收益=16－100×15%=1(万元)

从投资报酬率指标看，甲投资中心接受投资后的投资报酬率为18.40%，低于该中心原有的投资报酬率20%，追加投资使甲投资中心的投资报酬率指标降低了。从剩余收益指标看，甲投资中心接受投资后可增加剩余收益1万元，大于零，表明追加投资使甲投资中心有利可图。

(2)如果从整个企业的角度看，该追加投资项目的投资报酬率为16%，高于企业的投资报酬率15%；剩余收益为1万元，大于零。结论是：无论从哪个指标看，企业都应当接受该项追加投资。

如果从甲投资中心看，该追加投资项目的投资报酬率为16%，低于该中心的投资报酬率20%，若仅用这个指标来考核投资中心的业绩，则甲投资中心不会接受这项追加投资(因为这将导致甲投资中心的投资报酬率指标由20%降低为18.40%)；但若以剩余收益指标来考核投资中心的业绩，则甲投资中心会因为剩余收益增加了1万元，而愿意接受该项追加投资。

通过【例11－6】可以看出，利用剩余收益指标考核投资中心的工作业绩，能使个别投资中心的局部利益与企业整体利益达到一致，避免投资中心本位主义倾向。

需要注意的是，以剩余收益作为评价指标，所采用的投资报酬率的高低对剩余收益的影响很大，通常应以整个企业的平均投资报酬率作为最低报酬率。

(三)投资中心责任报告

投资中心责任报告的结构与成本中心和利润中心类似。通过编制投资中心责任报告，可以反映该投资中心投资业绩的具体情况。

【例11－7】 表11－3是某投资中心责任报告。

表11－3　　某投资中心责任报告　　单位：万元

项　目		实　际	预　算	差　异
营业利润	①	600	450	+150
平均经营资产	②	3 000	2 500	+500
投资报酬率	③=①+②	20%	18%	+2%
按最低投资报酬率15%计算的投资报酬	④=②×15%	450	735	+75
剩余收益	⑤=①－④	150	75	+75

由表11－3中计算可知，该投资中心的投资报酬率和剩余收益指标都超额完成了预算，表明该投资中心投资业绩比较好。

同步测试题

一、单项选择题

1. 按照(　　)可以将财务控制分为一般控制和应用控制。

A. 财务控制的内容　B. 财务控制的功能　C. 财务控制的主体　D. 财务控制的依据

2. 下列说法中，错误的是（　　）。

A. 责任中心是一个权、责、利的结合体　　B. 技术性成本可以通过弹性预算予以控制

C. 投资中心只需要对投资效果负责　　D. 企业职工培训费属于酌量性成本

3. 可控成本需要具备的条件不包括（　　）。

A. 可以预计　　B. 可以计量　　C. 可以控制　　D. 可以对外披露

4. 关于成本的可控与否，下列说法中正确的是（　　）。

A. 较低层次责任中心的不可控成本，对于较高层次的责任中心来说一定是可控的

B. 某一责任中心的不可控成本可能是另一责任中心的可控成本

C. 对于一个企业来说，变动成本大多是可控成本，固定成本大多是不可控成本

D. 直接成本都是可控成本

5. 下列关于利润中心可控利润总额的计算公式中，错误的是（　　）。

A. 利润中心可控利润总额＝利润中心负责人可控利润总额－利润中心负责人不可控固定成本

B. 利润中心可控利润总额＝利润中心边际贡献总额－利润中心固定成本

C. 利润中心可控利润总额＝利润中心销售收入总额－利润中心变动成本总额－利润中心固定成本

D. 利润中心可控利润总额＝利润中心边际贡献总额－利润中心负责人不可控固定成本

6. 在投资中心的主要考核指标中，能使个别投资中心的利益与整个企业的利益统一起来的指标是（　　）。

A. 投资利润率　　B. 可控成本　　C. 利润总额　　D. 剩余收益

7. 在采用定额控制方式实施财务控制时，对约束性指标应选择的控制标准是（　　）。

A. 弹性控制标准　　B. 平均控制标准　　C. 最高控制标准　　D. 最低控制标准

8. 某企业甲责任中心将A产品转让给乙责任中心时，厂内银行按A产品的单位市场售价向甲支付价款，同时按A产品的单位变动成本向乙收取价款。据此可以为该项内部交易采用的内部转移价格是（　　）。

A. 市场价格　　B. 协商价格　　C. 成本转移价格　　D. 双重转移价格

9. 进行责任成本内部结转的实质，就是将责任成本按照经济损失的责任归属结转给（　　）。

A. 发生损失的责任中心　　B. 发现损失的责任中心

C. 承担损失的责任中心　　D. 下游的责任中心

10. 下列各项中，不属于责任成本基本特征的是（　　）。

A. 可以预计　　B. 可以计量　　C. 可以控制　　D. 可以对外报告

二、多项选择题

1. 财务控制的原则包括（　　）。

A. 经济性原则　　B. 协调性原则　　C. 简明性原则　　D. 认同性原则

2. 按照财务控制的对象，财务控制可以分为（　　）。

A. 预算控制　　B. 制度控制　　C. 现金控制　　D. 收支控制

3. 财务控制的要素包括（　　）。

A. 控制环境　　B. 风险评估　　C. 信息与沟通　　D. 监控

4. 成本中心的特点包括（　　）。

A. 成本中心只考评成本费用不考评收益　　B. 成本中心只对可控成本承担责任

C. 成本中心只对责任成本进行考核和控制　　D. 成本中心的考核需要兼顾一些不可控成本

5. 自然利润中心的权利包括（　　）。

A. 产品销售权　　B. 价格制定权　　C. 材料采购权　　D. 生产决策权

6. 下列说法中，正确的是（　　）。

A. 考核利润中心业绩时不进行投入产出比较　　B. 利润中心一定是独立法人

C. 利润中心没有投资决策权　　D. 投资中心具有最大的决策权，也承担最大的责任

7. 下列各项中，需要利用内部转移价格在有关责任中心之间进行责任结转的有（　　）。

A. 因供应部门外购材料的质量问题造成的生产车间超定额耗用成本

B. 因上一车间加工缺陷造成的下一车间超定额耗用成本

C. 因生产车间生产质量问题造成的销售部门降价损失

D. 因生产车间自身加工不当造成的超定额耗用成本

8. 甲利润中心常年向乙利润中心提供劳务，在其他条件不变的情况下，如果提高劳务的内部转移价格，可能出现的结果有（　　）。

A. 甲利润中心内部利润增加　　B. 乙利润中心内部利润减少

C. 企业利润总额增加　　D. 企业利润总额不变

9. 责任成本和变动成本计算方法的主要区别是（　　）。

A. 成本计算对象不同　　B. 性质不同

C. 核算的目的不同　　D. 共同费用在成本对象间分摊的原则不同

10. 投资中心与利润中心的主要区别是（　　）。

A. 权利不同　　B. 考核办法不同

C. 权利相同，但考核指标完全不同　　D. 两者没有任何联系

三、判断题

1. 对一个企业而言，变动成本和直接成本大多是可控成本，而固定成本和间接成本大多是不可控成本。（　　）

2. 为了便于评价、考核各责任中心的业绩，对一责任中心提供给另一责任中心的产品，其供应方和使用方所采用的转移价格可以不同。（　　）

3. 某项会导致个别投资中心的投资利润率提高的投资，不一定会使整个企业的投资利润率提高；但某项会导致个别投资中心的剩余收益增加的投资，则一定会使整个企业的剩余收益增加。（　　）

4. 人为利润中心通常不仅要计算可控成本，而且还要计算不可控成本。（　　）

5. 引起个别投资中心的投资利润率提高的投资，不一定会使整个企业的剩余收益增加。（　　）

6. 责任成本的内部结转是指由承担损失的责任中心对实际发生或发现损失的其他责任中心进行损失赔偿的账务处理过程；对本部门因其自身原因造成的损失，不需要进行责任结转。（　　）

7. 因为企业内部的个人不能构成责任实体，所以不能作为责任中心。（　　）

8. 在其他因素不变的条件下，一个投资中心的剩余收益的大小与企业投资人要求的最低报酬率呈反向变动。（　　）

9. 利润中心必然是成本中心，投资中心必然是利润中心，所以投资中心首先是成本中心，但利润中心并不一定都是投资中心。（　　）

10. 有收入的中心不一定就是利润中心。（　　）

第十二章　财务分析与评价

学习目标

通过本章学习，了解和掌握趋势分析法、比率分析法和因素分析法等财务分析的方法，偿债能力指标、运营能力指标、获利能力指标等财务指标分析的运用，以及业绩评价的指标体系、评价方法和综合评价报告。

案例导读

光明公司未来“不光明”

光明电子股份有限公司是一个拥有30多年历史的大型家电生产基地。该公司颇有战略头脑，十分重视新产品和新工艺的开发，重视对老设备进行技术改造，引进国外先进技术，拥有国内一流的液晶生产线。该公司十分重视战略重组，大力推行前向一体化和后向一体化，使公司形成了一条由原材料供应到产品制造再到产品销售“一条龙”的稳定的价值生产链。由于该公司战略经营意识超前、管理得法，使公司规模迅速扩展，销量和利润逐年递增，跃居国内“排头兵”位置。但由于近两年企业扩展太快，经营效率有所下降。

该公司为了把握未来，对公司未来几年面临的市场和风险进行了预测。预测结果表明，在未来的几年里，伴随国民经济的快速发展，市场对各种家电产品的需求剧增，这种市场发展势头给公司带来了千载难逢的发展机会。预测结果还表明，公司未来面临的风险也在逐步加大，国内介入家电产品生产线的企业逐渐增多，国外家电生产公司意欲打入中国市场，石油和能源的涨价等，这些都会给公司的未来市场、生产经营和经济效益提出严峻的挑战。

公司为了确保在未来市场逐渐扩展的同时，使经济效益稳步上升，维持行业“排头兵”的位置，拟对公司近两年的财务状况和经济效益情况，运用财务分析方法进行全面分析，以便找出公司在这方面取得的成绩和存在的问题，并针对问题提出改进措施，扬长避短，实现公司的自我完善。

［资料来源］　http://wenku.baidu.com/view/d33ef0eb102de2bd96058816.html。

【案例探索思考】

通过阅读上面的资料，请思考什么是财务分析？你认为光明电子股份有限公司通过财务分析需要获得哪些财务信息？公司应该采用什么方法才能得出相关信息？通过学习本章内容，你就会得到这些问题的答案。

第一节　财务分析概述

一、财务分析的意义

财务分析是以企业的财务报告和其他有关资料为依据，运用专门的方法，对企业的财务情况和经营成果进行剖析、研究和评价，为企业内外有关方面的决策和管理服务的一项管理工作。

按分析主体的不同，财务分析可分为内部分析与外部分析。内部分析是指企业的经营管理者为加强和改善经营管理而进行的分析；外部分析是指企业外部的有关单位和个人，如投资者、债权人、政府经济管理部门，为投资决策、信贷决策或经济管理与监控等目的进行的分析。

财务分析的意义是外在的，是不同财务信息使用者所赋予它的。不同财务信息使用者所注重的财务分析的结论是不同的，所以他们对财务分析提出的要求也是有区别的，这就必然决定了企业财务分析对于不同的信息使用具有不同的意义。其基本意义可以从以下几方面来认识：

（一）从投资者角度看财务分析的意义

一般来讲，投资者最注重的是企业的投资回报率水平，又十分关注企业的风险程度，不但要求了解企业的短期盈利能力，也要考虑到企业长期的发展潜力。所以企业财务分析对投资者具有十分重要的意义。它不但说明企业的财务目标是否最大限度地实现，也为投资者作出继续投资、追加投资、转移投资或抽回投资等决策，提供最重要的信息。如果是上市公司，作为投资者的股东，还要了解公司每年的股利分配情况及股票市场的市价变化等。同时，对于投资者来讲，不仅仅要求获得当前的盈利和风险的分析信息，更要求获得各期动态分析的信息，因为这对投资决策更有价值。另外，作为企业的权益者，利用财务分析的结论，可以了解经营者受托责任的完成情况，评价经营者的经营业绩，为继续聘用、重用、奖励或惩罚及解聘某些经管人员提供依据。

（二）从债权者角度看财务分析的意义

债权人更多地关心企业的偿债能力，关心企业的资本结构和负债比例，以及企业长短期负债的比例是否恰当。一般来讲，短期的债权人更多地注重企业各项流动比率所反映出来的短期偿债能力。而作为长期债权人，则会更多地考虑企业的经营方针、投资方向及项目性质等所包含的企业潜在财务风险和偿债能力。同时长期债权人也要求了解企业的长期经营方针和发展实力及是否具有稳定的盈利水平，因为这是对企业持续偿债能力的基本保证。所有这些都要通过全面的财务分析才能实现，并要提供具有针对性的财务指标及相关信息。

（三）从经管者角度看财务分析的意义

财务分析信息对于提高企业内部经营管理水平，制定有效的内外部决策都具有重要意义。企业外界的利益者对企业的影响是间接的，而企业经营管理当局利用财务分析信息能马上应用于管理实务，对促进企业各级管理层综合管理水平的提高至关重要。所以对应用企业内部管理财务分析信息的要求越具体和深入，越有助于企业的经管当局及时了解企业的经营规划和财务、成本等计划的完成情况，并通过分析各种主、客观原因，及时采取相应的措施，改善各个环节的管理工作。同时，财务分析信息也是企业内部总结工作业绩，考核各部门经营责任完成情况的重要依据。

(四)从政府角度看财务分析意义

对企业有监管职能的主要有工商、税务、财政和审计等政府部门,他们也要通过定期了解企业的财务分析信息,把握和判断企业是否按期依法纳税,有无通过虚假财务报告来偷逃国家税款,各项税目的缴纳是否正确等。同时,国家为了维护市场竞争的正常秩序,必然会利用财务分析资料,来监督和检查企业在整个经营过程中是否严格地遵循国家规定的各项经济政策、法规和有关制度。

(五)从内部员工角度看财务分析意义

内部员工不但关心企业目前的经营状况和盈利能力,也同样关心企业的经营前景,他们也需要通过财务分析资料来获取这些信息,知道其辛勤劳动获取了怎样的成果,企业和本部门的有关指标是否完成,了解各种工资、奖金和福利变动的原因以及企业的稳定性和职业的保障程度等。

(六)从社会中介机构角度看财务分析意义

与企业相关的主要中介机构有会计师事务所、审计事务所、律师事务所、资产评估事务所、各类投资咨询公司、税务咨询公司和资信评估公司等。这些机构站在第三方的立场上,为企业发行股票、债券、股份制改制、企业联营合资及兼并和清算等各项经济业务,提供各种独立、客观、公正的服务。会计师事务所对公司制的企业要进行年审,验证公司会计报表的合法性、合理性和正确性。各类社会中介机构在为企业提供服务时,都必须获得企业全面的财务分析信息,才能帮助企业作出合理有效的决策。

二、财务分析的内容

财务分析的内容是由分析对象的内容和分析的目的决定的。分析目的不同,分析的内容和侧重点也就不相同。从满足各方的需要出发,财务分析的内容包括以下几部分:

(一)经营能力分析

经营能力分析主要是指对企业运用经济资源从事业务经营的能力和经济资源的利用效率进行分析评价。

(二)盈利能力分析

盈利能力分析主要分析评价企业获取利润的能力及利润分配情况。

(三)偿债能力分析

偿债能力分析主要分析评价企业一年以内及一年以上的长短期债务的偿还能力及财务风险。

(四)其他财务情况分析

其他财务情况的分析是除了上述内容之外,其他的有关财务情况和经营收支方面的分析,如对投资者投入资本保值增值情况的分析、企业对社会所做贡献的分析等。

(五)财务综合分析

财务综合分析是指对企业的财务状况和经营成果进行综合分析评价,对财务指标的相互影响关系进行研究。

三、财务分析的资料

进行财务分析必须收集有关资料。这些资料按范围可以分为内部资料和外部资料。内部资料是指可以从企业内部收集的，有关企业本身生产经营和财务活动的资料；外部资料是指从企业外部收集的，有关企业经营和理财所处的环境和外部因素的资料。

(一)内部资料

1. 核算资料

核算资料是指会计、统计、业务核算记录的，反映企业生产经营和财务活动实际情况的数据资料。在核算资料中，会计核算资料是主要的资料，特别是会计核算所编制的财务报表和财务情况说明书更是分析的重要依据。

核算资料不仅是指报告当期的，而且包括历史的，特别是最近 3～5 年的历史资料，以利于了解发展变化情况。

2. 计划预算资料

计划预算资料是指企业事前预计和规划的生产经营和财务活动情况的资料，包括财务计划、生产经营计划、各种预算和定额资料。它体现了企业预定的目标和任务。

3. 调研资料

调研资料是指通过调查研究收集的，核算中没有记载的有关资料，这些资料对核算资料起着引证和补充的作用。

4. 其他内部资料

其他内部资料是指其他有关企业本身生产经营和财务活动的资料。

(二)外部资料

1. 市场资料

市场资料是指反映资金、生产资料、消费品等市场供求、价格的变动及市场发展前景的有关资料。

2. 同行业资料

同行业资料是指企业所属行业及同类企业的经营和财务资料、行业内竞争情况的资料、行业发展前景的资料等。

3. 政策资料

政策资料是指有关财政、税收、金融、物价、外贸等经济政策及国家发展经济的方针等方面的资料。

4. 其他外部资料

其他外部资料是指其他与企业发展或决策方案有关的社会、政治、经济、文化状况及国际经济形势等方面的资料。

第二节 财务分析的方法

一、比较分析法

比较分析法简称比较法，是通过同一经济指标不同时间、空间形式的比较找出差距，据以鉴别和判断的一种分析方法。这里所说的比较，是指指标间相减求得差异数值，或者相除求得差异幅度。

具体运用比较法时，一般把报告期的实际指标与选定的标准指标相比较，标准指标可根据所要了解的情况确定。如：

(1)为了解计划的完成情况，可选择计划指标作为标准；

(2)为了解发展变化情况，可选择上期或历史某期的指标作为标准；

(3)为了说明企业在同行中所处的位置或与竞争对手的差距，可选择同行业的平均指标，或者竞争对手的同一指标作为标准；

(4)为了判断指标是否合理合规，可选择约定俗成的公认标准或有关机构或部门规定的标准。

在进行上述比较时，应使对比的指标在以下几个方面保持一致：

(1)指标的内容性质一致；

(2)指标的时间长度一致，即对于期间数指标，对比双方的时间长度相同；

(3)指标的计算方法一致；

(4)指标的计价标准一致，即比较双方的价值指标是按可比价格计算的。

在实际工作中，要做到对比指标完全一致有时较困难，在这种情况下，可以对指标进行必要的调整，剔除不可比因素，或者对不可比因素在分析中加以说明。

比较法是分析方法中最基本的方法，也是运用最多的方法之一，它常与其他的一些分析方法结合运用。

二、比率分析法

比率分析法又称比率法，它是将两个性质不同但有一定联系的指标相除，计算比率，形成一个新指标，用以反映经济现象的内在联系和数量关系的分析方法。

财务比率大多是根据财务报表的有关项目计算的，主要有反映偿债能力的流动性比率、资本结构比率，反映经营能力的资产周转率，反映盈利能力的各种利润率等。单个比率揭示的内容有限，根据指标的性质和相互关系，可以把多个比率组成比率体系，进行综合分析。

三、结构分析法

结构分析法是通过计算和研究结构相对数，据以反映总体内部的结构及局部与总体的数量关系的分析方法。结构相对数是局部指标与总体指标之比，反映局部占总体的比重，其计算公式如下：

$$结构相对数=\frac{局部指标}{总体指标}\times 100\%$$

结构分析法可用于财务报表的整体分析，一般用报表各项目逐一与其中的总体指标相比，计算百分率，得出同型报表(或称为百分率报表)。资产负债表的总体指标为资产总额、负债及所有者权益总额，损益表的总体指标为销售收入，现金流量表的总体指标为现金流入总额。同型报表可以更清楚地反映报表的结构，便于不同时期、不同企业间报表的比较。

四、趋势分析法

趋势分析法又称动态分析法，是分析经济现象随时间变化的情况及变动趋势的方法。进行趋势分析时，可以把若干时期的同一指标按时间顺序排成动态数列，或者计算动态相对数，据以观察研究变动趋势。动态相对数指标及其计算如下：

$$定基发展速度=\frac{某期指标}{固定基期指标}\times100\%$$

$$环比发展速度=\frac{后一期指标}{上期指标}\times100\%$$

定期(环比、平均)增长速度=定基(环比、平均)发展速度－1

运用趋势分析法对财务报表进行整体分析，即分别计算若干期报表各项目的定基发展速度或环比发展速度，得出趋势报表(或称为指数报表)，反映报表各项目的变动趋势。

五、因素分析法

因素分析法在某个经济指标比较分析的基础上，进一步研究指标的影响因素及影响关系，并按一定的计算程序和方法从数量上测算各因素变动对指标影响程度的分析方法。

具体运用时，首先确定被分析指标受哪些因素的影响，并且把它们之间的关系列成算式；然后，选用一定的计算方法，测算各因素对指标的影响程度。常用的计算方法有两种：

(一)连环替代法

即在计算中，以连续、依次替换的方式，测算各因素对指标的影响的方法。连环替代法的计算步骤为：

(1)将基准数代入反映指标及影响因素关系的算式，基准数即作为比较标准的数据，如计划数、上期数等；

(2)依次以一个因素的实际数替代基准数，计算出每次替代后指标数值，直到所有的因素都以实际数替代为止；

(3)把相邻两次计算的结果相比较，测算每个替代因素的影响方向和程度；

(4)各因素的影响程度之和与指标的实际数与基准数的差额相等。

【例 12－1】 销售收入与其影响因素销售量及售价的关系如下：

销售收入＝销售量×售价

上述指标的有关数据如表 12－1 所示。

表 12－1　　销售量、售价与销售收入资料

项　目	计划(基准)	实　际
销售量(件)	100	110
售价(元/件)	10	9
销售收入(元)	1 000	990

运用连环替代法测算各因素的影响如下：

计划(基准)　　100×10＝1 000　①

替换销售量因素　　110×10＝1 100　②

替换售价因素　　110×9＝990　③

销售量的影响为②－①，即：1 100－1 000＝＋100

售价的影响为③－②，即：990－1 100＝－110

两因素的共同影响为：(＋100)＋(－110)＝990－1 000＝－10

(二)差额计算法

差额计算法是连环替代法的简化形式，是依次以各因素实际数与基准数差额代入算式，直接测算各因素对指标影响的方法。

【例 12—2】 依据【例 12—1】的资料，销售量和售价对销售收入的影响，运用差额法测算过程如下：

销售量的影响为：(110－100)×10＝＋100

售价的影响为：110×(9－10)＝－110

两因素的共同影响为：(＋100)＋(－110)＝－10

连环替代法和差额计算法在计算过程中，都是假定其中某个因素变动而其他因素不变，逐次测算各因素的影响，当因素变动的先后顺序发生变化，计算的各因素影响的数值就会与原来的结果有出入，但总的影响值不变，即各因素的影响值不是唯一的，这是这两种方法存在的问题。

第三节　财务指标分析

财务指标分析主要包括以下三个方面：偿债能力分析、盈利能力分析和资产周转情况分析。其中，偿债能力反映企业风险的大小，盈利能力反映企业利润水平的高低，资产周转情况反映企业风险的大小。下面结合 ABC 公司的两张报表(即表 12－2 和表 12－3)来说明财务指标分析的方法。

表 12—2　　**2015 年度 ABC 公司资产负债表**　　单位：千元

资　产		负债与所有者权益	
流动资产：		流动负债：	
货币资金	4 000	应付票据	10 000
交易性金融资产	2 000	应付账款	6 000
应收账款	15 000	其他应付款	2 000
存货	17 000	流动负债合计	18 000
流动资产合计	38 000	非流动负债：	
非流动资产：		长期借款	4 000
持有至到期投资	2 000	应付债券	6 000
固定资产	10 000	非流动负债合计	10 000
非流动资产合计	12 000	负债合计	28 000
		所有者权益：	
		实收资本	10 000
		未分配利润	12 000
		所有者权益合计	22 000
资产总计	50 000	负债与所有者权益总计	50 000

表 12—3　　2015 年 1 月 1 日至 12 月 31 日 ABC 公司利润及利润分配表　　单位：千元

项　目	金　额
一、营业收入	100 000
减：营业成本	60 000
销售及管理费用	20 000
财务费用	5 000
二、营业利润	15 000
三、利润总额	15 000
减：所得税	6 000
四、净利润	9 000
减：普通股股利	3 600
五、未分配利润	5 400

一、企业偿债能力分析

企业偿债能力是指企业偿还债务（含本金和利息）的能力。通过偿债能力的分析，能揭示一个企业财务风险的大小。企业的投资人、银行、企业财务人员都十分重视对偿债能力的分析。

（一）企业短期偿债能力的分析

企业的短期偿债能力是指企业支付其短期债务的能力。短期偿债能力是财务分析中必须十分重视的一个方面，短期偿债能力不足，企业无法满足债权人的要求，可能会引起破产或造成生产经营的混乱。企业的短期偿债能力可通过下列指标来进行分析：

1. 流动比率

流动比率是流动资产与流动负债进行对比所确定的比率。流动资产是指在一年或长于一年的一个营业周期内可变现或运用的资产，主要包括现金、短期投资、应收及预付款项和存货。流动负债是指在一年内或长于一年的一个营业周期内偿还的债务，主要包括短期借款、应付及预收款、应付票据、应交税金、应交利润、应付股利以及一年内到期的长期负债。其计算公式为：

$$\text{流动比率}=\frac{\text{流动资产}}{\text{流动负债}}$$

流动资产是短期内能变成现金的资产，而流动负债则是在短期内需要用现金来偿付的各种债务，流动资产与流动负债对比，说明的是能在短期内转化成现金的资产对需要在短期内偿还的负债的一种保障程度，能比较好地反映企业的短期偿债能力。流动比率太低，表明企业缺乏短期偿债能力；流动比率太高，虽然能说明短期偿债能力强，但也说明企业的现金、存货等流动资产有闲置或流动负债利用不足。

2. 速动比率

速动比率是由速动资产和流动负债对比所确定的比率。速动资产是指能迅速转化为现金的资产，主要包括现金、交易性金融资产、应收及预付款项等，即流动资产减去存货。其计算公式为：

$$\text{速动比率}=\frac{\text{速动资产}}{\text{流动负债}}$$

在企业的流动资产中，存货的变现能力最差，所以，当企业流动资产变现时，存货就极可能发生损失，用流动比率来反映偿债能力有时会出现失误。而速动比率由于在计算时不包含存货因素，所以，能比流动比率更好地反映企业的短期偿债能力。习惯上，速动比率等于1时最好。当然，也还要结合行业和企业的具体情况。

3. 现金比率

现金比率是可立即动用的资金与流动负债进行对比所确定的比率。可立即动用的资金主要是库存现金和银行活期存款，如果企业持有的交易性金融资产的变现能力极强，也可看作是可立即动用的资金。其计算公式为：

$$\text{现金比率}=\frac{\text{可立即动用的资金}}{\text{流动负债}}$$

现金比率是对短期偿债能力要求最高的指标，主要适用于那些应收账款和存货的变现能力都存在问题的企业。这一指标越高，说明企业的短期偿债能力越强。

如果ABC公司的有价证券均属变现能力极强的证券，则该公司的现金比率为：

$$\text{现金比率}=\frac{2\ 000+4\ 000}{18\ 000}=0.33$$

4. 现金净流量比率

现金净流量比率是现金净流量与流动负债进行对比所确定的比率，反映企业用每年的现金净流量偿还到期债务的能力。现金净流量是年度内现金流入量扣减现金流出量的金额，可通过企业的现金流量表获得。其计算公式为：

$$\text{现金净流量比率}=\frac{\text{现金净流量}}{\text{流动负债}}$$

假设ABC公司2015年度现金净流量为34 000千元，则ABC公司现金净流量比率为：

$$\text{现金净流量比率}=\frac{34\ 000}{18\ 000}=1.89$$

这一指标越高，说明企业支付当期债务的能力越强，企业财务状况越好；反之，则说明企业支付当期债务的能力较差。

上述四个指标是反映企业短期偿债能力的主要指标，在进行分析时，要注意以下几个问题：(1)上述指标各有侧重，在分析时要结合使用，以便全面、准确地作出判断；(2)上述指标中分母均是流动负债，没有考虑长期负债问题，但如果有在一年内到期的长期负债，则应视为流动负债；(3)财务报表中没有列示的因素，如企业借款能力、准备出售长期资产等，也会影响到企业短期偿债能力，在分析时，也应认真考虑。

(二)企业长期偿债能力的分析

企业的长期偿债能力，是企业支付长期债务的能力。企业长期偿债能力与企业的盈利能力、资金结构有十分密切的关系。企业长期偿债能力可通过下列指标来进行分析：

1. 资产负债率

资产负债率又称负债比率或负债对资产的比率，是企业的负债总额与资产总额进行对比所确定的比率。企业的资产总额也就是企业的全部资金总额。其计算公式为：

$$\text{资产负债率}=\frac{\text{负债总额}}{\text{资产总额}}$$

资产负债率反映的是在企业全部资金中有多大的比率是通过借债而筹集的，因此，这一比率能反映资产对负债的保障程度。对债权人来说，最关心的就是借出款项的安全程度。如果这一比率很高，说明投资者投入的资本在全部资金中所占比重很小，而借入资金所占比重很大，企业的风险主要由债权人来负担。因此，这个比率越高，说明长期偿债能力越差；反之，这个比率越低，说明偿债能力越好。当然，也并不是说这个比率越低越好。

2. 长期负债比率

长期负债比率是企业的长期负债与资产总额对比所确定的比率，其计算公式为：

$$长期负债比率=\frac{长期负债总额}{资产总额}$$

或：

$$长期负债比率=\frac{负债总额-短期负债}{资产总额}$$

负债比率的计算中包含了短期债务，为了更科学地考察企业的长期偿债能力，应该使用长期负债比率。这一比率越低，说明企业偿债能力越强。

3. 所有者权益比率

所有者权益比率是企业的所有者权益与资产总额对比所确定的比率。其计算公式为：

$$所有者权益比率=\frac{所有者权益总额}{资产总额}$$

这一比率反映了在企业全部资金中，企业所有者提供了多少。这一比率越高，说明所有者投入的资金在全部资金中所占的比例越大，则企业偿债能力越强，财务风险越小。因此，从偿债能力角度来看，这一比率越高越好。

上述三项比率是反映企业长期偿债能力的最主要指标，在进行分析时，要注意以下几个问题：(1)上述指标中的资产总额都是指资产净值总额，而不是原值总额；(2)上述指标各有侧重，在分析时应结合应用；(3)从长远来看，企业的偿债能力与盈利能力关系密切，盈利能力决定偿债能力，因此，在分析长期偿债能力时，应结合盈利能力的指标来进行；(4)要充分考虑长期租赁、担保责任等对长期偿债能力的影响。

(三)企业负担利息和固定费用能力的分析

企业负担利息和固定费用能力，是指企业所实现的利润支付利息或支付固定费用的能力。这是企业进行筹资决策时必须认真考虑的一个重要因素。企业负担利息和固定费用的能力通常用以下两个指标来反映：

1. 利息周转倍数

利息周转倍数是息税前盈余相当于所支付利息的倍数。其计算公式为：

$$利息周转倍数=\frac{息税前盈余}{利息费用}$$

$$=\frac{税后利润+所得税+利息费用}{利息费用}$$

这一指标反映了企业所实现的利润支付利息费用的能力，这一指标越大，说明支付利息的能力比较强；反之，则说明支付利息的能力比较弱，表明企业有了较大的财务风险。

2. 固定费用周转倍数

固定费用周转倍数是企业的盈利相当于其固定费用的倍数。其计算公式为：

$$固定费用周转倍数=\frac{税前及支付固定费用前利润}{利息费用+租金+\dfrac{优先股股利}{1-税率}}$$

$$=\frac{利息费用+租金+所得税+税后利润}{利息费用+租金+\dfrac{优先股股利}{1-税率}}$$

公式中的利息费用和租金都可在税前支付，而优先股股利必须在税后利润中支付，故后者应除以(1－税率)，这里的税率是指适用于企业的所得税税率。固定费用周转倍数反映了企业盈利支付固定费用的能力，这一指标越高，说明企业支付固定费用的能力越强。

二、企业盈利能力分析

盈利能力就是企业赚取利润的能力。无论是投资者还是债权人都认为盈利能力十分重要，因为健全的财务状况必须由较高的盈利能力来支持。企业财务管理人员当然也十分重视获利能力，因为要实现财务管理的目标，就必须不断提高利润，降低风险。

(一)与销售收入有关的盈利能力指标

这类指标是由企业的利润与销售收入进行对比所确定的比率，由于企业利润有营业利润、利润总额和净利润等形式，所以一般用销售毛利率和销售净利率来表示。

1. 销售毛利率

销售毛利率是由销售毛利与销售收入进行对比所确定的比率。其计算公式为：

$$销售毛利率=\frac{销售收入-销售成本}{销售收入}\times 100\%$$

$$=\frac{销售毛利}{销售收入}\times 100\%$$

销售毛利率反映了销售毛利与销售收入的对比关系，是反映获利能力的主要指标。这一指标越高，说明企业盈利能力越强。

2. 销售净利率

销售净利率是净利和销售收入进行对比所确定的比率。其计算公式为：

$$销售净利率=\frac{税后净利}{销售收入}\times 100\%$$

也有人认为，计算销售净利率时应在税后净利中加上利息费用。因为利息费用属于使用借入资金所付出的代价，实际上是企业总收益的一部分。

销售净利率反映了净利和销售收入之间的对比关系，这一指标越高，说明盈利能力越强。

(二)与资金有关的盈利能力指标

这类指标是由企业的利润与一定的资金进行对比所确定的比率，主要有以下几个指标：

1. 投资报酬率

投资报酬率又称资产报酬率，是企业税后净利同全部资产净值的比率。其计算公式为：

$$投资报酬率=\frac{税后净利}{资产总额(净值)}\times 100\%$$

投资报酬率反映的是企业投入的全部资金的盈利能力，是财务管理中的一个重要指标，也是总公司对分公司下达经营目标，进行内部考核的主要指标。这一指标越高，说明企业盈利能力越强。

2. 所有者权益报酬率

所有者权益报酬率又称自有资金报酬率、股东权益报酬率、权益资本报酬率，是净利与企业所有者权益进行对比所确定的比率。其计算公式为：

$$所有者权益报酬率=\frac{税后净利}{所有者权益总额}\times 100\%$$

这一指标反映了所有者投入的资金所获得的盈利能力。指标越高，说明盈利能力越强。

3. 资本金报酬率

资本金报酬率又称资本金利润率，是企业税后利润同企业资本金总额进行对比所确定的比率。资本金是企业在工商行政管理部门登记的注册资本。如果注册资本和实收资本一致，则资本金总额可用企业财务报表上的投入资本来表示。资本金报酬率的计算公式为：

$$资本金利润率=\frac{税后利润}{资本金总额}\times 100\%$$

资本金利润率反映的是投资者原始投资所取得的盈利情况，此指标越高，说明盈利能力越强。

（三）与股票数量或股票价格有关的盈利能力指标

这类指标是由企业的利润与股票数量或股票价格进行对比所确定的比率，主要有：

1. 普通股每股盈余

普通股每股盈余简称为每股盈余或每股利润，是由企业的税后净利扣除优先股股利后的余额与公司普通股总数进行对比所确定的比率。其计算公式为：

$$每股盈余=\frac{税后净利-优先股股利}{公司普通股总数}$$

这是一个非常重要的财务指标，这一指标的高低，对股票价格会产生重大影响。

2. 普通股每股股利

普通股每股股利简称每股股利，它反映了每股普通股获得现金股利的情况。其计算公式为：

$$每股股利=\frac{支付给普通股的现金股利}{公司普通股股数}$$

3. 市盈率

市盈率又称价格盈余比率，是普通股每股市价与普通股每股盈余进行对比所确定的比率。其计算公式为：

$$市盈率=\frac{普通股每股股价}{普通股每股盈余}$$

假设 ABC 公司的股票每股市价为 63 元，则其市盈率为：

$$市盈率=\frac{63}{4.5}=14$$

公司财务人员和外部投资人对这一比率都很关心。公司财务人员在作出财务决策之前要很好地考虑其财务决策对这一比率的影响。投资人在投资之前，都对不同股票的市盈率进行对比，然后才决定投资于何种股票。

三、企业资产周转情况分析

企业的资产周转情况，直接影响企业的偿债能力和盈利能力，因此，在对企业偿债能力和盈利能力分析后，还必须分析企业的资产周转情况。分析资产周转情况的主要指标有：

（一）应收账款周转率

应收账款周转率是利用赊销收入净额与应收账款平均占用额进行对比所确定的一个指标，有周转次数和周转天数两种表示方法。其有关计算公式为：

$$应收账款周转次数=\frac{赊销收入净额}{应收账款平均占用额}$$

$$应收账款周转天数=\frac{365天}{应收账款周转次数}$$

$$赊销收入净额=销售收入-现销收入-(销售退回+销售折让+销售折扣)$$

$$应收账款平均占用额=\frac{期初应收账款+期末应收账款}{2}$$

一定时期内应收账款的周转次数越多，说明应收账款周转越快，应收账款的利用效果越好。应收账款周转天数又称应收账款占用天数、应收账款账龄、应收账款平均收现期，是反映应收账款周转情况的另一个重要指标，周转天数越少，说明应收账款周转越快，利用效果越好。

假设ABC公司100 000千元的销售收入中有80%是赊销，年初应收账款余额为17 000千元，则：

$$应收账款周转次数=\frac{100\ 000\times 80\%}{(15\ 000+17\ 000)\div 2}=5(次)$$

$$应收账款周转天数=\frac{(15\ 000+17\ 000)\div 2\times 360}{100\ 000\times 80\%}=72(天)$$

(二)存货周转率

存货周转率是由销货成本和存货平均占用额进行对比所确定的指标，有存货周转次数和周转天数两种表示方法。其计算公式为：

$$存货周转天数=\frac{销货成本}{存货平均占用额}$$

$$存货周转次数=\frac{360天}{存货周转天数}$$

$$存货平均占用额=\frac{期初存货数额+期末存货数额}{2}$$

一定时期内存货周转次数越多，说明存货周转越快，存货利用效果越好。而存货周转天数越少，说明存货周转越快，存货利用效果越好。

假设ABC公司年初存货余额为13 000千元，其存货周转情况为：

$$存货周转次数=\frac{60\ 000}{(13\ 000+17\ 000)\div 2}=4(次)$$

$$存货周转天数=\frac{(13\ 000+17\ 000)\div 2\times 360}{60\ 000}=90(天)$$

(三)流动资产周转率

流动资产周转率是根据销售收入和流动资产平均占用额进行对比所确定的一个比率，有周转次数和周转天数两种表示方法，其计算公式为：

$$流动资产周转次数=\frac{销售收入}{流动资产平均占用额}$$

$$流动资产周转天数=\frac{360天}{流动资产周转次数}$$

$$流动资产平均占用额=\frac{期初流动资产余额+期末流动资产余额}{2}$$

一定时期内流动资产周转次数越多，说明流动资产周转得越快，利用效果越好。周转一次所需天数越少，说明流动资产周转越快，利用效果越好。周转一次所需天数越少，则在一定时期内，流动资产周转次数越多。

假设ABC公司期初流动资产余额为42 000千元，则其流动资产周转率为：

$$流动资产周转次数=\frac{100\ 000}{(42\ 000+38\ 000)\div 2}=2.5(次)$$

$$\text{流动资产周转天数}=\frac{(42\ 000+38\ 000)\div 2\times 360}{100\ 000}=14.4(\text{天})$$

(四)固定资产周转率

固定资产周转率是企业的销售收入与固定资产净值总额进行对比所确定的一个比率。其计算公式为:

$$\text{固定资产周转率}=\frac{\text{销售收入}}{\text{固定资产净值总额}}$$

$$\text{ABC 公司的固定资产周转率}=\frac{100\ 000}{10\ 000}=10(\text{次})$$

如果 ABC 公司所属行业的固定资产平均周转率为 6 次,说明 ABC 公司固定资产利用情况很好。这也要结合具体情况进行分析,如果企业生产能力已饱和,要再扩大销售就需对固定资产进行投资,这就要引起财务经理的重视。

(五)总资产周转率

总资产周转率是销售收入与资产总额进行对比所确定的一个比率。其计算公式为:

$$\text{总资产周转率}=\frac{\text{销售收入}}{\text{资产总额(净值)}}$$

$$\text{ABC 公司的总资产周转率}=\frac{100\ 000}{50\ 000}=2(\text{次})$$

这说明 ABC 公司运用其资产获得了相当于资产 2 倍的销售收入。要判断这个指标是否合理,需要同历史水平及行业平均水平进行对比。

四、综合指标分析

(一)财务综合分析的含义及特点

1. 财务综合分析的含义

财务分析的最终目的在于全方位地了解企业经营理财的状况,并藉以对企业经济效益的优劣作出系统的、合理的评价。单独分析任何一项财务指标,都难以全面评价企业的财务状况和经营成果。要想对企业财务状况和经营成果有一个总的评价,就必须进行相互关联的分析,采用适当的标准进行综合性的评价。所谓财务综合分析,就是将营运能力、偿债能力和盈利能力等诸方面的分析纳入一个有机的整体之中,全面地对企业经营状况、财务状况进行解剖和分析,从而对企业经济效益的优劣作出准确的评价与判断。

2. 财务综合分析的特点

财务综合分析的特点,体现在其财务指标体系的要求上。一个健全有效的综合财务指标体系必须具备三个基本素质:

(1)指标要素齐全适当。

这是指所设置的评价指标必须能够涵盖企业营运能力、偿债能力和盈利能力等诸方面总体考核的要求。

(2)主辅指标功能匹配。

这里要强调两个方面:①在确立营运能力、支付能力和盈利能力诸方面评价的主要指标与辅助指标的同时,进一步明晰总体结构中各项指标的主辅地位;②不同范畴的主要考核指标所反映的企业经营状况、财务状况的不同侧面与不同层次的信息有机统一,应当能够全面而详实地揭示出企业经营理财的实绩。

(3)满足多方信息需要。

这要求评价指标体系必须能够提供多层次、多角度的信息资料，既能满足企业内部管理当局实施决策的需要，又能满足外部投资者和政府经济管理机构凭以决策和实施宏观调控的要求。

(二)财务综合分析方法

财务综合分析的方法很多，其中应用比较广泛的有杜邦体系分析法和沃尔比重评分法。

1. 杜邦体系分析法

杜邦体系分析是在考虑各财务比率内在联系的条件下，通过制定多种比率的综合财务分析体系来考察企业财务状况的一种分析方法。杜邦体系分析是由美国杜邦(Dupont)公司率先采用的一种方法，故称杜邦体系分析法。杜邦体系分析与前面讲的公式分析有一定联系，但它比公式分析法能更简明、更直观地说明问题。

杜邦体系分析可以用图12－1加以说明。

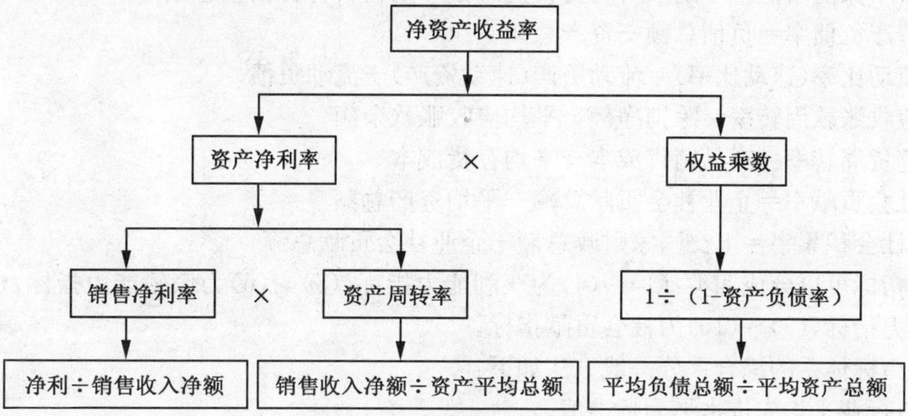

图12－1　杜邦体系分析图

从图12－1中可以看出，杜邦体系分析是把有关财务比率和财务指标以系统分析图的形式连在一起，通过这一指标体系图，可以了解如下一些问题：

(1)所有者权益报酬率，是一个综合性很强，与企业财务管理目标相关性最大的一个指标，它由企业的销售利润率、总资产周转率和权益乘数所决定。可见，所有者权益报酬率是指标体系分析的核心。

(2)企业的税后净利，是由销售收入扣除成本费用总额再扣除所得税而得到的，而成本费用又由一些具体项目构成。通过对这些项目的分析，能了解企业净利增减变动的原因。

(3)企业的总资产是由流动资产和非流动资产构成的，它们各自又有明细项目，通过总资产构成和周转情况的分析，能发现企业资产管理中存在的问题与不足。

(4)企业的总资金由所有者权益和负债两部分构成，通过对总资金结构的分析能了解企业的资金结构是否合理和财务风险的大小，从而及时发现企业筹资中存在的问题，以便采取有效措施加以改进。

2. 沃尔比重评分法

在进行财务分析时，人们遇到的一个主要困难就是计算出财务比率之后，无法判断它是偏高还是偏低。与本企业的历史比较，也只能看出自身的变化，却难以评价其在市场竞争中的优劣地位。为了弥补这些缺陷，亚历山大·沃尔在其于21世纪初出版的《信用晴雨表研究》和《财务报表比率分析》中提出了信用能力指数概念，将流动比率、产权比率、固定资产比率、存货周转率、应收账款周转率、固定资产周转率、自有资金周转率七项财务比率用线性关系结合起来，并分别给定各自的分数比重，然后通过与标准比率进行比较，确定各项指标的得分及总体指标的累计分数，从而对企业的信用水平作出评价。

原始意义上的沃尔分析法存在两个缺陷：一是所选定的七项指标缺乏证明力；二是当某项指标严重异常时，会对总评分产生不合逻辑的重大影响。

现代社会相比沃尔时代已经发生了很大的变化，沃尔最初提出的七项指标已难以完全适应当前企业评价的需要。1995年财政部颁布了一套企业经济效益评价指标体系，主要包括：

(1)销售利润率＝利润总额÷产品销售收入净额

(2)总资产报酬率＝息税前利润总额÷平均资产总额

(3)资本收益率＝净利润÷实收资本

(4)资本保值增值率＝期末所有者权益总额÷期初所有者权益总额

(5)资产负债率＝负债总额÷资产总额

(6)流动比率(速动比率)＝流动资产(速动资产)÷流动负债

(7)应收账款周转率＝赊销净额÷平均应收账款余额

(8)存货周转率＝产品销售成本÷平均存货成本

(9)社会贡献率＝企业社会贡献总额÷平均资产总额

(10)社会积累率＝上交国家财政总额÷企业社会贡献总额

上述指标可以分成四类：(1)～(4)为获利能力指标，(5)～(6)为偿债能力指标，(7)～(8)为营运能力指标，(9)～(10)为社会贡献指标。

该套指标体系的综合评分一般方法如下：

(1)以行业平均先进水平为标准值。

(2)标准值的重要性权数总计为100分，其中销售利润率为15分，总资产报酬率为15分，资本收益率为15分，资本保值增值率为10分，资产负债率为5分，流动比率(速动比率)为5分，应收账款周转率为5分，存货周转率为5分，社会贡献率为10分，社会积累率为15分。

(3)根据企业财务报表，分项计算10项指标的实际值，然后加权平均计算10项指标的综合实际分数。其计算公式如下：

$$\text{综合实际分数}=\Sigma(\text{权数}\times\text{关系比率})$$

其中，关系比率总的来说是实际值与标准值的比率，具体计算方法要区分三种情况：

第一，凡实际值大于标准值为理想的，其计算公式为：

$$\text{关系比率}=1+\frac{\text{实际值}-\text{标准值}}{\text{标准值}}$$

或：

$$\text{关系比率}=\frac{\text{实际值}}{\text{标准值}}$$

第二，凡实际值小于标准值为理想的，其计算公式为：

$$\text{关系比率}=1+\frac{\text{标准值}-\text{实际值}}{\text{实际值}}$$

第三，凡实际值脱离标准值均为不理想的，其计算公式为：

$$\text{关系比率}=1-\frac{|\text{实际值}-\text{标准值}|}{\text{标准值}}$$

综合评分法是评价企业总体财务状况的一种比较可取的方法，但这一方法的正确性取决于指标的选定、标准值的合理程度、标准值重要性权数的确定等。

第四节 业绩评价

一、业绩评价的意义

业绩评价，是指运用数理统计和运筹学的方法，通过建立综合评价指标体系，对照相应的评价标准，定量分析与定性分析相结合，对企业一定经营期间的获利能力、资产质量、债务风险以及经营增长等经营业绩和努力程度的各方面进行的综合评判。

科学地评价企业业绩，可以为出资人行使经营者的选择权提供重要依据；可以有效地加强对企业经营者的监管和约束；可以为有效地激励企业经营者提供可靠依据；还可以为政府有关部门、债权人、企业职工等利益相关方提供有效的信息支持。

二、业绩评价的内容

业绩评价由财务业绩定量评价和管理业绩定性评价两部分组成。

(一)财务业绩定量评价

财务业绩定量评价是指对企业一定期间的获利能力、资产质量、债务风险和经营增长四个方面进行定量对比分析和评判。

(1)企业获利能力分析与评判主要通过资本及资产报酬水平、成本费用控制水平和经营现金流量状况等方面的财务指标，综合反映企业的投入产出水平以及盈利质量和现金保障状况。

(2)企业资产质量分析与评判主要通过资产周转速度、资产运行状态、资产结构以及资产有效性等方面的财务指标，综合反映企业所占用经济资源的利用效率、资产管理水平和资产的安全性。

(3)企业债务风险分析与评判主要通过债务负担水平、资产负债结构、或有负债情况、现金偿债能力等方面的财务指标，综合反映企业的债务水平、偿债能力及其面临的债务风险。

(4)企业经营增长分析与评判主要通过销售增长、资本积累、效益变化以及技术投入等方面的财务指标，综合反映企业的经营增长水平及发展后劲。

(二)管理业绩定性评价

管理业绩定性评价是指在企业财务业绩定量评价的基础上，通过采取专家评议的方式，对企业一定期间的经营管理水平进行定性分析和综合评判。

三、业绩评价指标

业绩评价指标由财务业绩定量评价指标和管理业绩定性评价指标两大体系构成。确定各项具体指标之后，再分别分配以不同的权重，使之成为一个完整的指标体系。

(一)财务业绩定量评价指标

财务业绩定量评价指标由反映企业获利能力状况、资产质量状况、债务风险状况和经营增长状况四方面的基本指标和修正指标构成，用于综合评价企业财务会计报表所反映的经营绩效状况。

财务业绩定量评价指标依据各项指标的功能作用划分为基本指标和修正指标。其中，基本指标反映企业一定期间财务业绩的主要方面，并得出企业财务业绩定量评价的基本结果。修正指标是根据财务指标的差异性和互补性，对基本指标的评价结果作进一步的补充和矫正。

(1)企业获利能力指标。企业获利能力状况以净资产收益率、总资产报酬率两个基本指标和销售(营业)利润率、盈余现金保障倍数、成本费用利润率、资本收益率四个修正指标进行评价，主要反映企业一定经营期间的投入产出水平和盈利质量。

(2)企业资产质量指标。企业资产质量状况以总资产周转率、应收账款周转率两个基本指标和不良资产比率、流动资产周转率、资产现金回收率三个修正指标进行评价，主要反映企业所占用经济资源的利用效率、资产管理水平与资产的安全性。

(3)企业债务风险指标。企业债务风险状况以资产负债率、已获利息倍数两个基本指标和速动比率、现金流动负债比率、带息负债比率、或有负债比率四个修正指标进行评价，主要反映企业的债务负担水平、偿债能力及其面临的债务风险。

(4)企业经营增长指标。企业经营增长状况以销售(营业)增长率、资本保值增值率两个基本指标和销售(营业)利润增长率、总资产增长率、技术投入比率三个修正指标进行评价，主要反映企业的经营增长水平、资本增值状况及发展后劲。

(二)管理业绩定性评价指标

管理业绩定性评价指标包括企业发展战略的确立与执行、经营决策、发展创新、风险控制、基础管理、人力资源、行业影响、社会贡献八个方面的指标，主要反映企业在一定经营期间所采取的各项管理措施及其管理成效。

(1)战略管理评价主要反映企业所制定战略规划的科学性，战略规划是否符合企业实际，员工对战略规划的认知程度，战略规划的保障措施及其执行力，以及战略规划的实施效果等方面的情况。

(2)发展创新评价主要反映企业在经营管理创新、工艺革新、技术改造、新产品开发、品牌培育、市场拓展、专利申请及核心技术研发等方面的措施及成效。

(3)经营决策评价主要反映企业在决策管理、决策程序、决策方法、决策执行、决策监督、责任追究等方面采取的措施及实施效果，重点反映企业是否存在重大经营决策失误。

(4)风险控制评价主要反映企业在财务风险、市场风险、技术风险、管理风险、信用风险和道德风险等方面的管理与控制措施及效果，包括风险控制标准、风险评估程序、风险防范与化解措施等。

(5)基础管理评价主要反映企业在制度建设、内部控制、重大事项管理、信息化建设、标准化管理等方面的情况，包括财务管理、对外投资、采购与销售、存货管理、质量管理、安全管理、法律事务等。

(6)人力资源评价主要反映企业在人才结构、人才培养、人才引进、人才储备、人事调配、员工绩效管理、分配与激励、企业文化建设、员工工作热情等方面的情况。

(7)行业影响评价主要反映企业在主营业务的市场占有率、对国民经济及区域经济的影响与带动力、主要产品的市场认可程度、是否具有核心竞争能力以及产业引导能力等方面的情况。

(8)社会贡献评价主要反映企业在资源节约、环境保护、吸纳就业、工资福利、安全生产、上缴税收、商业诚信、和谐社会建设等方面的贡献程度和社会责任的履行情况。

企业管理绩效定性评价指标应当根据评价工作需要作进一步细化，能够量化的应当采用量化指标进行反映，具体如表 12－4 所示。

表 12－4　　　　　　　　　　**业绩评价指标及其权重表**

<table>
<tr><th colspan="2" rowspan="2">评价内容与权数</th><th colspan="4">财务业绩(70%)</th><th colspan="2">管理业绩(30%)</th></tr>
<tr><th>基本指标</th><th>权数</th><th>修正指标</th><th>权数</th><th>评议指标</th><th>权数</th></tr>
<tr><td>盈利能力状况</td><td>34</td><td>净资产收益率
总资产报酬率</td><td>20
14</td><td>营业利润率
盈余现金保障倍数
成本费用利润率
资本收益率</td><td>10
9
8
7</td><td rowspan="4">战略管理
发展创新
经营决策
风险控制
基础管理
人力资源
行业影响
社会贡献</td><td rowspan="4">18
15
16
13
14
8
8
8</td></tr>
<tr><td>资产质量状况</td><td>22</td><td>总资产周转率
应收账款周转率</td><td>10
12</td><td>不良资产比率
流动资产比率
资产现金回收率</td><td>9
7
6</td></tr>
<tr><td>债务风险状况</td><td>22</td><td>资产负债率
已获利息倍数</td><td>12
10</td><td>速动比率
现金流动负债比率
带息负债比率
或有负债比率</td><td>6
6
5
5</td></tr>
<tr><td>经营增长状况</td><td>22</td><td>营业增长率
资本保值增值率</td><td>12
10</td><td>营业利润增长率
总资产增长率
技术投入比率</td><td>10
7
5</td></tr>
</table>

四、业绩评价标准

业绩评价标准分为财务业绩定量评价标准和管理业绩定性评价标准，通常由政府等权威部门统一测算和发布。

(一)财务业绩评价定量标准

财务业绩评价定量标准包括国内行业标准和国际行业标准。国内行业标准根据国内企业年度财务和经营管理统计数据，运用数理统计方法，分年度、分行业、分规模统一测算。国际行业标准根据居于行业国际领先地位的大型企业相关财务指标实际值，或者根据同类型企业组相关财务数据的先进值，在剔除会计核算差异后统一测算。其中，行业分类按照国家统一颁布的国民经济行业分类标准结合企业实际情况进行划分。

财务业绩定量评价标准按照不同行业、不同规模及指标类别，划分为优秀(A)、良好(B)、平均(C)、较低(D)和较差(E)五个档次。对应这五个档次标准的标准系数分别为 1.0、0.8、0.6、0.4、0.2，具体如表 12－5 所示。

表 12－5　　　　　　　　　　**财务业绩定量评价标准示例**

	优秀(A) 1	良好(B) 0.8	平均(C) 0.6	较低(D) 0.4	较差(E) 0.2
一、获利能力状况					
净资产收益率	16.1	10.7	5.6	－1.1	－8.7
总资产报酬率	10.4	7.2	3.2	－0.1	－4.4
营业利润率	30.4	23.2	14.0	6.9	－1.2
盈余现金保障倍数	10.4	5.0	1.2	0.5	－1.1
成本费用利润率	15.3	10.3	4.0	－0.9	－11.3
资本收益率	21.2	13.2	3	－4.3	－12.8

续表

	优秀(A) 1	良好(B) 0.8	平均(C) 0.6	较低(D) 0.4	较差(E) 0.2
二、资产质量状况					
总资产周转率	1.6	1.2	0.6	0.4	0.2
应收账款周转率	24.1	14.6	6.2	2.8	1.3
不良资产比率	1.1	2.5	4.0	8.8	20.7
流动资产比率	4.0	2.5	1.3	0.6	0.2
资产现金回收率	15.7	11.8	4.5	−2.1	−5.8
三、债务风险状况					
资产负债率	44.6	57.3	66.3	82.2	97.2
已获利息倍数	6.2	4.5	2.2	1.0	−0.6
速动比率	142.7	112.9	71.8	47.9	30.1
现金流动负债比率	26.9	19.4	5.4	−7.1	−12.4
带息负债比率	25.3	37.6	48.9	72.0	85.4
或有负债比率	0.4	1.3	6.1	14.7	23.8
四、经营增长状况					
营业增长率	37.8	26.4	10.6	−11.6	−30.7
资本保值增值率	113.2	108.8	104.1	100.3	95.8
营业利润增长率	31.7	21.7	6.3	−14.1	−37.0
总资产增长率	20.4	14.9	7.1	0.5	−9.5
技术投入比率	0.9	0.7	0.5	0.3	0.1

(二)管理业绩定性评价指标

管理业绩定性评价标准根据评价内容，结合企业经营管理的实际水平和出资人监管要求等统一测算，并划分为优、良、中、低和差五个档次。

管理绩效定性评价标准具有行业普遍性和一般性，在进行评价时，应当根据不同行业的经营特点，灵活把握个别指标的标准尺度。对于定性评价标准没有列示，但对被评价企业经营绩效产生重要影响的因素，在评价时也应予以考虑。

五、业绩评价方法

业绩评价分为三个大的步骤，首先进行财务业绩定量评价，然后在财务定量评价结果的基础上，进行管理业绩定性评价，最后将财务业绩定量评价和管理业绩定性评价的结果结合在一起，计算综合业绩评价分值，形成综合评价结果。

(一)财务业绩定量评价方法

财务业绩定量评价方法是运用功效系数法的原理，以企业评价指标实际值对照企业所处行业(规模)标准值，按照既定的计分模型进行定量测算。其基本步骤如下：

(1)提取相关数据，加以调整，计算各项指标实际值。财务业绩定量评价的基本数据资料主要为企业评价年度财务会计报表。为了客观、公正地评价企业业绩，保证评价基础数据的真实、完整、合理，在实施评价前通常应当对基础数据进行核实，视实际情况按照重要性和可比性原则进行适当调整。在此基础上,运用前文列出的各项指标的计算公式,确定各项指标实际值。

(2)确定各项指标标准值。各项指标的标准值是有关权威部门运用数理统计方法,分年度、分行业、分规模统一测算和发布的。企业一般可以根据自己的主营业务领域对照国家规定的行业基本分类,选择适用于自己的行业标准值。

(3)按照既定模型对各项指标评价计分。前已提及,财务业绩评价指标包括基本指标和修正指标,两种指标的计分模型是不同的。

①财务绩效定量评价基本指标计分是按照功效系数法计分原理,将评价指标实际值对照行业评价标准值,按照既定的计分公式计算各项基本指标得分。其计算公式为:

$$\text{基本指标总得分}=\Sigma\text{单项基本指标得分}$$

$$\text{单项基本指标得分}=\text{本档基础分}+\text{调整分}$$

$$\text{本档基础分}=\text{指标权数}\times\text{本档标准系数}$$

$$\text{调整分}=\text{功效系数}\times(\text{上档基础分}-\text{本档基础分})$$

$$\text{上档基础分}=\text{指标权数}\times\text{上档标准系数}$$

$$\text{功效系数}=\frac{\text{实际值}-\text{本档标准值}}{\text{上档标准值}-\text{本档标准值}}$$

本档标准值是指上、下两档标准值居于较低等级一档。

②财务绩效定量评价修正指标的计分是在基本指标计分结果的基础上,运用功效系数法原理,分别计算获利能力、资产质量、债务风险和经营增长四个部分的综合修正系数,再据此计算出修正后的分数。其计算公式为:

$$\text{修正后总得分}=\Sigma\text{各部分修正后得分}$$

$$\text{各部分修正后得分}=\text{各部分基本指标分数}\times\text{该部分综合修正系数}$$

$$\text{某部分综合修正系数}=\Sigma\text{该部分各修正指标加权修正系数}$$

$$\text{某指标加权修正系数}=\frac{\text{修正指标权数}}{\text{该部分权数}}\times\text{该指标单项修正系数}$$

$$\text{某指标单项修正系数}=1.0+(\text{本档标准系数}+\text{功效系数}\times 0.2-\text{该部分基本指标分析系数})$$

单项修正系数控制修正幅度为0.7～1.3。

$$\text{某部分基本指标分析系数}=\frac{\text{该部分基本指标得分}}{\text{该部分权数}}$$

需要说明的是,在计算修正指标单项修正系数过程中,对于一些特殊情况需进行调整:

a. 如果修正指标实际值达到优秀值以上,其单项修正系数的计算公式如下:

$$\text{单项修正系数}=1.2+\text{本档标准系数}-\text{该部分基本指标分析系数}$$

b. 如果修正指标实际值处于较差值以下,其单项修正系数的计算公式如下:

$$\text{单项修正系数}=1.0-\text{该部分基本指标分析系数}$$

c. 如果资产负债率≥100%,指标得0分;其他情况按照规定的公式计分。

d. 如果盈余现金保障倍数分子为正数,分母为负数,单项修正系数确定为1.1;如果分子为负数,分母为正数,单项修正系数确定为0.9;如果分子、分母同为负数,单项修正系数确定为0.8。

e. 如果不良资产比率≥100%或分母为负数,单项修正系数确定为0.8。

f. 对于营业利润增长率指标,如果上年主营业务利润为负数,本年为正数,则单项修正系数确定为1.1;如果上年主营业务利润为零、本年为正数,或者上年为负数、本年为零,则单项修正系数确定为1.0。

g. 如果个别指标难以确定行业标准，该指标单项修正系数确定为 1.0。

(4)计算财务业绩评价分值，形成评价结果。在计算出财务业绩定量评价分值的基础上，需要对定量评价进行深入分析，诊断企业经营管理存在的薄弱环节，形成评价结果。

(二)管理业绩定性评价方法

管理业绩定性评价是运用综合分析判断法的原理，根据评价期间企业管理业绩状况等相关因素的实际情况，对照管理业绩定性评价参考标准，对企业管理业绩指标进行分析评议，确定评价分值。其基本步骤如下：

(1)收集整理相关资料。为了深入了解企业的管理业绩状况，可以通过问卷调查、访谈等方式，充分收集并认真整理管理业绩评价的有关资料。财务业绩定量评价结果也是进行管理业绩定性评价的重要资料之一。

(2)参照管理业绩定性评价标准，分析企业管理业绩状况。

(3)对各项指标评价计分。管理业绩定性评价指标的计分一般通过专家评议打分完成(聘请的专家通常应不少于 7 名)；评议专家应当在充分了解企业管理绩效状况的基础上，对照评价参考标准，采取综合分析判断法，对企业管理绩效指标做出分析评议，评判各项指标所处的水平档次，并直接给出评价分数。其计算公式如下：

$$\text{管理业绩定性评价指标分数}=\sum \text{单项指标分数}$$

$$\text{单项指标分数}=\frac{\sum \text{每位专家给定的单项指标分数}}{\text{专家人数}}$$

(4)计算管理业绩评价分值，形成评价结果。管理绩效定性评价工作的最后是汇总管理绩效定性评价指标得分，形成定性评价结论。

(三)计算综合业绩评价分值，形成综合评价结果

根据财务业绩定量评价结果和管理业绩定性评价结果，按照既定的权重和计分方法，计算出业绩评价总分，并考虑相关因素进行调整后，得出企业综合业绩评价分值。其计算公式如下：

$$\text{综合业绩评价分值}=\text{财务业绩定量评价分数}\times 70\%+\text{管理业绩定性评价分数}\times 30\%$$

综合评价结果是根据企业综合业绩评价分值及分析得出的评价结论，可以评价得分、评价类型和评价级别表示。评价类型是根据评价分数对业绩评价所划分的水平档次，分为优(A)、良(B)、中(C)、低(D)、差(E)五个等级。评价级别是对每种类型再划分级次，以体现同一评价类型的差异，采用字母和在字母右上方标注“＋＋”“＋”“－”的方式表示。具体如表 12－6 所示。

表 12－6　综合评价结果

综合业绩评价分值		评价类型	评价级别
≥85 分	≥95 分	优(A)	A^{++}
	≥90 分、<95 分		A^{+}
	≥85 分、<90 分		A
≥70 分、<85 分	≥80 分、<85 分	良(B)	B^{+}
	≥75 分、<80 分		B
	≥70 分、<75 分		B^{-}
≥50 分、<70 分	≥60 分、<70 分	中(C)	C
	≥50 分、<60 分		C^{-}
≥40 分、<50 分		低(D)	D
<40 分		差(E)	E

六、综合评价报告

综合评价报告是根据业绩评价结果编制、反映被评价企业业绩状况的文件，由报告正文和附件构成。

综合评价报告正文应当包括评价目的、评价依据与评价方法、评价过程、评价结果以及评论结论、需要说明的重大事项等内容。

综合评价报告附件应当包括企业经营业绩分析报告、评价结果计分表、问卷调查结果分析、专家咨询报告、评价基础数据及调整情况等内容。

同步测试题

一、单项选择题

1. 反映企业短期偿债能力的指标是（　　）。

A. 流动比率　　B. 资产负债率　　C. 市盈率　　D. 投资报酬率

2. 业绩评价标准通常由（　　）权威部门统一测算和发布。

A. 政府　　B. 企业　　C. 会计师事务所　　D. 国际组织

3. 既是企业盈利能力指标的核心，又是整个财务指标体系核心的指标是（　　）。

A. 资本保值增值率　　B. 总资产报酬率　　C. 销售利润率　　D. 净资产收益率

4. 评价企业短期偿债能力强弱最可信的指标是（　　）。

A. 已获利息倍数　　B. 速动比率　　C. 流动比率　　D. 现金流动负债比率

5. 与产权比率相比较，资产负债率评价企业偿债能力的侧重点是（　　）。

A. 揭示财务结构的稳健程度　　B. 揭示债务偿付安全性的物质保障程度

C. 揭示主权资本对偿债风险的承受能力　　D. 揭示负债与资本的对应关系

二、多项选择题

1. 产权比率与资产负债率相比较，（　　）。

A. 两个比率对评价偿债能力的作用基本相同

B. 资产负债率侧重于分析债务偿付安全性的物质保险程度

C. 产权比率侧重于揭示财务结构的稳健程度

D. 产权比率侧重于揭示自有资金对偿债风险的承受能力

2. 影响总资产报酬率的因素有（　　）。

A. 净利润　　B. 所得税　　C. 利息　　D. 资产平均总额

3. 影响存货周转率的因素有（　　）。

A. 销售收入　　B. 销售成本　　C. 存货计价方法　　D. 进货批量

4. 已获利息倍数指标所反映的企业财务层面包括（　　）。

A. 获利能力　　B. 长期偿债能力　　C. 短期偿债能力　　D. 举债能力

5. 下列关于财务分析有关指标的说法中，正确的有（　　）。

A. 因为速动比率比流动比率更能反映出流动负债偿还的安全性和稳定性，所以速动比率很低的企业不可能到期偿还其流动负债

B. 产权比率揭示了企业负债与资本的对应关系

C. 与资产负债率相比，产权比率侧重于揭示财务结构的稳健程度以及权益资本对偿债风险的承受能力

D. 较之流动比率或速动比率，以现金流动负债比率来衡量企业短期债务的偿还能力更为保险

6. 下列指标中，能反映企业偿付到期长期债务能力方面的财务比率有（　　）。

A. 销售净利率　　B. 长期资产适合率

C. 已获利息倍数　　D. 产权比率和资产负债率

7. 反映企业盈利能力状况的财务指标有(　　)。

A. 主营业务利润率　B. 总资产报酬率　C. 净资产收益率　D. 资本保值增值率

三、判断题

1. 如果固定资产净值增加幅度低于销售收入净额增长幅度，则会引起固定资产周转速度加快，表明企业的营运能力有所提高。(　　)

2. 流动比率与速动比率之差等于现金流动负债比率。(　　)

3. 如果已获利息倍数低于1，则企业一定无法支付到期利息。(　　)

4. 在总资产利润率不变的情况下，资产负债率越高，净资产收益率越低。(　　)

5. 尽管流动比率可以反映企业的短期偿债能力，但有的企业流动比率较高，却没有能力支付到期的应付账款。(　　)

四、计算分析题

1. (1)根据下列已知资料，完成某公司的利润表、资产负债表。

公司利润表

2015 年　　单位:元

项　目	金　额
销售收入	
销售成本	
销售毛利	
营业费用	
利息费用	6 800
利润总额	
所得税(25%)	
净利润	

已知：销售毛利率为25%，营业费用/销售收入为10%，销售净利率为7.5%。

公司资产负债表

2015 年 12 月 31 日　　单位:元

资　产	金　额	负债及所有者权益	金　额
流动资产:		流动负债	
现金	10 000	长期负债	
应收账款		负债合计	
存货			
流动资产合计			
固定资产净值		所有者权益	60 000
资产总计		负债及所有者权益总计	

已知：期初存货为20 000元；流动比率为2；速动比率为1；存货周转天数为 90 天；权益乘数为 2.5。

(2)计算总资产报酬率、净资产收益率。(按期末数计算)

2. 某公司有关资料如下表所示：

单位:万元

项　目	期初数	期末数	期末数或平均数
存货	150	250	
流动负债	200	300	
速动比率	0.6		
流动比率		1.6	
总资产周转次数			1.2
总资产			2 000

若该公司流动资产等于速动资产加存货。

要求：

(1)计算流动资产的期初数、期末数。

(2)计算本期速动比率。

(3)计算本期流动资产周转次数。

附　录

附录 1　　**复利终值系数表**

期数	1%	2%	3%	4%	5%	6%	7%	8%	9%	10%	11%	12%	13%	14%	15%	16%
1	1.0100	1.0200	1.0300	1.0400	1.0500	1.0600	1.0700	1.0800	1.0900	1.1000	1.1100	1.1200	1.1300	1.1400	1.1500	1.1600
2	1.0201	1.0404	1.0609	1.0816	1.1025	1.1236	1.1449	1.1664	1.1881	1.2100	1.2321	1.2544	1.2769	1.2996	1.3225	1.3456
3	1.0303	1.0612	1.0927	1.1249	1.1576	1.1910	1.2250	1.2597	1.2950	1.3310	1.3676	1.4049	1.4429	1.4815	1.5209	1.5609
4	1.0406	1.0824	1.1255	1.1699	1.2155	1.2625	1.3108	1.3605	1.4116	1.4641	1.5181	1.5735	1.6305	1.6890	1.7490	1.8106
5	1.0510	1.1041	1.1593	1.2167	1.2763	1.3382	1.4026	1.4693	1.5386	1.6105	1.6851	1.7623	1.8424	1.9254	2.0114	2.1003
6	1.0615	1.1262	1.1941	1.2653	1.3401	1.4185	1.5007	1.5869	1.6771	1.7716	1.8704	1.9738	2.0820	2.1950	2.3131	2.4364
7	1.0721	1.1487	1.2299	1.3159	1.4071	1.5036	1.6058	1.7138	1.8280	1.9487	2.0762	2.2107	2.3526	2.5023	2.6600	2.8262
8	1.0829	1.1717	1.2668	1.3686	1.4775	1.5938	1.7182	1.8509	1.9926	2.1436	2.3045	2.4760	2.6584	2.8526	3.0590	3.2784
9	1.0937	1.1951	1.3048	1.4233	1.5513	1.6895	1.8385	1.9990	2.1719	2.3579	2.5580	2.7731	3.0040	3.2519	3.5179	3.8030
10	1.1046	1.2190	1.3439	1.4802	1.6289	1.7908	1.9672	2.1589	2.3674	2.5937	2.8394	3.1058	3.3946	3.7072	4.0456	4.4114
11	1.1157	1.2434	1.3842	1.5395	1.7103	1.8983	2.1049	2.3316	2.5804	2.8531	3.1518	3.4786	3.8359	4.2262	4.6524	5.1173
12	1.1268	1.2682	1.4258	1.6010	1.7959	2.0122	2.2522	2.5182	2.8127	3.1384	3.4985	3.8960	4.3345	4.8179	5.3503	5.9360
13	1.1381	1.2936	1.4685	1.6651	1.8856	2.1329	2.4098	2.7196	3.0658	3.4523	3.8833	4.3635	4.8980	5.4924	6.1528	6.8858
14	1.1495	1.3195	1.5126	1.7317	1.9799	2.2609	2.5785	2.9372	3.3417	3.7975	4.3104	4.8871	5.5348	6.2613	7.0757	7.9875
15	1.1610	1.3459	1.5580	1.8009	2.0789	2.3966	2.7590	3.1722	3.6425	4.1772	4.7846	5.4736	6.2543	7.1379	8.1371	9.2655
16	1.1726	1.3728	1.6047	1.8730	2.1829	2.5404	2.9522	3.4259	3.9703	4.5950	5.3109	6.1304	7.0673	8.1372	9.3576	10.7480
17	1.1843	1.4002	1.6528	1.9479	2.2920	2.6928	3.1588	3.7000	4.3276	5.0545	5.8951	6.8660	7.9861	9.2765	10.7613	12.4677
18	1.1961	1.4282	1.7024	2.0258	2.4066	2.8543	3.3799	3.9960	4.7171	5.5599	6.5436	7.6900	9.0243	10.5752	12.3755	14.4625
19	1.2081	1.4568	1.7535	2.1068	2.5270	3.0256	3.6165	4.3157	5.1417	6.1159	7.2633	8.6128	10.1974	12.0557	14.2318	16.7765
20	1.2202	1.4859	1.8061	2.1911	2.6533	3.2071	3.8697	4.6610	5.6044	6.7275	8.0623	9.6463	11.5231	13.7435	16.3665	19.4608
21	1.2324	1.5157	1.8603	2.2788	2.7860	3.3996	4.1406	5.0338	6.1088	7.4002	8.9492	10.8038	13.0211	15.6676	18.8215	22.5745
22	1.2447	1.5460	1.9161	2.3699	2.9253	3.6035	4.4304	5.4365	6.6586	8.1403	9.9336	12.1003	14.7138	17.8610	21.6447	26.1864
23	1.2572	1.5769	1.9736	2.4647	3.0715	3.8197	4.7405	5.8715	7.2579	8.9543	11.0263	13.5523	16.6266	20.3616	24.8915	30.3762
24	1.2697	1.6084	2.0328	2.5633	3.2251	4.0489	5.0724	6.3412	7.9111	9.8497	12.2392	15.1786	18.7881	23.2122	28.6252	35.2364
25	1.2824	1.6406	2.0938	2.6658	3.3864	4.2919	5.4274	6.8485	8.6231	10.8347	13.5855	17.0001	21.2305	26.4619	32.9190	40.8742
26	1.2953	1.6734	2.1566	2.7725	3.5557	4.5494	5.8074	7.3964	9.3992	11.9182	15.0799	19.0401	23.9905	30.1666	37.8568	47.4141
27	1.3082	1.7069	2.2213	2.8834	3.7335	4.8223	6.2139	7.9881	10.2451	13.1100	16.7387	21.3249	27.1093	34.3899	43.5353	55.0004
28	1.3213	1.7410	2.2879	2.9987	3.9201	5.1117	6.6488	8.6271	11.1671	14.4210	18.5799	23.8839	30.6335	39.2045	50.0656	63.8004
29	1.3345	1.7758	2.3566	3.1187	4.1161	5.4184	7.1143	9.3173	12.1722	15.8631	20.6237	26.7499	34.6158	44.6931	57.5755	74.0085
30	1.3478	1.8114	2.4273	3.2434	4.3219	5.7435	7.6123	10.0627	13.2677	17.4494	22.8923	29.9599	39.1159	50.9502	66.2118	85.8499

续表

期数	17%	18%	19%	20%	21%	22%	23%	24%	25%	26%	27%	28%	29%	30%
1	1.1700	1.1800	1.1900	1.2000	1.2100	1.2200	1.2300	1.2400	1.2500	1.2600	1.2700	1.2800	1.2900	1.3000
2	1.3689	1.3924	1.4161	1.4400	1.4641	1.4884	1.5129	1.5376	1.5625	1.5876	1.6129	1.6384	1.6641	1.6900
3	1.6016	1.6430	1.6852	1.7280	1.7716	1.8158	1.8609	1.9066	1.9531	2.0004	2.0484	2.0972	2.1467	2.1970
4	1.8739	1.9388	2.0053	2.0736	2.1436	2.2153	2.2889	2.3642	2.4414	2.5205	2.6014	2.6844	2.7692	2.8561
5	2.1924	2.2878	2.3864	2.4883	2.5937	2.7027	2.8153	2.9316	3.0518	3.1758	3.3038	3.4360	3.5723	3.7129
6	2.5652	2.6996	2.8398	2.9860	3.1384	3.2973	3.4628	3.6352	3.8147	4.0015	4.1959	4.3980	4.6083	4.8268
7	3.0012	3.1855	3.3793	3.5832	3.7975	4.0227	4.2593	4.5077	4.7684	5.0419	5.3288	5.6295	5.9447	6.2749
8	3.5115	3.7589	4.0214	4.2998	4.5950	4.9077	5.2389	5.5895	5.9605	6.3528	6.7675	7.2058	7.6686	8.1573
9	4.1084	4.4355	4.7854	5.1598	5.5599	5.9874	6.4439	6.9310	7.4506	8.0045	8.5948	9.2234	9.8925	10.6045
10	4.8068	5.2338	5.6947	6.1917	6.7275	7.3046	7.9259	8.5944	9.3132	10.0857	10.9153	11.8059	12.7614	13.7858
11	5.6240	6.1759	6.7767	7.4301	8.1403	8.9117	9.7489	10.6571	11.6415	12.7080	13.8625	15.1116	16.4622	17.9216
12	6.5801	7.2876	8.0642	8.9161	9.8497	10.8722	11.9912	13.2148	14.5519	16.0120	17.6053	19.3428	21.2362	23.2981
13	7.6987	8.5994	9.5964	10.6993	11.9182	13.2641	14.7491	16.3863	18.1899	20.1752	22.3588	24.7588	27.3947	30.2875
14	9.0075	10.1472	11.4198	12.8392	14.4210	16.1822	18.1414	20.3191	22.7374	25.4207	28.3957	31.6913	35.3391	39.3738
15	10.5387	11.9737	13.5895	15.4070	17.4494	19.7423	22.3140	25.1956	28.4217	32.0301	36.0625	40.5648	45.5875	51.1859
16	12.3303	14.1290	16.1715	18.4884	21.1138	24.0856	27.4462	31.2426	35.5271	40.3579	45.7994	51.9230	58.8079	66.5417
17	14.4265	16.6722	19.2441	22.1861	25.5477	29.3844	33.7588	38.7408	44.4089	50.8510	58.1652	66.4614	75.8621	86.5042
18	16.8790	19.6733	22.9005	26.6233	30.9127	35.8490	41.5233	48.0386	55.5112	64.0722	73.8698	85.0706	97.8622	112.4554
19	19.7484	23.2144	27.2516	31.9480	37.4043	43.7358	51.0737	59.5679	69.3889	80.7310	93.8147	108.8904	126.2422	146.1920
20	23.1056	27.3930	32.4294	38.3376	45.2593	53.3576	62.8206	73.8641	86.7362	101.7211	119.1446	139.3797	162.8524	190.0496
21	27.0336	32.3238	38.5910	46.0051	54.7637	65.0963	77.2694	91.5915	108.4202	128.1685	151.3137	178.4060	210.0796	247.0645
22	31.6293	38.1421	45.9233	55.2061	66.2641	79.4175	95.0413	113.5735	135.5253	161.4924	192.1683	228.3596	271.0027	321.1839
23	37.0062	45.0076	54.6487	66.2474	80.1795	96.8894	116.9008	140.8312	169.4066	203.4804	244.0538	292.3003	349.5935	417.5391
24	43.2973	53.1090	65.0320	79.4968	97.0172	118.2050	143.7880	174.6306	211.7582	256.3853	309.9483	374.1444	450.9756	542.8008
25	50.6578	62.6686	77.3881	95.3962	117.3909	144.2101	176.8593	216.5420	264.6978	323.0454	393.6344	478.9049	581.7585	705.6410
26	59.2697	73.9490	92.0918	114.4755	142.0429	175.9364	217.5369	268.5121	330.8722	407.0373	499.9157	612.9982	750.4685	917.3333
27	69.3455	87.2598	109.5893	137.3706	171.8719	214.6424	267.5704	332.9550	413.5903	512.8670	634.8929	784.6377	968.1044	1192.5333
28	81.1342	102.9666	130.4112	164.8447	207.9651	261.8637	329.1115	412.8642	516.9879	646.2124	806.3140	1004.3363	1248.8546	1550.2933
29	94.9271	121.5005	155.1893	197.8136	251.6377	319.4737	404.8072	511.9516	646.2349	814.2276	1024.0187	1285.5504	1611.0225	2015.3813
30	111.0647	143.3706	184.6753	237.3763	304.4816	389.7579	497.9129	634.8199	807.7936					

附录 2

复利现值系数表

期数	1%	2%	3%	4%	5%	6%	7%	8%	9%	10%	11%	12%	13%	14%	15%
1	0.9901	0.9804	0.9709	0.9615	0.9524	0.9434	0.9346	0.9259	0.9174	0.9091	0.9009	0.8929	0.8850	0.8772	0.8696
2	0.9803	0.9612	0.9426	0.9246	0.9070	0.8900	0.8734	0.8573	0.8417	0.8264	0.8116	0.7972	0.7831	0.7695	0.7561
3	0.9706	0.9423	0.9151	0.8890	0.8638	0.8396	0.8163	0.7938	0.7722	0.7513	0.7312	0.7118	0.6931	0.6750	0.6575
4	0.9610	0.9238	0.8885	0.8548	0.8227	0.7921	0.7629	0.7350	0.7084	0.6830	0.6587	0.6355	0.6133	0.5921	0.5718
5	0.9515	0.9057	0.8626	0.8219	0.7835	0.7473	0.7130	0.6806	0.6499	0.6209	0.5935	0.5674	0.5428	0.5194	0.4972
6	0.9420	0.8880	0.8375	0.7903	0.7462	0.7050	0.6663	0.6302	0.5963	0.5645	0.5346	0.5066	0.4803	0.4556	0.4323
7	0.9327	0.8706	0.8131	0.7599	0.7107	0.6651	0.6227	0.5835	0.5470	0.5132	0.4817	0.4523	0.4251	0.3996	0.3759
8	0.9235	0.8535	0.7894	0.7307	0.6768	0.6274	0.5820	0.5403	0.5019	0.4665	0.4339	0.4039	0.3762	0.3506	0.3269
9	0.9143	0.8368	0.7664	0.7026	0.6446	0.5919	0.5439	0.5002	0.4604	0.4241	0.3909	0.3606	0.3329	0.3075	0.2843
10	0.9053	0.8203	0.7441	0.6756	0.6139	0.5584	0.5083	0.4632	0.4224	0.3855	0.3522	0.3220	0.2946	0.2697	0.2472
11	0.8963	0.8043	0.7224	0.6496	0.5847	0.5268	0.4751	0.4289	0.3875	0.3505	0.3173	0.2875	0.2607	0.2366	0.2149
12	0.8874	0.7885	0.7014	0.6246	0.5568	0.4970	0.4440	0.3971	0.3555	0.3186	0.2858	0.2567	0.2307	0.2076	0.1869
13	0.8787	0.7730	0.6810	0.6006	0.5303	0.4688	0.4150	0.3677	0.3262	0.2897	0.2575	0.2292	0.2042	0.1821	0.1625
14	0.8700	0.7579	0.6611	0.5775	0.5051	0.4423	0.3878	0.3405	0.2992	0.2633	0.2320	0.2046	0.1807	0.1597	0.1413
15	0.8613	0.7430	0.6419	0.5553	0.4810	0.4173	0.3624	0.3152	0.2745	0.2394	0.2090	0.1827	0.1599	0.1401	0.1229
16	0.8528	0.7284	0.6232	0.5339	0.4581	0.3936	0.3387	0.2919	0.2519	0.2176	0.1883	0.1631	0.1415	0.1229	0.1069
17	0.8444	0.7142	0.6050	0.5134	0.4363	0.3714	0.3166	0.2703	0.2311	0.1978	0.1696	0.1456	0.1252	0.1078	0.0929
18	0.8360	0.7002	0.5874	0.4936	0.4155	0.3503	0.2959	0.2502	0.2120	0.1799	0.1528	0.1300	0.1108	0.0946	0.0808
19	0.8277	0.6864	0.5703	0.4746	0.3957	0.3305	0.2765	0.2317	0.1945	0.1635	0.1377	0.1161	0.0981	0.0829	0.0703
20	0.8195	0.6730	0.5537	0.4564	0.3769	0.3118	0.2584	0.2145	0.1784	0.1486	0.1240	0.1037	0.0868	0.0728	0.0611
21	0.8114	0.6598	0.5375	0.4388	0.3589	0.2942	0.2415	0.1987	0.1637	0.1351	0.1117	0.0926	0.0768	0.0638	0.0531
22	0.8034	0.6468	0.5219	0.4220	0.3418	0.2775	0.2257	0.1839	0.1502	0.1228	0.1007	0.0826	0.0680	0.0560	0.0462
23	0.7954	0.6342	0.5067	0.4057	0.3256	0.2618	0.2109	0.1703	0.1378	0.1117	0.0907	0.0738	0.0601	0.0491	0.0402
24	0.7876	0.6217	0.4919	0.3901	0.3101	0.2470	0.1971	0.1577	0.1264	0.1015	0.0817	0.0659	0.0532	0.0431	0.0349
25	0.7798	0.6095	0.4776	0.3751	0.2953	0.2330	0.1842	0.1460	0.1160	0.0923	0.0736	0.0588	0.0471	0.0378	0.0304
26	0.7720	0.5976	0.4637	0.3607	0.2812	0.2198	0.1722	0.1352	0.1064	0.0839	0.0663	0.0525	0.0417	0.0331	0.0264
27	0.7644	0.5859	0.4502	0.3468	0.2678	0.2074	0.1609	0.1252	0.0976	0.0763	0.0597	0.0469	0.0369	0.0291	0.0230
28	0.7568	0.5744	0.4371	0.3335	0.2551	0.1956	0.1504	0.1159	0.0895	0.0693	0.0538	0.0419	0.0326	0.0255	0.0200
29	0.7493	0.5631	0.4243	0.3207	0.2429	0.1846	0.1406	0.1073	0.0822	0.0630	0.0485	0.0374	0.0289	0.0224	0.0174
30	0.7419	0.5521	0.4120	0.3083	0.2314	0.1741	0.1314	0.0994	0.0754	0.0573	0.0437	0.0334	0.0256	0.0196	0.0151

续表

期数	16%	17%	18%	19%	20%	21%	22%	23%	24%	25%	26%	27%	28%	29%	30%
1	0.8621	0.8547	0.8475	0.8403	0.8333	0.8264	0.8197	0.8130	0.8065	0.8000	0.7937	0.7874	0.7813	0.7752	0.7692
2	0.7432	0.7305	0.7182	0.7062	0.6944	0.6830	0.6719	0.6610	0.6504	0.6400	0.6299	0.6200	0.6104	0.6009	0.5917
3	0.6407	0.6244	0.6086	0.5934	0.5787	0.5645	0.5507	0.5374	0.5245	0.5120	0.4999	0.4882	0.4768	0.4658	0.4552
4	0.5523	0.5337	0.5158	0.4987	0.4823	0.4665	0.4514	0.4369	0.4230	0.4096	0.3968	0.3844	0.3725	0.3611	0.3501
5	0.4761	0.4561	0.4371	0.4190	0.4019	0.3855	0.3700	0.3552	0.3411	0.3277	0.3149	0.3027	0.2910	0.2799	0.2693
6	0.4104	0.3898	0.3704	0.3521	0.3349	0.3186	0.3033	0.2888	0.2751	0.2621	0.2499	0.2383	0.2274	0.2170	0.2072
7	0.3538	0.3332	0.3139	0.2959	0.2791	0.2633	0.2486	0.2348	0.2218	0.2097	0.1983	0.1877	0.1776	0.1682	0.1594
8	0.3050	0.2848	0.2660	0.2487	0.2326	0.2176	0.2038	0.1909	0.1789	0.1678	0.1574	0.1478	0.1388	0.1304	0.1226
9	0.2630	0.2434	0.2255	0.2090	0.1938	0.1799	0.1670	0.1552	0.1443	0.1342	0.1249	0.1164	0.1084	0.1011	0.0943
10	0.2267	0.2080	0.1911	0.1756	0.1615	0.1486	0.1369	0.1262	0.1164	0.1074	0.0992	0.0916	0.0847	0.0784	0.0725
11	0.1954	0.1778	0.1619	0.1476	0.1346	0.1228	0.1122	0.1026	0.0938	0.0859	0.0787	0.0721	0.0662	0.0607	0.0558
12	0.1685	0.1520	0.1372	0.1240	0.1122	0.1015	0.0920	0.0834	0.0757	0.0687	0.0625	0.0568	0.0517	0.0471	0.0429
13	0.1452	0.1299	0.1163	0.1042	0.0935	0.0839	0.0754	0.0678	0.0610	0.0550	0.0496	0.0447	0.0404	0.0365	0.0330
14	0.1252	0.1110	0.0985	0.0876	0.0779	0.0693	0.0618	0.0551	0.0492	0.0440	0.0393	0.0352	0.0316	0.0283	0.0254
15	0.1079	0.0949	0.0835	0.0736	0.0649	0.0573	0.0507	0.0448	0.0397	0.0352	0.0312	0.0277	0.0247	0.0219	0.0195
16	0.0930	0.0811	0.0708	0.0618	0.0541	0.0474	0.0415	0.0364	0.0320	0.0281	0.0248	0.0218	0.0193	0.0170	0.0150
17	0.0802	0.0693	0.0600	0.0520	0.0451	0.0391	0.0340	0.0296	0.0258	0.0225	0.0197	0.0172	0.0150	0.0132	0.0116
18	0.0691	0.0592	0.0508	0.0437	0.0376	0.0323	0.0279	0.0241	0.0208	0.0180	0.0156	0.0135	0.0118	0.0102	0.0089
19	0.0596	0.0506	0.0431	0.0367	0.0313	0.0267	0.0229	0.0196	0.0168	0.0144	0.0124	0.0107	0.0092	0.0079	0.0068
20	0.0514	0.0433	0.0365	0.0308	0.0261	0.0221	0.0187	0.0159	0.0135	0.0115	0.0098	0.0084	0.0072	0.0061	0.0053
21	0.0443	0.0370	0.0309	0.0259	0.0217	0.0183	0.0154	0.0129	0.0109	0.0092	0.0078	0.0066	0.0056	0.0048	0.0040
22	0.0382	0.0316	0.0262	0.0218	0.0181	0.0151	0.0126	0.0105	0.0088	0.0074	0.0062	0.0052	0.0044	0.0037	0.0031
23	0.0329	0.0270	0.0222	0.0183	0.0151	0.0125	0.0103	0.0086	0.0071	0.0059	0.0049	0.0041	0.0034	0.0029	0.0024
24	0.0284	0.0231	0.0188	0.0154	0.0126	0.0103	0.0085	0.0070	0.0057	0.0047	0.0039	0.0032	0.0027	0.0022	0.0018
25	0.0245	0.0197	0.0160	0.0129	0.0105	0.0085	0.0069	0.0057	0.0046	0.0038	0.0031	0.0025	0.0021	0.0017	0.0014
26	0.0211	0.0169	0.0135	0.0109	0.0087	0.0070	0.0057	0.0046	0.0037	0.0030	0.0025	0.0020	0.0016	0.0013	0.0011
27	0.0182	0.0144	0.0115	0.0091	0.0073	0.0058	0.0047	0.0037	0.0030	0.0024	0.0019	0.0016	0.0013	0.0010	0.0008
28	0.0157	0.0123	0.0097	0.0077	0.0061	0.0048	0.0038	0.0030	0.0024	0.0019	0.0015	0.0012	0.0010	0.0008	0.0006
29	0.0135	0.0105	0.0082	0.0064	0.0051	0.0040	0.0031	0.0025	0.0020	0.0015	0.0012	0.0010	0.0008	0.0006	0.0005
30	0.0116	0.0090	0.0070	0.0054	0.0042	0.0033	0.0026	0.0020	0.0016	0.0012	0.0010	0.0008	0.0006	0.0005	0.0004

附录 3

年金终值系数表

期数	1%	2%	3%	4%	5%	6%	7%	8%	9%	10%	11%	12%	13%	14%	15%
1	1.0000	1.0000	1.0000	1.0000	1.0000	1.0000	1.0000	1.0000	1.0000	1.0000	1.0000	1.0000	1.0000	1.0000	1.0000
2	2.0100	2.0200	2.0300	2.0400	2.0500	2.0600	2.0700	2.0800	2.0900	2.1000	2.1100	2.1200	2.1300	2.1400	2.1500
3	3.0301	3.0604	3.0909	3.1216	3.1525	3.1836	3.2149	3.2464	3.2781	3.3100	3.3421	3.3744	3.4069	3.4396	3.4725
4	4.0604	4.1216	4.1836	4.2465	4.3101	4.3746	4.4399	4.5061	4.5731	4.6410	4.7097	4.7793	4.8498	4.9211	4.9934
5	5.1010	5.2040	5.3091	5.4163	5.5256	5.6371	5.7507	5.8666	5.9847	6.1051	6.2278	6.3528	6.4803	6.6101	6.7424
6	6.1520	6.3081	6.4684	6.6330	6.8019	6.9753	7.1533	7.3359	7.5233	7.7156	7.9129	8.1152	8.3227	8.5355	8.7537
7	7.2135	7.4343	7.6625	7.8983	8.1420	8.3938	8.6540	8.9228	9.2004	9.4872	9.7833	10.0890	10.4047	10.7305	11.0668
8	8.2857	8.5830	8.8923	9.2142	9.5491	9.8975	10.2598	10.6366	11.0285	11.4359	11.8594	12.2997	12.7573	13.2328	13.7268
9	9.3685	9.7546	10.1591	10.5828	11.0266	11.4913	11.9780	12.4876	13.0210	13.5795	14.1640	14.7757	15.4157	16.0853	16.7858
10	10.4622	10.9497	11.4639	12.0061	12.5779	13.1808	13.8164	14.4866	15.1929	15.9374	16.7220	17.5487	18.4197	19.3373	20.3037
11	11.5668	12.1687	12.8078	13.4864	14.2068	14.9716	15.7836	16.6455	17.5603	18.5312	19.5614	20.6546	21.8143	23.0445	24.3493
12	12.6825	13.4121	14.1920	15.0258	15.9171	16.8699	17.8885	18.9771	20.1407	21.3843	22.7132	24.1331	25.6502	27.2707	29.0017
13	13.8093	14.6803	15.6178	16.6268	17.7130	18.8821	20.1406	21.4953	22.9534	24.5227	26.2116	28.0291	29.9847	32.0887	34.3519
14	14.9474	15.9739	17.0863	18.2919	19.5986	21.0151	22.5505	24.2149	26.0192	27.9750	30.0949	32.3926	34.8827	37.5811	40.5047
15	16.0969	17.2934	18.5989	20.0236	21.5786	23.2760	25.1290	27.1521	29.3609	31.7725	34.4054	37.2797	40.4175	43.8424	47.5804
16	17.2579	18.6393	20.1569	21.8245	23.6575	25.6725	27.8881	30.3243	33.0034	35.9497	39.1899	42.7533	46.6717	50.9804	55.7175
17	18.4304	20.0121	21.7616	23.6975	25.8404	28.2129	30.8402	33.7502	36.9737	40.5447	44.5008	48.8837	53.7391	59.1176	65.0751
18	19.6147	21.4123	23.4144	25.6454	28.1324	30.9057	33.9990	37.4502	41.3013	45.5992	50.3959	55.7497	61.7251	68.3941	75.8364
19	20.8109	22.8406	25.1169	27.6712	30.5390	33.7600	37.3790	41.4463	46.0185	51.1591	56.9395	63.4397	70.7494	78.9692	88.2118
20	22.0190	24.2974	26.8704	29.7781	33.0660	36.7856	40.9955	45.7620	51.1601	57.2750	64.2028	72.0524	80.9468	91.0249	102.4436
21	23.2392	25.7833	28.6765	31.9692	35.7193	39.9927	44.8652	50.4229	56.7645	64.0025	72.2651	81.6987	92.4699	104.7684	118.8101
22	24.4716	27.2990	30.5368	34.2480	38.5052	43.3923	49.0057	55.4568	62.8733	71.4027	81.2143	92.5026	105.4910	120.4360	137.6316
23	25.7163	28.8450	32.4529	36.6179	41.4305	46.9958	53.4361	60.8933	69.5319	79.5430	91.1479	104.6029	120.2048	138.2970	159.2764
24	26.9735	30.4219	34.4265	39.0826	44.5020	50.8156	58.1767	66.7648	76.7898	88.4973	102.1742	118.1552	136.8315	158.6586	184.1678
25	28.2432	32.0303	36.4593	41.6459	47.7271	54.8645	63.2490	73.1059	84.7009	98.3471	114.4133	133.3339	155.6196	181.8708	212.7930
26	29.5256	33.6709	38.5530	44.3117	51.1135	59.1564	68.6765	79.9544	93.3240	109.1818	127.9988	150.3339	176.8501	208.3327	245.7120
27	30.8209	35.3443	40.7096	47.0842	54.6691	63.7058	74.4838	87.3508	102.7231	121.0999	143.0786	169.3740	200.8406	238.4993	283.5688
28	32.1291	37.0512	42.9309	49.9676	58.4026	68.5281	80.6977	95.3388	112.9682	134.2099	159.8173	190.6989	227.9499	272.8892	327.1041
29	33.4504	38.7922	45.2189	52.9663	62.3227	73.6398	87.3465	103.9659	124.1354	148.6309	178.3972	214.5828	258.5834	312.0937	377.1697
30	34.7849	40.5681	47.5754	56.0849	66.4388	79.0582	94.4608	113.2832	136.3075	164.4940	199.0209	241.3327	293.1992	356.7868	434.7451

续表

期数	16%	17%	18%	19%	20%	21%	22%	24%	25%	26%	28%	29%	30%
1	1.0000	1.0000	1.0000	1.0000	1.0000	1.0000	1.0000	1.0000	1.0000	1.0000	1.0000	1.0000	1.0000
2	2.1600	2.1700	2.1800	2.1900	2.2000	2.2100	2.2200	2.2400	2.2500	2.2600	2.2800	2.2900	2.3000
3	3.5056	3.5389	3.5724	3.6061	3.6400	3.6741	3.7084	3.7776	3.8125	3.8476	3.9184	3.9541	3.9900
4	5.0665	5.1405	5.2154	5.2913	5.3680	5.4457	5.5242	5.6842	5.7656	5.8480	6.0156	6.1008	6.1870
5	6.8771	7.0144	7.1542	7.2966	7.4416	7.5892	7.7396	8.0484	8.2070	8.3684	8.6999	8.8700	9.0431
6	8.9775	9.2068	9.4420	9.6830	9.9299	10.1830	10.4423	10.9801	11.2588	11.5442	12.1359	12.4423	12.7560
7	11.4139	11.7720	12.1415	12.5227	12.9159	13.3214	13.7396	14.6153	15.0735	15.5458	16.5339	17.0506	17.5828
8	14.2401	14.7733	15.3270	15.9020	16.4991	17.1189	17.7623	19.1229	19.8419	20.5876	22.1634	22.9953	23.8577
9	17.5185	18.2847	19.0859	19.9234	20.7989	21.7139	22.6700	24.7125	25.8023	26.9404	29.3692	30.6639	32.0150
10	21.3215	22.3931	23.5213	24.7089	25.9587	27.2738	28.6574	31.6434	33.2529	34.9449	38.5926	40.5564	42.6195
11	25.7329	27.1999	28.7551	30.4035	32.1504	34.0013	35.9620	40.2379	42.5661	45.0306	50.3985	53.3178	56.4053
12	30.8502	32.8239	34.9311	37.1802	39.5805	42.1416	44.8737	50.8950	54.2077	57.7386	65.5100	69.7800	74.3270
13	36.7862	39.4040	42.2187	45.2445	48.4966	51.9913	55.7459	64.1097	68.7596	73.7506	84.8529	91.0161	97.6250
14	43.6720	47.1027	50.8180	54.8409	59.1959	63.9095	69.0100	80.4961	86.9495	93.9258	109.6117	118.4108	127.9125
15	51.6595	56.1101	60.9653	66.2607	72.0351	78.3305	85.1922	100.8151	109.6868	119.3465	141.3029	153.7500	167.2863
16	60.9250	66.6488	72.9390	79.8502	87.4421	95.7799	104.9345	126.0108	138.1085	151.3766	181.8677	199.3374	218.4722
17	71.6730	78.9792	87.0680	96.0218	105.9306	116.8937	129.0201	157.2534	173.6357	191.7345	233.7907	258.1453	285.0139
18	84.1407	93.4056	103.7403	115.2659	128.1167	142.4413	158.4045	195.9942	218.0446	242.5855	300.2521	334.0074	371.5180
19	98.6032	110.2846	123.4135	138.1664	154.7400	173.3540	194.2535	244.0328	273.5558	306.6577	385.3227	431.8696	483.9734
20	115.3797	130.0329	146.6280	165.4180	186.6880	210.7584	237.9893	303.6006	342.9447	387.3887	494.2131	558.1118	630.1655
21	134.8405	153.1385	174.0210	197.8474	225.0256	256.0176	291.3469	377.4648	429.6809	489.1098	633.5927	720.9642	820.2151
22	157.4150	180.1721	206.3448	236.4385	271.0307	310.7813	356.4432	469.0563	538.1011	617.2783	811.9987	931.0438	1067.2796
23	183.6014	211.8013	244.4868	282.3618	326.2369	377.0454	435.8607	582.6298	673.6264	778.7707	1040.3583	1202.0465	1388.4635
24	213.9776	248.8076	289.4945	337.0105	392.4842	457.2249	532.7501	723.4610	843.0329	982.2511	1332.6586	1551.6400	1806.0026
25	249.2140	292.1049	342.6035	402.0425	471.9811	554.2422	650.9551	898.0916	1054.7912	1238.6363	1706.8031	2002.6156	2348.8033
26	290.0883	342.7627	405.2721	479.4306	567.3773	671.6330	795.1653	1114.6336	1319.4890	1561.6818	2185.7079	2584.3741	3054.4443
27	337.5024	402.0323	479.2211	571.5224	681.8528	813.6759	971.1016	1383.1457	1650.3612	1968.7191	2798.7061	3334.8426	3971.7776
28	392.5028	471.3778	566.4809	681.1116	819.2233	985.5479	1185.7440	1716.1007	2063.9515	2481.5860	3583.3438	4302.9470	5164.3109
29	456.3032	552.5121	669.4475	811.5228	984.0680	1193.5129	1447.6077	2128.9648	2580.9394	3127.7984	4587.6801	5551.8016	6714.6042
30	530.3117	647.4391	790.9480	966.7122	1181.8816	1445.1507	1767.0813	2640.9164	3227.1743	3942.0260	5873.2306	7162.8241	8729.9855

附录 4 年金现值系数表

期数	1%	2%	3%	4%	5%	6%	7%	8%	9%	10%	11%	12%	13%	14%	15%
1	0.9901	0.9804	0.9709	0.9615	0.9524	0.9434	0.9346	0.9259	0.9174	0.9091	0.9009	0.8929	0.8850	0.8772	0.8696
2	1.9704	1.9416	1.9135	1.8861	1.8594	1.8334	1.8080	1.7833	1.7591	1.7355	1.7125	1.6901	1.6681	1.6467	1.6257
3	2.9410	2.8839	2.8286	2.7751	2.7232	2.6730	2.6243	2.5771	2.5313	2.4869	2.4437	2.4018	2.3612	2.3216	2.2832
4	3.9020	3.8077	3.7171	3.6299	3.5460	3.4651	3.3872	3.3121	3.2397	3.1699	3.1024	3.0373	2.9745	2.9137	2.8550
5	4.8534	4.7135	4.5797	4.4518	4.3295	4.2124	4.1002	3.9927	3.8897	3.7908	3.6959	3.6048	3.5172	3.4331	3.3522
6	5.7955	5.6014	5.4172	5.2421	5.0757	4.9173	4.7665	4.6229	4.4859	4.3553	4.2305	4.1114	3.9975	3.8887	3.7845
7	6.7282	6.4720	6.2303	6.0021	5.7864	5.5824	5.3893	5.2064	5.0330	4.8684	4.7122	4.5638	4.4226	4.2883	4.1604
8	7.6517	7.3255	7.0197	6.7327	6.4632	6.2098	5.9713	5.7466	5.5348	5.3349	5.1461	4.9676	4.7988	4.6389	4.4873
9	8.5660	8.1622	7.7861	7.4353	7.1078	6.8017	6.5152	6.2469	5.9952	5.7590	5.5370	5.3282	5.1317	4.9464	4.7716
10	9.4713	8.9826	8.5302	8.1109	7.7217	7.3601	7.0236	6.7101	6.4177	6.1446	5.8892	5.6502	5.4262	5.2161	5.0188
11	10.3676	9.7868	9.2526	8.7605	8.3064	7.8869	7.4987	7.1390	6.8052	6.4951	6.2065	5.9377	5.6869	5.4527	5.2337
12	11.2551	10.5753	9.9540	9.3851	8.8633	8.3838	7.9427	7.5361	7.1607	6.8137	6.4924	6.1944	5.9176	5.6603	5.4206
13	12.1337	11.3484	10.6350	9.9856	9.3936	8.8527	8.3577	7.9038	7.4869	7.1034	6.7499	6.4235	6.1218	5.8424	5.5831
14	13.0037	12.1062	11.2961	10.5631	9.8986	9.2950	8.7455	8.2442	7.7862	7.3667	6.9819	6.6282	6.3025	6.0021	5.7245
15	13.8651	12.8493	11.9379	11.1184	10.3797	9.7122	9.1079	8.5595	8.0607	7.6061	7.1909	6.8109	6.4624	6.1422	5.8474
16	14.7179	13.5777	12.5611	11.6523	10.8378	10.1059	9.4466	8.8514	8.3126	7.8237	7.3792	6.9740	6.6039	6.2651	5.9542
17	15.5623	14.2919	13.1661	12.1657	11.2741	10.4773	9.7632	9.1216	8.5436	8.0216	7.5488	7.1196	6.7291	6.3729	6.0472
18	16.3983	14.9920	13.7535	12.6593	11.6896	10.8276	10.0591	9.3719	8.7556	8.2014	7.7016	7.2497	6.8399	6.4674	6.1280
19	17.2260	15.6785	14.3238	13.1339	12.0853	11.1581	10.3356	9.6036	8.9501	8.3649	7.8393	7.3658	6.9380	6.5504	6.1982
20	18.0456	16.3514	14.8775	13.5903	12.4622	11.4699	10.5940	9.8181	9.1285	8.5136	7.9633	7.4694	7.0248	6.6231	6.2593
21	18.8570	17.0112	15.4150	14.0292	12.8212	11.7641	10.8355	10.0168	9.2922	8.6487	8.0751	7.5620	7.1016	6.6870	6.3125
22	19.6604	17.6580	15.9369	14.4511	13.1630	12.0416	11.0612	10.2007	9.4424	8.7715	8.1757	7.6446	7.1695	6.7429	6.3587
23	20.4558	18.2922	16.4436	14.8568	13.4886	12.3034	11.2722	10.3711	9.5802	8.8832	8.2664	7.7184	7.2297	6.7921	6.3988
24	21.2434	18.9139	16.9355	15.2470	13.7986	12.5504	11.4693	10.5288	9.7066	8.9847	8.3481	7.7843	7.2829	6.8351	6.4338
25	22.0232	19.5235	17.4131	15.6221	14.0939	12.7834	11.6536	10.6748	9.8226	9.0770	8.4217	7.8431	7.3300	6.8729	6.4641
26	22.7952	20.1210	17.8768	15.9828	14.3752	13.0032	11.8258	10.8100	9.9290	9.1609	8.4881	7.8957	7.3717	6.9061	6.4906
27	23.5596	20.7069	18.3270	16.3296	14.6430	13.2105	11.9867	10.9352	10.0266	9.2372	8.5478	7.9426	7.4086	6.9352	6.5135
28	24.3164	21.2813	18.7641	16.6631	14.8981	13.4062	12.1371	11.0511	10.1161	9.3066	8.6016	7.9844	7.4412	6.9607	6.5335
29	25.0658	21.8444	19.1885	16.9837	15.1411	13.5907	12.2777	11.1584	10.1983	9.3696	8.6501	8.0218	7.4701	6.9830	6.5509
30	25.8077	22.3965	19.6004	17.2920	15.3725	13.7648	12.4090	11.2578	10.2737	9.4269	8.6938	8.0552	7.4957	7.0027	6.5660

续表

期数	16%	17%	18%	19%	20%	21%	22%	23%	24%	25%	26%	27%	28%	29%	30%
1	0.8621	0.8547	0.8475	0.8403	0.8333	0.8264	0.8197	0.8130	0.8065	0.8000	0.7937	0.7874	0.7813	0.7752	0.7692
2	1.6052	1.5852	1.5656	1.5465	1.5278	1.5095	1.4915	1.4740	1.4568	1.4400	1.4235	1.4074	1.3916	1.3761	1.3609
3	2.2459	2.2096	2.1743	2.1399	2.1065	2.0739	2.0422	2.0114	1.9813	1.9520	1.9234	1.8956	1.8684	1.8420	1.8161
4	2.7982	2.7432	2.6901	2.6386	2.5887	2.5404	2.4936	2.4483	2.4043	2.3616	2.3202	2.2800	2.2410	2.2031	2.1662
5	3.2743	3.1993	3.1272	3.0576	2.9906	2.9260	2.8636	2.8035	2.7454	2.6893	2.6351	2.5827	2.5320	2.4830	2.4356
6	3.6847	3.5892	3.4976	3.4098	3.3255	3.2446	3.1669	3.0923	3.0205	2.9514	2.8850	2.8210	2.7594	2.7000	2.6427
7	4.0386	3.9224	3.8115	3.7057	3.6046	3.5079	3.4155	3.3270	3.2423	3.1611	3.0833	3.0087	2.9370	2.8682	2.8021
8	4.3436	4.2072	4.0776	3.9544	3.8372	3.7256	3.6193	3.5179	3.4212	3.3289	3.2407	3.1564	3.0758	2.9986	2.9247
9	4.6065	4.4506	4.3030	4.1633	4.0310	3.9054	3.7863	3.6731	3.5655	3.4631	3.3657	3.2728	3.1842	3.0997	3.0190
10	4.8332	4.6586	4.4941	4.3389	4.1925	4.0541	3.9232	3.7993	3.6819	3.5705	3.4648	3.3644	3.2689	3.1781	3.0915
11	5.0286	4.8364	4.6560	4.4865	4.3271	4.1769	4.0354	3.9018	3.7757	3.6564	3.5435	3.4365	3.3351	3.2388	3.1473
12	5.1971	4.9884	4.7932	4.6105	4.4392	4.2784	4.1274	3.9852	3.8514	3.7251	3.6059	3.4933	3.3868	3.2859	3.1903
13	5.3423	5.1183	4.9095	4.7147	4.5327	4.3624	4.2028	4.0530	3.9124	3.7801	3.6555	3.5381	3.4272	3.3224	3.2233
14	5.4675	5.2293	5.0081	4.8023	4.6106	4.4317	4.2646	4.1082	3.9616	3.8241	3.6949	3.5733	3.4587	3.3507	3.2487
15	5.5755	5.3242	5.0916	4.8759	4.6755	4.4890	4.3152	4.1530	4.0013	3.8593	3.7261	3.6010	3.4834	3.3726	3.2682
16	5.6685	5.4053	5.1624	4.9377	4.7296	4.5364	4.3567	4.1894	4.0333	3.8874	3.7509	3.6228	3.5026	3.3896	3.2832
17	5.7487	5.4746	5.2223	4.9897	4.7746	4.5755	4.3908	4.2190	4.0591	3.9099	3.7705	3.6400	3.5177	3.4028	3.2948
18	5.8178	5.5339	5.2732	5.0333	4.8122	4.6079	4.4187	4.2431	4.0799	3.9279	3.7861	3.6536	3.5294	3.4130	3.3037
19	5.8775	5.5845	5.3162	5.0700	4.8435	4.6346	4.4415	4.2627	4.0967	3.9424	3.7985	3.6642	3.5386	3.4210	3.3105
20	5.9288	5.6278	5.3527	5.1009	4.8696	4.6567	4.4603	4.2786	4.1103	3.9539	3.8083	3.6726	3.5458	3.4271	3.3158
21	5.9731	5.6648	5.3837	5.1268	4.8913	4.6750	4.4756	4.2916	4.1212	3.9631	3.8161	3.6792	3.5514	3.4319	3.3198
22	6.0113	5.6964	5.4099	5.1486	4.9094	4.6900	4.4882	4.3021	4.1300	3.9705	3.8223	3.6844	3.5558	3.4356	3.3230
23	6.0442	5.7234	5.4321	5.1668	4.9245	4.7025	4.4985	4.3106	4.1371	3.9764	3.8273	3.6885	3.5592	3.4384	3.3254
24	6.0726	5.7465	5.4509	5.1822	4.9371	4.7128	4.5070	4.3176	4.1428	3.9811	3.8312	3.6918	3.5619	3.4406	3.3272
25	6.0971	5.7662	5.4669	5.1951	4.9476	4.7213	4.5139	4.3232	4.1474	3.9849	3.8342	3.6943	3.5640	3.4423	3.3286
26	6.1182	5.7831	5.4804	5.2060	4.9563	4.7284	4.5196	4.3278	4.1511	3.9879	3.8367	3.6963	3.5656	3.4437	3.3297
27	6.1364	5.7975	5.4919	5.2151	4.9636	4.7342	4.5243	4.3316	4.1542	3.9903	3.8387	3.6979	3.5669	3.4447	3.3305
28	6.1520	5.8099	5.5016	5.2228	4.9697	4.7390	4.5281	4.3346	4.1566	3.9923	3.8402	3.6991	3.5679	3.4455	3.3312
29	6.1656	5.8204	5.5098	5.2292	4.9747	4.7430	4.5312	4.3371	4.1585	3.9938	3.8414	3.7001	3.5687	3.4461	3.3317
30	6.1772	5.8294	5.5168	5.2347	4.9789	4.7463	4.5338	4.3391	4.1601	3.9950	3.8424	3.7009	3.5693	3.4466	3.3321

同步测试题参考答案

第一章　财务管理总论

一、单项选择题

1.B　2.A　3.A　4.C　5.B　6.A　7.D　8.A　9.C

二、多项选择题

1.ABCD　2.AB　3.BC　4.ABC　5.BCD　6.ABCD

7.AB　8.ABC　9.AB

三、判断题

1.√　2.√　3.√　4.×　5.√　6.×　7.×　8.×　9.√　10.×

第二章　财务管理基础知识

一、单项选择题

1.B　2.B　3.C　4.B　5.C　6.A　7.C　8.C　9.C　10.A

11.C　12.C　13.D　14.A　15.A　16.A　17.A　18.A

二、多项选择题

1.ABD　2.ABD　3.BC　4.ACD　5.ABCD　6.BC

7.ACD　8.BD　9.BCD　10.ABC

三、判断题

1.×　2.√　3.×　4.√　5.×　6.×　7.×　8.√　9.×　10.√

11.×　12.√　13.×　14.√　15.√　16.×　17.√　18.√　19.×

四、计算分析题

1. $A=10\ 000\times(A/P,12\%,10)=10\ 000\times0.177\ 0=1\ 770$(万元)

2. $P=A\times(P/A,2\%,10)=1\ 256\times8.982\ 6=11\ 282.15$(元)

3. 甲方案:$P=14$(万元)

乙方案:$P=A\times(P/A,10\%,5)=4\times3.790\ 8=15.16$(万元)

所以,选择甲方案。

4. $F=15\times(F/A,2\%,10)=15\times10.95=164.25$(万元)

5. $P=1\ 000\times[(P/A,10\%,6)-(P/A,10\%,3)]=1\ 868$(元)

6.(1)$A=1\ 000\times[1/(P/A,12\%,10)]=176.98$(万元)

(2)$A=1\ 000/[(P/A,12\%,9)+1]=158.02$(万元)

7.(1)$P=20\times[(P/A,10\%,10-1)+1]=135.18$(万元)

(2)$P=25\times[(P/A,10\%,13)-(P/A,10\%,3)]=115.41$(万元)

故选择第二方案。

8. A项目：

$\overline{E}=2\ 000\times0.2+1\ 000\times0.5+500\times0.3=1\ 050$(元)

$\sigma=\sqrt{\sum(x_i-\overline{E})^2\cdot P_i}=522.02$(元)

$q=\frac{\sigma}{\overline{E}}=\frac{522.02}{1\ 050}=0.497\ 2$

B项目：

$\overline{E}=3\ 000\times0.2+1\ 000\times0.5+(-500)\times0.3=950$(元)

$\sigma=\sqrt{\sum(x_i-\overline{E})^2\cdot P_i}=1\ 213.47$(元)

$q=\frac{\sigma}{\overline{E}}=\frac{1\ 213.47}{950}=1.277$

A项目的标准差系数为0.497 2，小于B项目的标准差系数1.277，所以应选择A项目。

第三章　筹资管理

一、单项选择题

1.D　2.B　3.A　4.C　5.D　6.C　7.B　8.B　9.C　10.C
11.D　12.C　13.C　14.B　15.A　16.D　17.C　18.A　19.A

二、多项选择题

1.CD　2.ABCD　3.CD　4.AC　5.CD

三、判断题

1.×　2.×　3.√　4.√　5.×　6.×　7.×

四、计算分析题

(1)增加营运资金＝(1 000＋3 000＋6 000)×30％－(1 000＋2 000)×30％＝2 100(万元)

(2)外界资金需要量＝2 100＋148－20 000×30％＝2 100(万元)

(3)资金成本＝10％×(1－25％)＝7.5％

第四章　筹资决策

一、单项选择题

1.C　2.B　3.C　4.B　5.C　6.D　7.B　8.A　9.D　10.A

二、多项选择题

1.ACD　2.AB　3.ACD　4.BC　5.BC　6.ABD
7.CD　8.ABC　9.BD　10.AD

三、判断题

1.√　2.√　3.×　4.√　5.×　6.×　7.×　8.×　9.√　10.√

四、计算分析题

1.(1)债券资本成本＝$\frac{10\%\times(1-25\%)}{1-2\%}=7.65\%$

(2)优先股资金成本＝$\frac{12\%}{1-3\%}=12.37\%$

(3)普通股资金成本＝$\frac{12\%}{1-5\%}+4\%=16.63\%$

2.(1)借款成本＝$\frac{7\%\times(1-25\%)}{1-2\%}=5.36\%$

债券成本＝$\frac{14\times9\%\times(1-25\%)}{15\times(1-3\%)}=6.49\%$

优先股成本$=\frac{12\%}{1-4\%}=12.5\%$

普通股成本$=\frac{1.2}{10\times(1-6\%)}+8\%=20.77\%$

留存收益成本$=\frac{1.2}{100-10-15-25-40}+8\%=20\%$

(2) 企业加权平均成本$=53.6\%\times\frac{10}{100}+6.49\%\times\frac{15}{100}+12.5\%\times\frac{25}{100}+20.77\%\times\frac{40}{100}+20\%\times\frac{10}{100-10-15-25-40}$

$=14.94\%$

3.(1)$CM=(50-30)\times100=2\ 000$(万元)

(2)$EBIT=2\ 000-1\ 000=1\ 000$(万元)

(3)$DCL=\frac{2\ 000}{1\ 000-600\times12\%-100\div(1-25\%)}=2.52$

4. $DOL=\frac{200+80}{200}=1.4$

$DFL=\frac{200}{200-50}=1.33$

$DTL=1.4\times1.33=1.86$

5.(1)$CM=10\ 000\times(5-3)=20\ 000$(元)

(2)$EBIT=20\ 000-10\ 000=10\ 000$(元)

(3)$DOL=20\ 000\div10\ 000=2$

(4)增长率$=2\times10\%=20\%$

(5)$DFL=10\ 000\div(10\ 000-5\ 000)=2$

$DTL=2\times2=4$

6.(1)$EPS_1=\frac{(200-400\times10\%-500\times12\%)\times(1-25\%)}{100}=0.75$

$EPS_2=\frac{(200-400\times10\%)\times(1-25\%)}{100+(500\div20)}=0.96$

(2)$\frac{(EBIT-400\times10\%-500\times12\%)\times(1-25\%)}{100}=\frac{(EBIT-400\times10\%)\times(1-25\%)}{125}$

$EBIT=340$(万元)

(3)$DFL_1=\frac{200}{200-40-60}=2$

$DFL_2=\frac{200}{200-40}=1.25$

(4)无差别点息税前利润 340 万元大于预计息税前利润 200 万元，方案 2 每股利润大，所以方案 2 好。

7.(1)$\frac{(EBIT-600\times12\%)\times(1-25\%)}{100+50}=\frac{(EBIT-600\times12\%-750\times12\%)\times(1-25\%)}{100}$

$EBIT=342$(万元)

(2)$EBIT=400$(万元)

$EPS_1=1.64$

$EPS_2=1.785$

方案 2 的每股收益更大，故选方案 2。

8.(1)长期负债：

$\frac{10\ 000}{20\%}=50\ 000$(元)

$\frac{40\ 000}{20\%}=200\ 000$(元)

优先股：

$\frac{2\ 500}{5\%}=50\ 000$(元)

普通股：

$\frac{22\ 500}{75\%}=30\ 000$(元)

$\frac{75\ 000}{75\%}=100\ 000$(元)

边际资本成本表

序号	筹资总额范围	资本来源	资本结构	资本成本	边际资本成本
1	0～30 000 元	长期负债	20%	6%	1.2%
		优先股	5%	10%	0.5%
		普通股	75%	14%	10.5%
		边际资本成本总额			12.2%
2	30 000～50 000 元	长期负债	20%	6%	1.2%
		优先股	5%	10%	0.5%
		普通股	75%	15%	11.25%
		边际资本成本总额			12.95%
3	50 000～100 000 元	长期负债	20%	7%	1.4%
		优先股	5%	12%	0.6%
		普通股	75%	15%	12.5%
		边际资本成本总额			13.25%
4	100 000～200 000 元	长期负债	20%	7%	1.4%
		优先股	5%	12%	0.6%
		普通股	75%	16%	12%
		边际资本成本总额			14%
5	200 000 元以上	长期负债	20%	8%	1.6%
		优先股	5%	12%	0.6%
		普通股	75%	16%	12%
		边际资本成本总额			14.2%

五、案例分析与讨论题

略。

第五章　项目投资决策

一、单项选择题

1.D　2.D　3.B　4.C　5.B　6.B　7.B　8.A　9.B　10.C

二、多项选择题

1.ABC　2.ABCD　3.ABCD　4.BCD　5.ABC　6.ABD
7.CD　8.AB　9.ABC　10.ACD

三、判断题

1.× 2.× 3.× 4.× 5.× 6.√ 7.× 8.√ 9.× 10.×

四、计算分析题

(1)甲:折旧=60÷5=12

乙:折旧=(80−10)÷5=14

$PP_{甲}=\frac{60}{20}=3$(年)

$PP_{乙}=3+\frac{25}{39}=3.6$(年)

(2)$ROI_{甲}=\frac{20-12}{60}\times100\%=13.33\%$

$ROI_{乙}=12\%$

(3)$NPV_{甲}=-60+20\times3.791=15.82$

$NPV_{乙}=17.84$

(4)$PI_{甲}=1.26$

$PI_{乙}=1.18$

(5)略。

第六章 证券投资决策

一、单项选择题

1.C 2.B 3.B 4.B 5.C 6.C 7.A 8.C 9.A 10.D

二、多项选择题

1.AC 2.ABC 3.ABCD 4.ACD 5.CD 6.BC

7.ABD 8.ABC 9.AD 10.BC

三、判断题

1.× 2.× 3.× 4.× 5.√ 6.× 7.√ 8.× 9.√ 10.×

四、计算分析题

1. 股票的股利现值$=\frac{6}{0.15-0.06}=66.67$(元)

两年内收到的股利=6.36+6.741 6=13.101 6(元)

两年后的股票价值=66.67−13.101 6=53.56(元)

2.(1)A公司股票的内在价值=0.15×(1+6%)÷(8%−6%)=7.95(元)

B公司股票的内在价值=0.6÷8%=7.52(元)

(2)选择B公司的股票。因为B公司股票的内在价值大于市价。

3.(1)$\beta=1.8\times0.5+1.5\times0.3+0.7\times0.2=1.49$

(2)风险收益率=1.49×(15%−12%)=4.47%

(3)必要报酬率=12%+4.47%=16.47%

第七章 营运资金管理

一、单项选择题

1.B 2.B 3.A 4.B 5.C 6.C 7.D 8.A 9.D 10.A

11.D 12.C 13.C 14.D 15.B

二、多项选择题

1.ACD 2.BC 3.BCD 4.BD 5.BC 6.ABD

7.ABC　　8.AD　　9.ACD　　10.ABCD

三、判断题

1.×　2.√　3.×　4.×　5.×　6.√　7.×　8.√　9.√　10.√

四、计算分析题

1.(1)最佳现金持有量 $=\sqrt{\dfrac{2\times900\ 000\times450}{10\%}}=90\ 000$(元)

(2)转换次数 $=\dfrac{900\ 000}{90\ 000}=10$(次)

(3)转换成本 $=10\times450=4\ 500$(元)

(4)证券交易间隔期 $=\dfrac{360}{10}=36$(天)

2.(1)在没有价格折扣时,最佳进货批量 $=\sqrt{\dfrac{2\times1\ 200\times400}{6}}=400$(件)

存货总成本 $=1\ 200\times10+(1\ 200\div400)\times400+(400\div2)\times6=14\ 400$(元)

取得价格折扣3%时,企业必须按600件进货,则:

存货总成本 $=1\ 200\times10\times(1-3\%)+(1\ 200\div600)\times400+(600\div2)\times6=14\ 240$(元)

通过计算比较,进货批量600件的总成本低于进货批量400件的总成本,因此,该企业应按600件进货才是有利的。

(2)最佳的进货次数 $=1\ 200\div600=2$(次)

(3)最佳的进货间隔期 $=360\div2=180$(天)

(4)平均占用资金 $=(600\div2)\times10\times(1-3\%)=2\ 910$(元)

3.(1)现销额 $=\dfrac{\text{赊销额}}{4}$

赊销额 $+\dfrac{\text{赊销额}}{4}=4\ 500$

赊销额 $=3\ 600$(万元)

(2)应收账款的平均余额 $=3\ 600\div360\times60=600$(万元)

(3)维持赊销业务所需要的资金额 $=600\times50\%=300$(万元)

(4)应收账款的机会成本 $=300\times10\%=30$(万元)

(5)应收账款的平均余额 $=3\ 600\div360\times$ 平均收账天数 $=400$

平均收账天数 $=40$(天)

4.(1)A材料的经济进货批量 $=\sqrt{2\times45\ 000\times180\div20}=900$(件)

(2)A材料年度最佳进货批数 $=45\ 000\div900=50$(次)

(3)A材料的相关进货成本 $=50\times180=9\ 000$(元)

(4)A材料的相关存储成本 $=900\div2\times20=9\ 000$(元)

(5)A材料经济进货批量平均占用资金 $=240\times900\div2=108\ 000$(元)

5.以A为例:

(1)边际效益 $=400\ 000\times(1-60\%)=160\ 000$(元)

(2)略。

(3)略。

(4)应收账款机会成本 $=(400\ 000\div360)\times30\times60\%\times10\%=2\ 000$(元)

(5)净收益 $=160\ 000-2\ 000-3\ 000-(400\ 000\div360)\times30\times5\%=153\ 333$(元)

第八章　成本管理

一、单项选择题

1.D　2.A　3.C　4.D　5.B　6.D　7.A　8.A　9.A　10.D

二、多项选择题

1.ABC　2.ABCD　3.ABCD　4.BCD　5.AB　6.ABC
7.ABD　8.ABC　9.ABD

三、判断题

1. ×　2. √　3. ×　4. ×　5. ×　6. ×　7. ×　8. √　9. ×

四、计算分析题

1.(1)目前的单位产品变动成本＝40÷5＝8(元)

单位产品边际贡献＝20－8＝12(元)

盈亏临界点销售量＝24/12＝2(万件)

安全边际率＝$\frac{5-2}{5}$×100%＝60%

利润＝5×12－24＝36(万元)

(2)购置新生产线之后的单位产品变动成本＝8×(1－20%)＝6.4(元)

单位产品边际贡献＝20－6.4＝13.6(元)

固定成本＝24－6＋(200－2)÷10＝37.8(万元)

盈亏临界点销售量＝37.8÷13.6＝2.78(万件)

安全边际率＝$\frac{5-2.78}{5}$×100%＝44.4%

利润＝5×13.6－37.8＝30.2(万元)

(3)由于利润下降，所以购置新生产线不经济。

(4)由于安全边际率降低，因此，企业经营的安全性水平下降。

2.(1)A投资中心的经营利润＝200×15%＝30(万元)

A投资中心的剩余收益＝30－200×12%＝6(万元)

(2)B投资中心的经营利润＝经营资产×17%

B投资中心的剩余收益＝经营资产×17%－经营资产×12%＝20(万元)

经营资产＝20÷(17%－12%)＝400(万元)

(3)投资报酬率＝(200×15%＋400×17%)÷(200＋400)＝16.33%

(4)剩余收益＝(200×15%＋20)－(200＋100)×12%＝14(万元)

(5)投资报酬率＝(400×17%＋15)÷(400＋100)＝16.60%

3.(1)本月产品成本差异总额＝17 550－855×20＝450(元)

(2)直接材料价格差异＝(9 000÷900－9)×900＝900(元)

直接材料用量差异＝(900－50×20)×9＝－900(元)

直接人工效率差异＝(950－45×20)×4＝200(元)

(3)直接人工工资率差异＝(3 325÷950－4)×950＝－475(元)

(4)变动制造费用耗费差异＝(2 375÷950－3)×950＝－475(元)

变动制造费用效率差异＝(950－45×20)×3＝150(元)

(5)固定制造费用耗费差异＝2 850－1 000×2＝850(元)

固定制造费用产量差异＝(1 000－950)×2＝100(元)

固定制造费用效率差异＝(950－20×45)×2＝100(元)

第九章 收入与利润分配管理

一、单项选择题

1.C 2.A 3.C 4.A 5.C 6.D 7.A 8.A 9.B 10.D
11.B 12.C 13.B

二、多项选择题

1.BC 2.ACD 3.BCD 4.BD 5.ABCD 6.AD
7.ABD 8.ABD 9.ABC 10.ABC

三、判断题

1. × 2. × 3. √ 4. × 5. × 6. √ 7. √ 8. √ 9. × 10. ×
11. √

四、计算分析题

1. 计划内单位丁产品价格＝(980 000÷12 000＋180)×(1＋20%)÷(1－5%)＝330.53(元)

追加生产 1 000 件的变动成本为 180 元，则：

计划外单位丁产品价格＝180×(1＋20%)÷(1－5%)＝227.37(元)

因为额外订单单价高于其按变动成本计算的价格，故应该接受这一额外订单。

2.(1)2012 年的销售量＝(3 500＋3 750＋3 600＋3 900＋3 950＋4 000＋4 050＋4 100)÷8
＝3 856.25(吨)

(2)移动平均法下，2012 年的销售量＝(4 000＋4 050＋4 100)÷3＝4 050(吨)

修正后 2012 年的销售量＝4 050＋(4 050－4 080)＝4 020(吨)

(3)2012 年的销售量＝0.4×4 100＋(1－0.4)×4 080＝4 088(吨)

(4)设 $y=a+bx$

年度	2004	2005	2006	2007	2008	2009	2010	2011
销售量(吨) y	3 500	3 750	3 600	3 900	3 950	4 000	4 050	4 100
相关费用(万元) x	100	105	106	108	110	112	120	125

根据上表资料，计算如下：

$\sum x=886$，$\sum y=30\ 850$，$\sum xy=3\ 427\ 550$，$\sum x^2=98\ 594$，$\sum y^2=119\ 297\ 500$

$n=8$，根据公式，有：

$$\begin{cases} b=\dfrac{n\sum xy-\sum x\cdot\sum y}{n\sum x^2-(\sum x)^2}=\dfrac{8\times 3\ 427\ 550-886\times 30\ 850}{8\times 98\ 594-(886)^2}=23.24 \\ a=\dfrac{\sum y-b\sum x}{n}=\dfrac{30\ 850-23.24\times 886}{8}=1\ 282.42 \end{cases}$$

将 a、b 代入公式，得出结果，即 2012 年的产品预测销售量为：

$y=a+bx=1\ 282.42+23.24x=4\ 768.42$(吨)

第十章 预算管理

一、单项选择题

1.A 2.C 3.A 4.C 5.C 6.D 7.B 8.C 9.D 10.B

二、多项选择题

1.CD 2.AB 3.AC 4.ABD 5.ABD 6.ABCD

7.ABC　　8.ABC　　9.BD　　10.CD

三、判断题

1.√　　2.×　　3.×　　4.×　　5.×　　6.×　　7.×　　8.×　　9.×　　10.×

四、计算分析题

1. A产品弹性利润预算：

销售量(万件)	30	40	50	60	70
单价(元/件)	80	80	80	80	80
单位变动成本(元)	56	56	56	56	56
销售收入(万元)	2 400	3 200	4 000	4 800	5 600
减：变动成本(万元)	1 680	2 240	2 800	3 360	3 920
边际贡献(万元)	720	960	1 200	1 440	1 680
减：固定成本(万元)	600	600	600	600	600
营业利润(万元)	120	360	600	840	1 080

2.(1)

销售预算表

季　度	1	2	3	4	全年
预计销售量(件)	1 000	1 500	2 000	1 800	6 300
预计单位售价	100	100	100	100	
销售收入(元)	100 000	150 000	200 000	180 000	630 000
增值税销项税额	17 000	25 500	34 000	30 600	107 100
含税收入	117 000	175 500	234 000	210 600	737 100

(2)

预计现金收入表

单位：元

季　度	1	2	3	4	全年
上年末应收账款	62 000	46 800	70 200	93 600	84 240
第一季度	132 200				132 200
第二季度		152 100			152 100
第三季度			210 600		210 600
第四季度				219 960	219 960
现金收入合计					714 860

(3)2016年末应收账款余额＝737 100＋62 000－714 860＝84 240(元)

3.

宏利公司生产预算和材料消耗预算

项　目	第一季度	第二季度	第三季度	第四季度	全年合计
预计销售量(件)	5 000	6 000	8 000	7 000	26 000
加:预计期末存货(件)	600	800	700	600	600
减:期初存货量(件)	750	600	800	700	750
预计生产量(件)	4 850	6 200	7 900	6 900	25 850
单位产品材料消耗定额(千克/件)	2	2	2	2	2
预计直接材料消耗量(千克)	9 700	12 400	15 800	13 800	51 700
单位产品工时定额(小时)	5	5	5	5	5
预计生产需要定额工时总量(小时)	24 250	31 000	39 500	34 500	129 250

宏利公司直接人工预算

项　目	第一季度	第二季度	第三季度	第四季度	全年合计
预计生产量(件)	4 850	6 200	7 900	6 900	25 850
单位产品工时定额(小时/件)	5	5	5	5	5
预计生产需要定额工时总量(小时)	24 250	31 000	39 500	34 500	129 250
单位工时工资额(元)	0.6	0.6	0.6	0.6	0.6
预计直接人工成本(元)	14 550	18 600	23 700	20 700	77 550

4.

项　目		第一季度	第二季度	第三季度	第四季度	全年合计
直接材料采购预算	预计材料消耗量(千克)	9 700	12 400	15 800	13 800	51 700
	加:期末存料量(千克)	1 240	1 580	1 380	1 000	
	减:期初存料量(千克)	900	1 240	1 580	1 380	
	预计材料采购量(千克)	10 040	12 740	15 600	13 420	
	材料计划单价(元/千克)	10	10	10	10	
	预计采购成本(元)	100 400	127 400	156 000	134 200	
	增值税进项税额(元)	17 068	21 658	26 520	22 814	
	预计采购金额合计(元)	117 468	149 058	182 520	157 014	606 060
预计现金支出	期初应付账款(元)	40 000	35 240.4	44 717.4	54 756	47 104.2
	第一季度购料款(元)	122 227.6				122 227.6
	第二季度购料款(元)		139 581			139 581
	第三季度购料款(元)			172 481.4		172 481.4
	第四季度购料款(元)				164 665.8	164 665.8
	现金支出合计(元)	122 227.6	139 581	172 481.4	164 665.8	598 955.8

第十一章　财务控制

一、单项选择题

1.A　2.C　3.D　4.B　5.A　6.D　7.B　8.D　9.A　10.D

二、多项选择题

1.ABCD　2.CD　3.ABCD　4.ABCD　5.ABCD　6.BD
7.ABC　8.ABD　9.ACD　10.AB

三、判断题

1.×　2.√　3.×　4.×　5.√　6.×　7.×　8.√　9.√　10.√

第十二章　财务分析与评价

一、单项选择题

1.A　2.A　3.D　4.D　5.B

二、多项选择题

1.ABCD　2.ABCD　3.BCD　4.AB　5.BCD　6.BCD
7.BC

三、判断题

1.√　2.×　3.×　4.×　5.√

四、计算分析题

1.(1)

公司利润表

2015 年　　单位:元

项　目	金　额
销售收入	136 000
销售成本	102 000
销售毛利	34 000
营业费用	13 600
利息费用	6 800
利润总额	13 600
所得税(25%)	3 400
净利润	10 200

公司资产负债表

2015 年 12 月 31 日　　单位:元

资　产	金　额	负债及所有者权益	金　额
流动资产:		流动负债	31 000
现金	10 000	长期负债	59 000
应收账款	21 000	负债合计	90 000

续表

资　产	金　额	负债及所有者权益	金　额
存货	31 000		
流动资产合计	62 000		
固定资产净值	88 000	所有者权益	60 000
资产总额	150 000	负债及所有者权益总额	150 000

(2)总资产报酬率$=\frac{13\ 600+6\ 800}{150\ 000}=13.6\%$

(3)净资产收益率$=\frac{10\ 200}{60\ 000}=17\%$

2.(1)期初流动资产$=0.6\times200+150=270$(万元)

期末流动资产$=1.6\times300=480$(万元)

(2)本期速动比率$=\frac{480-250}{300}=0.77$

(3)本期流动资产周转次数$=\frac{1.2\times2\ 000}{(270+480)/2}=6.4$(次)

参考文献

1. 财政部会计资格评价中心. 财务管理[M].北京:中国财政经济出版社,2014.

2. 张庆. 财务管理案例[M].北京:中国市场出版社,2014.

3. 张先治,陈友邦. 财务分析(第7版)[M].大连:东北财经大学出版社,2014.

4. 迟艳琴 . 财务管理(第2版)[M].上海:上海财经大学出版社,2013.

5. 王化成 . 财务管理(第4版)[M].北京:中国人民大学出版社,2013.

6. 刘淑莲 . 财务管理(第3版)[M].大连:东北财经大学出版社, 2013.

7. 杨丹 . 中级财务管理[M].大连:东北财经大学出版社,2013.

8. 汤谷良 . 财务管理案例(第2版)[M].北京:北京大学出版社,2012.

9. 中国注册会计师协会 . 财务成本管理[M].北京:中国财政经济出版社,2012.

10. 吴明礼 . 新编财务管理[M].南京:东南大学出版社,2012.

11. 秦颐,王海珍. 财务管理原理[M].北京:清华大学出版社,2012.

12. 孙莲香 . 财务业务一体化技能实训教程[M].北京:清华大学出版社,2012.

13. 张思强,卞继红 . 财务管理理论与实务(第2版) [M]. 北京:北京大学出版社,2012.

14. 张立达 . 财务管理学(第2版) [M].上海:立信会计出版社,2012.

15. [美]杰罗尔德·所罗门著,林海译 . 精益财务官[M].北京:金城出版社,2012.

16. 王红娟 . 财务会计(第2版) [M].北京:北京理工大学出版社,2011.

17. 李秉成 . 集团公司财务控制:理论·实务·案例[M]. 大连:大连出版社, 2011.

18. [美]罗伯特·C.希金斯著,沈艺峰等译 . 财务管理分析(第8版) [M].北京:北京大学出版社,2009.

19. 郑明望 . 项目投资决策[M]. 长沙:湖南大学出版社,2009.

20. 张涛 . 财务管理基础[M].北京:中国财政经济出版社,2009.

21. 袁振兴 . 经典财务管理案例分析教程[M].上海:立信会计出版社,2009.

22. [美]Alfred M.King 著,李晓红、万众译. 以财务报告为目的的公允价值评估[M].北京:企业管理出版社,2008.

23. [美]蒂姆·科勒、[荷]马克·戈德哈特、[美]戴维·威赛尔斯著,高建、魏平、朱晓龙等译. 价值评估[M]. 北京:电子工业出版社,2008.

24. 中国资产评估协会,中央财经大学资产评估研究所. 知识产权战略与资产评估[M].北京:经济科学出版社,2008.